# 인권에서 바라본
# 학교폭력 예방 및 학생의 이해

Human rights prevention of school violence and student understanding

신재한
이미나
김동일
나옥희
이영미

# 머리말

인권은 인간이면 누구나 존중받아야 하고 누려야 할 권리이다. 인권은 인간이기 때문에 당연하게 가지는 권리, 처분이나 양도하지 못하는 자연권이라는 정의에서 볼 수 있듯이 인간이 타고난 자연성, 모든 이에게 동일한 평등성, 모든 곳에 적용 가능한 보편성이라는 특성을 갖는다. 그러므로 인권은 자신과 타인이 모두 지켜야 한다. 인권의 미션은 존엄이라고 해도 과언이 아닐 것이다. 인간이기에 존엄한 것이다. 이러한 인권은 철학이자, 가치이자, 목표이다.

인권침해는 존엄권, 평등권, 자유권 등 한 개인의 기본 권리를 침해받는 것을 의미한다. 이러한 기본 권리 중의 하나가 참여 및 표현의 자유이다. 마음껏 드러내는 인생, 다양한 표현, 이것이 민주주의라고 볼 수 있다. 우리 사회는 '나서지 마라', '가만히 있으면 중간이라도 간다.'와 같이 자신을 표현하는 것을 억압하고 있다. 표현하지 않는 것은 죽은 삶이나 다름없다. 사람이면 누구나 갖는 보편적인 권리이기에 아동이나 청소년일지라도 인권은 누구에게나 예외일 수 없는 당연한 권리이다. 따라서 "학교폭력 예방 및 학생의 이해"를 인권의 관점에서 바라보고자 하였다. 학교폭력은 학생들을 대상으로 하는 인권침해 현상 중의 하나이다.

특히 최근 폭력의 유형을 보면, 언어폭력, 집단 따돌림, 스토킹, 사이버 괴롭힘, 신체폭력, 금품갈취, 성추행·성폭력, 강제심부름 등 다양해지고 있다. 이러한 유형은 지능화, 사이버화, 저연령화 경향을 보이고 더욱 심각한 사회의 이슈로 대두되고 있는 실정이다. 또한, 청소년들의 자살과 등교 거부 등 각종 사회적 문제는 학교뿐만 아니라 가정과 사회가 함께 고민하고 예방과 교육이 주기적으로 선행해야 할 과제가 되고 있다.

그동안 우리나라는 학교폭력에 관한 사회적 문제해결을 위해 많은 노력이 진행되어 왔다. 2004년 「학교폭력예방 및 대책에 관한 법률」이 시행된 이후 여러 차례 개정을 통해 개선하고 있다. 또한, 2012년 「학교폭력근절종합대책」 등 다양한 방법으로 학교폭력

예방을 위해 노력하고 있는 실정이다. 특히 2020년 3월에 시행한 「학교폭력예방 및 대책에 관한 법률」의 학교폭력 대응절차 개선방안 추진을 위한 입법에 따라, 이와 관련하여 학교폭력을 재조명하고 개정에 따른 교재를 기획하게 되었다.

본 교재는 '학교폭력의 이해', '학교폭력의 예방', '학교폭력의 대처 방안' '학교폭력상담 등 큰 맥락에서 제1장 인권관점에서 바라본 학교폭력의 이해, 제2장 학교폭력의 발달적 이해, 제3장 학교폭력 예방을 위한 인성교육, 제4장 학교폭력에 대한 사안처리, 제5장 학교폭력 예방 프로그램, 제6장 학교폭력 대처 모형, 제7장 유형별 학교폭력 개입 전략, 제8장 학생 정서·행동특성검사의 이해, 제9장 아동·청소년의 정신건강의 이해, 제10장 학교폭력과 다문화교육의 이해, 제11장 학교폭력에 대한 법적 조치, 제12장 학교폭력 화해·분쟁조정의 이해, 제13장 학교폭력과 집단상담으로 구성되어 있다. 그리고 부록으로는 학교폭력 신고 및 접수 등 각종 양식과 학교폭력 지원 서비스를 소개하고, 「학교폭력예방 및 대책에 관한 법률」, 「학교폭력예방 및 대책에 관한 법률 시행령」 등을 수록하여 학교폭력을 이해하고 예방하는 데 길라잡이 역할을 하고자 하였다.

아동·청소년기 발달은 건강한 성격과 사회성 형성을 위해 기초가 되는 중요한 시기이므로 한 인간을 파괴하는 학교폭력의 심각성을 인식하고 아동·청소년들이 학교폭력에서 벗어나 서로의 다양성을 인정하고 존중하며 더불어 아름다운 삶을 살아가는 학교문화를 만들어 가는 데 조금이나마 도움이 되길 바란다.

끝으로 본 교재가 나오기까지 도와주시고 격려하여 주신 모든 분에게 감사를 드리고자 한다. 그리고 출판을 흔쾌히 허락하고 모든 지원을 해주신 박영스토리 노 현 대표와 편집부에게 정중하게 감사의 말을 전한다.

2020년 6월
집필자 일동

# 목 차

# PART 01

# 인권관점에서 바라본
# 학교폭력의 이해

## 1. 인권(人權)의 이해

왜 인권을 알아야 하는가? 인권은 인간의 '권리'이다. 인권은 사람이라면 누구나 당연히 누리는 기본적인 권리로서 보편적 권리이고 모든 사람을 향해 누구나 주장할 수 있는 일반적인 권리이다. 즉, 인류 보편적인 인권이 아동이나 청소년에게도 예외일 수 없다. 그러므로 인권은 미래의 주인인 아동·청소년들에게도 당연히 가지는 권리이며, 인권교육 또한 교육내용으로 선택할 것인지 말 것인지의 여지가 아니라 당연히 해야 할 도덕적 권리이다. 따라서 인권교육은 인간 존엄성을 실현하기 위한 인간의 삶의 모습을 있는 그대로 드러내는 교육이며, 기본적 자유를 증진·보호하기 위하여 학생들의 지식, 기량, 이해력을 갖추고 사고방식과 행동방식을 발전시켜 나갈 수 있도록 지원함으

표　권리로서의 구성요소와 인권

| 구성요소 | 내용 | 인권 | 인권의 권리적 성격 |
|---|---|---|---|
| 권리의 주체 | 누가 권리를 보유하는가 | 인간이라면 누구나 누림 | 보편적 권리 |
| 의무의 주체 | 권리 주체에 대해 의무를 부담하는 상대방은 누구인가 | 모든 사람 | 일반적 권리 |
| 권리 내용 | 무엇에 대한 권리인가 | 인간으로서의 삶에 매우 중요한 근본적인 가치 | 근본적 권리 |
| 권리의 근거 | 권리 인정의 근거가 되는 것은 무엇인가 | 법체계의 승인과 상관없이 오로지 인간이기 때문에 가질 수 있음 | 도덕적 권리 |

출처: 배화옥 외(2015). 인권과 사회복지. 나남.

로써 아동·청소년들이 사회적으로 보편적인 인권문화를 구축하고 방어하는 데 기여할 힘을 기를 수 있도록 실시하는 교육, 훈련, 의식 함양, 정보 제공 등 다양한 활동을 말한다(국가인권위원회, 2018).

## 1) 인권의 개념

역사적인 측면에서 인권의 개념은 봉건사회의 몰락과 근대 자본주의 사회의 형성으로 생겼으며, 17~18세기 유럽의 자유주의 정치사상에 입각한 자연법사상에서 비롯되었다(권중돈 외, 2016). 그러나 인권은 인간이기에 갖는 천부적인 권리라는 선험적이고 절대적인 최고선으로만 기술되는 정태적 개념이 아니며, 시대 상황과 사람들 사이의 의사소통과 상호작용을 통해 구성되고 진화하는 역동적 개념이다(Ife, 2000). 그러므로 인권의 관점은 매우 다양하고 기술하는 방법에 따라 인권 의미에 차이가 있다.

인권을 인간이기 때문에 당연히 갖는 천부적인 권리로서 인간의 존엄성을 보장받을 권리로 보는 관점이 있는가 하면, 평등한 권리 또는 차별받지 않을 권리로 보고 시대와 국가의 상황에 따라 천부적인 권리로서 인권 개념이 지니는 모호함을 비판하면서, 인권 관련 헌장, 선언, 국제규약, 헌법 등에 의해 구체적으로 규정된 권리로만 보아야 한다는 관점도 있다(Sweet, 2003). 이처럼 인권 개념은 학자마다, 사회적, 문화적 맥락에 따라 다르기도 하여 그 개념을 정확하게 규정한다는 것은 쉬운 일은 아니다.

인권의 뜻은 사전에서는 '사람이라면 누구나 태어나면서부터 당연히 가지는 기본적인 권리'를 의미한다(Daum 백과사전). 그러나 세계인권선언에서는 인권의 개념을 보다 적극적으로 해석해 '인간이 지닌 권리'라는 의미를 넘어 '인간이 존엄한 존재가 되기 위해 가져야 할 당연한 권리'로 보고 있다(국가인권위원회, 2004). 세계인권선언에서는 인권을 '인간이 누구이고 무엇을 하든지 간에 하나의 존엄한 존재로서 존중받을 권리'를 규정하고 있으며, 유엔 인권센터에서는 '인간의 타고난 천성에 내재하여 있는 것으로, 이것 없이는 인간으로 살 수 없는 권리'라 정의하고 있다(UN Center Human Rights, 2005). 또한 우리나라의 「국가인권위원회법」 제2조(정의)에서는 '「대한민국헌법」 및 법률에서 보장하거나 대한민국이 가입·비준한 국제인권조약 및 국제관습법에서 인정하는 인간으로서의 존엄과 가치 및 자유와 권리'라고 규정하고 있다(국가인권위원회법, 2020).

이러한 인권에 대한 개념 정의를 종합하면, 인권을 '인간이기에 갖는 본질적이고 선천적인 권리로서, 인간이 그 자체로서 존엄성을 인정받고, 인간답게 살아가는 데 필요한 모든 권리'라고 정의할 수 있다(권중돈 외, 2016).

1948년 「세계인권선언」에 제시된 인권은 단순히 인간의 권리를 넘어 인간이 되기 위한 권리, 인간이 가져야 하는 당연한 권리를 표현한다. 이에 인권은 다음과 같이 7가 지의 성격을 갖는다(이인규 외, 2016).

첫째, 인권은 인간이 갖는 기본적인 권리이다. 「세계인권선언문」 전문에 "인류 사회 의 모든 구성원은 타고난 존엄성과 남에게는 넘겨줄 수 없는 권리를 가지고 있다"고 되 어 있다. 내용의 '타고난 존엄성'이란 인간의 생존을 위해 최소한 필요한 것이기보다는 존엄한 인간으로서의 기본적으로 요구되는 삶이다. 즉, 존엄한 삶을 위한 기본적인 필 요로서, 사회에서 인간의 삶이 어떤 수준 이하로 내려가는 것을 막아 주는 것이 인권 이다. 사람의 권리(rights of man)가 아니라 사람답게 살 권리(human right)이다(전은주, 2017). 사람다움을 표현하는 권리이며, 인간으로서 존엄성과 가치를 귀중하게 해 주는 것이 바로 인권이다.

둘째, 인권은 인간이 갖는 보편적인 권리이다. 인권은 조건 없이 오직 인간이라면 모 두에게 적용할 수 있어야 한다. '~때문에'라는 어떤 조건으로도 제한할 수 없다. 따라 서 인권은 인간이 가지는 권리의 최고 가치이며, 보편적인 권리로 보아야 한다.

셋째, 인권은 약자를 위한 권리이다. 약자를 위한 권리는 보편적인 권리와 대립하는 의미는 아니다. 단, 약자들은 사회적 강자에 의해 유린당하기 쉬우므로 인간으로서 마 땅히 받아야 할 최소한의 기본적인 혜택이나 조건을 지킬 수 있도록 하는 권리로서 더 강조한다.

넷째, 인권은 책임을 동반한 권리이다. 인간의 삶은 타인과 관계를 맺고 있다. 그러므 로 인권적인 환경은 타인과의 상호관계 속에서 나타난다. 이러한 점에서 나의 인권뿐만 아니라 타인의 인권도 사회 제도적으로 보장되어야 한다. 그래서 한 개인이 인권과 관련 하여 갖는 책임은 자신의 인권을 알고 누려야 하는 책임뿐만 아니라 타인의 권리도 존중 하면서 지켜주어야 하므로 인권은 상호의존적이며, 사회적 연대를 필요로 한다.

다섯째, 인권은 개인뿐만 아니라 집단을 포괄한 권리이다. 인권침해 현상은 사회적 구조와 관련되거나 국가 간의 힘의 관계에서 발생하는 경우에 개별적으로 인권을 주장 하기에는 한계가 있다. 오늘날 세계화 시대에 지구에 불평등으로 억압받는 제3세대나, 자신의 국가에서조차도 고통받는 소수집단을 고려한다면 단순히 개인의 권리로만 인 권을 규정하는 것에는 어려움이 있다. 이 점에서 개인뿐만 아니라 사회, 공동체, 국가 모두 인권의 주체가 될 수 있어야 한다.

여섯째, 인권은 정당성의 기준으로서 국가의 물리적인 힘을 제한한다. 인간은 그 국가에서 실정법으로 정해놓은 제도적 장치에 의해 제한받고 살아간다. 이러한 제도적 제한이 구체적으로 드러나는 한 국가의 제도, 법률, 관습이 정당한지를 판단할 수 있는 기준이 된다. 반면 정당성이 없다고 판단될 때 인권은 제도적 제한과 권력을 통제하는 역할을 한다. 현실적으로 인권이 보장되기 위해서는 정치적 민주주의와 기본적인 자유가 지켜져야 한다.

일곱째, 인권은 사회변화를 요구한다. 인간의 존엄한 삶이 없다면 최소의 조건을 제시하고 그 조건에 맞도록 사회가 변화할 것을 요구한다. 이러한 인권의 사회변화 요구에 기반하여 끊임없는 투쟁이 현재의 인권 상태를 가능하게 한 것이며, 인권을 점점 더 풍부하게 만들어주는 근원이 된다.

## 2) 기본적 인권

기본적 인권이란 인간이 사회생활을 영위하면서 절대 불가결한 권리를 말한다. 출생과 함께 가지게 되는 인간 고유의 권리, 즉 천부적(天賦的) 인권이다.

기본권 사상은 프랑스 혁명과 미국의 독립으로 개인의 자유를 지키는 일이 국가의 임무라고 보는 사상인 자유주의가 보급되면서 확립되었다. "모든 사람은 태어나면서부터 남에게 물려줄 수 없는 고유한 권리를 지니고 있다. 이것이 자연권(自然權) 또는 인권이다. 국가는 그와 같은 인권을 옹호하기 위해 생긴 것이기 때문에 그들의 인권을 침해할 수 없다. 그러므로 인권은 국가에 선행하는 것이다." 프랑스나 미국의 인권선언은 이와 같은 인권을 보장하였다.

인권은 처음에는 전적으로 자유권을 뜻한다. 사상의 자유, 종교의 자유, 언론의 자유, 집회·결사의 자유, 거주·이전의 자유, 서신의 비밀, 주거의 불가침, 재산권의 불가침 등이 이에 해당한다. 참정권(參政權)은 인간으로서 가지는 권리가 아니라, 국가의 국민으로서 지니는 권리라고 하여 한때는 인권과 구별되었다(신창순, 2004). 하지만 20세기 1차·2차 세계대전을 겪으면서 국민주권이 확립되고 국가의 임무는 모든 국민의 생활을 보장하기 위해 존재한다고 보는 사상이 보급됨과 동시에 국민이 정치에 참여하는 권리(참정권)나 국민이 그 생활을 보장받는 권리(사회권)도 다 같이 인권 속에 포함되었다(김수현, 2005). 우리나라 헌법 기본권의 평등권은 사회생활을 함에 있어 불합리한 차별을 받지 아니할 권리이고, 자유권적 기본권은 적법 절차에 의하지 않고 신체의 구속을 당하지 않을 권리, 주거 및 사생활 영역에서 자유, 정신적 영역에서의 기본권, 자기의 생각을 여러 가지 형태로 표현할 수 있는 언론·출판·집회·결사의 자유, 정치적인 의견을 표현할 수 있는 표현의 자유이며(이경숙, 2012), 참정권은 공무 담임권, 공무원 선거권, 국민 투표권이다. 사회적 기본권은 근로의 권리, 노동3권, 교육을 받을 권리, 쾌적한 환경에서 생활할 수 있는 권리이고, 청구권적 기본권은 청원권, 재판 청구권, 형사 보상 청구권, 국가 배상 청구권, 국가 구조 청구권이다(이인규 외, 2016).

우리나라 헌법에 열거되지 않았더라도 기본권의 내용과 범주에 해당하는 것이라면 모두 기본권으로 인정하도록 규정하고 있는데, 연대권(right to solidarity)이 해당한다. 연대권은 공동체나 사회 전체 구성원들의 단결된 권리가 강조되기도 한다. 예를 들면, 개발에 대한 권리, 평화에 대한 권리, 커뮤니케이션에 대한 권리, 건강하고 쾌적한 환경에서 살 수 있는 권리, 인류 공동유산으로부터 이익을 얻을 권리, 인도적 조력을 받을 권리 등이 해당한다(김진섭, 2002). 또한, 정보통신 사회에서 새롭게 요구되는 정보에 관한 인권침해(개인정보 유출, 포르노 산업의 무차별 공략, 해커나 크래커의 불법적 행위 등)로부터 보호하려는 것도 등장하고 있다.

한편 우리 헌법에서는 국제조약도 국내법과 동일한 효력을 지닌다고 규정하고 있는데, 인권과 관련되어 주목되는 협약들은 다음과 같다.

- 세계 인권 선언(Universal Declaration of Human Rights)
- 시민적·정치적 권리에 관한 국제조약(International Covenant on Civil and Political Rights, 자유권조약)
- 경제·사회·문화적 권리에 관한 국제조약(International Covenant on Economic, Social and Cultural Rights, 사회권조약)
- 난민의 지위에 관한 국제조약(Convention Relating to the Status of Refugees)
- 여성차별철폐조약(Convention on the Elimination of All Forms of Discrimination against Women)
- 아동권리조약(Convention on the Rights of the Child)
- 고문방지조약(Convention against Torture and Other Cruel, Inhuman or Degrading Treatment or Punishment)
- 집단학살죄의 방지와 처벌에 관한 국제조약(Convention on the Prevention and

Punishment of the Crime of Genocide)
- 모든 형태의 인종차별 철폐에 관한 국제조약(International Convention on the Elimination of All Forms of Racial Discrimination)
- 이주노동자와 그 가족구성원의 권리 보호에 관한 국제조약(International Convention of the Protection of the Rights of All Migrant Workers and Members of Their Families)

### 3) 인권의 변천 과정

고대 그리스 사회에서 정치적 자유권을 가진 일부 시민이 있었고, 중세를 지나 근대에 이르면 경제권을 행사할 수 있었던 시민권자들이 있었으며, 1차·2차 세계대전을 거치면서 세계 여러 나라 대부분의 사람이 자유와 평등에 기초한 다양한 인간의 권리를 가지게 되었다(이인규 외, 2016). 이처럼 인류의 역사는 인권의 내용과 인권을 누리는 사람들의 양적인 면에서의 확대되고 성장하는 과정이라고 할 수 있다.

영어에서의 'right'는 원래 도덕적으로 올바른 것, 합리적인 것, 합법적인 것, 정당한 것이라는 의미도 포함한다. 19세기 초반 일본에서는 'right'를 번역할 때 '권리'라는 말 대신에 '정직(正直)'이나 '염직(廉直, 청렴하고 곧음)'이라는 용어로 번역하였으며, 19세기 후반이 되어서야 일본뿐만 아니라 중국에서도 '권(權)', '권리(權利)'로 번역했다(최현, 2008). 'right'가 원래 '올바름, 정당함'이라는 의미를 지닌다는 점은 인권을 이해하고자 할 때 매우 중요하다. 왜냐하면 이는 인권이 지향해야 할 방향 혹은 가치를 내포하기 때문이다. 즉, 인권의 권리임과 동시에 정의로움을 추구하는 것이어야 한다(배화옥 외, 2015).

인권이라는 말은 영어와 불어의 인권과 관련된 용어를 번역한 것이다. 중국과 일본은 인권보다는 민권(民權)으로 번역하여 사용되었으며(차명직, 2006), 한문의 '권(權)'자는 '저울추 권'으로 저울추가 무게의 경중을 결정하는 속성을 지닌다는 뜻을 차용해 권력 또는 권세의 의미를 지니게 되었다. 따라서 한문의 인권은 '사람이 갖는 권력'이라는 의미를 갖는다.

독일에서는 인권(menschenrechte)이라는 용어가 사용되기 이전에 인간의 권리(rechte der menschheit)라는 용어가 주로 사용되었으며, 영어권 국가에서는 인권이라는 용어를 사용하기 이전에는 자연법상에 근거한 자연권(natural right)이라는 용어가 주로 사용되었다. 영어권 국가에서 인권이란 용어는 프랑스혁명과 함께 공포된 '인간과 시민의 권리선언(Déclaration des droits de l'Homme et du citoyen'에 사용된 'droits de l'Homme'라는 용어)을 토머스 페인(Thomas Paine)이 1791년 '인간의 권리(Rights of Man)'라는 제목의 번역서로 출간하여 사용한대서 유래한 것으로 알려져 있다(Paine, 1987; 안치민, 2003).

하지만 여기에 사용된 'man'이라는 단어가 마치 여성을 제외하거나 차별한다는 오해를 불러일으킬 수 있다는 반대 의견 때문에 'human right'로 바뀌게 되었으며, 이때 권리(right)라는 용어는 '옳다(rectitude)'는 뜻과 '어떤 것을 요구할 수 있는 자격(entitlement)'이라는 뜻을 동시에 가지고 있다. 그러므로 인권이란 용어는 '옳고 정당한 어떤 것을 요구할 수 있는 자격'이라는 의미를 내포하고 있다(류은숙, 2009).

아동의 권리는 영국의 에글렌타인 젭(Eglantyne Jebb, 1876-1928) 여사가 아동권리선언을 성문화한 후 1924년 제네바에서 개최된 국제연맹 회의에서 이를 '아동 권리에 대한 제네바 선언'으로 채택한 데서 비롯되었으며, 1989년 '아동의 권리에 관한 국제 협약(UN Convention on the Right of the Child)'을 통과시켜 국제법으로 1990년 9월부터 효력이 발생하게 되었다. 우리나라는 1991년 이 조약에 비준하면서 협약 당사국이 되었으며, 아동을 보호하는 국내법과 제도를 만들 책임을 갖게 되었고 협약 이행 상황을 유엔 아동 권리위원회에 보고할 의무가 생겼다(전영주, 2014).

우리나라는 소파 방정환이 독립운동의 일환으로 펼친 아동 권리 옹호 운동 이후 아동 권리에 관심을 두게 되었다. 소파는 국가와 민족의 어려움 속에서 어린이를 잘 키우는 것만이 희망이라 생각하여 아동 중심 사회를 주장하였다. 이를 계기로 1922년 어린이날이 제정, 1923년 우리나라 최초의 아동권리선언이 채택, 1957년에는 대한민국 어린이헌장이 제정, 1961년에 아동복리법이라는 명칭으로 근대적 의미의 아동복지법이 제정되었으며, 1989년 선포된 '청소년헌장'은 1998년 인권 관점을 취해 개정되었고, 1998년에는 학생인권선언문이 채택되기도 하였다(전영주 외, 2013).

한편 청소년 복지권은 헌법, 청소년헌장, 청소년의 권리·책임과 가정·사회·국가 및 지방자치단체의 책임을 정하고, 청소년육성정책에 관한 기본사항을 규정한 청소년기본법과 청소년의 건전한 육성 및 보호를 위해 제정한 청소년보호법에 명시되어 있다.

## 2. 아동·청소년을 위한 인권교육 목적

### 1) 인권교육의 목적

인권교육의 근본적인 목적은 인권을 실현하는 데 있다. 인권교육은 모든 이들이 각 공동체와 사회에서 인권을 실현하는 데 공동의 책임이 있음을 이해하도록 하는 데 목적이 있다. 이 점에서 장기적으로 인권침해와 폭력적인 갈등을 방지하고, 평등성과 지속가능한 개발을 증진하며, 사람들이 민주적 제도 안에서 의사결정 과정에 참여하도록 돕는 데에 기여한다. 또한, 인권의 목표는 「세계인권선언문」 제1조에서 "모든 사람은 태어날 때부터 자유롭고 그 존엄하며 동등하다. 인간은 이성과 양심이 있으므로 서로에게 형제애의 정신으로 대해야 한다."에 명시하듯이 다음과 같다(전영주, 2014).

첫째, 기본적 자유에 대한 존중을 강화하는 데 있다. 모든 사람은 태어날 때부터 자유롭고 동등한 존엄과 권리를 가지므로, 인권교육은 인간으로서 자신의 존엄성을 파악하고 자존감을 갖도록 하는 것이다.

둘째, 인간의 존엄성에 대한 이해와 감수성이 최대한 발달하도록 해야 한다. 이는 자신의 권리뿐만 아니라 타인의 인권에 대해 책임감을 느끼도록 한다.

셋째, 다양한 인간과 집단에의 이해와 관용, 평등과 우정이 증진되도록 해야 한다. 오늘날 글로벌한 사회에서 다양성은 갈등의 원인이 될 수도 있으나, 다름과 차이를 인정하고 평등과 우정이 이루어질 때 인류의 진정한 성숙이 이루어질 수 있다.

넷째, 모든 사람들이 자유로운 사회에서 사회적 참여를 행할 수 있도록 해야 한다. 즉, 인권을 누리지 못하는 사람들의 인권을 찾아주기 위한 사회적 연대가 이루어져 인권이 완성되면 인권교육은 불필요해질 것이다.

인권과 가치교육, 세계화교육, 다문화교육, 평화교육, 지속가능한 개발을 위한 교육을 학교 제도 내에 인권교육의 교육적 요소들을 내용과 방법론에 포함해야 한다. 그리고 인권에 관한 지식과 기술을 제공하고 인권에 대한 가치관과 태도를 이해하여 인권 친화적인 행동의 발달을 통하여 인권침해와 학대를 예방하고, 보편적인 인권문화를 구축하고 증진할 수 있도록 역량 강화에 공헌해야 한다. 또한, 「유엔인권교육훈련선언」 제2조에 의하면 인권교육 훈련의 3대 구성요소를 다음과 같이 제시하였다(도회근, 2015).

첫째, 인권에 대한 교육(education about human right)이다. 인권에 대한 지식 제공, 인권의 기준 및 원칙의 이해, 인권 보호의 기반이 되는 가치관과 인권 보호 체계에 관한 사항을 의미한다.

둘째, 인권을 통한 교육(education through human right)이다. 상호 존중의 교육과 학습에 관한 사항으로, 교수방법 자체에서 교육자와 학습자 양자 모두의 권리를 존중해야 한다는 것이다.

셋째, 인권을 위한 교육(education for human right)이다. 모든 인권교육 훈련의 궁극적 목적은 인권을 위한 것으로 인권 지향적이어야 한다. 다시 말해 인권교육은 자신의 권리를 실천하고 향유해야 하며 타인의 권리를 존중하고 보호할 수 있어야 하며 역량 강화를 지향해야 한다.

## 2) 아동·청소년을 위한 인권교육

청소년의 개념은 일정한 단계를 거치면서 사회, 문화, 시대에 따라 청소년의 범위가 다르게 적용되어 있음을 볼 수 있다. 우리나라의 경우에도 각 법률에 따라 청소년의 범위가 다르게 적용되고 있는 실정이다. 즉,「아동복지법」및「UN아동권리협약」에 따라 아동은 0~18세 미만과「청소년 기본법」등에 따른 청소년의 연령은 9~24세 이하인 자로 나누어 아동정책과 청소년정책을 구분하기도 한다. 그 외에도「청소년보호법」에는 19세 미만인 자,「민법」에서는 청소년에 해당하는 미성년자를 20세 미만인 자로 구분하고 있다(여성가족부, 2018).

아동권리에 비해 청소년권리에 대한 국제사회의 논의는 활발하게 이루어지지 않았다. 청소년권리 혹은 청소년 인권만을 따로 규정한 국제협약이 없을뿐더러, 아동을 18세 미만이고 청소년은 9~24세 이하인 자로 정의할 때 청소년이 대부분 포함되어 청소년권리보장은 아동권리협약의 틀 속에 포함되어 있다. 1985년 '세계 청소년의 해'를 계기로 비로소 청소년권리에 대한 논의가 시작되면서 인식을 환기하였다(이용교 외, 2004).

근대사회에서는 아동은 권리의 주체로서 인식되지 못하였고, 20세기에 들어와 아동의 권리가 대두되면서 아동을 온전한 인격적 존엄과 권리를 지닌 존재로 보기 시작하였다. 즉, 아동권리는 아동이 수동적인 보호 대상이 아닌 능동적인 권리의 주체라는 생각이며 아동복지의 이념과 실천의 기초로서 강조된다(오정수 외, 2008). 또한 아동권리는 부모 및 국가의 책임과 지원이 있어야만 가능하며 사회전체의 공감대가 형성되고 법 제도가 확립되어야만 획득될 수 있다(배화옥, 2010).

1993년 세계인권회의에서는 아동과 청소년인권이 핵심의제로 심도 있게 논의되면서, 아동과 청소년 인권침해 방지대책 마련과 아동과 청소년에 대한 학교 인권교육의 실시 등을 포함하였다. 세계 청소년의 해 10주년인 1995년에 유엔은 청소년권리에 대한 국제사회의 책임을 지기 위하여 '2000년을 넘어 세계청소년행동계획(World Programme of Action for Youth to the Year and Beyond)'을 도출하였다. 여기에서는 청소년을 동반자로 인식하면서 교육, 고용, 기아와 빈곤, 건강, 환경, 약물의존, 일탈 행위, 여가활동, 소녀와 젊은 여성, 참여 등 10개 우선영역에서 청소년의 상황을 개선하고 복지를 증진시키기 위한 청사진을 제시하였다(배화옥 외, 2015).

## 3) 인권감수성 향상을 위한 실천

### (1) 유엔아동권리협약

UNICEF의 아동권리교육 툴킷(Child Right Education Toolkit)에서 아동권리교육은 "유엔아동권리협약(United Nation Convention on the rights of Child)의 조항과 원칙, 그리고 아동권리기반접근법을 알려주어 성인과 아동이 아동권리를 위해 가정, 학교, 지역사회에서 행동할 수 있도록 배우는 것"을 말한다. 다시 말해 아동권리교육은 권리에 대한 지식을 배우는 교육이 아닌 행동에 옮기는 것에 관한 교육이며, 모든 아동의 권리 실현을 보장하는 사회로 변화하기 위한 역량을 기르는 것을 강조한다. 아동권리기반접근법은 유엔아동권리협약과 국제인권협약에서 규정한 아동권리를 실현하고 아동이 자신의 권리를 행사하는 권리주체(rights holder)와 의무이행자(duty－bearer)로서의 역량을 기르는 것을 말한다(UNICEF, 2014).

1989년 11월 20일 유엔총회에서 채택된 유엔아동권리협약은 국제적인 인권조약으로 아동의 생존권, 보호권, 발달권, 참여권 등 아동과 관련된 모든 권리를 규정하고 있으며, 아동을 보호의 대상이 아닌 권리의 주체로 인식하였다는 점에서 아동 관련 인권조약의 새로운 지평을 열었다고 할 수 있다(김은정 외, 2018). 이는 전 세계적으로 가장 많은 국가의 비준을 받은 국제법이며, 우리나라도 1991년 11월 협약에 가입하였다. 유엔아동권리협약의 구성은 전문과 총 54개의 조항으로 구성되어 있다. 제1부는 실질적인 규정으로 아동권리에 관한 포괄적인 내용이 담겨있고, 제2부는 아동권리 실현을 위하는 과정과 점검에 대한 내용으로 구성되어 있으며, 마지막 제3부는 부칙으로 서명, 가입, 비준, 개정절차 등의 내용이 담겨있다.

- 제1부(01조~41조): 실질적 규정, 가입국의 의무규정(substantive provision)
- 제2부(42조~45조): 이행조치 규정(implementation/monitoring)
- 제3부(46조~54조): 부칙(서명, 가입 등)

총 54개 조항으로 구성된 유엔아동권리협약은 4가지 기본권, 4가지 기본원칙, 1가지 과정(유엔아동권리협약 4-4-1 모델)으로 다음과 같이 설명할 수 있다.

① 4대 기본권

- 생존권
- 기본적인 삶을 누릴 수 있는 권리
- 적절한 생활 수준, 안전한 거주지, 충분한 영양 섭취와 의료 서비스 등
- 보호권
- 모든 위험과 차별로부터 보호받을 수 있는 권리
- 모든 형태의 폭력, 차별, 과도한 노동, 부당한 대우, 약물, 유해환경으로부터 보호
- 발달권
- 아동의 잠재능력을 최대한 발휘하는 데 필요한 권리
- 교육, 여가와 문화생활, 정보획득, 생각과 양심의 자유 등
- 참여권
- 자신에게 영향을 주는 문제에 참여할 수 있는 권리
- 의사 표현의 자유, 아동 의견 존중, 정보 접근, 모임의 자유 등

② 4대 기본원칙

- 비차별
- 성별, 나이, 종교, 인종, 국적, 재산, 능력, 사회적 신분 등 어떠한 이유에서든 차별이 없어야 함
- 단, 취약한 집단(이주노동자 자녀, 장애아동, 난민아동 등)에 대해서는 특별한 배려가 필요함
- 아동 최선의 이익
- 아동에 관한 모든 활동에 있어 아동의 이익이 최우선으로 고려되어야 함

– 아동에게 미치는 '이익'이 무엇인지 상세분석이 선행되어야 함
• 생명, 생존과 발달
– 아동은 특별히 생존과 발달을 위해 다양한 보호와 지원을 받아야 함
• 의견 존중과 참여
– 아동은 자신의 능력에 맞게 적절한 사회활동에 참여할 기회를 가짐
– 자신의 생활에 영향을 주는 일에 대하여 의견을 말할 수 있어야 하며 그 의견을 존중받아야 함

③ 1과정

• 아동의 권리를 지키고 실현하는 일은 정부, 비정부, 국제기구, 가정, 학교를 망라한 우리 모두의 책임!

유엔아동권리협약 제5조에서는 권리주체와 의무이행자로서 아동권리협약 이행의 1차적 책임이 부모와 국가에 있다고 규정하고 있다. 그러나 1차적 책임이 국가와 부모에게 있지만, 아동권리 실현을 위해서는 국가와 부모를 포함하여 가족, 아동, 교사, 지역사회, 지방자치단체 등 사회 구성원 모두가 그 책임이 있음을 명확히 이해해야 한다.

그림  권리주체와 의무이행자

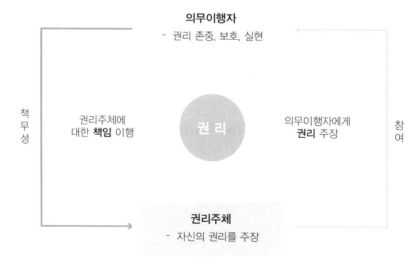

출처: 세이브칠드런 팜플렛 참조.

권리주체는 참여를 통해 자신의 온당한 권리를 주장할 수 있는 사람을 의미하고, '의무이행자'는 다른 사람의 권리를 존중하고 지켜야 하는 책임을 진 사람을 의미한다. 모든 아동은 자신의 권리를 보호받아야 하는 권리주체이고, 모든 성인은 아동의 권리를 존중하고, 보호하고, 실현해야 할 책임이 있는 의무이행자이다. 그리고 모든 아동이 권리를 가지고 있다고 해서 오로지 나만의 권리를 주장할 수는 없다. 아동은 권리주체임과 동시에 타인의 권리를 존중하고 지켜줘야 할 책임을 진 의무이행자이기도 하다.

## (2) 인권감수성 향상

홍봉선 외(2012)는 청소년을 대상으로 한 인권교육의 중요한 목적 중 하나는 학습자의 인권감수성 향상이라고 하였다. '감수성'이란 사전적 의미로 자극을 받아들여 느끼는 성질이나 성향, '민감성(sensitivity)'이라는 표현과 유사한 의미가 있다(Daum 백과사전). 여기에 인간이 인간답게 살기 위해서 반드시 보장받아야 할 권리인 '인권'을 덧붙인 단어가 '인권감수성'이라고 할 때, 인권감수성은 일상생활에서 만나는 다양한 자극이나 사건에 대하여 매우 작은 요소에서도 인권적인 요소를 발견하고 적용하면서 인권을 고려하는 것이라고 할 수 있다(강석권, 2012). 나아가, 우리의 일상 현실을 인권의 관점에서 바라볼 수 있는 능력, 인권 문제에 민감하게 반응하는 능력, 그리고 인권침해를 받은 사람들에 대해 마음 아파하고, 문제를 함께 해결해 나가려고 하는 마음 등을 포함하는 것이다(이인규 외, 2016).

인권감수성이란 개념은 일반적으로 상황지각능력, 결과지각능력, 책임지각능력 등으로 구분되는데, 상황지각능력이란 어떤 상황을 인권의 문제로 인식하고 받아들이는가에 대한 해석능력이며, 결과지각능력은 타인에게 미칠 행동의 가능한 결과를 상상하고 이해할 수 있는 능력이며, 책임지각능력이란 인권과 관련된 행동에 대한 책임을 지각하고 이를 실제 행동으로 실천하고자 하는 의지를 의미한다(전영주 외, 2014).

이에 교수방법은 인지능력 중심의 교육과 행위 성향 중심의 교육으로 나눌 수 있다(구정화 외, 2009). 인지능력 중심의 인권교육은 인권과 관련된 보편적 지식이나 사고능력을 길러주는 데 초점을 둔 접근법으로, 세계인권선언, 아동 권리에 관한 협약 등에 담긴 인권의 개념적 지식 이해, 자신과 타인에 대한 공감 및 사회적 갈등에서의 올바른 해결을 위한 사고 방법, 교실 내 토론과 교육 활동을 통해 인권의 의미를 이해하는 것 등을 포함하며, 행위 성향 중심의 인권교육은 인권과 관련된 행위를 체험하고 반복적으로 연습함으로써 인권친화적 행위 성향이 있도록 하는 접근법이다(전영주 외, 2013). 이를 위해 학습자가 교실을 벗어나 실제 인권이 침해되는 상황을 관찰하거나, 사례를 다루어보는 간접경험을 하며 토론을 통해 반성하고 실천으로 이어지도록 한다(구정화 외, 2009).

이와 더불어 구정화(2009) 등은 수업은 다양한 시청각 자료 등 대중매체를 활용하여 학습자의 활동 중심 수업을 통해 이루어져야 함을 강조하면서 인권교육의 교수학습원리 중 다음과 같은 사항을 강조하였다.

첫째, 일방적이거나 지시적인 방법이 아닌 학습자 스스로 활동에 참여함으로써 경험하도록 하는 데 주안점을 둔다.

둘째, 인권적 분위기에서 쌍방향적 의사소통과 학습자의 역동적 참여가 보장되어야 하고, 교수자는 활동의 촉진자 역할을 한다.

셋째, 소집단 활동을 중심으로 활발한 토론이 이루어지고, 학습자의 관심에 따라 자기주도적 학습이 이루어져야 한다.

인권교육을 위한 학교에서의 교사의 역할은 인권 학습을 도와주는 촉진자 또는 매개자가 되어야 한다. 이러한 교사는 인권교육 환경을 위해 교실에서 다음과 같은 문항을 항상 확인하며 실천해야 한다(구정화 외, 2009).

첫째, 학생들 간에 폭력이나 따돌림 행위는 없는가?

둘째, 특정 학생에 대한 편견은 없는가?

셋째, 학생들 간에 폭력이 있을 때 적절한 조치가 취해지는가?

넷째, 학칙을 정하는 과정에 학생들의 의견이 반영되는가?

다섯째, 교사의 지도 시 학생들에게 굴욕감을 일으키는 경우는 없는가?

여섯째, 교사가 학생을 부를 때 이름으로 부르는가?

일곱째, 교사가 학생들에게 가능하면 존댓말을 사용하는가?

여덟째, 교사는 모든 학생을 평등하게 대하는가?

그리고 인권교육 훈련은 다양한 수업 매체를 활용하여 바람직한 방향의 인권과 자유 증진을 위한 방법과 해결책을 찾아야 한다. 이를 위해 4차 산업혁명 시대에 맞는 첨단

교육 시스템과 대중매체를 활용해야 하며, 특히 문화예술은 인권교육 훈련 및 인식증진에 있어 중요한 도구로 활용될 수 있다.

## 3. 학교폭력과 인권

　청소년기 발달상 발생할 수 있는 여러 문제 중 사회적으로 관심이 고조되고 있는 것은 학교폭력이다. 협의의 학교폭력은 가해자나 피해자가 모두 학생이고 폭력이 교내에서 발생하는 경우를 말하고, 광의의 학교폭력은 교내에서뿐만 아니라 학교 주변에서의 폭력까지 포함하여 학생이 당한 모든 피해를 의미한다고 한다(심응철, 1996). 학교폭력은 학교를 중심으로 하루 중 많은 시간을 함께 보내는 동일집단 내의 인간관계에서 발생하고 반복·지속한다는 특성 때문에 그 사회적 의미와 후유증이 심각하다. 청소년들의 학교폭력을 줄이기 위한 방안으로는 사전에 예방할 수 있는 예방대책과 이미 발생한 폭력에 대해 효과적으로 대응할 방안으로서 사후 교정대책이 요구된다. 사전대책은 가정, 학교, 사회 그리고 정부의 예방대책이 요구되고, 반면, 사후 대책은 학교, 사회적 처우 및 법적 대책 그리고 교정교육이 요구된다(정옥분, 2015).

### 1) 학교폭력의 개념과 실태

#### (1) 학교폭력의 개념

　학교폭력이란 '학교'와 '폭력'이라는 용어의 결합으로 학교의 의미는 학교 주변을 중심으로 일정한 거리 이내에 위치한 지리적·공간적 장소를 지칭하는 것이며(김창군 외, 2010), 폭력은 "다른 사람에게 남을 거칠고 사납게 제압할 때에 쓰는, 주먹이나 발 또는 몽둥이 따위의 수단이나 힘. 넓은 뜻으로는 무기로 억누르는 힘을 이르기도 한다(국립국어원 표준국어대사전)."고 하였다. 따라서 폭력에는 단순한 물리력의 행사로 인한 신체적 피해뿐만 아니라(박상도, 2001), 정신적인 것도 포함하고 있다(이상원 외, 2006). 학교폭력은 학교 내외에서 학생 간에 발생하는 대표적인 인권침해 행위로, 겉으로 드러나지 않도록 은근히 괴롭히는 수준부터 중한 법적 처벌을 받을 수준의 폭력까지 포괄하는 개념이다(한국교육신문, 2018). 따라서 「학교폭력예방 및 대책에 관한 법률」에서는 학교폭력의 법률적 정의를 "학교 내외에서 학생을 대상으로 발생한 상해, 폭행, 감금, 협박, 약취·유인, 명예훼손·모욕, 공갈, 강요·강제적인 심부름 및 성폭력, 따돌림, 사이버 따돌림, 정보통신망을 이용한 음란·폭력정보 등에 의하여 신체·정신 또는 재산상의 피해를 수반하는 행위"를 말한다(학교폭력예방 및 대책에 관한 법률 제2조 제1항). 즉, 학교폭력이란 학생 상호 간에 힘의 불균형의 존재하는 상황에서 신체적·환경적 욕구를 충족하기 위한 의도적인 목적으로 대인과 대물에 관계없이 교내·외 또는 사이버 환경에서 발생하는 언어적·심리적·물리적·관계적 폭력을 의미한다(백사인 외, 2015).

학교폭력은 공간적으로 교내에서 이루어진 폭력만이 아니라 학교 밖에서 이루어진 경우에도 학교폭력에 해당하며, 구법 제2조 제1호는 '학생 간' 발생한 행위만을 학교폭력으로 규정하여 왔지만, 가해자나 피해자 중 일방이 근로 청소년 등 학생이 아니면 학교폭력이 적용되지 않아 보호되지 않았다(박병식 외, 2014). 하지만 개정법은 학생이 아니더라도 피해학생에 대한 보호를 위해 학교폭력의 개념을 '학생을 대상으로' 발생한 행위로 확대하여 학교 밖 청소년 등에 의한 학교폭력도 같은 법에 따라 규제할 수 있게 되었다(이승현, 2012).

또한, 학교폭력을 학생 개인 또는 또래집단 간의 반복적이고 부정적인 행동(Olweus, 1993), 학생 개인 간의 문제를 포함하여 교사에 의한 체벌, 부적절한 행위, 성추행 등 학교에서 하는 학습을 방해하거나 환경을 저해하는 범죄적 행동과 공격적 행동(Fulong, 2000)으로 정의하여 광범위하게 보기도 하고, 학생들로 한정해서 정의하기도 한다.

최근 학교폭력은 언어·신체폭력이 일어나고 있는 것은 물론이며 가해자와 피해자의 저연령화 현상과 정신적 폭력 증대, 그리고 잔인함과 흉폭화, 집단화 등과 같은 다양한 현상이 나타나며 이러한 특징은 다음과 같다(정현주 외, 2012; 최종혁, 2002; 이종복, 1997; 김준호, 1992).

첫째, 정신적 폭력 증대와 잔인성이다. 피해학생은 극한 정신적 피해로 우울증, 자살 충동 등의 정신질환이 나타난다. 또한, 가해자는 점차 잔인해지고 비인간적인 방법으로 폭력을 행하고 있으며 이유 없이, 재미로 폭력을 행하거나 죄의식이나 미안함을 보이지 않는 경우가 많다.

둘째, 학교폭력이 점점 저연령화된다. 학교폭력이 과거에는 중학교와 고등학교 사이에서 주로 발생하지만, 요즈음은 초등학교 때부터 나타난다. 따라서 초등학교 때부터 주의 깊게 바라봐야 한다.

셋째, 가해학생의 집단화 경향성이 있다. 어른들의 조직폭력처럼 조직화 혹은 집단화를 추구하며, 일부 가해학생들은 성인 폭력조직과 연계되는 경우도 있다. 이런 집단화 경향성은 학교폭력이 더욱 가혹해지고 범죄화하는 원인이 되기도 한다.

넷째, 학교환경과 주변 학생의 폭력이다. 예전에는 성적이 좋지 않거나 불우한 청소년들이 가해자가 되었지만, 요즈음은 성적이 우수하고 또래관계도 좋은 학생들도 가해자가 되는데, 이는 입시위주의 비인간적인 교육풍토가 만들어낸 결과라고 볼 수 있다.

다섯째, 학교폭력의 가해와 피해의 악순환이다. 학교폭력 피해 경험이 있는 학생이 다시 폭력을 당하지 않기 위해 다른 학생에게 폭력을 행사하는 경우와 같이 학교폭력은 피해와 가해의 악순환이 반복된다.

여섯째, 흉포화와 여학생 폭력이다. 학교폭력은 시간이 지날수록 그 정도가 점점 심각한 현상으로 나타나고 있다. 또한, 여학생들에게까지 파급되어 그 피해가 심각하게 나타났다. 특히 여학생들 사이의 폭력은 집단을 행하는 경향성이 두드러진다.

일곱째, 언어적·정서적 폭력과 폭력의 지속성이다.

학교폭력은 단순한 신체적 폭력이 아닌 강제적 심부름, 사이버폭력, 성적 모독 등 언어적·정서적 폭력이 증가하는 추세에 있다(조종태, 2013). 언어적·정서적 폭력은 인터넷과 스마트폰, SNS 등을 통해 손쉽게 반복적으로 이루어지고 있어 문제가 더욱 심각하다. 또한, 가해자가 주위에 알린 피해자에게 보복 폭행을 하거나 처음 피해를 가한 학생이 친한 주위 학생과 함께 폭력을 행사하는 등 학교폭력 가해자 중 2회 이상의 경험이 있는 학생의 비율이 상당히 높다. 더구나 또래를 폭행하거나 성추행하는 동영상을 인터넷상에 유포시킴으로써 피해학생들에게 더 심각한 상처를 주기도 한다(신성철 외, 2017).

학교폭력은 가해자와 피해자 서로 간의 조정이 원만하게 해결되지 않으면 지속할 확률이 높기 때문에 심각하다. 또한, 소수의 경우를 제외하고 대부분은 군중심리가 작용한다. 특히 청소년은 친구들끼리 모여 행하는 집단동조 현상이 있다.

그림  학교폭력의 정의

출처: 푸른나무재단 청예단.

## (2) 학교폭력의 실태

과거의 학교폭력의 전형적인 유형은 신체폭력이나 금품갈취가 많았다. 최근에는 인터넷과 스마트폰 등 통신 매체의 발달로 나타나는 유해환경이 증가함에 따라 성폭력, 사이버 폭력, 매체 등이 증가하는 추세이다. 한국교육개발원·한국교육학술정보원(2019)의 2019년 2차 학교폭력의 유형별 실태 보고에 의하면 피해유형별 비중은 언어폭력(39.0%), 집단 따돌림(19.5%), 스토킹(10.6%), 사이버괴롭힘(8.2%), 신체폭행(7.7%), 성추행·성폭행(5.7%), 강제심부름(4.8%), 금품갈취(4.5%) 순이었다. 모든 학교급에서 언어폭력과 집단 따돌림이 1, 2순위를 차지하였으며, 초·중학교는 스토킹, 사이버괴롭힘이, 고등학교는 성폭력, 스토킹이 그다음 순위를 차지하였다(한국교육개발원, 한국교육학술정보원, 2019).

**표** 학교급별 피해유형 비중(19년 2차 조사)

| 피해<br>유형 | 언어<br>폭력 | 집단<br>따돌림 | 스토킹 | 사이버<br>괴롭힘 | 신체<br>폭행 | 강제<br>심부름 | 성추행·<br>성폭행 | 금품<br>갈취 |
|---|---|---|---|---|---|---|---|---|
| 전체(%) | 39.0 | 19.5 | 10.6 | 8.2 | 7.7 | 4.8 | 5.7 | 4.5 |
| 초 | 39.5 | 20.3 | 10.3 | 7.7 | 7.7 | 4.9 | 5.2 | 4.3 |
| 중 | 38.3 | 17.0 | 11.6 | 9.7 | 8.4 | 4.2 | 5.7 | 5.1 |
| 고 | 35.0 | 19.7 | 9.7 | 8.2 | 3.9 | 7.3 | 12.5 | 3.7 |

출처: 교육부(2020). 제4차 학교폭력 예방 및 대책 기본계획 발표 보도자료.

피해학생은 '피해경험 해결에 도움이 되는 것'으로 '가족의 도움'(33.0%), '선생님의 도움'(30.9%), '친구·선배·후배의 도움'(17.0%), '학교 상담선생님의 도움'(4.8%), '117 신고'(4.2%), '학교 밖 상담기관(청소년상담센터 등)의 도움'(2.7%), '경찰에 신고'(1.9%) 순으로 응답하였으며, 5.6%는 '아무것도 도움이 되지 않음'으로 응답하였다. 또한, 전체 가해응답률은 0.6%이며, 학교급별 가해응답률은 초등학교 1.2%, 중학교 0.5%, 고등학교 0.1%로 나타났다. 가해학생은 학교폭력 가해의 주된 이유를 '장난이나 특별한 이유 없이'(33.2%), '상대방이 먼저 괴롭혀서'(16.5%), '오해와 갈등으로'(13.4%) 등의 이유로 가해 이유를 인식했다. 가해 중단 이유에 대해서는 '나쁜 것임을 알게 되어서'(28.1%),

'화해하고 친해져서'(23.1%), '선생님과 면담 후'(19.0%), '학교폭력 예방교육을 받은 후'(12.1%) 등의 순으로 응답하였다(교육부, 2020).

전체 목격응답률은 3.4%이며, 학교급별 목격응답률은 초등학교 5.1%, 중학교 2.8%, 고등학교 1.4%로 나타났다. 목격 시 대처와 관련하여 '피해학생을 돕거나 주위에 신고'한 비율은 68.8%이며, '아무것도 하지 못했다'는 29.5%로 나타났다. 피해학생을 돕거나 주위에 신고한 경우 대처방법으로 '피해를 받은 친구를 위로하고 도와주었다'(34.7%), '때리거나 괴롭히는 친구를 말렸다'(19.9%), '보호자, 선생님, 학교전담경찰관 등 주위에 알리거나 신고했다'(14.2%) 순으로 응답하였다(교육부, 2020).

효과적인 예방대책으로는 '학교폭력 예방 및 대처방법 교육'(25.0%), '학교 안과 밖에 CCTV 설치'(15.1%), '스포츠·문화예술 활동 등 체험활동'(14.9%) 등 순으로 응답하였으며, 효과적인 예방교육 방법으로는 '공감, 의사소통, 감정조절 등의 교육 프로그램이나 활동'(31.6%), '방송·비디오·동영상 시청을 통한 예방교육'(23.7%), '수업내용에 포함한 예방교육'(22.0%), '학생참여(캠페인, 동아리 등) 활동'(20.0%) 등으로 응답하였다.

학생들에게 필요한 예방교육 내용으로는 '학교폭력을 당했을 때 대처방법'(28.0%), '피해학생을 도와주는 방법'(20.7%), '공감·의사소통 등을 잘하는 방법'(19.3%) 순으로 나타났다. 일반적으로 학생들은 '학교폭력 발생 원인'으로 '단순 장난으로'(29.4%), '특별한 이유 없이'(19.2%), '피해학생 말·외모가 이상해서'(14.7%), '가해학생 힘이 세서'(11.6%) 등의 순으로 인식하였으며, '향후 학교폭력 발생 시 대처'와 관련하여서는 '선생님에게 알린다'(29.8%), '피해학생을 도와준다'(20.4%), '117에 신고한다'(15.7%), '가해학생을 말린다'(11.5%), '보호자에게 도움을 요청한다'(9.8%), '경찰에 알린다'(8.2%), '친구·선배에게 말한다'(3.7%) 순으로 응답하였다. 0.9%는 '아무것도 도움이 되지 않으므로 도움요청 안 함'으로 응답하였다.

## 4. 학교폭력의 유형

인권적 관점에서 볼 때 학교폭력은 학교라는 교육공동체 안에서 일어나는 따돌림 및 폭력 행위가 학교 청소년의 존엄권, 평등권, 안전권, 자유권, 평화권, 교육권 등의 기본 권리를 침해하고, 공동체에 대한 의무와 타인의 권리 존중에 대한 의무를 저버리는 대표적인 학교 내 반인권적 현상이라 정의할 수 있다(전영주 외, 2013). 폭력 피해학생에게는 회복하기 어려운 정서적 손상을 입히고, 폭력 가해학생에게는 치유의 기회를 얻지 못하도록 하며, 교육공동체를 분열시키고, 대다수 방관자 청소년이 그릇된 갈등대처 방법을 학습하게 하므로 학교폭력이야말로 인권지향적 사회의 걸림돌이다. 학교폭력은 크게 물리적 폭력, 정서적 폭력, 사이버 폭력, 성적 폭력으로 분류된다. 이 중에 물리적 폭력은 금품갈취, 신체폭력, 게임을 빙자한 폭력 등을 포함하며, 정서적 폭력은 집단 따돌림, 강제 심부름, 언어적 폭력 등을 포괄한다(한국교육신문, 2018). 사이버 폭력은 인터넷과 휴대폰 등 정보통신기술을 이용한 폭력 형태를 의미하며, 성폭력은 가벼운 성추행부터 중증의 성폭력까지 포괄한다. 학교폭력은 어떠한 유형의 형태이든 개인의 권리 침해와 공동체를 무너지게 하는 행위이다.

### 1) 신체폭력

신체적 폭력은 상대에게 해를 끼치기 위해 사용하는 물리적 힘으로, 신체에 직접적으로 해를 끼치는 행동을 비롯하여 공포심을 주는 심리적 위협 행위이다. 즉, 폭력의 대상이 되는 학생들에게 직접적으로 물리적인 힘을 가하는 것을 의미한다. 따라서 주먹으로 때리기, 구타, 상해, 패싸움, 기물 파괴, 흉기 소지, 그리고 성폭력 및 흉기를 이용한 위협적인 행위 등이 신체적 폭력에 해당한다(신성철 외, 2017). 신체폭력에는 감금죄, 상해죄, 폭행죄, 약취, 유인죄 등이 있으며 그 내용은 다음과 같다(김다현 외, 2017).

### (1) 감금죄

일정한 장소에서 쉽게 나오지 못하게 하는 행위를 말한다. 실제 특정한 장소에 가둬두는 행위 외에도 문을 열어 두어 피해자가 충분히 나올 수 있는 장소이지만 옷을 벗겨 거리를 마음껏 활보하지 못하게 하는 행위도 감금죄에 해당한다.

### (2) 상해죄 · 폭행죄

손, 발로 때리거나 도구를 사용하여 피해자의 신체에 고통을 주는 행위를 말한다. 상해는 고의로 사람의 신체를 상하게 하는 행위를 말하며, 폭행은 사람에 대해 불법한 유형력을 행사하는 경우로 처벌될 수 있다. 신체의 접촉이 있도록 힘을 가하는 폭력 행위뿐만 아니라 멱살을 잡는다든가 옷을 잡아당기거나, 사람이 있는 쪽으로 돌을 던지거나 오토바이를 가지고 돌진하는 경우 등의 경우를 모두 폭행으로 볼 수 있다.

상해죄는 폭행의 정도가 심각하여 병원에서 치료를 필요로 하는 경우에는 보통 진단서가 첨부되는 경우에 해당된다. 폭행죄는 신체에 유형력을 행사하였다는 점에서 상해죄와 공통점이 있으나 폭행의 정도가 상해죄보다 약하여 특별한 치료를 필요하지 않는 정도의 신체에 해를 끼친 행위이다. 또한, 폭행죄는 반의사불벌죄라고 하여 피해자의 의사에 반하여 처벌할 수 없는 죄를 의미한다. 즉, 피해자가 처벌을 원치 않으면 처벌할 수 없는 죄로 폭행죄, 협박죄, 명예훼손죄 등이 있다.

### (3) 약취 · 유인죄

약취와 유인죄는 공통으로 학생을 일정한 장소로 데려가는 것을 말한다. 다만 약취죄는 공포 · 무서움을 유발하여 그 장소로 가지 않으면 안 될 것 같은 느낌을 들게 하여 데리고 가는 경우를 말하며, 유인죄는 상대를 속이거나 유혹해서 해당 장소로 데리고 가는 것을 말한다.

## 2) 금품갈취 및 강요

금품갈취는 학생들을 대상으로 돈이나 물건을 강제로 빼앗는 행위를 의미하며, 폭행이나 협박을 동반하는 경우가 많다. 즉, 갚을 생각이 없으면서 돈을 빌리는 행위, 상대방에게 옷이 예쁘다는 말을 은근히 계속하면서 입고 있는 옷을 빼앗기, 돈을 걷어오라고 하기, 교통카드, 핸드폰 등 개인물품을 빼앗는 경우가 많다(신성철 외, 2017).

금품갈취라는 단어는 법에서 사용하는 용어는 아니며 협박을 전제로 하여 재산상의 피해를 가져오는 행위를 뜻하는 것인데, 이러한 행위를 형법에서는 공갈이라고 한다.

「형법」제350조 제1항에 공갈이란 "공갈하여 재물의 교부를 받거나 재산상의 이익을 취득한 자"로 정의되어 있으며, 같은 법 제324조 제1항에 강요는 "폭행 또는 협박으로 사람의 권리행사를 방해하거나 의무 없는 일을 하게 한 자"라고 정의되어 있다. 대부분의 사람은 금품갈취나 강요와 관련된 행위에 대해서는 낮은 죄책감, 적은 죄의식을 보이는 경우가 있다. 즉, 피해 발생에 대해 금전적으로 보상하거나 다시는 그런 행동을 하지 않겠다는 약속을 하면 문제가 해결될 것이라는 인식이 팽배하다. 하지만 이와 같은 인식은 법 규정과 많은 괴리가 있다. 특히 실제 「형법」상 공갈죄는 다른 범죄와 비교하여서도 매우 무거운 처벌 규정을 두고 있다(김다현 외, 2017).

### 3) 언어폭력

언어적 폭력은 상대방을 놀리거나 비꼬는 행위, 뚜렷한 이유 없이 습관적으로 사용함으로써 상대방의 정서에 악영향을 미치는 것을 의미한다. 즉, 여러 사람 앞에서 상대방에게 해를 끼칠 목적으로 여러 사람 앞에서 수치심이나 모욕적인 용어(외모 놀림, 병신, 바보 등 비하하는 내용)를 지속해서 말하거나 그런 내용의 글을 인터넷, SNS 등으로 퍼뜨리는 행위는 모욕죄, 명예훼손죄로 처벌받는다. 내용이 진실이라도 범죄이고, 허위인 경우 가중 처벌을 받는다(신성철 외, 2017).

### 4) 따돌림

청소년에게 가장 많은 영향을 미치는 사람은 부모보다 같은 연령대의 또래 친구다. 일반적으로 또래 친구는 서로에게 영향을 미치는 모델로서, 강화 자로서, 사회적 비교 집단으로서, 사회적 지지자로서의 역할을 수행한다. 그러므로 청소년은 친구 집단에 소속하고, 친구로부터 호의적인 반응을 얻고 집단에 소속하는 것을 매우 중요하게 생각한다. 청소년의 친구 관계에서 가장 문제시되는 것은 집단동조성 혹은 집단에 대한 동조압력이다. 집단의 바람직한 가치 규범에 동조하는 것은 미래의 성공적인 삶에 긍정적 영향을 미치지만, 음주와 흡연, 폭력 등 바람직하지 못한 규범에 동조하면 문제행동을 유발할 수 있다(이미리 외, 2019).

「학교폭력예방 및 대책에 관한 법률」 제2조 제1의 2호에는 "따돌림"이란 학교 내외에서 2명 이상의 학생들이 특정인이나 특정 집단의 학생들을 대상으로 지속적이거나 반복적으로 신체적 또는 심리적 공격을 가하여 상대방이 고통을 느끼도록 하는 일체의 행위를 말한다. 또한, "사이버 따돌림"이란 인터넷, 휴대전화 등 정보통신기기를 이용하여 학생들이 특정 학생들을 대상으로 지속적, 반복적으로 심리적 공격을 가하거나, 특정 학생과 관련된 개인정보 또는 허위사실을 유포하여 상대방이 고통을 느끼도록 하는 일체의 행위를 말한다. 집단 따돌림은 집단 괴롭힘, 또래 괴롭힘, 또래 따돌림, 이지메 등의 용어로도 쓰이기도 한다.

집단 따돌림에 대한 도덕적 판단을 내리는 데 적용할 수 있는 가장 중요한 기준 중의 하나는 "집단 따돌림은 틀림없이 구성원 사이에 불평등을 갖다 주어 '모든 사람은 평등하다'는 명제에 위반된다"는 점이다. 평등은 자유와 함께 인간이 인간됨을 실현하는 가장 중요한 방편 중의 하나이다. 이때 평등이라는 말은 성질 또는 특성을 지칭하기도 하지만 다른 한편으로는 대우와 취급을 지칭한다(박진규, 2015). 구본용(1997)은 집단 따돌림을 두 명 이상의 급우가 집단을 이루어 특정한 학생을 소외시켜 그가 학교에서 부여받은 역할 수행에 제약을 가하거나 인격적으로 무시 혹은 음해하는 언어적·신체적인 일체의 행위로 정의하였다(이상균, 1999, 재인용). 또한 박경숙(1999)은 한 집단의 구성원 중 자기보다 약한 상대를 대상으로 또는 집단의 암묵적인 규칙을 어긴 자를 대상으로 여럿이 함께 또는 개인이 돌아가며 지속적인 신체적·심리적 공격을 가하여 반복적으로 고통을 주는 행동이라고 정의하였다(박경숙, 1999). 청소년은 따돌림을 당하고 난 후에 등교 거부, 무기력, 학교생활 부적응, 성적 저하, 우울증, 함묵 등의 현상을 나타내며, 비율은 낮지만, 가출과 자살 시도 등도 보고(이미리 외, 2019)되고 있다.

### 5) 성폭력

성폭력이란 상대방의 동의 없이 힘의 차이를 이용하여 상대방의 성적 자기결정권을 침해하는 모든 성적 행위를 의미한다(한국양성평등교육진흥원, 2018). 성적 자기결정권이란 자신이 원하는 사람과 원하는 방식으로, 성적 행위를 결정할 권리를 말하며, 그리고 원치 않는 성적 행위를 거부할 수 있는 권리를 말한다.

고선영 외(2004)은 성폭력을 물리적 혹은 사회적 폭력 및 위협을 통해 육체적, 심리적 혹은 경제적 압력을 가하고 성적 결정권을 침해하는 행위로 정의한다. 성 결정능력이 없거나 의사표현능력이 없는 상대방을 이용한 성적 행위까지도 성폭력에 포함하고 있다. 성폭력은 성폭력 피해자의 자유로운 성적 결정권을 침해하는 범죄이기 때문에 강간뿐만 아니라 불쾌감을 야기시키는 추행, 성희롱 등 모든 신체적, 언어적, 정신적 폭력을 포함하는 광범위한 개념으로 정의되고 있다(이영숙 외, 2004). 2012년에 개정된 「성폭력범죄의 처벌 등에 관한 특례법」에서는 음행매개, 음화반포, 음화제조, 공연음란, 추행 또는 간음을 목적으로 하는 약취와 유인, 강간, 강제추행, 미성년자에 대한 간음, 추행, 업무상 위력 등에 의한 간음, 강도강간 등을 성폭력 범죄로 규정하고 있다. 이러한 맥락에서 청소년 성폭력은 청소년을 대상으로 강간, 추행, 음화, 제조 및 음화반포 등의 행위를 하거나 청소년이 이러한 가해행위를 하는 것으로 정의될 수 있다(정규석 외, 2017).

성폭력 피해자는 심각하고 다양한 문제를 겪게 되며, 그 문제는 장기적으로 지속된다(고선영 외, 2004). 초기에는 불안이나 두려움, 분노와 적대감과 같은 정서적 경험과 과도한 성적 호기심, 무단결석, 가출 등의 행동 문제를 겪게 된다. 장기적으로는 우울증, 불안과 긴장, 낮은 자존감과 부정적인 자아개념, 사회적 상호작용 및 대인관계에서의 장애를 경험하게 된다.

성폭력 피해자들은 대부분의 성폭력증후군(sexual violence syndrome)과 손상된 상품 증후군(damaged goods syndrome)의 증세를 겪게 된다(Burgess, 1985; 박용순, 2000, 재인용). 즉, 피해자 자신을 정숙하지 못한 여자로 인식하며, 순결 이데올로기로 인하여 자신을 가치 없는 존재로 여기고, 자포자기에 빠지게 되며 성폭력의 원인을 자신에게 돌리면서 죄의식을 갖는다. 공포감, 불안, 악몽 등의 심리적 불안감으로 기본적인 생활을 제대로 할 수가 없으며, 우울증을 앓거나 결국 자살을 시도하는 경우가 많다(정규석 외, 2017).

## 6) 사이버폭력

인터넷, 휴대전화를 매개로 한 정보통신망을 통해 특정 학생들을 대상으로 지속적·반복적으로 심리적 공격을 가하거나, 특정 학생과 관련하여 명예 혹은 권익을 침해하여 신체적·정신적 피해를 주어 상대방에게 피해를 주는 일체의 행위를 말한다. 사이버폭력의 유형은 사이버 공간에서 모욕적인 언사나, 욕설, 인신공격성 발언 등을 행하는 사이버 모욕, 인터넷을 이용하여 특정인에게 원치 않는 접근을 지속해서 시도하는 사이버 스토킹, 특정인에 대한 허위의 글이나 명예에 관한 사실을 인터넷에 게시하여 불특정 다수에게 공개하는 사이버 명예훼손 등이 있다(김민선, 2018). 또한, 성적인 묘사 혹은 여성비하 발언, 여성에 대한 성차별적 욕설 등을 유포하거나 음란한 동영상, 사진 등을 유포하는 사이버성폭력, 개인의 프라이버시에 해당하는 내용을 언급하거나 신상정보를 유포시키는 프라이버시 침해 및 신상정보의 유포 등의 형태가 있다(김영화 외, 2017).

최근에는 청소년들이 학교에서 왕따시키는 상황을 촬영하여 인터넷에 올리는 등 사이버폭력의 정도가 더욱 심해지고 있다. 현재 사이버 왕따는 '사이버 불링(cyber bullying)' 또는 '사이버 집단 괴롭힘'이란 용어로도 일컬어지고 있다.

국회 교육문화체육관광위원회는 2016년 교육부로부터 제출받은 '학교폭력 및 조치현황' 자료에 따르면, 전체 학교폭력 건수는 2012년 2만 4,709건에서 지난해에는 1만 9968

건으로 3년 새 19.1% 감소했다. 그러나 사이버 학교폭력의 경우 2012년 900건에서 지난해에는 1,462건으로 3년 만에 1.62배로 늘었다. 이는 청소년들이 모바일 메신저나 소셜 네트워크서비스(SNS) 등을 활발하게 사용하면서 학교폭력의 양상도 과거와 달라지는 것으로 보인다. 또한, 학생들 사이에서 일명 '카톡감옥', '떼카', '방폭' 등의 사이버폭력이 점점 심해지고 있다(서울경제, 2016). '떼카'란 단체 채팅방에서 피해학생에게 집단으로 욕설을 하는 행위를 일컫는 은어이며, '카톡감옥'은 이같은 괴롭힘이 싫어 단체 채팅창에서 나간 학생을 계속 초대해 빠져나가지 못하게 하는 일을 뜻한다. '방폭'은 단체 채팅방에 피해학생만 남겨두고 모두 퇴장해 피해학생을 온라인에서 왕따시키는 것을 일컫는다(연합뉴스, 2016). 한편, 스마트폰 과의존 위험군 학생이 증가하고 '데이터 셔틀'이나 '카카오톡 왕따' 등 사이버 폭력 비중도 높아지는 등 학생들의 '사이버 중독'과 함께 사이버 폭력은 증가할 것으로 보인다. 사이버 폭력 피해학생은 일반 학생보다 자살과 같은 극단적인 선택을 할 위험성이 훨씬 더 높다. 신체적 폭력이 가해지지 않는 만큼 부모나 선생님 등 주변에서 알아차리기 쉽지 않다. 또 사이버 공간에서 이뤄지는 만큼 기존 폭력과 달리 24시간 시간이나 장소에 제한 없이 피해학생을 괴롭힐 수 있어 피해학생의 입장에서는 더욱 고통스러울 수밖에 없다. 정신, 정서적 폭력이라는 점에서 청소년들에게 치명적일 수 있다. 전문가들이 사후 처벌을 강화하는 것도 중요하지만 사전 예방에 힘을 쏟아야 한다고 입을 모으는 이유다. 특히 상당수 사이버 폭력이 재미나 장난으로 시작되는 경우가 많은 만큼 명확한 인지 교육이 중요하다(머니투데이, 2018).

**표  학교폭력 유형**

| 유형 | 학교폭력예방법 | 예시 |
|---|---|---|
| 신체<br>폭력 | 상해, 폭행,<br>감금, 약취 · 유인 | • 일정한 장소에서 쉽게 나오지 못하도록 하는 행위(감금)<br>• 신체를 손, 발로 때리는 등 고통을 가하는 행위(상해, 폭행)<br>• 강제(폭행, 협박)로 일정한 장소로 데리고 가는 행위(약취)<br>• 상대방을 속이거나 유혹해서 일정한 장소로 데리고 가는 행위(유인)<br>※ 장난을 빙자해서 꼬집기, 때리기, 힘껏 밀치는 행동 등도 상대학생이 폭력 행위로 인식한다면 이는 학교폭력에 해당 |
| 금품<br>갈취 | 공갈 | • 돌려줄 생각이 없으면서 돈을 요구하기<br>• 옷, 문구류 등을 빌린다며 되돌려주지 않기<br>• 일부러 물품을 망가뜨리기<br>• 돈을 걷어오라고 하기 등 |

| 언어<br>폭력 | 명예훼손,<br>모욕, 협박 | • 여러 사람 앞에서 상대방의 명예를 훼손하는 구체적인 말(성격, 능력, 배경 등)을 하거나 그런 내용의 글을 인터넷, SNS 등으로 퍼뜨리는 행위(명예훼손)<br>※ 형법상 내용이 진실이라고 하더라도 범죄이고, 허위인 경우에는 가중 처벌<br>• 여러 사람 앞에서 모욕적인 용어(생김새에 대한 놀림, 병신, 바보 등 상대방을 비하하는 내용)를 지속해서 말하거나 그런 내용의 글을 인터넷, SNS 등으로 퍼뜨리는 행위(모욕)<br>• 신체 등에 해를 끼칠 듯한 언행(죽을래 등)과 문자메시지 등으로 겁을 주는 행위(협박) |
|---|---|---|
| 강요 | 강제적 심부름,<br>강요 | • 속칭 빵 셔틀, 와이파이 셔틀 등<br>• 의사에 반하는 행동을 강요(과제 대행, 게임 대행, 심부름 강요)<br>• 폭행 또는 협박으로 상대방의 권리행사를 방해하거나 억지로 시키는 행위(강요)<br>※ 속칭 바바리맨을 하도록 강요하는 경우, 스스로 자해하거나 신체에 고통을 주게 하는 경우 등이 강요죄에 해당함 |
| 따돌림 | 따돌림(집단) | • 집단으로 상대방을 의도적이고, 반복적으로 피하는 행위<br>• 싫어하는 말로 바보 취급 등 놀리기, 빈정거림, 면박주기, 겁주는 행동, 골탕 먹이기, 비웃기<br>• 다른 학생들과 어울리지 못하도록 막기 등 |
| 성폭력 | 성폭력 | • 폭행·협박을 하여 성행위를 강제하거나, 유사 성행위, 성기에 이물질을 삽입하는 행위(성폭력)<br>• 상대방에게 폭행과 협박을 하면서 성적 모멸감을 느끼도록 신체적 접촉을 하는 행위(성추행)<br>• 성적인 말과 문자 등으로 상대방이 성적 굴욕감, 수치감을 느끼도록 하는 행위(성희롱) |
| 사이버<br>폭력 | 사이버 따돌림,<br>정보통신망을<br>이용한 음란·<br>폭력정보 등에<br>의해 신체·정신<br>또는 재산상<br>피해를 수반하는<br>행위 | • 특정인에 대해 모욕적 언사나 욕설 등을 인터넷 게시판, 채팅, 카페 등에 올리는 행위<br>• 특정인에 대한 허위 글이나 개인의 사생활에 관한 사실을 인터넷, SNS, 카카오톡 등을 통해 불특정 다수에 공개하는 행위<br>• 성적 수치심을 주거나, 위협하는 내용, 조롱하는 글, 그림, 동영상 등을 정보통신망을 통해 유포하는 행위<br>• 공포심이나 불안감을 유발하는 문자, 음향, 영상 등을 휴대폰 등 정보통신망을 통해 반복적으로 보내는 행위 |

출처: 김다현 외(2017). 유아교사를 위한 학교폭력의 예방 및 학생의 이해. 어가.

학교폭력은 교사 본인이 생각했을 때 큰 피해가 발생했다고 여겨지는 사건만을 학교폭력으로 보는 것이 아니라 학생들의 '사소한 괴롭힘'이나 '장난'이라고 가장하여 피해를 유발한 모든 행위도 학교폭력이라 할 수 있다. 또한 「학교폭력예방 및 대책에 관한 법률」에 정의된 학교폭력은 폭행, 상해뿐만 아니라 명예훼손, 모욕 등 여러 형태를 포함하는 개념이고, 그중 강제적인 심부름, 따돌림, 사이버 따돌림을 제외한 나머지 모두는 「형법」 또는 특별법상 그 자체가 범죄로 규정되고 있다(교육과학기술부, 2012). 따라서 법적으로 학교폭력 문제가 단순한 학생들 간의 다툼이나 갈등으로 이해하는 관용적 태도로 접근할 수 있는 차원의 문제가 아님을 알 수 있다(김다현 외, 2017).

## 5. 학교폭력의 원인

학교폭력 예방과 대처를 위한 효과적인 대안 마련을 위해서는 원인에 대한 정확한 진단이 요구된다. 학자들은 학생들의 개인적·가정적 요인에서 학교폭력의 원인을 찾고자 하는 경향과 지역사회의 맥락에서 범죄현상을 이해하려는 노력이 이루어지고 있다(Sampson et al., 2002; Wilcox, et al., 2004; 정진성, 2009). 학교폭력을 발생시키는 요인들은 서로 복합적으로 연관되어 있다. 학교폭력은 개인의 폭력에 대한 인식이 부족하고, 가정환경을 비롯하여 주위의 여러 환경이 원만하지 못하여 타인에 대한 배려 부재로 인해 날로 증가하고 있다. 따라서 청소년의 학교폭력 원인은 개인적 요인, 가정적 요인, 학교 요인, 사회환경 요인으로 구분하여 살펴보고자 한다(조성연 외, 2016).

### 1) 개인적 요인

정상적인 발달을 이룬 청소년은 양심과 도덕, 자기통제력을 얻게 되는데, 그렇지 못한 경우 스스로 열등감을 느끼고 자신에 대한 기대가 높지 않고 부정적인 행동을 나타내는 경향이 있다. 그리고 가족과의 관계, 외부의 대인관계에서 소외감을 느끼게 되고 인간관계가 불행하며, 부정적인 사고가 강하여 폭력적인 성향과 반사회적 행동을 하게 된다. 또한, 개인중심적인 행동이 많고 자아조절능력이 약하므로 정서적으로 불안정하여 가정생활이나 학교생활에서 불만과 좌절을 경험하게 되면서 그것을 폭력적인 행동으로 표출하게 된다(권일남 외, 2017).

학교폭력 가해학생은 일반적으로 공격적인 행동성향이 강하다. 충동적이며 사람을 지배하려는 욕구가 강하고 다른 사람에게 공감하는 능력이 부족하다(Olweus, 1978). 학자에 따라 반사회적이며 품행장애 성격이 강한 행동으로 정의되기도 한다.

피해학생의 경우 안정감이 없고, 조심스러우며, 예민하고, 다른 사람으로부터 공격 받았을 때 흔히 위축되어 있거나 소극적으로 대처한다. 저학년의 경우 더욱 두드러진 다(Greenbaum et al., 1989). 또 자존감이 낮으며 자신이 처한 상황에 대해서 부정적으로 생각하고 실패자로 여기는 경향이 강하다(Olweus, 1993).

## 2) 가정적 요인

산업화 이후 핵가족화와 현대사회의 복잡한 가족구조로 말미암아 취업여성의 증가, 이혼증가, 주말부부 증가, 자녀 수 감소, 그리고 주거생활 변화 등으로 인하여 문제 가정이 많이 나타났다. 이러한 가정의 붕괴는 정상적인 가정환경에서 자라지 못한 학생들과 밀접한 상관이 있다(조선일보, 2013.01.01.). 산업사회로 오면서 가정역할 축소 및 영역이 줄어들게 되었고, 교육적 기능에도 이상이 있어 정서적으로 불안한 가정이 늘어나고 있으며(정진성, 2009), 청소년의 폭력행동에 영향을 미치고 있다.

또한 부모 간의 폭언, 폭력행사, 청소년 자녀에 대한 부모의 폭언, 폭력정도(이상균, 2005), 양친의 불화와 갈등, 방임 및 가정의 부도덕, 핵가족하의 부모양육의 양극화, 과잉보호 등은 가정의 본질적인 기능인 적절한 보호와 정서적 안정을 저해하여 영향을 미치는 요인으로 작용한다(최운선, 2005; 한상철, 2004). 따라서 가족체계의 문제가 해결되지 않을 경우 학교생활에서의 문제로 연결되어 학교폭력이 유발될 수 있다(이상균, 2005). 가정폭력을 경험한 청소년들이 공격성이 높고(김혜원 외, 2000; Hershorn & Rosenbaum, 1985; Porter & O' Leary, 1980), 학교폭력 가해행동 정도가 높은 것으로 나타났다(김영순, 2007; 김정옥 외 1999).

## 3) 학교 요인

학교는 학생이 하루일과 중 가장 많은 시간을 보내는 장소임과 동시에 학교폭력의 물리적·심리적 행동을 행사하는 장소이다. 학교폭력 학교 요인은 학교에서의 학업 성취, 교사와 학생 간의 상호작용, 비행친구와의 접촉, 학교 문화 등이 학교폭력에 영향을 미치는 요인이다.

입시 위주의 교육제도로 학생들의 개성이 무시되다 보니 청소년들은 스트레스를 받고 다른 방식으로 표출하는데, 그것이 폭력행동으로 나타나기도 한다. 또한 교사와의 친밀감이 낮을수록(김치영, 2002), 교사의 지지가 낮을수록(이은주, 2000) 폭력 행동을 보일 경향이 높았다. 그리고 폭력적인 교사, 비일관적이고 감정적으로 대하는 교사에게 청소년은 스트레스를 받아 폭력을 모방함으로써 문제해결을 위한 하나의 방식으로 폭력을 선택하게 된다.

한편, 학교폭력에 영향을 미치는 학교 분위기는 교칙이 공정하게 적용되고, 학생의 자율성이 중시되는 협력적인 학교 문화가 허용되어야 한다. 어떠한 폭력도 용인되지 않는다는 학교 분위기에서 학생들은 학교가 폭력으로부터 자신을 보호해 줄 수 있는 안전한 곳이라는 생각을 할 수 있으며, 불안감에서 벗어나 학습활동에 열중할 수 있다.

### 4) 사회환경 요인

목적을 위해서는 수단을 가리지 않고 인권보다는 권력과 황금을 중시하였던 사회지도층의 부정과 부패는 한탕주의를 비롯한 황금만능, 물질 만능 풍조의 만연을 초래하고 급기야 인간경시 풍조를 초래하고 있다. 이러한 어른들의 가시적 · 비가시적 폭력은 청소년들에게 폭력을 정당화하고 심지어 미화시키는 문화를 만들었으며, 폭력을 휘두르는 것이 용감하고 남자다운 행동이라고 잘못 이해하는 사회 분위기 속에서는 폭력이 근절되기 어렵다(홍봉선 외, 2018).

청소년의 학교폭력에 영향을 미치는 사회환경으로는 학교 주변에서 성행하고 있는 유해환경과 인터넷, 온라인 게임 등의 유해 매체의 영향을 들 수 있다. 가정과 학교에서 소외된 청소년들, 학업 스트레스에서 벗어나 건전한 문화활동과 여가활동을 할 수 있는 청소년 문화 공간의 부족에 직면한 청소년들은 주변의 유해환경과 퇴폐향락 문화에 쉽게 접근하게 된다. 이에 민감한 청소년들은 쉽게 유혹받고, 그곳에서 전개되는 폭력적 행위에 대한 모방은 학교폭력의 원인이 되고 있다(이승철, 2006).

또한, 인터넷 중독이 심해질수록 학교폭력에 대한 인식수준이 둔감해지고 학교폭력 피해자의 피해를 당연시하며, 피해의 책임 소재를 피해자의 탓으로 돌리는 경향이 커지는 것으로 나타났다(최은정, 2006).

청소년에게 대중매체의 영향은 매우 크다. 대중매체가 사회적 책임을 지고 제공되기보다는 상업주의적인 면을 강조하다 보니 흥미 위주의 폭력적이고 성적인 문화를 여과 없이 청소년들에게 전달하고 있다. 대중매체에서 나타나는 폭력이 청소년에게 폭력을 조장하기도 하고, 자신과 관련이 없는 것에는 자신의 안전을 위해 다른 사람에게 신경 쓰지 않고 묵인하는 사회적 이기주의가 확산되었다. 그런 이유로 폭력행동을 하는 청소년은 자신의 행동에 대한 반성보다는 지속적인 폭력으로 또 다른 폭력을 낳게 되는 현상이 발생한다(권일남 외, 2017).

## 6. 학교폭력으로 인한 인권침해

제4차 학교폭력 예방 및 대책 기본계획(2020~2024)에 따라 학교폭력 발생 시 피해학생에 대한 보호·치유를 위한 지원을 강화하고, 가해학생은 특별 교육기관의 질 관리를 강화하여 특별교육 프로그램을 통해 학교폭력 재발 방지 효과를 높인다고 하였다(교육부, 2020). 하지만 방관자 학생에 대한 큰 영향력을 감안한다면 방관자에 대한 교육의 관심도는 작다고 볼 수 있다. 방관자 학생은 가해자와 피해자에게 지속해서 영향을 끼치는 집단이다. 방관자가 피해자 편에 서게 된다면 왕따 현상을 비롯한 학교폭력 피해를 감소시키는 영향력이 있는 구성원이 될 수 있으므로, 학교폭력에 대한 예방 및 중재에서는 이들의 주체가 되는 접근이 중요하다(전영주 외, 2014). 그러므로 방관자 학생에 대한 교육 프로그램이 더욱더 필요한 실정이다.

### 1) 피해학생의 삶과 행동

기본적인 인권을 침해받은 학교폭력 피해학생의 경우는 분노와 불안, 공포, 우울감, 자책감, 원망감 등을 경험하며 자존감이 낮아지고 외상 후 스트레스 장애나 불안 우울증을 겪기도 한다(권재기, 2011; 윤선애, 2007; 조유진, 2011; 진태원, 2008). 또한 가해학생에 대한 복수심을 갖게 되고, 공격적인 성향으로 대인관계와 의사소통, 그리고 자아형성에 어려움을 갖게 된다. 그리고 피해자인 당사자가 가해자가 되어 타학생을 괴롭히는 악순환을 가져오기도 한다. 그뿐만 아니라 피해자는 개인의 존엄권이 심각하게 손상된 결과로 죽음을 생각하기도 한다. 국내외 연구는 학교폭력이 청소년의 자살 행동에 유의한 영향을 미치며 여학생보다 남학생에게 영향력이 큰 것으로 밝히고 있다(김재엽 외, 2010; 박재연, 2010).

하연희(2000)의 연구에 따르면 청소년들이 자살하고 싶은 상황 중 가장 높은 순위가 학교폭력과 친구들로부터의 따돌림이라고 하였으며, 외국의 문헌 역시 학교폭력에 노출될수록 우울과 자살의 위험이 더 높다고 보고하였다(Flannery, Wester, Singer, 2004).

이 같은 연구들은 학교폭력이 피해학생의 존엄권, 자유권, 안전권, 평화권, 교육권 등 기본 권리를 심각하게 침해하고 있음을 단적으로 보여주는 결과이다(전영주 외, 2014).

## 2) 가해학생의 삶과 행동

인권침해의 주체가 되는 가해학생의 경우, 타인에 대해 공격적·지배적·과시적이며, 좌절감, 왜곡된 우월감의 추구, 자기중심 경향, 타인에 대한 수용 능력의 부족 등 불안전한 심리적 특성을 보인다(Boulton & Smith, 1994). 이러한 특성은 전두엽 실행 기능의 결함과 관련 있는 것으로, 가해자의 정신건강 문제는 품행장애, 반항성 장애, 주의력 결핍 과잉행동장애, 반사회적 성격장애, 히스테리성, 편집성, 의존적 성격장애 등이 있으며, 우울증과 비행장애가 동반되는 '우울 행동장애'라는 진단이 내려지기도 한다(진태원, 2008). 따라서 인권적 관점에서 볼 때 가해학생은 처벌에 앞서 치료와 심리상담을 필요로 하는 대상으로 접근해야 한다. 가해학생의 문제가 제대로 다루어지지 않을 경우 장기적으로 성인기에 법률에 저촉되는 행동 문제를 보일 가능성이 높다(조유진, 2011). 해외 연구들은 집단 괴롭힘 등 학교폭력이 성인기의 비행이나 반사회적 행동, 폭력 범죄에 심각한 영향을 준다고 밝히고 있다(Wong, 2004; Kinlock, Battjes, & Gordon, 2004; 이창훈 외, 2009, 재인용). Leventhal(1994)은 집단의 바람직하지 않은 기준에 대한 동조성은 중학교 2, 3학년경에 가장 높다는 결과를 보였다. 이런 문제로 인해 청소년기의 친구관계에서 가장 문제가 되는 것이 '집단 따돌림' 혹은 '왕따' 현상이다.

한편 학교폭력이 심각한 인권침해를 한 범죄행위일지라도 가해학생에 대한 국가의 대응은 처벌이 아닌 보호 중심이어야 한다. 세계적으로 소년범죄자에 대한 국가 사법의 대응은 선도 분이며, UN의 '아동·청소년권리조약 37조'에 따르면 어떠한 아동도 위법적 또는 자의적으로 자유를 탈당하지 아니한다고 명시되어 있다. 국제 인권기준이 청소년 사법에서 비범죄화를 주요 원칙으로 한 이유는 청소년에게 자유를 박탈하는 행위는 자유와 미래를 준비할 시간을 빼앗는 행위이며, 미래의 희망까지 포기시키는 행위이기 때문이다. 이러한 국제원칙을 고려할 때 청소년 학교폭력 역시 비범죄화를 원칙으로 교육과 복지의 차원에서 해결해야 할 것이다(배경내 외, 2006; 홍봉선 외, 2018, 재인용).

## 3) 방관자 학생의 삶과 행동

학교폭력 행위에 적극적으로 개입되지 않은 방관자 집단 또한 건강한 갈등 대처를 배울 기회를 놓치며 정상적인 발달이 위협될 수 있다는 점에서 인권침해를 받고 있다. 폭력을 목격한 학생도 폭력 행동을 학습할 수 있으며, 또래 압력에 의해 자기 생각과 배치되는 행동을 지속적으로 겪을 경우 자존감 및 자기효능감의 저하, 만성적 무력감 등의 후유증이 생길 수 있으며, 평화롭게 학습할 수 있는 교육권이나 평화권이 침해된다는 문제도 있다(전영주 외, 2014). 그러므로 방관하는 학생의 행동은 피해자뿐만 아니라 본인의 인권 역시 침해받는 결과를 낳을 수 있다는 문제의식을 느끼고 적극적이며 실천적인 인권 행동을 할 수 있도록 이들을 대상으로 인권 강화교육을 할 필요가 있다. 이들은 잠재적으로 피해학생에 대한 방어자 역할을 할 수 있으므로, 방관자 학생들을 학교공동체의 인권지킴이로 양성하는 방안을 고려해야 한다.

살미발리(Salmivalli etc, 1996)는 학교폭력 역할 유형을 여섯 가지로 분류하였는데, 이를 토대로 엄명용 외(2011)가 한국 초·중·고등학생 1,822명의 역할 유형을 분석하였다. 아래의 표에서 보듯이 우리나라 학교폭력 행위자 유형 중 가장 높은 비율을 차지하는 범주는 방관자(60.8%)였으며, 다음으로 방어자(28.2%), 조력자(12.7%), 강화자(9.5%)의 순이었고, 가장 낮은 비율을 차지하고 있는 것은 가해자(5.0%)와 피해자(5.5%)로 나타났다.

표  학교폭력 행위자 유형별 빈도

| 역할 | 역할 설명 | 빈도 |
| --- | --- | --- |
| 가해자 | 적극적, 주도적으로 괴롭힘. 행동을 이끌어 가는 사람 | 5.0% |
| 조력자 | 가해자의 추종자로서 가해를 도와주는 사람 | 12.7% |
| 강화자 | 가해자의 행동을 격려해 주는 사람 | 9.5% |
| 방어자 | 피해자의 편을 들러주는 사람 | 28.2% |
| 방관자 | 학교폭력에 대해 반응하지 않고 피하는 사람 | 60.8% |
| 피해자 | 학교폭력에서 희생당하는 사람 | 5.5% |

출처: 엄명용 외(2011). 학교 내 청소년들의 권력관계 유형과 학교폭력 참여역할 유형. 한국사회복지학, 63(1), pp.241-266.

이와 같은 이유로 학교폭력에 대한 개입이 가해자/피해자 이분법적 도식에서 벗어나 다수인 방관자 중심으로 선회할 필요성이 제기되었다. 특히 학급공동체 전체의 인권감수성을 길러 인권친화적 교실 분위기가 조성될 때 학교폭력이 근절될 수 있으며, 이들 방관자가 방어자 역할로 선회할 수 있다면 교실 문화는 친인권적으로 변화될 것이기 때문이다(전영주 외, 2014).

# PART 02

# 학교폭력의 발달적 이해

　청소년기는 흔히 심리적 격동기라고 일컬어지며, 인간의 생애 단계에서 영유아기 이후 가장 많은 신체적, 정신적 변화를 경험하는 시기이다. 청소년기는 급격한 신체적 발달과 인지 정서 발달, 생활 환경과 사회적 관계의 확대 등 여러 국면의 변화 속에서 정체성의 혼란과 정서적 불안 등의 많은 발달상의 문제에 직면하여 주어진 발달과업을 성취해야 하는 시기이다.

　발달적 관점에서 청소년기는 심리적 이유기(psychological weaning)로 아동기까지 지속되던 부모에 대한 의존과 동일시로부터 벗어나 자율성과 책임감을 획득해야 하는 시기로 청소년기 부모-자녀관계는 갈등을 수반한다고 본다(송명자, 1996). 그러나 보다 최근에는 종래의 청소년기 부모-자녀관계와는 다른 견해를 가진다. 즉, 청소년기는 모든 영역에서 반드시 부모로부터 독립과 자율성을 획득해야 하는 시기가 아니라 부모와 안정된 애착관계를 유지하며, 의사결정 능력이 부족한 분야에서는 부모로부터의 계속적인 조언을 받는 것이 도움이 되는 시기로 본다. 즉, 부모-자녀관계에 있어서 안정된 애착과 신뢰가 유지되는 것은 청소년기 긍정적인 심리적 발달에 중요한 요인으로 간주된다. 한편, 청소년기 부모-자녀 간에 나타나는 가벼운 갈등은 청소년들의 심리적 발달에 긍정적인 영향을 미친다고 보는데(Kupersmidt, Burchinal, Leff, & Patterson, 1992), 실제로 부모와 다소간 갈등이 있다고 보고하는 청소년들이 갈등이 없다고 보고하는 집단에 비해 보다 적극적이고 자아정체성을 탐색하고 있었다는 연구를 찾아볼 수 있다(Cooper, Grotevant, Moore, & Condon, 1982: 송명자, 1996에서 재인용). 그러나 부모와 청소년 자녀들 간의 강력하고 지속적인 갈등은 가출, 비행, 퇴학 등 청소년문제를 유발할 확률이 높으며(Brook, Brook, Gordon, Whiteman, & Cohen, 1990), 바람직하지 못한 영향을 미치므로 갈등해소를 위한 적극적인 노력이 필요하다.

## 1. 청소년기 신체적 발달의 이해

청소년기를 영어로 adolescence라고 한다. 이 말은 라틴어의 '성장하다'를 뜻하는 'adolescere'에서 그 어원을 찾을 수 있다. 오늘날과 같이 청소년기라는 뜻으로 사용하기 시작한 것은 1904년 미국의 발달심리학자 스탠리 홀(Stanley Hall)이 자신의 저서인 'Adolescence'에서 사용하면서부터. 청소년기를 연령별로 규정짓는 것에 대하여 학자들마다 약간의 차이가 있으며, 우리나라 청소년기본법에서는 9~24세 이하로 명시하고 있다. 일반적으로 청소년기는 아동기와 성인기의 사이를 말하며 대개 중학생, 고등학생, 대학생이 해당한다. 아동에서 성인으로 바뀌는 과도기(過渡期)로서 신체적, 정서적, 인지적, 도덕적 변화가 활발하지만 불균형을 이루는 시기이며, 사춘기, 심리적 이유기, 질풍노도의 시기, 제2의 반항기라고도 한다. 이 시기의 가장 큰 특징은 급격한 신체적, 생리적 변화다. 생리적으로 제2차 성징이 나타나는데 여자는 초경을 하면서 배란과 더불어 임신이 가능해진다. 남자는 고환의 성장, 변성, 몽정 등이 나타나고 공통적으로는 음모가 생기기 시작한다. 이 같은 신체적 변화에 따른 신체상을 형성하게 되며 긍정적인 신체상은 높은 학업성취도와 심리적 행복감을 준다. 피아제(Piaget)는 이 시기에는 형식적 조작사고가 발달하여 행동하기 전에 변인들의 기능과 상호관계를 개념적으로 탐색하여 결론을 내림으로써 가능성을 생각할 수 있는 체계적이고 논리적인 사고능력과 문제해결을 위하여 주어진 사실에 근거하여 체계적으로 가설을 설정하고 검증을 통하여 결론을 이끌어 내는 가설 연역적 사고를 할 수 있다고 하였다. 이러한 사고의 발달로 추상적이고 융통성 있는 사고를 할 수 있으며, 이 능력은 성인기까지 지속적으로 발달한다.

청소년기는 자아중심성(adolescent egocentrism) 경향이 두드러지고 다른 사람을 의식하면서 관심을 끌기 위해 특별한 행동과 말투를 하는 경향이 있다. 또한 정치나 사회에 대한 관심도 높아진다. 도덕적 특성으로는 자신에 대하여 엄격한 평가를 하며, 추상적이고 내재적인 자아를 탐색하고 다른 사람의 관점을 이해하면서 사회적 규범을 준수하려는 인습적인 도덕적 판단을 하게 된다. 이와 더불어, 모든 사람이 지켜야 하는 보편

적이고 객관적인 윤리나 도덕관보다는 개인적이고 주관적인 도덕적 사고로 판단하는
도덕적 상대주의가 이 시기의 도덕적 특성이다.

청소년기는 자아의 발달이 두드러지는데, 자신의 존재에 대한 의문이 강하며 이상적
자아가 강하고 실재적 자아와 이상적 자아 간의 갈등과 통합, 자아정체성(self-identity)
과 정체성 혼미(identity diffusion)에 따른 정체성 위기(identity crisis) 등을 통하여 정체성
을 형성해 나간다. 또한 이 시기는 심리적 이유기로서 부모로부터 떠나려 하고 부모를
대체할 마음의 이성친구나 동성친구를 계속 구하며, 인생관을 확립하고 직업이나 결혼
에 대한 미래의 계획을 세우고 사회에서 자신을 확립하고자 한다. 이러한 과정에서 여
러 가지 심리적 어려움을 겪게 되는데, 그 예로 신경증이나 심인증이 나타날 수 있으며,
청소년 상태로 계속 머물고 싶어하는 모라토리움(moratorium)을 형성하기도 한다.

## 2. 청소년기 인지적 발달의 이해

인간의 인지발달은 환경과의 상호작용에 의해서 이루어지는 적응과정이며, 이것
이 몇 가지 단계를 거쳐서 발달한다고 보는 것으로, 스위스의 심리학자 피아제(Piaget)
가 제시한 인지이론이다. 여기서 인지란 여러 가지 방법을 거쳐 기억에 저장한 후 이
를 사용할 경우 인출하는 정신과정을 의미한다. 인지발달의 각 단계에 도달하는 데
는 개인의 지능이나 사회환경에 따라 개인 간 연령의 차이는 있을 수 있으나, 발
달 순서는 바뀌지 않는다고 가정한다. 각 단계는 전 단계의 심리적 구조가 통합되
어 단계가 높아질수록 복잡성이 증가된다. 또한 개인의 인지구조는 유아에서 성인
에 이르기까지 느리게 변하며, 그 일정 기간 동안 나타나는 사고양식에는 일관성
이 있다고 본다. 세부적인 발달 단계로는 감각운동기(0~2세), 전조작기(2~7세), 구
체적 조작기(7~11세), 형식적 조작기(11세 이후)의 네 단계로 구분한다. 감각운동기
에는 감각적 반사운동을 하며 주위에 대해 강한 호기심을 보인다. 또한 숨겨진 대
상을 찾고, 보이지 않는 위치 이동을 이해할 수 있는 대상영속성의 개념을 이해하
게 된다. 전조작기에는 상징을 사용하고, 사물의 크기·모양·색 등과 같은 지각적 특
성에 의존하는 직관적 사고를 보이며, 자기중심적 태도를 보인다. 구체적 조작기에
는 사물 간의 관계를 관찰하고 사물들을 순서화하는 능력이 생기며, 자아중심적 사

고에서 벗어나 자신의 관점과 상대방의 관점을 이해하기 시작한다. 형식적 조작기는 논리적인 추론을 하고, 자유·정의·사랑과 같은 추상적인 원리와 이상들을 이해할 수 있게 되는 시기다.

청소년기의 인지적 발달에는 양적, 질적으로 지적 능력이 발달하게 된다. 아동기에는 눈에 보이는 사물이나 경험을 통해 이해할 수 있었지만, 청소년기에는 눈으로 볼 수 없는 사물이나 현상에 대해서도 상상할 수 있게 되는 추상적 사고가 가능하다. 또한, 가설이나 명제를 설정하여 논리적 사고를 할 수 있으며, 체계적인 생각을 통한 조합적 사고도 할 수 있게 된다. 청소년은 자신이 바라는 이상적인 현상에 대해 사고하기 시작하며, 미래의 자신의 삶에 대한 공상도 펼치게 된다. 그러나 이상주의적 사고가 너무 강하면 현실은 그에 미치지 못하여 일상생활을 어렵게 만들 수도 있다. 청소년기의 지적발달의 정도는 개인의 노력과 환경에 따라 달라질 수 있으므로 폭넓은 독서와 여행, 봉사활동 등을 통해 다양한 경험을 쌓는 것이 중요하다.

## 3. 청소년기 정서적 발달의 이해

청소년의 정서성에 관련된 변인에는 Lloyd(1985)는 청소년기 동안 호르몬의 변화, 인지적 성숙, 자아의 발달, 아동기보다 다양한 사건에 대한 경험 등으로 인하여 정서 경험의 범위를 확대시키고 정서 경험의 강도도 커지게 된다고 하였다(장휘숙, 1999, 재인용).

청소년기에 경험되는 대표적인 긍정적 정서는 행복, 기쁨, 사랑, 애정의 감정이고, 대표적인 부정적 정서에는 우울, 공포와 불안, 외로움, 죄책감, 분노, 수치심 등이 있는데, 청소년기의 중요한 발달과업 중 하나는 이러한 자신의 정서를 인식하고 수용하는 것이다(장휘숙, 1999). 그래서 청소년기는 다른 어떤 시기보다 감정적 기복이 심하고 불안정하고 기분적이고, 수줍어하고, 민감한 특징이 있는데, 이러한 정서의 불안정은 청소년의 학교학습과 사회적응, 인간관계 등에 직접적인 영향을 미친다(임영식, 한상철, 2000). 중학교 후반에서 고등학교까지의 정서는 청소년 초기보다 더욱 강렬해지지만 직접적인 표출을 억제하는 경향이 높다(임영식, 한상철, 2000). 정서에 대한 의식적인 억압이 활발해지면 자기혐오와 열등감을 가지게 되며, 이것은 내면적인 침울이나 정서의 불안정성을 고조시키는 요인이 되기도 한다(임영식, 한상철, 2000).

청소년의 긍정적 정서(흥미, 기쁨)는 가정생활 적응과 학교생활 적응에 대해 영향력을 가지며(구자은, 2000), 우울과 불안은 부모, 또래 애착과 자기개념에 부적인 상관을 나타난다고 하였다(김민동, 2003).

청소년기는 감수성이 풍부해져서 작은 일에도 감정의 변화가 큰 시기이다. 또, 정서적 변화가 심하여 충동적으로 행동하기 쉽고, 남과 비교하여 열등감이나 지나친 우월감을 가지기도 한다. 이러한 특징 때문에 청소년기를 질풍노도의 시기라고 한다. 청소년들의 정서의 불안정 상태는 급격한 신체 발달로 신체 균형이 깨지고, 새로운 인간관계, 진로, 이성 친구 등 이전에 경험하지 못했던 상황에 접하면서 나타나게 된다. 정서의 불안정 상태를 해소하지 못할 경우, 학교와 사회 적응에 어려움을 겪을 수 있다. 그러나 정서의 불안정 상태는 부분의 청소년들이 겪는 과도기적 현상이므로 지혜롭게 극복하려는 노력이 필요하다. 건강한 정서를 지닌 청소년이 되기 위해서는 스트레스를 받으면 적절하게 해소하고, 친구, 가족 등 주변 사람들과 원만한 관계를 유지하는 것이 좋다. 자신의 감정을 다른 사람에게 나타내기 전에 한 번 더 자신의 감정을 표출하는 방법을 생각해 보며, 자신의 감정뿐만 아니라 다른 사람의 감정도 이해하고 배려할 줄 알아야 한다.

## 4. 청소년기 사회적 발달의 이해

청소년기는 아동기보다 활동범위가 넓어져 다양한 인간관계를 경험하게 된다. 또, 자신이 지금까지 바람직하다고 생각했던 것들에 대해 의문을 가지며, 자신의 위치와 역할, 옳고 그름에 대한 가치와 태도를 새롭게 정립하는 시기이다.

청소년기에는 부모님으로부터 정서적으로 독립하려는 마음이 강해지며, 부모님과의 세대 차이를 느껴 갈등이 발생하기도 한다. 부모의 사랑을 받고 부모와 자녀 간에 신뢰감이 형성될 때 자아정체감 형성과 사회성 발달에 긍정적인 영향을 끼치게 된다. 따라서 자신이 할 수 있는 범위 안에서 자립심을 키우고, 부모님과 대화를 통해 자신의 생각이나 감정을 솔직하게 이야기하는 등 바람직한 관계를 유지하려는 노력이 필요하다. 또한, 청소년은 또래 친구들과의 친밀감이 매우 강해지며, 또래 친구들과 감정을 공유하면서 심리적 안정을 얻으며 성장해 간다. 사회성을 키우기 위해서는 다양한 친구들을 사귀면서 서로의 다른 점을 인정하고, 서로간의 조언과 격려를 통해 조화로운 관계를 이루어 나가야 한다. 자신이 속한 사회에서 성별에 따라 적합하다고 규정하는 행동양식, 태도, 가치관, 성격 등 남자 또는 여자로 특징지어질 수 있는 여러 가지 특성을 성역할이라고 한다. 즉, 남성과 여성에게 각기 다르게 기대되는 행동이나 태도를 말한다.

또래 친구는 고민과 아픔을 함께 나누면서 서로에게 안정감과 위안을 주는 관계이다. 특히 청소년기에는 마음이 잘 통하는 친구와 단짝 친구를 만들기도 하는데, 서로 이해하고 노력함으로써 평생을 통해 깊은 우정을 나누는 친구로 발전할 수 있다. 또래 친구는 청소년기에 많은 영향을 끼친다. 청소년은 부모로부터 심리적으로 독립하고자 하면서 부모님과 갈등이 발생하기도 하는데, 이때 유사한 갈등을 겪고 있는 또래 친구들로부터 지지와 격려를 얻어 정서적인 안정감을 얻게 된다. 또한, 또래 친구는 준거 집단의 역할을 하며, 성숙한 인간관계를 형성하는 기회를 제공한다. 다양한 친구들을 만나면서 다른 사람들과 협동하며 함께 살아가는 법을 알게 되고, 자아존중감, 자아정체감 형성에도 영향을 준다. 그러나 또래 친구는 청소년에게 부정적인 영향을 끼치기도 한다. 친구를 통해 음주와 흡연을 배우기도 하며, 가출이나 문제 행동 및 집단 따돌림이 일어나기도 한다. 만일 이러한 문제가 일어난 경우에는 혼자 고민하지 말고 부모님, 교사, 또는 상담기관의 도움을 받아 함께 해결해야 한다.

## 5. 청소년기 성의 발달적 이해

청소년기의 성행동과 성문제 청소년기에는 이성에 한 호기심과 성적 욕구가 커지고, 다양한 매체들을 통하여 성행동과 관련된 자극을 받아 성충동이 생기기도 한다. 이것은 자연스러운 현상이지만, 성행동에는 책임이 따르므로 신중하게 행동하여야 한다. 성욕구를 채우기 위해서 충동적으로 성행동을 하게 되면 자신은 물론 상대방에게 돌이킬 수 없는 상처를 줄 수 있으므로, 운동이나 친구들과의 만남, 취미활동 등을 통해 성적욕구를 해소하는 것이 바람직하다.

성행동의 기본은 상대방을 진심으로 좋아하는 마음이다. 그러나 무책임한 성행동을 할 경우 자신과 상대방에게 큰 상처를 입힐 수 있으므로, 성적으로 성숙하는 청소년기에 성에 관한 올바른 가치관과 지식을 갖는 것은 무엇보다 중요하다. 동영상이나 소설 등을 통해 잘못된 성지식을 습득하는 경우가 있는데, 이럴 경우 성에 대한 가치관이 정립되지 않은 청소년에게 왜곡된 성지식과 태도를 가지게 할 수 있다. 따라서, 신뢰할 수 있는 정보를 통해 성을 올바르게 이해해야 한다. 성행동을 할 때에는 자신의 입장을 분명히 해야 하며, 주체적이고 책임감 있는 성적 의사결정을 할 수 있어야 한다. 즉, 자신이 원해서 하는 것인지, 상대편에 이끌리거나 주변 친구의 압력에 의한 것인지 판단하여 올바른 결정을 할 수 있어야 한다. 자신의 몸의 소중함, 성행동에 대한 책임과 상대편에 대한 배려, 생명의 소중함 등을 생각하여 결정하도록 한다.

청소년성보호법은 아동과 청소년을 성매매와 성폭행으로부터 보호하고자 2000년 7월부터 시행된 법률이다. 여기서 '청소년'이란 '연 19세 미만'인 자이다(즉, 만 19세 미만 중에서 19세에 도달하는 해의 1월 1일을 맞이한 자를 제외한 자). 청소년성보호법은 청소년의 성을 사거나 이를 알선하는 행위, 청소년을 이용하여 음란물을 제작·배포하는 행위, 그리고 청소년에 대한 성폭력 행위 등에 대한 처벌규정을 신설하고 이들 행위자에 대한 가중처벌을 규정하였다. 이를 통해 성매매와 성폭력 행위의 대상이 된 청소년을 보호·구제하는 장치를 마련함으로써 청소년의 인권을 보장하고 건전한 사회구성원으로 복귀할 수 있도록 하는 한편, 청소년을 대상으로 하는 성매매 및 성폭력 행위자의 신상을 공개함으로써 범죄예방 효과를 극대화하는 데 그 목적을 갖고 있다. 이 법에 의하면 청소년 인신매매 행위에 대한 처벌은 무기 또는 5년 이상의 징역이며(동법 제9조), 청소년 매매춘 상대자는 5년 이하의 징역 또는 3,000만 원 이하의 벌금형에 처한다(동법 제10조). 청소년 윤락행위 강요자에겐 5년 이상의 징역형(동법 제11조), 또한 청소년 매매춘 업주는 7년 이상(동법 제12조), 청소년 포르노물 제작자는 5년 이상의 유기징역형(동법 제8조)에 처하게 했다. 또한 이 법을 근거로 2001년부터 '청소년 성범죄자 신상 공개제도'가 실시되고 있는데, 청소년과 성관계를 맺거나 윤락행위를 알선한 사람의 신상을 청소년보호위원회가 대통령령에 따라 관보와 인터넷 홈페이지 등의 방법을 통해 공개한다. 성범죄자의 성명, 연령, 직업과 범죄사실 요지를 밝히게 되는데, 성범죄자의 형이 확정된 후 공개하며, 성범죄자가 청소년일 경우에는 신상공개를 하지 않는다.

이 법에서는 '아동·청소년이용음란물'을 아동·청소년 또는 아동·청소년으로 인식될 수 있는 사람이나 표현물이 등장하여 성적 행위를 하는 내용을 표현하는 것으로서 필름·비디오물·게임물 또는 컴퓨터나 그 밖의 통신매체를 통한 화상·영상 등의 형태로 된 것을 말한다고 규정하고 있다. 이와 관련해서는 아동·청소년이 실존하는 아동·

청소년을 말하느냐 가상의 캐릭터까지 포함해 규제하느냐를 두고 해석에 논란이 있으며 가상의 캐릭터까지 포함해 규제하는 경우 표현의 자유 침해와 관련한 위헌 가능성이 제기되고 있다.

2020년 3월 16일 '박사방'을 운영한 25세의 남성 조주빈(3월 23일 SBS 보도로 신상공개)이 체포된 가운데, 3월 18일 청와대 국민청원게시판에는 '텔레그램 n번방 용의자 신상공개 및 포토라인 세워주세요'라는 청원글이 게시됐다. 해당 게시글은 일주일만에 2백만 명 이상의 청원 동의를 얻어, 역대 청와대 국민청원 중 가장 많은 인원의 동의를 받았다. 특히 문재인 대통령은 3월 23일 텔레그램 n번방 사건과 관련해 "한 인간의 삶을 파괴하는 잔인한 행위"라며 엄정한 수사를 지시했다. 아울러 박사방 운영자 등에 대한 조사에 국한하지 말고 n번방 회원 전원에 대한 조사가 필요하다며 경찰청 사이버안전과와 특별조사팀이 강력하게 구축되어야 한다고 밝혔다.

# PART 03

# 학교폭력 예방을 위한 인성교육

## 1. 학교폭력 예방과 인성교육

인성교육은 우리에게 열려 있는 대화에 끊임없이 새롭게 검토하고 수정, 변화, 재창조되어야 한다. 인성교육의 기본적인 목적은 이웃과 더불어 살아가는 우리의 삶을 갈등과 대립이 아니라 조화와 협동 속에서 영위하고자 하는 현실적이고 실제적이어야 할 것이다. 즉, 인성교육은 서로 다른 기준과 의견이나 생각이 빚어지는 갈등 및 대립을 해소하고 공통적인 인식 위에서 평화로운 삶을 추구하고자 하기 때문이다. 이러한 타인과의 협동적인 삶과 평화로운 삶의 추구라는 직접적인 원인은 곧 이웃에 대한 배려와 관심, 존중과 사랑, 그리고 공동체 의식에 바탕을 두고 성립한다. 교육을 통해 우리의 사물을 분별하고 판단하여 아는 일, 즉 인성을 갖추기 위한 인식 활동은 도덕적인 본질을 부각하고 있다.

공동체에 대한 이해를 형성해 나가는 것은 학생들의 주체적이고 능동적인 역할과 가치와 관여, 전통과 역사, 사회적 협동과 대화의 중요성, 그리고 사회적 연대의식을 통해 교육의 가능성을 구축하는 일이다(Bowers, 1985; Cherryholmes, 1988; Giroux, 1988; Greene, 1988; Gutmann, 1987).

인성교육은 공동체가 절대적인 진리와 합리성을 추구해서가 아니라, 상호이해와 자유로운 의사소통의 증진을 위해 각 개개인의 상호존중과 대화의 정신에 따라 서로의 의견을 개방적 · 비판적으로 논의해 나가며, 그러한 과정을 통해 사회의 지적 · 도덕적 공통기반을 형성해 나아가는 것이다(조화태, 1994). 이러한 방향은 올바른 인성교육에서 찾을 수 있다. 한 사람이 온전한 성인으로 성장하기 위해서 필요한 것은 인성이며,

행복하고 아름다운 삶을 만드는 핵심 역시 인성임을 놓치지 말아야 한다. 인성이 올바르게 형성되고 발달해야 사회적으로 성공할 수 있으며, 인간다운 삶을 사는 건강하고 훌륭한 인격을 갖춘 자가 될 수 있다.

### 1) 인성교육의 필요성

4차 산업혁명 시대는 정보통신기술이 급속도로 발전하면서 인공지능 등 최첨단기술이 등장하였고, 이러한 변화는 산업의 모양이나 형태뿐만 아니라 우리 삶까지도 영향을 받고 있다. 너무 빠른 변화로 인해 이에 적응하는 것조차 힘든 상황이 되었다. 이러한 사회환경의 변화는 새로운 지식과 기술의 습득을 요구하고 있으며(최운실 외, 2018), 인공지능 발달에 따른 인간성 상실이라는 문제에 대한 우려가 혼재되어 있다.

산업혁명 시대에는 기계에 의한 인간 소외가 문제였지만, 4차 산업혁명 사회에서는 인간 존재가 상실될 상황에 부닥칠지도 모르는 상황이다. 인간성 회복, 인간의 존엄성 가치 회복은 교육을 통해서만 이룰 수 있는 것이다.

그림  산업혁명의 흐름

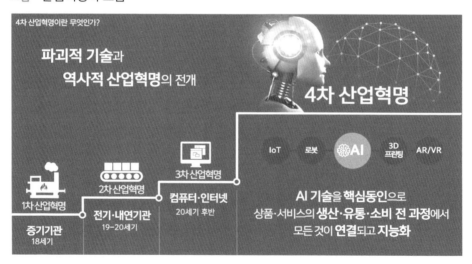

출처: https://steemkr.com/kr/@tanama/xzykv-4

따라서 교육은 현실의 바탕 위에서 미래를 전망하고 이를 기초로 새로운 방식의 교육으로 변모해야 할 필요성과 당위성이 존재한다(권건일 외, 2006). 이에 세계경제포럼

(2016)에서는 인공지능 시대에 필수적으로 요구되는 세 가지 핵심역량은 기초문해 (foundational literacies) 능력, 문제해결 역량(competencies), 그리고 인성 자질(character qualities)이다. 세계경제포럼에서 강조한 인성역량은 주도성, 일관성, 도전정신, 적응력, 리더십 등이며 이러한 인성역량을 기르기 위한 인재상은 로봇으로 대체 불가능하고 문제 해결력을 겸비한 감성적 지식 지능을 가진 사람(지현아, 2017; 최경민 외, 2018, 재인용)이라고 제시하였다. 이는 바람직한 인성이 갖추어지지 않는다면 인간적 가치가 결여된 기계의 세상이 될 것이기 때문으로 해석되며, 이에 인간이 주체가 되어 인공지능을 사용할 수 있도록 인간의 존엄성에 대한 올바른 가치 판단을 이끌 수 있는 윤리적 판단력 및 성찰력을 기를 수 있는 인성교육이 필수적이라고 할 수 있다(최경민 외, 2018).

**그림** 평생학습의 새로운 비전

## 21세기 기술

| 기초문해<br>(foundational literacies) | 역량<br>(competencies) | 인성자질<br>(character qualities) |
|---|---|---|
| 어떻게 일상생활에서<br>핵심기술을 적용시키는지 | 어떻게 복잡한 도전 사항들에<br>대처하는지 | 그들이 변화하는 환경에 어떻게<br>대처하는지 |
| 1. 문해<br>2. 수학 능력<br>3. 과학적 능력<br>4. 정보통신 능력<br>5. 금융적 능력<br>6. 문화와 시민 문해 | 7. 비판적 사고/문제해결<br>8. 창의성<br>9. 의사소통<br>10. 협력 | 11. 호기심<br>12. 진취성<br>13. 지속성<br>14. 적응성<br>15. 리더십<br>16. 사회·문화적 의식 |

평생학습
(lifelong learning)

출처: World Economic Forum(2016).

해외 선진국의 국가적 교육목표로 인성교육을 중시하고 있으며, 학교교육의 활동 전반에 걸쳐서 일상적인 인성교육 추진을 강조하고 있다. 이를 통해 인성교육의 방향은 교과에서의 다양한 수업·평가 방법을 통해 친구들과의 감정과 생각에 공감하고, 협력하며 소통할 수 있는 능력을 함양시켜주도록 해야 하며, 이를 위해 체험·참여 중심의 교육 활동 및 프로그램이 필요함을 알 수 있다. 해외 선진국의 인성교육 흐름은 다음과 같다(최경민 외, 2018).

**표 해외 선진국의 인성교육 흐름**

| 나라 | 인성교육 핵심 | 인성교육 중점 내용 |
| --- | --- | --- |
| 미국 | No Child Left Behind | 법에 주요 덕목으로 배려, 시민의 덕 및 시민성, 정의 및 존중, 책임, 진정성 혹은 신뢰성, 봉사 등의 덕목을 학교가 선정하여 교육할 수 있음을 명시 |
| 독일 | 전통적으로 인성교육을 중요한 교육목표로 지향 | 저 경쟁교육, 절대평가의 논술형 시험, 유년기의 훈련 등을 통해 일상적으로 추진 |
| 프랑스 | '평등교육' 실현을 위해 개별화 수업 활성화 | 교과교육의 주제별, 체험활동 프로그램을 통해 학교 활동 전체에서 다양하게 실천 |
| 핀란드 | 학생 개개인별 종합 평가 실시(하비에르 국제학교) | 교과교육, 특별활동, 휴식시간, 가정, 지역사회에서 지속적이고 입체적으로 인성교육 시행 |

출처: 최경민 외(2018). 제4차 산업혁명 학교교육 희망 이야기!: 학교가 행복한 우리 아이들(이론편). 공동체.

또한, 인성교육과 관련 선행연구를 분석해 보면, 최준환(2009) 등은 인성교육의 문제점 및 창의·인성교육의 이론적 고찰에서 인성교육만으로는 미래사회에 대비하는 적응적 인간 육성에 한계가 있기에 21세기형 인성교육은 창의성, 다양성, 개방성 등 시대·환경적 변화를 반영하는 핵심역량 요소가 추가되어야 한다고 하였다. 최미정(2010)은 창의·인성교육을 위한 교사교육 모형 개발 연구에서 창의·인성교육은 액션러닝, 마이크로 티칭, 문제해결학습, 토의, 시연, 성찰과 같은 다양한 교수-학습 방법이 필요하며, 이를 모두 아우를 수 있는 프로젝트 학습이 하나의 대안이 될 수 있다고 하였다. 그리고 김수진(2015)의 인성교육의 주요 접근 및 쟁점 분석은 그동안 인성교육의 문제점은 교과 교육과 별개의 것으로 다루어져 왔고, 올바른 인성교육은 삶의 다양화 측면과 관계되는 것으로 학교교육을 통해 이루어지는 모든 교육활동이 인성교육과 연계될 수 있도록 해야 한다고 제시하였다. 권의섭(2017)은 포스트모던 시대 인성교육의 방향과 실천이라는 연구에서 아이들의 삶과 현실을 반영한 교과연계 프로젝트형 인성교육은 타인과 올바른 관계 맺음(인성발달)뿐 아니라 문제해결력 및 창의력 계발(역량발달)에도 긍정적인 영향을 주게 된다고 한다.

이처럼 인성교육을 진행하는 데 있어서 가장 큰 문제는 교과교육, 인성교육, 교과 외 활동의 교육과정 영역이 별개의 것처럼 다루어지고 있으며, 교육내용, 교육방법, 문화 역시 인성교육과 분리되어 있다는 점이다. 다시 말해, 인성교육을 위한 별도의 활동이나 프로그램 개발이 중요한 것이 아니라, 아이들의 생활, 삶의 이야기를 담아낼 수 있는 교과 교육 수업시간에 연계하여 실천하는 인성교육이 필요함을 알 수 있다. 또한, 인성 교육이 점차 상호의 내용을 인정하면서 모든 학생의 잠재력과 바람직한 잠재력을 찾고 키워주는 창의 · 인성교육을 강조하게 되었다. 사회 발전의 원동력은 나와 다른 생각을 하는 사람과의 협력, 경쟁구도 속에서의 조화이며, 이는 다양함의 세상, 다원화 사회가 될 미래사회에 더욱 중요해지기 때문이다(최경민 외, 2018).

## 2) 인성교육의 개념

1990년대 이후 아동 · 청소년의 학교폭력이 심각한 사회문제로 대두되면서 국가차원에서 대안으로 인성교육 강화 정책을 지속해서 진행해 왔다. 하지만 기존의 인성교육은 문제 중심적 접근에 치중해 왔고, 체계적이고 꾸준한 운영이 부족했으며, 학생들의 내적 동기와 지속적인 실천을 끌어내지 못했다는 한계점을 지닌 것으로 분석 · 평가되고 있다(강선보 외, 2008; 교육부, 2014; 이명준 외, 2011; 최준환 외, 2009).

아동 · 청소년기에 이르기까지 상승적으로 진화하고 진보하는 변화를 통해 인성교육은 학생의 긍정적 성장과 발달에 초점을 둔 접근으로 전환할 필요가 있으며, 더욱 체계적인 운영을 위하여 관련 교육 자료를 종합적으로 마련 · 보급 · 활용해야 하고, 학생들에게 잠재된 바람직한 가치 실현에 대한 내재적 동기를 발견하도록 도움으로써 자기주도적 학습으로 지속적인 실천을 촉진할 필요성이 제기된다(김광수, 2016). 그뿐만 아니라 교사 중심의 일방적이고 지시적인 폐쇄적 교육에서 벗어나 교사와 학생 간에 상호작용을 통한 학습과 나눔, 친밀감 증진을 위한 의사소통을 통한 열린 공동체 교육을 지향해야 한다(김광수 외, 2017).

인성교육에 앞서 인성이란 개념부터 살펴봐야 한다. 우리는 인간다운 삶, 그리고 더 나아가 아름답고 행복한 사회를 이루기 위해서는 올바른 인성을 갖추어야 한다. 인성은 매우 포괄적이고 추상적인 개념을 함축하고 있으므로 단정하기는 어렵지만, 인간의 본성, 즉 사람의 됨됨이를 말한다. 인성의 사전적 정의는 '사람의 성품', 즉, 각 개인이 가지는 사고와 태도 및 행동의 특성을 말한다(박일순, 2017). 다시 말해 인성교육은 각 사람이 가지고 있는 고유한 특성(personality or personal traits) 또는 개성(individuality)을 증진하거나 바꾸는 것이 아니라, 사람으로서 지녀야 할 됨됨이, 즉 인격(personhood)을 발달시키는 것을 목적으로 한다.

한편 인성을 학문적인 측면에서 살펴보면, 다음과 같이 세 가지로 구분된다(이철주, 2014; 정탁준 외, 2014; 한국교육학회, 2001).

첫째, 인성을 가치 중립적인 개인의 심리적 특성으로서 '성향 또는 성격(personality)'으로 보는 관점이다. 성격심리학적인 올포트(Allport, 1937)는 인성(personality)을 '개인의 특유한 사고를 결정하는 심리·신체적 체계인 개인 내의 역동적 조직'으로 보았다. 인성을 '한 개인이 자신을 둘러싸고 있는 다양한 대상과의 상호작용에서 표출되는 내면적 특성'으로 보고, 건강한 인성을 가진 사람의 특성을 다음과 같이 기술하였다(박영태, 2002). 즉, 건강한 인성을 가진 사람은 현재의 의식이 과거에 대한 무의식적 기억을 조절하여 미래를 계획하고 선택하는 자유를 누리며, 사랑을 바탕으로 모든 사물에 대한 호기심을 갖고, 개방적이며, 자아실현을 시도하는 성장 동기가 충만하다(김광수 외, 2015). 이러한 인성교육은 건강한 인성 또는 바람직한 인성으로 건강한 심리 특성을 기르는 교육이라고 할 수 있다.

둘째, 도덕적 가치가 포함된 '품성 또는 인격(character)'으로 보는 관점이다. 데이비슨(Davidson, 2010) 등은 수행적 인성(performance character)과 도덕적 인성(moral character)의 두 가지 측면으로 구분하였다. 먼저, 수행적 인성은 재능을 계발하고 탁월함과 성공을 이루기 위한 것으로 자신감, 근면, 투지 등이 포함되며, 도덕적 인성은 공동체 안에서 바르게 살아가고 시민의식을 실천하기 위한 것으로 진실성, 존중, 정의, 공감 등이 포함된다(김광수 외, 2015).

셋째, 인간의 본성으로 보는 관점으로 성선설의 입장을 말한다. 강선보 등(2008)은 인성을 인간이 도달해야 할 이상적인 인간다운 성품, 인간의 본연의 모습이라고 보고, 인간의 진정성은 아름다움을 실현하는 교육, 인간의 본래의 성품을 회복하고 계발하는 교육이라고 정의하면서, 일곱 가지 인성요소인 관계성, 도덕성, 전일성, 영성, 생명성, 창의성 및 민주시민성이 조화롭게 발달하도록 인성교육이 이루어져야 한다고 제시하였다.

이처럼 인성교육에 대한 견해는 개인의 자아 성장과 사회 발전에 이바지하는 바람직한 가치를 삶 속에서 다양하게 실현할 수 있도록 타고난 잠재력을 찾아내고 계발하도록 돕는 교육으로 정의할 수 있다. 일찍이 맥클리랜드(McClelland)는 인간의 운명은 그 사람의 인성 표현임을 지적하고 운명을 바꾸려면 인성을 바꿔야 한다고 강조하였다. 인성을 변화시키기 위해서는 가치관, 의식구조, 행동, 습관을 차례로 바꾸어야 한다고 주장하기도 했으며, 여기서 강조하는 인성은 교육으로 변화가 가능하다(양혜란, 2006)는 것이다.

그 외에 인성에 대한 학자들의 다양한 정의에 대해 다음과 같다(김영옥, 2015 재인용).

표 인성에 대한 정의

| 학자 | 인성의 정의 |
|---|---|
| 로크(Locke) | 어떤 사람이 자신의 욕구와 기분을 억제하고 이성의 명령에 따르는 것(이성의 명령) |
| 리코나(Lickona) | 도덕적으로 선을 인식하고 선을 바라며 행하는 것(선) |
| 아들러(Adler) | 인간이 주변 환경에 적응하고 주변 환경에 자신의 행동을 적응해 나가는 심리적이고 신체적인 조직(대응) |
| 길포드(Guilford) | 인간의 모든 개인적인 특성(개인적 특성) |
| 맹자 | 본래 가지고 있는 인간의 내면적 가치에 주목할 것을 강조하며 호연지기를 기르라고 주장(성선설) |
| 순자 | 악한 본성을 가진 인간을 후천적인 노력으로 선한 자질을 가진 인간으로 변화시킬 것을 강조(성악설) |
| 공자 | 인간이 하늘에서 부여받은 인성은 누구나 다 유사한 것인데 그 성장 환경, 즉 습성에 의하여 선악의 차이가 생김(습관) |

출처: 윤정진 외(2017). 인성교육의 이론과 실제: 인성과 미디어. 공동체.

## 2. 사회적 기술

아리스토텔레스(Aristoteles, BC 384~BC 322)의 말처럼 인간은 사회적 존재이다. 사회적 존재로 살아가기 위해서는 사회성을 계발하여 갖추어야 한다. 사회성은 한 개인이 다른 사람이나 주변 환경과 관계를 맺으면서 발달하는 능력이다. 사회성은 선천적으로 자연이 생기는 것이 아니다. 즉, 사회성은 주어진 사회적 상황에서 사회적으로 수용되고 가치를 부여받는 방법으로 타인과 상호작용하는 능력이라고 할 수 있다(김명희, 2004). 그리고 사회화 과정은 개인이 자기가 속한 집단의 가치와 규범을 내면화하는 과정이다. 그러므로 사회의 측면으로 볼 때 이것은 사회의 문화를 전달해 가는 과정이며 개인의 측면으로 볼 때는 개인의 성격을 형성해 가는 과정이다. 청소년의 사회성은 처음에는 부모와의 관계에서 시작하고 성장하면서 형제자매나 친구, 동료와의 관계를 통해서 발달한다. 하나의 사회 안에 포함된 청소년은 그 사회의 문화나 규범 등을 경험한 뒤에 다시 그것을 자신의 것으로 재생산하는 사회화 과정을 겪게 된다(오윤선 외, 2017).

최근 사회정서적 능력이 지적 능력을 향상함으로써 결과적으로 학업성취를 향상한다는 연구들이 나오고 있다(Durlak etc, 2011). 미국의 213개 유치원부터 고등학교까지의 학생 약 27만 명을 대상으로 조사한 결과, 사회정서학습(social and emotional learning)을 경험한 학생은 그렇지 않은 학생에 비해 사회정서적 기술이 좋아졌고, 자신과 다른 학생에 대해 긍정적인 태도를 가졌으며, 친사회적인 행동을 보였고, 불량행동이나 공격적인 행동을 해서 문제를 일으키는 일이 줄어들었으며 스트레스나 침체감 등 정서적 곤경을 적게 겪고, 학업성취도 평가에서 11%의 향상을 보였다. 즉, 사회정서학습을 받은 학생은 학습 태도가 좋아지고, 학교생활에 긍정적인 태도를 보였으며, 학교폭력 등 파괴적이거나 반사회적인 행동을 더 적게 나타냈다. 무엇보다 의미 있는 것은 학력이 향상되었다는 점이며, 이로써 사회정서학습의 필요성과 중요성이 새롭게 인정받게 되었다.

사람의 활동을 알기 쉽게 머리, 마음, 몸으로 나누어 표현한다. 머리는 알고, 생각하고, 이해한다. 마음은 느끼고, 공감하고, 나눈다. 그리고 몸은 실천하고, 도전하고, 봉사한다. 김태완(2013)은 우리 교육은 여러 활동 중 현재 '알고' 분야는 잘하고 있지만, 나머지 분야, 즉 '생각하고, 이해하고, 느끼고, 공감하고, 나누고, 실천하고, 도전하고, 봉사하고' 분야는 부족한 부분이므로 노력이 필요하다. 그러므로 앞으로는 우리의 인성교육은 그동안 중요시해 온 도덕성 교육은 물론, 느끼고 좋아하는 감성교육과 소통하고, 봉사하는 사회성 교육이 중요한 내용이 되어야 한다(김태완, 2013).

그림 지덕체의 충실한 성숙과 발전을 위한 교육 재개념화의 방향

출처: 차성현(2012). 인성교육 개념의 재구조화. 제6회 청람교육포럼 자료집.

인간이 관계적이고 사회적 존재라고 하는 것은 우리의 생활이 끊임없는 타인과 만남으로 이루어져 있다는 것을 나타낸다. 만남을 통해서 사회적 관계를 형성하고 사회적 관계를 통해서 자아를 발견하고 변화하며 행복 또는 불행을 경험한다. 본질적으로 인간이 사회적 존재라 하더라도 사회생활에 필요한 사회성을 모두 갖추고 태어나지는 못한다. 그러기 때문에 부단한 지적인 학습과 계발을 통해서 지적 능력이 함양되는 것처럼, 지속적인 노력으로 사회적 능력 즉, 사회성은 개발된다. 특히 다양한 사회적 관계를 체험하면서 성인기를 준비하는 청소년의 사회성 계발은 사회적으로나 개인적으로 중요한 의미를 지닌다(김영인 외, 2017). 사회성의 하위 요소에는 다양한 능력들이 있을 수 있지만, 여기에서는 의사소통 능력, 감정조절 능력, 대인관계 능력, 공감 능력 등을 살펴본다.

## 1) 의사소통 능력

의사소통 능력은 다양한 상황에서 자신의 생각과 감정을 효과적으로 표현하고 다른 사람의 의견을 경청하며 존중하는 역량으로, 친구의 마음과 감정에 공감하며 직접 소통할 수 있는 다양한 경험을 제공함으로써 높여주는 능력이다(최경민 외, 2018).

## (1) 의사소통 개념

의사소통은 상징적 매개물을 사용하여 정보와 의사를 교환하고 서로의 행동에 영향

을 미치는 상호교류의 과정을 의미한다. 의사소통(communication)의 어원은 '공유하다', '함께 나눈다'라는 뜻을 가진 라틴어 'communis'에서 유래된 것으로 공통 또는 공유라는 뜻이다(김주환, 2011). 즉, 의사소통은 개인 또는 집단 간에 생각, 의견, 신념, 감정, 태도, 정보 등을 전달하고 받아들이는 상호교류하는 행위로 볼 수 있다. 의사소통은 다음의 특성을 가진다(최애경 외, 2018).

첫째, 의사소통은 최소한 두 사람이 필요하다. 의사소통은 두 사람 혹은 그 이상으로 이루어진 집단이나 조직 속에서 이루어진다.

둘째, 의사소통에서 우리는 화자임과 동시에 청자이다. 의사소통이 이루어질 때 우리는 말도 하고 동시에 듣는 역할도 한다.

셋째, 의사소통은 대부분 얼굴을 보고 이루어진다. 편지와 문서, 이메일이나 메신저 등을 통해서도 의사소통이 이루어지지만, 얼굴을 마주 보며 서로 생각을 주고받는 면대면으로 이루어지는 것이 원칙이다.

넷째, 의사소통은 같은 맥락에서 이루어지고 영향을 받는다. 의사소통이 이루어지는 상황 속에서 의사소통은 의도적이거나 비의도적으로도 이루어질 수 있다. 의사소통이 이루어지는 시간과 분위기, 상대에 따라서 때로는 생각지도 못한 방향으로 의사소통이 진행될 수 있다.

다섯째, 한 번 관계된 의사소통은 되돌릴 수 없다. 이미 말한 것이나 행동한 것은 취소할 수가 없다.

## (2) 의사소통의 목적

인간관계와 상호작용은 의사소통을 이루기 위는 전제 조건이다. 의사소통은 무엇을 하고자 하는 생각이나 뜻이 서로 잘 이루어지는 것이 의사소통이다. 서로의 감정과 생각의 교류 없이는 불가능한 것이며, 의사소통 부재 시 오해나 문제 및 갈등이 발행하고 인간관계가 단절되는 경우가 많다. 우리가 의사소통하는 궁극적인 이유는 의사소통하지 않고는 살아갈 수가 없기 때문이다. 의사소통은 일상생활을 유지하는 수단이며, 삶의 중요한 부분이다. 이러한 측면에서 의사소통의 목적은 다음과 같다.

첫째, 자신과 타인, 주변 상황과 세계를 알고 배우기 위해서 의사소통한다.

둘째, 타인과 관계 형성을 위해 의사소통한다.

셋째, 의사소통 과정에서 집단과 개인에게 정보를 전달함으로써 의사결정의 역할을 한다.

넷째, 감정을 표현함으로써 스트레스를 해소할 수 있게 한다.

다섯째, 타인에게 영향력을 미치기 위해 의사소통한다.

여섯째, 타인과 놀이를 하거나 즐기기 위해 의사소통한다.

일곱째, 타인을 돕기 위해 의사소통한다.

## (3) 의사소통의 기능

의사소통은 다음과 같은 네 가지 주요한 기능을 수행한다(조경덕 외, 2012).

### ① 통제

통제는 의사소통을 통해 구성원들의 활동을 통합하고 조정하는 것을 의미한다. 직무와 관련하여 구성원들의 책임과 권한을 명확히 규정하는 것과 관련된다. 즉, 통제를 통해 의사소통 과정에서 해야 할 행동을 규정하고, 하지 말아야 할 행동을 제한한다.

### ② 동기 부여

동기 부여는 구성원들을 자극하고 격려하며 집단목표 달성에 몰입할 수 있도록 한다. 즉, 다른 사람에게 자신의 생각을 표현함으로써 상대방의 가치관과 생활방식 등에 영향을 미칠 수 있다. 의사소통을 통해 구성원들에게 행해져야 할 것이 무엇이고, 그것을 어떻게 잘 행해질 수 있으며, 또 성과를 높이기 위해서 무엇을 행해질 수 있는지를 분명히 하는 것을 의미한다.

### ③ 감정 표현

의사소통을 통해 구성원들의 욕구 불만과 만족감이 표출됨을 의미한다. 집단은 사회적 상호작용이 일어나는 일차적인 장이며, 집단 내에서 이루어지는 의사소통은 감정 분출과 사회적 욕구 충족의 수단이 된다. 즉, 의사소통하면서 자신이 가지고 있는 감정을 상대방에게 표현함으로써 공감하고 자신의 감정도 이해한다.

### ④ 정보 제공

구성원들이 의사소통을 통해 의사결정 과정에 참여하고, 필요한 정보와 자료를 교환하는 것을 의미한다. 즉, 자신의 생각과 감정을 상대방에게 표현하면서 상대방이 모르고 있던 정보를 제공하는 것이다.

다음은 의사소통을 원활하게 잘하기 위한 법칙이다. Approach, Building bridge, Customize이다. 즉, ABC 법칙이다. Approach(접근하기)는 어떻게 상대방을 존중하면서 접근할 것인가?이다. 항상 먼저 적극적으로 다가가되 낮은 자세로 유지하면서 거기에 밝은 미소와 상냥한 말투까지 곁들이면 만나는 사람들이 좋아할 것이다. Building bridge(다리놓기)는 어떻게 상대방과 관계를 구축할 것인가?이다. 관계구축은 소통의 목적이다. 서로의 공통점과 신뢰라는 튼튼한 기반이 만들어져야 다리가 무너지지 않는다. Customize(눈높이 맞추기)는 어떻게 상대방과 눈높이를 맞출 것인가?이다. 상대방이 무엇을 원하는지 조금만 생각한다면 상대방을 만족시키는 방법을 아는 것은 결코 어려운 일이 아니다(윤영돈, 2015).

### (4) 의사소통의 유형

#### ① 언어적 의사소통

언어적 의사소통은 음성이나 부호를 상징화하여 언어나 문자로 정보를 전달하는 것이다. 언어를 통한 의사소통은 말, 대화, 토론, 이야기 같은 구어적 방법과 문서, 글, 편지 같은 문서적 방법이 있다. 언어적 의사소통은 대화를 통해 상대방의 반응이나 감정을 살필 수 있고 상황에 따라 상대방을 설득할 수 있으므로 융통성이 있다.

#### ② 비언어적 의사소통

몸동작, 얼굴 표정, 자세 등의 신체적인 동작을 표현하는 것으로 자신의 의사나 감정을 전달하고 타인의 의사도 확인할 수 있다. 이러한 비언어적인 의사소통의 유형으로는 직접적인 소통수단인 몸짓, 손짓, 얼굴 표정, 시선처리, 자세, 신체적 접촉뿐만 아니라 웃음, 울음, 하품 등을 포함한 모든 신체적인 표현 외에 그림, 사진, 도형이나 기호, 만화까지 폭넓게 포함된다. 일상생활에서 사람들이 의사소통할 때, 언어적 요인은 7%에 국한된다. 말의 속도, 높낮이, 크기와 같은 음성 요인은 38%, 자세나 태도가 20%, 표정이 35%라고 한다. 사람의 인상을 연구한 미국의 유명한 심리학자인 앨버트 메르비안에 따르면 시각적 요인은 55%의 영향력을 가진다. 의사소통 과정에서 전체의 93%가 비언어적인 요인으로 이루어진다는 것을 볼 수 있다.

### (5) 효율적인 의사소통 기술

① 간결한 표현
② 일상용어 사용
③ 감정의 절제
④ 적극적인 경청
⑤ 피드백 주기
⑥ 질문하기

## 2) 감정조절 능력

### (1) 감정조절 능력의 중요성

아들러(Alfred Adeler, 1870~1937)는 우리의 감정을 선택할 수 있다고 보았다. 우리의 분노를 통제하거나 조절할 수 있다. 건강한 삶을 살기 위해 자신의 분노를 어떻게 잘 관리하고 있는가를 이해하는 것이 필요하다. 일반적으로 심리학자들은 분노를 좌절－공격성 이론으로 설명한다. '지적 지능보다 감정 지능이 높으면 성공한다'는 말은 개인이 자신의 정서를 잘 관리할 뿐 아니라 타인의 감정을 잘 이해할 수 있는 공감 능력을 갖는 것이 필요하다는 것을 의미한다(노안영, 2016).

이성은 사회생활의 기반한 것처럼 보이지만, 실제로는 상당 부분 감정에 기반을 두고 있다. 감정은 인간관계를 부드럽게 하기도 하지만, 때로는 증오와 분노, 슬픔과 좌절감에 짓눌려 일을 그르치게 하는 경우도 적지 않다. 이러한 부정적인 면을 최소화하고 긍정적인 감정을 최대화하기 위해서는 감정조절 능력이 중요하다(김영인 외, 2017).

사람에게 있는 다양한 종류의 감정 중 가장 중요하고도 파괴적인 것은 분노감정이다. 분노감정은 자신을 해칠 수도 있고 다른 사람에게 파괴적인 영향을 미칠 수도 있는 예민한 감정이기에 인성교육에서도 특별히 이 감정에 주목한다. 순간적인 분노를 조절하지 못하는 경우에는 과격한 말과 행동을 해서 돌이킬 수 없는 지경에 이르곤 한다. 그런 만큼 아동·청소년들에게도 분노를 어떻게 조절하느냐는 가장 중요한 문제이다(최원호, 2017). 다양한 대인관계에서 깊고 부당한 피해나 상처를 경험할 때 나타나는 핵심

적 감정 중 하나가 바로 분노감정이다. 분노는 출생 후 최초로 나타나는 불과 몇 개 안
되는 정서 작용의 하나로서 위협이나 상처 혹은 잘못된 것을 지각함으로써 유발되는
강한 불쾌감과 적대감이다(강신덕, 1997; Spielberger, 1980). 분노에는 인지, 정서, 행동
및 신경생리적인 복합 반응이 내포되는데, 이러한 분노 반응은 자연스러운 인간적 반
응으로 이해할 수 있다. 위협이나 상처를 받는 상황에서 분노를 느끼지 않는다면 오히
려 그것이 비정상적일 수 있다(김광수 외, 2017).

　분노에 대한 전통적인 사유체계는 인간을 이성적 존재로 규정하고 감정의 측면을 억
누르고 부차적인 것으로 취급하여 왔다. 근대에 이르러서는 이런 경향에 대한 반발로
인간은 감정적 존재로서 감정을 이성보다 우위에 두어야 한다는 견해가 등장하였지만,
이성 중심의 주류적 견해를 극복하지는 못하였다. 학교폭력 피해자였던 학생이 한순간
에 가해자로 변모하여 자신이 받았던 피해를 고스란히 또 다른 아이에게 행사하는 경
우가 있다. 폭력행사를 통해 자신의 존재가치를 확인하고 복수라는 심리적 동기를 해
소하는 것이다. 사람은 감정의 동물이다. 감정을 표현해야 상대와 공감할 수 있다. 분노
와 같은 부정적인 감정을 조절할 수 있어야 대인관계를 원활하게 유지할 수 있다. 그렇
지 못할 때는 원만한 관계를 이어 나갈 수 없다. 이것이 바로 인성교육에서 감정관리 능
력을 갖추는 것이 중요한 이유이다(최원호, 2017).

### (2) 감정표현하기

　골만(Goleman, 1995)은 '정서지능'이란 저서에 '아리스토텔레스의 도전'이란 제목하
에 분노 관리의 중요성을 다음과 같이 강조하였다. "누구나 화를 낼 수 있다. 그것은 쉬
운 일이다. 그러나 적절한 사람에게, 적절한 정도로, 적절한 시간에, 적절한 목적을 위
해, 그리고 적절한 방식으로 화를 내는 것은 쉬운 일이 아니다(Aristotle)." 자신이나 타
인에게 분노 혹은 화를 냈던 것에 대해 후회를 한다. 그리고 또 화를 낸다. 자신에게나
타인에게 화를 내되 화병에 걸리지 않게 화를 내며, 자신을 자학하지 말고 타인에게 상
처를 주지 말고 후회하지 않도록 화를 관리해야 한다(노안영, 2016).

　교사는 학생에게 안전하고 적절하게 자신의 감정과 생각을 표현할 기회를 주어야 한
다. 자신감이 없는 학생들의 공통적인 특징은 감정과 생각을 표현하는 데 있어서 제지
를 당하거나 수용하지 못했다는 것이다. 긍정적인 감정뿐 아니라 부정적인 감정을 드
러내는 경우가 있다. 교사는 이를 잘 받아 준다면 학생은 자신에 대한 확신과 인정, 수

용받고 있다고 생각하게 된다. 반면, 교사가 받아들이지 못한다면 학생은 자신의 감정을 표현하면 교사로부터 미움을 받을지도 모른다는 위협감과 불안감을 느끼고 자신의 감정을 억압할 수 있다. 특히 유아·청소년기에는 부정적인 감정이 발달하는 시기인데, 이 시기에 부모나 교사로부터 부정적인 표현이 수용되면 학생은 자신이 사랑받고 존중받고 있다고 느끼게 되고 긍정적인 자존감을 갖게 된다. 그렇지만 부정적인 감정을 부적절하게 표현하는 경우에는 명확하게 제지해야 한다. 학생이 표현하는 모든 행동을 허용하게 되면, 학생은 오히려 자기의 감정과 기분을 조절하고 통제하는 능력을 발달시키지 못하고 누구에게나 자신의 감정을 분출시켜 버리는 행동이 굳어지게 된다(허세호, 2015). 그러므로 건강한 자존감이 형성되도록 하기 위해서는 우선 자신의 감정에 대해서 인식하도록 하고, 그다음에 부적절한 표현을 하면 안 되는 이유를 설명해 주면서 자신의 감정을 분출할 수 있도록 대안을 제시하는 것이 좋다(김광수 외, 2017).

### (3) 감정조절 능력의 심성계발

격한 감정에 지배되지 않고 감정의 주인이 되는 일은 쉽지 않다. 감정은 거의 자동으로 유발하고 작동되어 세심한 주의와 충분한 수양을 하지 않으면 조절되지 않기 때문이다. 이러한 수양에는 심성계발이 필요하다. 심성계발의 원리는 청소년들이 인간을 깊게 이해하고, 주체성과 사회성, 긍정적 자아개념을 확립하도록 하는 원리이다. 심성계발이란 '인간의 참된 본성'을 의미하는 심성(心性)과 '지능을 깨우쳐 열어주는 것'을 의미하는 계발(啓發)의 합성어이다. 따라서 심성계발은 '나 속의 나(심성)'를 긍정적으로 이해하고, 수용하며, 자존감을 향상함으로써 긍정적인 삶의 태도를 형성하게 하는 것을 의미한다. 이러한 맥락에서 심성계발훈련은 '마음 밭 가꾸기'라고도 표현된다. 이는 심성계발훈련이 자신의 참된 자아를 발견하고, 개성의 신장을 도우며, 자기성장과 인간성 회복을 이루는 데 큰 의의를 두기 때문이다. 또한, 심성계발훈련은 '만남의 훈련' 또는 '인간관계 훈련'과도 혼용된다. 이는 심성훈련이 인간 간의 만남 즉, 상호작용을 강화하고 체험을 통해 자신과 타인을 깨닫게 하기 때문이다. 다시 말해 심성훈련은 대화의 훈련, 인간성의 체험, 자각(self-awareness)을 중심으로 한 만남의 훈련이다. 따라서 심성훈련을 만남의 훈련, 인간관계훈련, 공동체훈련, 감수성훈련, 영성훈련 등으로 부르기도 한다(전희일 외, 2018).

심성계발훈련(또는 인간관계 수련활동)은 집단역동(group dynamics)과 같은 집단활동

(group work)의 이론을 심리치료적인 목적에 응용하면서 시작되었다. 2차 세계대전 이후 심리치료에 관심이 많은 학자는 집단을 활용하는 치료집단(therapeutic community)을 형성하여 그 집단구성원들이 상호작용하게 함으로써, 심리치료사들이 수용할 수 있는 것보다도 더욱 효과적인 치료요인으로 작용하도록 발전시켰으며(전성민, 1993), 이론적 배경을 중심으로 종래의 심리치료적인 입장에서 교육적 훈련에 중점을 두게 되었다. 집단이 중요한 수단으로 등장하므로, 지적학습보다는 정의적 학습에 치중하면서 행동화에 역점을 두는 인간관계수련활동의 기초가 마련되었다(성열준 외, 2016).

　일반적으로 심성계발 수련활동이 발전되어온 과정이나 그 배경을 이루는 이론적 기초는 심리학에서 출발하여 많은 인접과학에 발전에 그 터전을 두고 있다. 심성계발 활동은 다음과 같은 기본 전제를 갖는다(전성민, 1993).

　첫째, 인간은 인간관계의 산물이다. 인간은 태어나면서 관계의 구조 속에서 살아간다. 사람됨은 이러한 관계구조 속에서 의미를 갖는다. 설리반(H. S. Sullivan, 1954)은 그의 성격이론에서 성격이란 순전히 가설 혹은 환상으로, 인간관계 상황을 떠나서는 관찰 또는 연구될 수 없다고 주장한다. 따라서 인간의 성격이란 인간관계의 장면에서 연속적으로 발생하는 인간관계의 다양한 과정의 역동적 중심이다.

　둘째, 모든 참삶은 만남이다. 인간의 삶을 이해하는 데에는 여러 가지 방법이 있겠지만 그것을 만남의 과정으로 이해하거나 만남 자체로 이해할 수도 있다. 여기에서 만남은 단순히 스치는 관계의 만남이 아니라 열린 만남을 의미한다. 인간은 만남의 객체가 아니라 서로 주체적인 열린 존재로서 만난다. 그러한 만남을 통하여 인간의 주체적 삶을 실현하는 것이다.

　셋째, 집단이 작용한다. 르윈(K. Lewin, 1942)의 집단에 대한 연구는 집단이 그 집단에 속해 있는 개인에게 미치는 영향을 증명하였다. 더욱이 집단은 집단의 응집력과 집단과정을 통하여 독특한 집단 구조를 형성하고 나름의 발전 과정을 거친다. 이러한 집단에 속한 집단 구성원은 집단 특유의 상호작용을 통해 영향을 주고받으며 결국 개인에게 있어 집단은 생활의 장으로 작용한다.

## 3. 대인관계 능력

### 1) 대인관계의 중요성

　루드비히 지젤(Ludwig Gisele)은 SNS 등의 발달이 청소년에게 미치는 부정적인 영향의 하나로 청소년들이 친구들과 시간을 보내는 대신 페이스북과 같은 온라인상의 다른 사람들과 관례를 관리하는 데 더 많은 시간을 보내게 될 거라고 하였다(Daniel Franklin etc, 2012). 이러한 활동유형은 사람들을 장기적인 관계보다 짧은 교류에 집중하게 만들어 우리의 뇌를 변화시킨다는 주장이 힘을 얻고 있다. 이러한 변화에 대응하기 위해 학교교육에서는 학생들의 장기기억 능력, 재향상, 논리적·체계적이면서도 심도 있게 사고하는 사고력 배양에 초점을 맞추어야 한다(홍지명 외, 2018). 따라서 청소년기에 이르면, 인간관계는 사적 영역에서 사회적 영역으로 발전하면서 다양해진다. 청소년기에 인간관계의 발전에 따른 인간관계 능력을 계발하지 않으면 성인기의 사회적 관계 형성에 장애가 생기기도 한다.

　대인관계 능력은 생활 속에서뿐만 아니라 직업 생활에서도 중요한 역량이다. 국가직무능력표준개발 매뉴얼에 대인관계 능력이란 '업무를 수행하면서 접촉하게 되는 사람들과 문제를 일으키지 않고 원만하게 지내는 능력'으로 팀워크 능력, 리더십 능력, 갈등관리능력, 협상 능력, 봉사능력(서비스능력)을 하위요소로 정하고 있다(한국산업인력공단, 2010). 학교생활에서도 다양한 경험을 통해 키워나갈 수 있다. 예를 들면, 수업에서 공동의 조별 과제를 하거나, 동아리 축제 준비, 공모전 팀 프로젝트 참가 등 학교 내에서도 대인관계 능력을 높일 수 있다(이정아 외, 2020).

### 2) '조하리의 창'의 대인관계 향상

　'조하리의 창'(johari window)'은 심리학자인 조셉 루프트와 해리 잉햄(joseph luft & harry ingham, 1955)에 의해 만들어진 것이다. '조하리의 창'은 나를 타인에게 공개하는 것에 의해서 타인이 나에 대해서 아는 정도와 타인의 반응과 평가와 내가 나에 대해서 아는 정도의 조합을 통해서 자기 개방과 피드백 정도의 조합에 따라 네 개의 창으로 구성되어 있다(구현정 외, 2007, 재인용).

그림  조하리의 창

| | A<br>너도 알고<br>나도 아는 마음<br>(공개적 영역) | B<br>너는 알고<br>나는 모르는 마음<br>(장님 영역) |
|---|---|---|
| 자기<br>개방<br>척도 | C<br>너는 모르고<br>나는 아는 마음<br>(은폐 영역) | D<br>너도 모르고 나도<br>모르는 마음<br>(미지의 영역) |

↑ 적음

많음 ↓

←적음  피드백을 얻는 정도  많음→

| | | | | | |
|---|---|---|---|---|---|
| A | B | | A | B |
| C | D | | C | D |
| 개방형 | | | 자기주장형 | |
| A | B | | A | B |
| C | D | | C | D |
| 신중형 | | | 고립형 | |

출처: 김광수 외(2017). 아동과 청소년 인성교육의 실제. 학지사.

개방 영역 또는 공개적 영역은 '나도 알고 너도 아는 나의 모습' 영역이다. 장님 영역 또는 맹인 영역은 '나는 모르는데 너에게 알려진 나의 모습' 영역이며, 은폐 영역은 '나는 알지만 너에게 알려지지 않는 나의 모습' 영역이다. 그리고 미지 영역은 '나도 모르고 너에게도 알려지지 않는 나의 모습' 영역이다. 각 영역의 상대적 크기는 개인의 자기개방수준과 피드백을 얻는 수준에 따라 달라진다. 네 영역 중에서 어떤 영역이 가장 넓은가에 따라 창의 모양은 개방형, 자기주장형, 신중형, 고립형의 네 가지 유형으로 구분될 수 있다. 각 유형은 다른 사람에게 자기를 개방하는 정도와 자신에 대한 다른 사람의 피드백을 얻는 정도에 따라 서로 다른 대인관계 특성을 보인다. 그리고 각각의 유형들은 더욱 원만한 대인관계를 위해 주의를 기울이거나 노력해야 할 과제를 지니고 있다. 먼저, 개방형은 공개된 영역이 가장 넓은 유형으로 여기에 속한 사람은 대체로 인간관계가 원만하다. 너무 말이 많고 가볍다고 평가될 수도 있다. 자기주장형은 장님 영역이 가장 넓은 유형으로 이 영역에 해당하는 사람은 자신의 기분이나 의견을 잘 표현하며, 자신감 있고, 솔직하고 시원시원하다. 신중형은 은폐 영역이 넓은 유형으로 다른 사람에 비해 수용적이며 속이 깊고 신중하다. 자신에 대해서 좀 더 개방적이고 사교적인 자세를 가질 필요가 있다. 고립형은 미지의 영역이 넓은 유형으로 사람들은 인간관계에 소극적이며 혼자 있는 것을 좋아한다. 좀 더 적극적이고 긍정적인 자세로 개선할 필요가 있다(김광수 외, 2017; 김영인 외, 2017). 이러한 대인관계를 형성하기 위해서는 '나'로 환원시켜 생각하고 판단하여 강요하는 자기중심적 관점에서 벗어나서, 다양한 차이를 인정하고 타인을 존중하는 상생적인 자세가 필요하다.

### 3) 공감 능력

학생들에게 있어 다른 사람을 공감적으로 이해하는 능력은 그들의 친사회적 행동, 도덕성, 이타성, 양심의 발달을 촉진할 뿐만 아니라 공격적이고 반사회적인 행동을 억제한다. 또한, 학생이 타인을 공감적으로 이해하는 능력을 갖춘 경우 상대방의 잘못을 쉽게 용서하는 경향이 있다. 이처럼 공감적 이해 능력은 학생들의 인성발달에 중요한 덕목이다(김인수 외, 2017).

#### (1) 공감의 의미

공감(共感, empathy)의 언어적 의미를 알아보면, '느낌을 함께 한다'는 의미이다. 다시 말해 '남의 감정, 의견, 주장 따위에 대하여 자기도 그렇다고 느끼는 것, 또는 느끼는 기분'이다. 공감에 대한 학자들의 정의는, 인지적, 정서적, 의사소통적 측면 중에서 어느 것을 더 강조하는가에 따라 다양하다. 예를 들면, 학자들은 공감을 '타인의 감정적 체험을 적극적으로 이해하는 것', '다른 사람의 고통을 목격한 결과로써 경험하는 염려, 자비, 온정 등 타인 지향적인 느낌', '상대방의 느낌과 느낌에 대한 이유 모두에 대해 이해하고 이를 상대방에게 의사소통하는 능력' 등으로 정의하고 있다. 이런 정의의 공통적인 것은 나의 입장에서 타인인 상대방의 감정을 있는 그대로 체험하는 것이다(김영인 외, 2017). 또한, 최경민(2018) 등은 공감 능력에 대해 심미적 감성 역량이라고 하기도 한다. 심미적 감성 역량은 인간에 대한 공감적 이해와 문화적 감수성을 바탕으로 삶의 의미와 가치를 발견하고 향유할 수 있는 역량으로, 팀이 함께 협력하여 꾸미고 만들어 보는 다양한 활동을 통해 아름다움을 직접 표현하고 체험해 보는 다양한 경험을 제공하여 높여주는 것이다.

#### (2) 공감의 가치

공감은 인간의 사회생활 여러 측면에서 긍정적으로 기여한다. 공감이 미치는 영향은 다음과 같다(김영인 외, 2017).

첫째, 인격적인 인간관계를 촉진한다. 마틴 부버(Buber, Martin)가 말하는 '나와 너(I and You)'의 관계이다. '나와 너'의 관계는 인간이 수단이 아니고 그 자체가 목적인 관계, 도덕적 존재로서 존엄성을 인정하고 마음으로 서로를 존중하는 관계, 상대를 나처럼 아끼고 제2의 나로 받아들이는 관계이다. '나와 너'의 관계와 반대되는 관계는 '나와 그것(I and It)'의 관계이다. '나와 그것'의 관계에서 상대방인 인간은 인격체가 아닌 그것 즉, 사물이다. 따라서 '나와 그것'의 관계에서 인간은 목적이 아닌 돈벌이나 권력 유지를 위한 수단이고, 돈이나 권력 같은 물화된 것들이 목적이 된다. 결국 '나와 그것'은 사랑과 인간적인 유대가 없는 물화된 비인격적인 관계를 나타낸다. 인간관계가 '나와 너'의 관계가 될 때 인간은 행복할 수 있고, 사회는 평화로울 수 있다(Buber, 김천배 역, 2007).

둘째, 협동성을 증진하고 갈등을 해소한다. 인간관계에서 협동이 이루어질 때, 공감이 수반되어 의(意)와 기(氣)의 투합이 가능해져 상승효과를 거둘 수 있다. 아울러 공감은 사회적·개인적 갈등을 감소시킨다. 공감은 서로 입장을 바꿔서 상대방의 감정을 대리 체험하는 작용이다. 역지사지(易地思之)해 보는 것이며, 서로 이해의 폭이 넓어져 갈등의 원인이 해소될 가능성이 커진다.

셋째, 대인관계 능력을 향상한다. 단박에 사람의 마음을 아는 것을 직지인심(直指人心)이라고 하는데 공감은 이와 비슷하다. 공감을 통해 단박에 사람의 마음과 감정을 알고 또한, 전할 수 있게 된다면, 마음과 마음, 감정과 감정이 물 흐르듯이 흘러 이심전심(以心傳心)과 같은 상태가 될 수 있다. 공감은 마음과 감정을 바탕으로 하는 의사소통 기제라고 할 수 있으며, 대인관계는 원활해지고 향상될 수 있다.

넷째, 이타심과 이타적인 행동을 증가시킨다. 맹자는 인간의 본성 중 하나로 측은지심(惻隱之心)을 말하였다. 인간은 타인의 고통과 어려움에 대해서 동정심을 본성적으로 가진다는 것이다. 한편, 레비나스(Levinas)의 경우에는 타인의 고통에 대한 연대와 책임을 통해서 인간은 인간으로서 진정한 주체성을 가질 수 있다고 하였다. 아울러 레비나스는 '나와 너'의 우리가 아닌 우리 밖에 존재하는 이방인으로서 '그'에 대한 윤리적 책임을 강조하였다. 맹자의 측은지심, 레비나스의 타자인 '그'에 대한 윤리적 책임의 바탕에는 공감이 있다. 또한 공감은 인간의 잔인성을 억제하는 가장 원초적인 특징이기 때문에 이타적인 행동을 저해하는 공격적인 행동을 줄이는 역할도 된다.

## 4. 회복탄력성 증진

### 1) 회복탄력성

회복탄력성이야말로 긍정이 가진 큰 힘이다. 회복탄력성이란 역경, 도전, 스트레스 상황에 대비하고 효과적으로 대치히는 마음의 회복력이다. 회복탄력성은 인간의 신체적·정신적·정서적·영적인 영역을 효율적인 에너지로 사용하면서 재충전하고 도량과 유연성을 키워나가는 것이다. 네 가지의 영역은 다음과 같다.

첫째, 신체적 영역은 소모된 신체적 에너지를 충전하는 방법은 잘 먹고 잘 쉬는 것이고, 더욱더 좋은 것은 운동하며 자기 근육을 최적의 상태로 잘 유지하는 것이다. 이렇게 관리를 잘하면 강력, 내구력, 복원력이 향상한다.

둘째, 정신적 영역은 적절한 공부와 지식 축적을 하면서 정신력을 소모한 뒤에는 적절히 머리를 식히면서 정신적으로 조화와 균형을 이루도록 관리를 해야 회복력을 증진시킬 수 있다.

셋째, 정서적 영역은 부정적 감정에 휘둘림으로써 쉽게 피곤해지고 탈진 상태에서 빠지기 쉬우며, 인지적 능력도 현저히 떨어진다. 감정적 여유를 지니려면 긍정적인 감정을 부정적인 감정보다 최소한 다섯 배 이상 자주 느껴야 한다.

넷째, 영적 영역은 인간만이 가지는 특별한 능력이다. 이기적인 마음과 편협한 마음은 영적 에너지를 고갈하고 반대로 용서, 화해, 수용, 평화, 희망, 믿음 등은 영적 에너지를 충전한다.

다시 말하자면, 행복일기의 운동일기, 다행일기, 감사일기, 선행일기, 감정일기는 바로 이 네 가지 영역의 회복탄력성을 키워주는 쉽고도 빠른 방법이다.

그림  회복탄력성의 네 영역

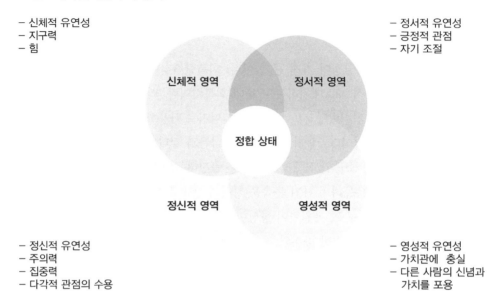

－ 신체적 유연성
－ 지구력
－ 힘

－ 정서적 유연성
－ 긍정적 관점
－ 자기 조절

－ 정신적 유연성
－ 주의력
－ 집중력
－ 다각적 관점의 수용

－ 영성적 유연성
－ 가치관에 충실
－ 다른 사람의 신념과
  가치를 포용

출처: 최성애(2019). 최성애 박사와 함께하는 행복일기(기초편). 책으로여는세상.

## 2) 행복일기 시작

행복일기는 총 5단계로 이루어져 있다. 운동일기, 다행일기, 감사일기, 선행일기, 그리고 감정일기이다. 좋은 습관은 처음부터 무리해서 많은 것을 하려고 하기보다는 작은 일부터 꾸준히 해나가는 것이다.

최근 뇌과학은 급성장하여 긍정심리학, 생물학, 스포츠심리학, 의학, 보건정책, 경영 등 학제적 관점에서 과학적 연구로 연계되고 있다. '운동'이 정신건강에 미치는 놀라운 효과(운동일기), '긍정적 사고와 감정'이 신체·인지·관계에 미치는 영향(다행일기), 스트레스성 질환을 경감시키는 '감사'의 의학적 효과(감사일기), 그리고 '감성적 자기 모니터링'이 감정 조절과 외상후 스트레스 증상(PTSD)의 치료에 미치는 좋은 효과(감정일기), 마지막으로 회복 탄력성을 높여주는 '선행'의 효과(선행일기)가 점점 더 명확하게 한다. 이러한 연구에서 운동, 긍정적 사고와 감정, 감사와 선행의 습관화, 감정 모니터링의 치유 효과가 확인되고 있다. 회복탄력성 증진을 위한 행복일기의 단계별 과정은 다음과 같다(최성애, 2019).

### (1) 1단계: 운동일기, 장점일기, 감정일기

1단계는 준비 단계로 7일 동안 진행되며, 운동일기, 장점일기, 간단한 감정일기로 이루어진다. 운동일기는 오늘 내가 한 운동과 운동 시간, 운동 후의 느낌을 적고, 장점일기는 나의 장점을 3가지씩 찾아 적어보며, 감정일기는 오늘 기분을 오감(맛, 색깔, 소리, 냄새, 촉각)을 나타내는 단어로 표현해 보고, 행복지수를 표시한다.

매일 적절한 운동을 하면 도파민이 증가하여 자신감과 긍정적 마음이 커지고, 기분 조절 역할을 하는 세로토닌이 생성되어 우울과 불안감이 감소한다. 그 결과 자기조절 능력이 향상되고 스트레스 관리에 도움이 된다.

장점일기는 자신의 모습을 부정적으로 바라보는 패턴에서 자신의 강점을 바라보는 인지 패턴으로 변화시키는 일기이다. 긍정심리학의 창시자인 마틴 셀리그만(Martin E. P. Seligman)의 연구에 의하면, 크게 성취하는 사람들은 모자란 것보다 자신의 장점에 집중하고 그것을 발전시킨다고 한다. 이처럼 자신에게 모자란 점보다 장점을 바라보고 그것을 활용하게 되면 일상에서도 자생력이 자라나고 삶에서 부딪히는 문제들을 해결해 나갈 수 있다.

### (2) 2단계: 다행일기

2단계부터는 다행일기가 시작된다. 다행일기는 우리의 뇌에서 긍정적으로 생각하는 습관의 회로를 만들어 주는 생활 속의 스트레스를 줄여 주고 작은 일에도 감사하는 마음을 느끼도록 이끌어 준다.

뇌과학 연구에 의하면 우리가 우울, 걱정, 짜증, 분노 등 부정적인 생각을 할 때는 우뇌의 전전두엽이 활성화되고, 반대로 감사, 기쁨, 다행 등 긍정적인 생각을 할 때는 좌뇌의 전전두엽이 활성화된다. 또한, 평소 같은 행동을 자주 반복하면 두뇌의 회로가 만들어지고 강화하는데, 습관이 들 정도로 강화하려면 같은 행동을 약 3주간(21일) 정도 반복해야 하고, 저절로 할 수 있을 만큼 자연스럽게 몸을 익히려면 평균 63일~100일 정도가 걸린다. 우리가 매일 다행일기를 써 가다 보면 긍정적 사고의 회로가 만들어져 자연스럽게 감사하는 마음이 들게 된다.

### (3) 3단계: 감사일기

3단계는 감사일기가 시작된다. 감사일기는 부정적인 해석, 좁은 시야, 경직된 이분법적인 사고로 자신을 불행하게 만들었던 사고 패턴을 바꾸는 일기이다. 하루 중 자신에게 가장 감사하게 다가왔던 순간들을 떠올리면서 그 상황을 이전과 다른 시각으로 바라볼 수 있도록 도와주는데, 감사의 효과에 대한 연구결과를 간단히 정리하면 에너지 증가, 회복탄력성 증가, 기억력 증가, 면역기능 향상, 통찰력과 창의력 증가, 행복감 증가, 업무수행과 성취도 향상 등이 있다. 이러한 효과들은 유전적으로 결정되기도 하지만 훈련을 통해 습득할 수 있다. 하지만 감사하는 마음을 가지는 것이 어려울 수도 있다. 특히 힘든 일을 겪고 있는 사람에게는 무척 어려울 수 있다. 이때 필요한 것이 다행일기이다. 주변에서 작지만, 다행스러운 일들을 찾기 시작하면 그것이 점점 커져 어느새 감사의 표현으로 바뀌게 된다.

### (4) 4단계: 선행일기

4단계부터는 선행일기가 시작된다. 선행일기는 관계 속에서 타인의 필요를 채워줄 수 있는 자신의 선함을 발견하고 그 선함을 타인에게 베풀면서 자존감과 행복감을 향상하는 훈련이다. 무기력한 자신이 타인에게 도움이 되는 행동을 해냈다는 느낌은 자기유능감과 연결된다. 사회 일원으로서 살아가고자 할 때 과업을 주면 두렵고 좌절감을 느낄 수 있지만, 자신이 할 수 있는 만큼 타인에게 베푸는 성공적인 경험은 사회의 일원으로서의 소속감과 유대감을 증진한다.

선행일기는 특히 우울증이 심한 사람에게 치료제와 예방제 역할을 한다. 대개 우울할 때는 심리적·인지적·정서적·신체적으로 위축되고 자신만을 생각하게 된다. 그러면서도 자신이 쓸모없고 무가치한 존재로 여겨져서 더욱 우울해진다. 이럴 때 타인에게 아무리 작은 일이라도 선생을 하면 자기중심에서 벗어날 수 있고 '봉사자의 기쁨(고양된 기분)'을 느낄 수 있을 뿐 아니라 자신이 유익하고 소중한 존재임을 몸으로 느낄 수 있다. 또한, 행복의 조건에 관한 장기 연구에 의하면 '타인을 돕는 행동이 행복도와 연관성이 있다'라고 입증되었다. 무엇보다도 이타심은 인간 성장의 최고 단계라고 할 수 있다. 남에게 도움을 받아야 했던 사람이 남을 도울 수 있다면, 일상으로 돌아갈 준비가 되었다는 신호이다.

## (5) 5단계: 감정일기

5단계는 감정일기가 보다 깊이 있게 진행된다. 감정일기는 하루를 돌아보며 가장 좋았거나 힘들었던 일을 기록하는 것이다. 연구에 의하면 힘든 일을 적기만 해도 마음을 진정시키는 데 큰 도움이 된다. 감정은 자연스러운 삶의 일부이다. 감정 자체에는 좋고 나쁨이 없다. 그러나 감정과 행동은 다르다. 화가 나는 것은 감정이고, 화가 나서 물건을 부수는 것은 행동이다. 감정과 행동은 구분해야 한다. 감정을 잘 표현하고 다스리는 삶이 풍요로워지지만, 감정을 억압하거나 잘못된 방식으로 표출하면 자신과 남을 해치게 된다.

# PART 04

# 학교폭력에 대한 사안처리

## 1. 학교의 학교폭력 대응

### 1) 학교폭력 감지 · 인지 노력

학교폭력을 예방하고 효과적으로 대처하기 위해서 가장 먼저 이루어져야 할 일은 학교폭력 피해학생과 가해학생을 조기에 감지하는 일이다. 학교폭력예방법 제20조에는 누구라도 학교폭력의 예비 · 음모 등을 알게 된 자는 이를 학교의 장 또는 심의위원회에 고발할 수 있다. 다만, 교원이 이를 알게 되었을 경우에는 학교의 장에게 보고하고 해당 학부모에게 알려야 한다고 학교폭력의 신고의무를 말하고 있다. 따라서 학교폭력 문제 행동이 심각한 피해와 가해로 진행되지 않도록 관련 대상 학생을 조기에 감지하고 이들에게 사전 개입하여 문제의 발생이나 악화를 예방하는 일이 필요하다.

### (1) 학교폭력 초기 감지 · 인지의 중요성

교사는 학교에서 많은 시간을 학생들과 같이 보내므로, 주의를 기울이면 학교폭력 발생 전에 징후를 발견할 수 있는 가능성이 많다. 교사는 학교폭력 상황을 감지 · 인지 했을 때, 신속하고 적극적으로 개입해야 한다. 감지란 학생들의 행동이나 교실 분위기 등을 보고 학교폭력이라고 느껴서 알게 되는 것이다. 또 인지란 학생 또는 학부모의 직접 신고, 목격자 신고, 제3자 신고, 기관통보, 언론 및 방송 보도, 상담 등으로 학교폭력 사안을 알게 되는 것으로 학교폭력이 감지 · 인지된 경우 학교장에 보고하여야 하며(법률 제20조 제4항), 학교장은 지체 없이 전담기구 또는 소속 교원으로 하여금 사실 여부를 확인하도록 해야 한다(법률 제14조 제4항). 학교는 학교폭력 예방을 위해 학교전담경찰관과 협력한다.

참고로 교사의 관찰 및 조사요령을 소개하고자 한다.

- **피해학생 관찰**: 피해학생이 신체적으로 혹은 심리·정서적으로 어려움을 겪고 있는 지를 파악한다.
- **가해학생 관찰**: 가해학생이 특정 학생을 괴롭히는지 혹은 다수의 학생들을 괴롭히는 지, 가해학생이 반 내에서 다른 학생들과 어떤 관계를 형성하고 있는지 등을 파악한다.
- **주변학생 관찰**: 학교폭력과 관련된 학생들은 더 없는지, 학교폭력 사안에 어떻게 연루되어 있는지, 목격학생 및 주변학생들의 심리상태(불안감 등)는 어떠한지 등에 대해 알아본다.
- **학교폭력 조사 요령**: 교사가 학교폭력 사안을 인지하고 있다는 것에 대해 말하지 않고, 학교생활이나 교우관계 등을 물어보고 다양한 방식으로 관찰한다. 가해학생 등에게 교사가 학교폭력 사실을 알고 있다는 것을 너무 성급히 이야기하면 다른 학생들을 더 괴롭힐 위험이 있으므로 주의한다. 반장, 회장 등의 학급임원이나 학생회 임원에게 교실 분위기나 관련 학생들에 대해 자연스럽게 물어본다.

### (2) 학교폭력 감지 · 인지를 위한 학교 구성원의 역할 및 책임

학교폭력을 감지하고 인지하는 데는 학교구성원의 역할과 책임이 중요하다. 먼저는 학교폭력 실태를 학교, 학급단위에서 자체적으로 설문조사 등을 통해 수시로 조사하는 것이 필요하다. 학교 내에는 학교폭력 신고함을 설치하고 학교홈페이지 비밀게시판과 담임교사의 문자나 메일 등 다양한 신고체계를 마련한다. 교사는 학교폭력 징후를 보이는 학생이 없는지 세심하게 관찰하고 담임교사나 전문상담교사를 통한 상담을 진행할 수 있도록 한다. 교내 외 점심시간, 쉬는 시간, 방과 후 등 취약시간에 순찰을 하고 학부모, 자원봉사자, 학생보호인력, 학교전담경찰관 등과 유기적 협력을 한다.

### (3) 학교폭력 징후

학교폭력 징후는 교사뿐 아니라 보호자도 파악할 수 있다. 학교폭력 징후를 통해 학교폭력을 초기에 감지하여 차단할 수 있다. 다만, 어느 한 가지 징후에 해당한다고 해서 학교폭력의 피해 및 가해학생으로 특정 지을 수는 없으며, 여러 가지 상황을 고려하여 판단해야 할 것이다. 학교폭력의 징후는 아래와 같다.

① 피해학생의 징후

- ☑ 늦잠을 자고, 몸이 아프다하며 학교가기를 꺼린다.
- ☑ 성적이 갑자기 혹은 서서히 떨어진다.
- ☑ 안색이 안 좋고 평소보다 기운이 없다.
- ☑ 학교생활 및 친구관계에 대한 대화를 시도할 때 예민한 반응을 보인다.
- ☑ 아프다는 핑계 또는 특별한 사유 없이 조퇴를 하는 횟수가 많아진다.
- ☑ 갑자기 짜증이 많아지고 가족이나 주변 사람들에게 폭력적인 행동을 한다.
- ☑ 멍하게 있고, 무엇인가에 집중하지 못한다.
- ☑ 밖에 나가는 것을 힘들어하고, 집에만 있으려고 한다.
- ☑ 쉽게 잠에 들지 못하거나 화장실에 자주 간다.
- ☑ 학교나 학원을 옮기는 것에 대해서 이야기를 꺼낸다.
- ☑ 용돈을 평소보다 많이 달라고 하거나 스마트폰 요금이 많이 부과된다. 또한 스마트폰을 보는 자녀의 표정이 불편해 보인다.
- ☑ 갑자기 급식을 먹지 않으려고 한다.
- ☑ 수련회, 봉사활동 등 단체 활동에 참여하지 않으려고 한다.
- ☑ 작은 자극에 쉽게 놀란다.

○ 사이버폭력 피해 징후

- ☑ 불안한 기색으로 정보통신기기를 자주 확인하고 민감하게 반응한다.
- ☑ 단체 채팅방에서 집단에게 혼자만 반복적으로 심리적 공격을 당한다.
- ☑ 용돈을 많이 요구하거나 온라인 기기의 사용요금이 지나치게 많이 나온다.
- ☑ 부모가 자신의 정보통신기기를 만지거나 보는 것을 극도로 싫어하고 민감하게 반응한다.
- ☑ 온라인에 접속한 후, 문자메시지나 메신저를 본 후에 당황하거나 정서적으로 괴로워 보인다.
- ☑ 사이버상에서 이름보다는 비하성 별명이나 욕으로 호칭되거나 야유나 험담이 많이 올라온다.
- ☑ SNS의 상태글귀나 사진 분위기가 갑자기 우울하거나 부정적으로 바뀐다.
- ☑ 컴퓨터 혹은 정보통신기기를 사용하는 시간이 지나치게 많다.
- ☑ 잘 모르는 사람들이 자녀의 이야기나 소문을 알고 있다.
- ☑ 자녀가 SNS계정을 탈퇴하거나 아이디가 없다.

* 푸른나무재단 제공

② 가해학생의 징후

☑ 부모와 대화가 적고, 반항하거나 화를 잘 낸다.
☑ 친구관계를 중요시하며 귀가시간이 늦거나 불규칙하다.
☑ 다른 학생을 종종 때리거나, 동물을 괴롭히는 모습을 보인다.
☑ 자신의 문제 행동에 대해서 이유와 핑계가 많고, 과도하게 자존심이 강하다.
☑ 성미가 급하고, 충동적이며 공격적이다.
☑ 자신의 문제 행동에 대해서 이유와 핑계가 많다.
☑ 옷차림이나 과도한 화장, 문신 등 외모를 과장되게 꾸미며 또래 관계에서 위협감을 조성한다.
☑ 폭력과 장난을 구별하지 못하여 갈등상황에 자주 노출된다.
☑ 평소 욕설 및 친구를 비하하는 표현을 자주한다.
☑ sns상에 타인을 비하, 저격하는 발언을 거침없이 게시한다.

* 푸른나무재단 제공

## 2) 신고 및 접수

학교의 장은 교육감에게 학교폭력이 발생한 사실과 제13조의2에 따라 학교의 장의 자체해결로 처리된 사건, 제16조, 제16조의2, 제17조 및 제18조에 따른 조치 및 그 결과를 보고하고, 관계 기관과 협력하여 교내 학교폭력 단체의 결성예방 및 해체에 노력하여야 한다.

### (1) 학교폭력 신고

학교폭력 현장을 보거나 그 사실을 알게 된 자는 학교 등 관계 기관에 이를 즉시 신고하여야 하고 통보받은 소속 학교의 장은 이를 심의위원회에 지체 없이 통보하여야 한다. 또 누구라도 학교폭력의 예비·음모 등을 알게 된 자는 이를 학교의 장 또는 심의위원회에 고발할 수 있다. 다만, 교원이 이를 알게 되었을 경우에는 학교의 장에게 보고하고 해당 학부모에게 알려야 한다.

학교폭력의 예방 및 대책과 관련된 업무를 수행하거나 수행하였던 자는 그 직무로 인하여 알게 된 비밀 또는 신고자·고발자와 관련된 자료를 누설하여서는 아니 된다. 누구든지 학교폭력을 신고한 사람에게 그 신고행위를 이유로 불이익을 주어서는 아니 된다(학교폭력 예방 및 대책에 관한 법률 제20조).

## (2) 법률에 따른 신고의무, 보고의무, 신고자·고발자 비밀누설 금지 의무

### ① 신고의무(법률 제20조 제1항)

학교폭력 신고의무에 따라 학교폭력 현장을 보거나 그 사실을 알게 된 자는 학교 등 관계기관에 이를 즉시 신고하여야 한다(학교폭력 예방 및 대책에 관한 법률 제20조 제1항). 즉, 학교폭력을 알게 된 사람은 누구라도 지체없이 신고해야 한다. 또 학교폭력의 예비·음모 등을 알게 된 자는 이를 학교의 장 또는 심의위원회에 고발할 수 있다. 다만, 교원이 이를 알게 되었을 경우에는 학교의 장에게 보고하고 해당 학부모에게 알려야 한다. 학교폭력 신고자 및 고발자와 관련된 자료를 누설하여서는 안 된다(법률 제21조 제1항).

### ② 신고 및 접수 절차

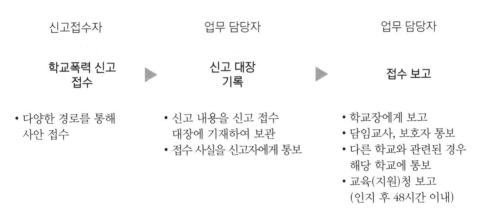

| 신고접수자 | 업무 담당자 | 업무 담당자 |
|---|---|---|
| **학교폭력 신고 접수** | **신고 대장 기록** | **접수 보고** |
| • 다양한 경로를 통해 사안 접수 | • 신고 내용을 신고 접수 대장에 기재하여 보관<br>• 접수 사실을 신고자에게 통보 | • 학교장에게 보고<br>• 담임교사, 보호자 통보<br>• 다른 학교와 관련된 경우 해당 학교에 통보<br>• 교육(지원)청 보고 (인지 후 48시간 이내) |

### ③ 신고 방법

신고 방법으로는 교내 신고와 교외 신고 방법이 있는데 교내 신고 방법은 구두로 피해학생, 목격학생, 보호자 등이 직접 교사에게 말하는 경우와 교사가 개별적인 학생상담을 통해 파악한 경우가 있다. 일정한 장소에 학교폭력 신고함을 설치하고 이를 안내한다. 신고 학생이 신고서를 넣는 행위가 목격되는 것을 두려워 할 수 있으므로, 이를 고려하여 신고함의 위치를 정한다. 그래서 모든 학생에게 신고 기회를 부여하여 심도 있는 정보를 얻기 위해 설문지 조사를 실시할 수 있다. 설문작성 시 학생들이 편안히 작성할 수 있도록 한다. 또한 설문결과가 피해 및 가해학생과 다른 학생들에게 유출되지 않도록 하고 설문지를 통해 알게 된 사실에 대해서 교사는 비밀을 꼭 지킨다.

교내 신고의 또 다른 방법은 담임교사와 책임교사, 학교명의 메일이나 학교 홈페이지 비밀 게시판, 및 휴대전화, 교실 벽에 학교폭력 신고 방법 등을 안내하는 포스터를 붙여 도움을 줄 수 있다. 교외 신고 방법으로는 117 학교폭력 신고센터와 학교 전담 경찰관에 신고하는 방법이 있다.

학교폭력이 발생하면 피해학생이나 목격자들은 신고를 해야 하는데 많은 학생들이 신고하지 않아 문제가 커진다. 그럼에도 불구하고 학생들이 신고하지 않는 데는 이유가 있다.

첫째, 보복이 두려워서이다. 학생들은 자신의 신고 사실을 가해학생과 그 친구들이 알게 되면 보복을 당할 수도 있다는 두려움을 가지고 있다. 신고자를 절대 노출하지 않아야 하며, 가해학생이 물어도 끝까지 이야기해서는 안 된다.

둘째, 신고를 해도 교사나 부모들이 학교폭력 사실을 심각하게 받아들이지 않고, 제대로 대처해주지 못할 것이라고 생각하기 때문이다. 그래서 피해학생이나 사안을 인지·목격한 학생이 신고했을 때, 교사들이 꼭 비밀보장을 할 것이며, 최선을 다해서 적절한 대처를 해주겠다는 것을 인식시켜 주어야 한다. 특히 구두, 이메일, 홈페이지, 휴대폰 등으로 신고를 받을 때는 더욱 그러하다.

④ 신고자에 대한 대처 방법

• 신고자가 보호자인 경우

학교폭력 사안을 피해학생의 보호자가 알려왔을 때, 보호자는 심리적으로 상당히 혼란스러울 수 있으므로 교사가 "더욱 관심을 가지고 조사하여 문제를 해결하겠다."라고 보호자를 안심시켜야 한다. 보호자는 신속하고 적극적인 학교의 대처를 원한다. 심리적으로 예민해진 보호자에게 학교에서 미온적인 모습을 보이면 가해학생 편을 든다거나 은폐한다고 오해할 수 있으므로, 중간 중간에 진행상황에 대해서 충분히 설명해 준다. 학교폭력 사안 처리 시, 보호자가 비협조적이거나 학교가 사안 처리에 있어 미온적이라고 생각하면 사안 처리에 어려움을 겪을 수 있다. 신고 및 접수 시부터 보호자와 협력관계를 잘 유지하는 게 중요하다. 학교폭력 사안처리의 궁극적 목적은 피해 및 가해학생 모두 안전하게 학교생활을 할 수 있도록 하는 것임을 말해준다.

• 신고자가 학생인 경우

[신고자가 피해학생일 때]

학교폭력 피해를 당한 학생이 직접 신고를 하거나 징후를 보이는 경우가 있다. 먼저는 피해학생의 상태를 파악하고 신변을 보호하고 교사는 해결자·상담자로써의 역할을 해야 한다. 첫째, 피해 상황을 알게 된 교사는 가장 먼저 피해학생의 상태와 신변보호를 생각해야 한다. 학교폭력 사안으로 인해 신체적으로 다친 곳이 없는지 확인하고, 심리적·정서적 상태도 확인한다. 또한 학교폭력의 위험이 계속될 것이라고 판단되면, 귀가시 하굣길이 비슷한 친구들과 함께 귀가하도록 지도한다.

둘째, 교사는 사실을 객관적으로 파악하여 방향을 설정하는 해결자로서의 역할을 수행해야 한다. 자칫 피해학생의 주관적인 확인에만 근거해 문제를 지나치게 확대하거나 축소해서는 안 되며, 이야기를 듣고 성급하게 가해학생과 피해학생을 대질시켜도 안 된다. 이런 일이 한 번 발생하면 피해학생은 더 이상 말하지 못하고, 보복으로 폭력의 강도는 더욱 심해질 수 있다.

셋째, 불안한 피해학생의 마음을 정서적으로 지지하는 따뜻한 상담자로서의 역할을 수행해야 한다. 이때 "많이 힘들겠구나", "선생님에게 얘기하는 것은 고자질이 아니야" 등의 말을 해주면 좋다. 교사는 설령 학생이 말한 학교폭력의 내용이 대수롭지 않게 여겨지더라도 피해학생을 지지해주면서 공감대를 형성하고, 어떤 문제든지 해결을 위해 도와주겠다는 의지를 보여주어야 한다. 이를 통해 학생이 교사에 대해 신뢰감을 갖도록 하며, 학생을 안정시킬 수 있다.

• 신고자가 주변학생일 때

학교폭력을 목격하거나 인지한 학생이 용기를 내서 신고를 하는 경우가 있다. 이럴 때 그 행동을 칭찬하고, 불안감을 갖지 않도록 지지하고 격려해 준다. 책임교사와 담임교사는 신고한 학생과 연락처를 공유하여, 비상시에 대비한다. 다른 목격학생이 있는지 확인하고, 전체 학생을 지도해야 한다. 학교폭력은 가해학생과 피해학생 당사자들만이 아니라, 그것을 방관하거나 무관심하게 지켜보는 친구들끼리의 인간 간의 권력 관계를 바로 보아야 한다.


## 3) 학교의 대응 요령

### (1) 학교폭력 발생 시 대응 순서

학교폭력 발생 시 학교에서 대처한 내용을 문서로 만들어 두어야 추후 불필요한 분쟁을 예방할 수 있다.

그러므로 학교폭력 발생 시 대응 순서를 살펴볼 필요가 있다.

학교폭력
사안발생 ▶ 관련학생
안전조치 ▶ 보호자
연락 ▶ 학교폭력 전담기구 또는 소속교원의 사안조사

피해·가해학생 상담

학교폭력에 효과적으로 대처하기 위해서는 지역의 여러 자원체제를 효과적으로 활용해야 한다. 학기 초 각 학교에서는 안전사고예방대책을 세울 때 학교에서 가까운 거리에 있는 지구대, 병원, 법률기관, 상담기관 등과 업무협약을 맺어 평상시 긴밀한 협조체제를 유지하는 것이 좋다. 특히 성폭력에 대한 즉시 신고, 폭력서클 연계 사안 등을 처리하기 위해 학교전담경찰관(SPO)과 긴밀하게 협력한다. 주요 지원체제를 소개하면 아래와 같다.

- 117 학교폭력 신고·상담센터: 전화로 어디에서나 국번없이 117을 눌러 신고하며, 24시간 운영함. 긴급 상황 시에는 경찰 출동, 긴급구조를 실시
- 위(Wee)프로젝트: We(우리들), education(교육), emotion(감성)의 첫 글자를 모은 것으로 학교 및 교육(지원)청에서 학생 상담 지원
  Wee클래스(학교단위) − Wee센터(교육지원청 단위) − Wee스쿨(시·도교육청 단위)
- 청소년상담복지센터(CYS−Net): 위기청소년에게 적합한 맞춤형 서비스를 제공하는 ONE−STOP 지원센터
- 청소년전화 1388: 청소년의 위기, 학교폭력 등의 상담, 신고 전화
- 푸른나무재단(1588−9128): 학교폭력관련 전화 및 사이버 상담을 실시하고, 학교폭력 피해학생 및 가족 대상 통합지원, 학교폭력SOS지원단에서는 화해·분쟁조정지원, 사안처리 진행 자문 및 컨설팅 지원
- 청소년꿈키움센터(법무부 청소년비행예방센터): 학교폭력 가해학생 및 보호자 특별교육, 찾아가는 학교폭력 예방교육 등 운영
- 대한법률구조공단(132): 법률상담, 변호사 또는 공익법무관에 의한 소송대리 및 형사변호 등의 법률적 지원

## (2) 유형별 초기 대응 요령

학교폭력의 유형은 신체폭력, 언어폭력, 금품갈취, 강요, 강제적 심부름, 따돌림, 사

이버폭력, 성폭력 등으로 분류할 수 있는데 이에 따른 대응 전략이 달라져야 효과적일 수 있다. 그래서 주요 대상별 초기 대응 요령과 학교폭력 유형에 따른 초기 대응 요령을 알아보고자 한다.

① 주요 대상별 초기 대응 요령

| 피해학생<br>조치 | • 피해를 당한 학생의 마음을 안정시키고(심호흡, 안정을 유도하는 말 등) 신변안전이 급선무다.<br>• 가벼운 상처는 학교 보건실에서 1차적으로 치료하고, 상처 정도가 심해 학교 보건실에서 치료할 수 없을 때는 2차적으로 병원으로 신속히 이송한다.<br>• 탈골, 기도 막힘, 기타 위급상황이라고 판단된 경우 자리에서 움직이지 않고 119에 도움을 청한다. |
|---|---|
| 가해학생<br>조치 | • 피해학생의 상태가 위중하거나 외상이 심한 경우, 가해학생 역시 충격을 받아 예측하지 못하는 돌발행동을 할 수 있다. 그러므로 심리적으로 안정될 수 있도록 교사가 계속 주의를 기울이고 빨리 보호자에게 연락을 취한다.<br>• 이후 가해학생에게 지나친 질책 및 감정적 대처를 하지 않도록 유의한다. |
| 보호자<br>조치 | • 보호자에게 사실을 빠르게 알린다.<br>• 연락할 때 보호자들이 지나치게 흥분하거나 놀라지 않도록 연락하고, 학교에 오면 사전에 정해진 장소에 가서 자녀를 만날 수 있도록 안내한다.<br>• 사안의 내용과 학교 측의 대처사항에 대해 보호자에게 정확히 알려준다.<br>• 피해 및 가해학생이 귀가했을 경우, 학생이 가정에서 심리적 안정을 취할 수 있도록 보호자에게 안내한다. 특히 피해학생인 경우, 보호자가 자녀에게 정서적 지지와 지원을 아끼지 말 것을 당부한다. |
| 목격학생·<br>주변학생<br>조치 | • 학교폭력을 목격하거나 폭력 현장에 있음으로 인해 심리적·정서적 충격을 받은 간접 피해자도 유사한 문제 반응이 나타날 수 있다.<br>• 주변학생들의 현장 접근을 통제하고, 특히 초등학교 저학년의 경우 동화책 읽어주기, 종이접기 등 흥미 있는 활동으로 주의를 돌려 심리적 충격을 완화시킨다.<br>• 사안에 관련된 학생 및 목격한 학생들에게 상황을 인식시키고, 차후 유사한 폭력상황이 벌어지지 않도록 예방교육을 한다.<br>• 사안에 관련된 학생들에 대해 낙인을 찍어 따돌리거나, 사안과 관련하여 사실과 다른 소문을 퍼뜨리지 않도록 주의시킨다. |

② 폭력유형별 초기 대응 요령

• 신체폭력

**- 교직원의 신속한 응급조치**

응급상황 발생 시 학교폭력 전담기구 소속 교사들(교감, 책임교사, 보건교사, 상담교사 등)을 중심으로 역할을 분담하여 신속하게 조치한다. 사안을 가장 먼저 인지한 교직원은 신속히 학교폭력 전담기구 소속교사에게 이를 알린다. 그리고 피해학생의 위급상황을 발견한 교직원은 보건교사에게 이를 알리거나 119에 연락하여 도움을 청한다. 보건교사는 119 등 응급의료센터에 연락하여 지시대로 응급조치를 취하며, 관리자와 해당 교사에게 이를 알린다. 또 현장자료 유지 및 보관에 있어서 현장에 있던 모든 증거자료는 섞거나 없애지 말아야 한다. 관련 자료들은 추후 법적, 의료적 분쟁이 있을 시 중요한 근거 자료가 될 수 있으므로 학교에서 응급조치한 내용은 빠짐없이 기록한다.

○ 119(응급의료센터)란?
  • 병원의 의료진 및 병상, 의료장비 등을 실시간으로 파악해 환자에게 적합한 병원을 안내함
  • 구급차 출동, 시도 권역별 설치, 전문상담요원과 상담의사가 24시간 상주하여 응급처치 지도

| 담임교사 또는 교직원 | 학교폭력 전담기구 | 학교장 등 관리자 |
|---|---|---|
| • 보호자 연락: 피해학생 상태 및 병원 안내<br>• 병원 이송 시 동승<br>• 사안조사에 협조 | • 교감: 상황 파악, 지시<br>• 책임교사: 상황 지시, 주위 학생 안정 및 질서유지 지도, 진행상황 육하원칙에 따라 기록<br>• 보건교사: 응급조치, 병원 이송 시 동승, 차량 내에서 요원의 응급처치 도움, 병원에서 피해학생 상태 설명<br>• 전문상담교사: 피해학생의 심리적 안정 지원 또는 가해학생 대상 초기 상담 | • 전반적인 상황 파악 및 총괄<br>• 원인 분석 및 재발 방지 주력 |

• 언어폭력

언어폭력은 상대방의 명예를 훼손하는 구체적인 말을 하거나 인터넷, SNS, 문자메시지 등으로 퍼뜨리는 행위이므로 증거를 확보해 놓는다.

 - **피해학생 조치**: 핸드폰 문자로 욕설이나 협박성 문자가 오면 어떠한 응답도 하지 않도록 하고 인터넷 상에서 게시판이나 안티카페 등에서 공개적인 비방 및 욕설의 내용은 그 자체로 저장하도록 한다. 보호자에게 알리고 전문상담사에게 상담을 받도록 권한다.
 - **가해학생 조치**: 언어폭력을 했는지 사실여부와 이유 등을 확인하고 장난으로 한 욕설이라도 피해학생이 고통 받을 수 있음을 인식시킨다.

• 금품갈취

아무리 적은 금액이라도 다른 사람에게 돈을 빼앗겼을 경우에는 반드시 담임교사에게 사실을 알려 피해가 커지지 않도록 평소에 예방교육을 철저히 한다.

 - **피해학생 조치**: 초등학교 저학년 학생은 500원, 1000원을 빼앗겨도 두려워하고 불안해할 수 있으므로 교사는 이를 무시하거나 가볍게 여기지 않고 반드시 도와주겠다는 것을 학생에게 약속하여 학교를 신뢰하도록 한다. 적은 금액을 빼앗겼을 때 피해학생의 경우 교사에게 얘기하기를 주저할 수 있다. 하지만 교사는 금품갈취 금액보다는 금품갈취 당했다는 사실에 대해 주목하고 이에 대해 학생의 심정을 공감하고 해결을 위해 노력한다.
 - **가해학생 조치**: 가해학생과의 면담을 통하여 사실을 확인한다. 아무리 적은 금액이라도 남의 돈을 빼앗는 행위는 폭력에 해당한다는 사실을 인식시키고 보호자에게 사실을 알린다. 또 방임·빈곤아동일 경우, 경제적 도움을 줄 수 있도록 사회복지사나 지역주민자치센터에 연계하여 지원을 돕는다.

• 강요·강제적 심부름

강요 등은 폭력써클과 연계하여 일어날 수 있으므로 즉시 신고하도록 평소에 지도한다.

 - **학생의 행동 감지**

다음과 같은 행동 변화가 있을 경우 학생을 불러서 상담하고 보호자에게도 확인한다.
• 친구를 대신하여 심부름을 한다.
• 친구를 대신하여 과제를 하거나 책가방을 들어준다.
• 친구에게 음식물을 제공하고 옷 등을 빌려준다.
 - **피해학생 조치**: 상담을 통하여 어느 정도 피해를 받았는지, 다른 폭력 피해는 없는지 확인을 한다. 당분간 보호자가 등·하교 길에 동행한다.
 - **가해학생 조치**: 단순가담 학생들은 상담을 통해 지도한다. 보호자에게 알리고 재

발하지 않도록 지도한다.

- 따돌림

따돌림은 괴롭힘과 함께 이루어지는 경우가 많지만, 대부분의 교사들이 학교폭력으로 인식하지 못하는 경우가 많으므로 특별히 주의를 요한다.

- **2차 피해 주의하기**: 피해학생 의사에 반하여 피해사실이 공개되지 않도록 주의한다. 피해사실이 확인되고 난 후 이를 바로 공개하면, 피해학생이 당황하고 난처해질 수 있다. 교사는 피해학생과 상담을 깊이있게 하여 피해학생이 필요로 하는 사항을 파악하여 대처한다. 가해학생을 바로 불러서 야단치면, 가해학생은 교사에게 일렀다는 명목으로 피해학생을 더욱 심하게 괴롭히고 따돌리는 경우가 많다. 반 전체 앞에서 피해 및 가해학생의 이름을 지목하며 따돌림에 대해 훈계하면 피해 및 가해학생 '모두에게' 혹은 '모두가' 낙인이 찍혀 문제해결에 효과적이지 않다.

- **신고를 두려워하는 피해학생 돕기**: 심각한 피해일 경우, 피해학생을 설득하여 신고하도록 독려한다. 만약 따돌림 정도가 심한데 피해학생이 보복이 두려워 사안의 공개나 처벌을 반대하면 아래의 이유 등을 예로 들어 피해학생을 설득한다.

- 피해를 당했을 때 아무 조치를 취하지 않으면 폭력은 점점 심해지고 지속된다.

- 따돌리는 학생은 자신이 폭력을 행사하는 줄 모르기 때문에 이를 알려주어야 가해행동을 멈춘다.

- 담임교사는 학교폭력 전담기구에 이를 알려 사안을 처리한다.

- **피해 및 가해학생 함께 만나지 않게 하기**: 피해 및 가해학생들을 강제로 한 자리에 불러 모아 화해시키거나 오해를 풀도록 하면 안 된다. 학생들끼리 얘기하라고 교사가 자리를 비우는 경우도 있는데 이는 적절치 않다. 따돌린 학생 다수와 따돌림 받은 학생 1명이 한 공간에 있게 되면 피해학생은 더욱 심한 공포심과 위압감을 느끼게 된다. 피해 및 가해학생은 교사가 따로 불러 상담을 한다.

- **피해학생 조치**: 피해학생이 정신적 피해를 심하게 입어 학교에 나오지 못하는 경우, 집에서 휴식을 취하거나, 병원 또는 상담센터에서 상담을 받도록 안내한다. 학교에 출석하지 못하는 동안 담임교사는 학생의 학습 상황을 수시로 점검하여 학습능력이 뒤쳐지지 않도록 신경을 쓴다.

- **가해학생 조치**: 가해학생은 실제 자신이 무엇을 잘못했는지 모르는 경우가 많다.

그러므로 가해학생의 따돌림 행동이 명확한 학교폭력이라는 것을 인식시킨다. 담임교사나 상담교사가 수시로 가해학생을 만나 지속적으로 상담을 한다.

- 사이버폭력
- **평소 예방교육**: 핸드폰 문자로 욕설이나 협박성 문자가 오면 어떠한 응답도 하지 않도록 지도한다. 또 인터넷의 게시판이나 안티카페 등에서 공개적인 비방 및 욕설의 내용은 그 자체로 저장하도록 지도하고 모든 자료는 증거 확보를 위해 저장하도록 안내한다.
- **피해학생 조치**: 불특정 다수에게 공개되는 사이버 폭력으로 인해 피해학생은 명예훼손, 모함, 비방 등을 당하여 심각한 정신적 피해를 입을 수 있다. 그러므로 피해학생을 상담교사나 상담센터와 연계하여 상담을 받도록 한다.
- **가해학생 조치**: 교사가 증거를 철저하게 확보한 후, 사이버폭력을 지속하지 않도록 지도한다.

- 성폭력
- **학교장 및 교직원의 즉시 신고의무**: 학교장을 비롯해 교직원은 직무상(학생과의 상담 과정, 학교폭력신고 접수 등) 아동·청소년대상 성범죄의 발생 사실을 알게 된 때에는 즉시 수사기관(112, 117)에 신고하여야 한다. 117 학교폭력 신고센터에 신고할 때에는 신고 의사를 명확하게 밝힌다. 피해학생 측의 의사와는 관계없이 반드시 신고하여야 하나, 피해학생 측에 신고의무의 당위성을 설명하고, 신고과정에서도 수사기관에 피해학생 측의 의사를 충분히 전달한다.
- **피해학생의 비밀보호 철저**: 성폭력에 관하여는 피해학생의 프라이버시가 특별히 보호되어야 한다. 따라서 학교장 및 관련 교원을 제외하고는 이와 관련된 사실을 알지 못하도록 철저하게 비밀을 보호하여 2차 피해를 방지한다.
- **피해학생 조치**: 씻어내는 등 증거가 소멸되지 않도록 주의하여 가능한 빨리 의료기관에 이송하고 피해학생이 정신적 피해를 심하게 입어 학교에 나오지 못하는 경우, 관련 상담센터에서 상담을 받게 한다.
- **가해학생 조치**: 학교장의 긴급조치를 통해 피해학생과 분리한다.

## (3) 방과 후 학교폭력 대응 요령

근무시간 종료 후 교사가 인지한 학교폭력 사안에 대해서도 피해학생 보호를 위한 적극적인 대응이 요구된다. 방과 후 피해학생이나 보호자에게 연락이 왔을 때의 대처 방법으로는 첫째, 피해학생이나 보호자로부터 연락이 왔을 경우, 심리적 안정을 찾을 수 있도록 상담하며 학생의 안전을 확인하여 필요시 병원에 가서 진단 및 치료를 받도록 안내한다. 둘째, 상대방의 신원 정보(교복, 명찰, 생김새 등 기억)를 최대한 모으고, 피해상황에 대해 사진을 찍어 놓는 등 증거자료를 최대한 확보해 두어야 추후 효과적인 대처가 가능함을 알린다. 셋째, 사안이 긴급한 경우, 경찰 등 수사기관에 신고할 수 있음을 안내한다. 넷째, 성폭력 등의 경우에 몸을 씻지 말고 그대로 병의원을 방문할 것을 안내하고, 필요한 경우 해바라기센터 등 도움을 받을 수 있는 기관을 안내한다.

마지막으로는 방과 후 학교폭력 발생 시, 긴밀한 연락체계를 구축하고 지속적으로 모니터링 한다. 피해학생과 보호자를 안심시키며 추후 학교에서 적절하게 대처할 것을 알린 후 신고 다음날 학교에서 할 수 있는 조치는 다음과 같다.

- 교사는 피해 상황과 정도를 구체적으로 파악한 후 학교폭력 전담기구에 이를 알린다.
- 학교소속 및 학교급이 다른 경우에는 해당 학생이 있는 학교의 전담기구 소속교사와 연락하여 관련 사안에 대해 논의 후 조치한다.
- 가해학생이 다른 학교(학교급) 학생일 경우, 해당 학교에 연락하여 사안을 조사해 줄 것을 요청한다.
- 사안이 학교 외부에서 발생하였을 경우, 필요하다면 학교전담경찰관(SPO)의 협조를 요청한다.
- 학원 등 외부 기관(단체, 조직)에서 사안이 발생하였을 경우, 해당 기관에 연락하여 사안 발생 상황에 대한 구체적인 설명을 듣는 등 적극적으로 사실을 파악하고자 노력한다.

## 2. 사안조사

학교의 장은 학교폭력 사태를 인지한 경우 지체 없이 전담기구 또는 소속 교원으로 하여금 가해 및 피해사실 여부를 확인하도록 하고, 전담기구로 하여금 제13조의2에 따른 학교의 장의 자체해결 부의 여부를 심의하도록 한다. 전담기구는 학교폭력에 대한 실태조사(이하 "실태조사"라 한다)와 학교폭력 예방 프로그램을 구성·실시하며, 학교의

장 및 심의위원회의 요구가 있는 때에는 학교폭력에 관련된 조사결과 등 활동결과를
보고하여야 한다.

## 1) 사안 접수 및 조사

### (1) 사안 접수 및 보호자 통보

전담기구는 학교폭력신고 접수대장을 비치하고 117 신고센터, 학교장, 교사, 학생,
보호자 등 학교폭력 현장을 보거나 그 사실을 알게 된 자 및 기관으로부터 신고 받은
사안에 대해 기록·관리한다. 학교폭력신고 접수대장은 학교장, 교원의 학교폭력 은폐
여부를 판단하는 중요한 기초자료로 활용되므로, 사소한 폭력이라도 신고한 것은 접수
하여야 한다. 접수한 사안에 대해서는 즉시 관련학생 보호자에게 통보하고, 통보일자,
통보방법 등을 기록한다.

### (2) 교육(지원)청 보고

인지 후 48시간 이내에 교육청(교육지원청)으로 사안 보고하는 것을 원칙으로 하고
긴급하거나 중대 사안일 경우 유선으로 별도 보고를 하고 성폭력 사안은 반드시 수사
기관에 신고한다.

### (3) 학교폭력 사안조사

학교폭력을 인지한 경우 피해 및 가해사실 여부에 대해 조사하여야 한다. 전담기구
의 협조 요청 시 해당 교사는 적극 협조해야 한다. 학교폭력을 인지한 경우, 학교의 장
은 지체 없이 전담기구 또는 소교원으로 하여금 가해 및 피해사실 여부를 확인하도록
해야 한다.

### (4) 사안조사 결과 보고

신고된 학교폭력 사안에 대해 조사를 실시하고 조사결과 보고서로 작성하여 학교장
에게 보고한다.

### (5) 학교장 자체해결 여부 심의

학교장 자체해결의 객관적 요건 충족 여부 및 피해학생과 그 보호자의 학교폭력대책 심의위원회 개최 요구 의사를 확인한다.

## 2) 사안조사 절차 및 방법

학교의 장은 학교폭력 사태를 인지한 경우 지체 없이 전담기구 또는 소속 교원으로 하여금 가해 및 피해 사실 여부를 확인하도록 하고, 전담기구로 하여금 제13조의2에 따른 학교의 장의 자체해결 부의 여부를 심의하도록 한다.

사안조사 책임자는 학교장이고 조사 담당자는 전담기구 또는 소속 교원이 된다.

① 사안의 '발생–조사–보고' 진행 과정

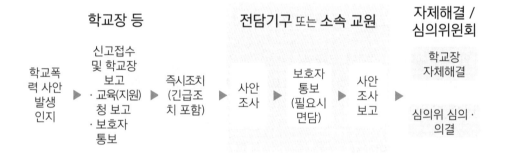

② 단계별 조치사항

| 단계 | 처리내용 |
|---|---|
| 학교폭력 사건 발생인지 | • 117 학교폭력 신고센터로부터의 통보 및 교사, 학생, 보호자 등의 신고 접수 등을 통해서 학교폭력 사건 발생 인지 |
| | ↓ |
| 신고 접수 및 학교장·교육청 보고 등 | • 신고 접수된 사안을 학교폭력신고 접수대장<양식1-1>에 반드시 기록하고, 학교장에게 보고하고, 담임교사에게 통보한 후 교육(지원)청에 48시간 이내에 보고<양식1-2><br>• 신고 접수된 사안을 관련 학생 및 그 보호자에게 통보 |
| | ↓ |

| 즉시조치<br>(필요시<br>긴급조치 포함) | • 필요 시 피해 및 가해학생 즉시 격리. 가해학생이 눈빛·표정 등으로 피해학생에게 영향력 행사 못하도록 조치<br>• 관련학생 안전조치(피해학생 – 보건실 응급처치·119 신고·병의원 진료 등, 가해학생 – 격리·심리적 안정 등)<br>• 피해학생 및 신고·고발한 학생이 가해학생으로부터 보복행위를 당하지 않도록 조치<br>• 피해학생의 신체적·정신적 피해를 치유하기 위한 조치 우선 실시<br>• 성폭력인 경우 「아동·청소년의 성보호에 관한 법률」에 따라 반드시 수사기관에 신고하고, 성폭력 전문상담기관 및 병원을 지정하여 정신적·신체적 피해 치유<br>• 사안처리 초기에 긴급한 필요가 있는 경우, 법률 제16조 제1항 및 제17조 제4항에 따라 긴급 조치 실시 가능 <양식2-3> |
|---|---|

↓

| 사안조사 | • 피해 및 가해사실 여부 확인을 위한 구체적인 사안조사 실시 <양식2-1>, <양식2-2><br>– 관련학생의 면담, 주변학생 조사, 설문조사, 객관적인 입증자료 수집 등<br>• 피해 및 가해학생 심층면담<br>• 조사한 결과를 바탕으로 육하원칙에 따라 사안조사 보고서 작성 <양식 2-4><br>• 성폭력의 경우, 비밀유지에 특별히 유의<br>• 장애학생, 다문화학생에 대한 사안조사의 경우, 특수교육 전문가 등을 참여시켜 장애학생 및 다문화학생의 진술 기회 확보 및 조력 제공<br>• 필요한 경우, 보호자 면담을 통해 각각의 요구사항을 파악하고 사안과 관련하여 조사된 내용을 관련 학생의 보호자가 충분히 이해할 수 있도록 안내 |
|---|---|

↓

| 학교장 자체해결<br>여부 심의 | • 법률 제13조의2 제1항 제1호~4호의 요건에 해당하는지 여부를 서면으로 확인 <양식3-1><br>– 2주 이상의 신체적·정신적 치료를 요하는 진단서를 발급받지 않은 경우<br>– 재산상 피해가 없거나 즉각 복구된 경우<br>– 학교폭력이 지속적이지 않은 경우<br>– 학교폭력에 대한 신고, 진술, 자료제공 등에 대한 보복행위가 아닌 경우 |
|---|---|

| 자체해결 요건 충족 | 자체해결 요건 미충족 |
|---|---|
| **피해학생 및 보호자의 서면 확인**<br>• 피해학생과 그 보호자의 학교폭력대책심의위원회 개최 요구 의사를 서면으로 확인 <양식3-2> | **학교폭력대책심의위원회 개최**<br>• 피해 및 가해사실 내용에 관하여 종합적으로 정리하여 학교의 장 및 심의위원회에 보고 |

→ 부동의

 동의

| 학교장 자체해결 | 심의위원회 심의·의결 |
|---|---|

> ※ 전담기구 심의결과 자체해결 요건에 모두 해당하더라도 피해학생 및 그 보호자가 심의위원
> 회 개최를 요구하는 경우, 반드시 심의위원회 개최를 요청한다.
> ※ 사안 처리의 전 과정에서 필요시 관계회복 프로그램을 운영할 수 있다.

참고: 학교폭력이 아닌 사안의 종결처리

- 사안조사 결과, 학교폭력이 아닌 것으로 결정된 사안인 경우 종결처리
  - 제3자가 신고한 사안에 대한 조사 결과, 오인신고였던 경우
  - 학교폭력 의심사안(담임교사 관찰로 인한 학교폭력 징후 발견 등)에 대한 조사 결과, 학교폭력이 아니었던 경우
  - ※ 위의 경우에도 학생(학부모)이 심의위원회 개최를 요청할 경우 반드시 심의위원회를 개최하여 처리해야 함. 단, 심의위원회에서 '학교폭력 아님'으로 결정할 경우 '조치없음'으로 처리할 수 있음.

## 3. 학교장 자체해결 및 관계회복

### 1) 학교장 자체해결제

피해학생 및 그 보호자가 심의위원회 개최를 원하지 않거나 경미한 학교폭력의 경우 학교의 장은 학교폭력사건을 자체적으로 해결할 수 있는데, 이 경우 지체없이 학교장은 심의위원회에 보고하여야 한다. 학교의 장의 자체해결을 원하는 경우 피해학생과 그 보호자의 심의위원회 개최 요구 이사를 서면확인하고 전담기구의 서면 확인 및 심의의 과정을 거쳐야 한다.

학교의 장은 학교폭력사건을 자체적으로 해결하는 경우 피해학생과 가해학생 간에 학교폭력이 다시 발생하지 않도록 노력해야 하며 필요한 경우에는 피해학생, 가해학생 및 그 보호자 간의 관계 회복을 위한 프로그램을 운영할 수 있다.

그림 학교장 자체해결 사안처리 흐름도

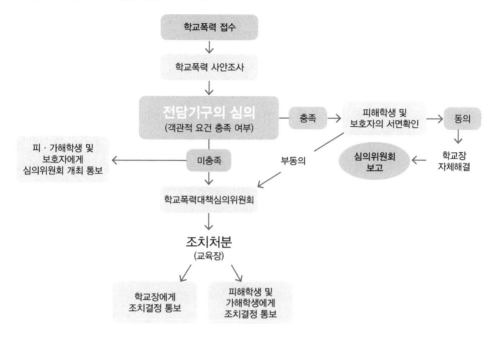

## (1) 학교장 자체해결 사안

피해학생 및 그 보호자가 심의위원회 개최를 원하지 않고, 아래 네 가지 요건에 모두 해당하는 경우 학교장 자체해결 가능하다.

① 2주 이상의 신체적·정신적 치료를 요하는 진단서를 발급받지 않은 경우는 전담기구 심의일 이전에 진단서를 제출하지 않은 경우에는 자체해결 요건에 해당하는 것으로 판단 가능하고 피해학생 측이 학교에 진단서를 제출한 이후에는 의사를 번복하여 진단서를 회수하는 것은 불가하다.

② 재산상 피해가 없거나 즉각 복구된 경우 재산상 피해의 복구 여부는 전담기구 심의일 이전에 재산상 피해가 복구되거나 가해 관련학생 보호자가 피해 관련학생 보호자에게 재산상 피해를 복구해 줄 것을 확인해 주고 피해 관련학생 보호자가 인정한 경우이다. 재산상 피해는 신체적·정신적 피해의 치료비용을 포함한다.

③ 학교폭력이 지속적이지 않은 경우, 지속성의 여부는 피해 관련학생의 진술이 없을지라도 전담기구에서 보편적 기준을 통해 판단한다.

④ 학교폭력에 대한 신고, 진술, 자료제공 등에 대한 보복행위가 아닌 경우는 가해 관련 학생이 조치 받은 사안 또는 조사 과정 중에 있는 사안과 관련하여 신고, 진술, 증언, 자료 제공 등을 한 학생에게, 학교폭력을 행사하였다면 보복행위로 판단할 수 있다.

* 학교장 자체해결로 종결된 사안에 대한 심의위원회 개최 요청

원칙적으로 피해학생 및 그 보호자는 사안의 학교장 자체해결 이후에는 동일 사안에 대하여 심의위원회 개최를 요구할 수 없으나, 아래 사유에 해당되는 경우에는 학교장에게 서면으로 심의위원회 개최를 요청할 수 있다. 해당 학교폭력사건으로 피해학생 및 그 보호자가 받은 재산상 손해를 가해학생 및 그 보호자가 복구하기로 약속하였으나 이행하지 않은 경우와 해당 학교폭력사건의 조사과정에서 확인되지 않았던 사실이 추가적으로 확인된 경우는 학교장은 요청서를 첨부하여 교육지원청에 심의위원회 개최를 요청할 수 있다.

## (2) 학교장 자체해결 절차

### ① 학교장 자체해결 절차

학교폭력이 발생하면 학교 내 전담기구는 학교장 자체해결을 심의하는데, 학교장 자체해결전담기구의 사안 조사 과정에서 피해 관련학생 및 그 보호자를 상담할 때 학교장 자체해결을 강요하지 않도록 유의한다. 전담기구 심의 시 유의사항으로는 학교장의 자체해결 요건 해당 여부는 전담기구 심의에서 협의를 통해 결정한다는 것이다. 2주 이상의 신체적·정신적 치료를 요하는 진단서를 발급받아서 제출한 경우에 학교장은 전담기구의 심의를 거치지 않고 심의위원회 개최를 요청할 수 있다. 하나의 학교폭력 사안에서 가해학생이 여러 명인 경우, 가해학생 모두가 학교장 자체해결 요건에 해당하는 경우에 한하여 학교장 자체해결이 가능하다. 전담기구의 심의 결과 학교장 자체해결 요건에 해당하는 사안의 경우, 첫째, 전담기구에서 객관적으로 판단한 기준에 대해 피해학생 및 그 보호자에게 설명하고, 피해학생과 그 보호자가 심의위원회 개최 요구 의사 확인서를 통해 학교장 자체해결에 동의하면 학교장이 자체해결 할 수 있다. 학교의 장이 자체해결한 학교폭력 사안에 대해서는 재산상의 피해 복구를 이행하지 않거나 해당 학교폭력 사안의 조사과정에서 확인되지 않았던 사실이 추가적으로 확인된 경우를 제외하고는 피해학생 및 그 보호자가 심의위원회 개최를 요청할 수 없다는 사실을

설명한다. 둘째, 전담기구의 학교폭력 사안조사 보고서, 전담기구 심의 결과 보고서, 피해학생 및 그 보호자의 학교폭력대책심의위원회 개최 요구 의사 확인서를 첨부하여 학교장 자체해결 결과를 교육(지원)청에 보고한다. 가해학생 우선 출석정지 후 학교장 자체해결하는 경우 학교장이 긴급조치를 직권으로 취소하고 기타 부득이한 사유로 학교장의 허가를 받아 결석하는 경우로 보아 출석으로 인정할 수 있다. 또 관련학생 보호자에게 서면, 유선, 문자 등으로 통보한다.

② 학교장 자체해결 시 고려사항

학교는 신고·접수 등 사건 인지 후 14일 이내에 1) 사안조사, 2) 전담기구 심의, 3) 학교장 자체해결 여부 결정 및 시행, 4) 학교장 자체해결 사안이 아닌 경우, 심의위원회 개최 요청까지 완료하여야 한다. 다만, 필요한 경우 학교장은 해당 절차의 완료를 7일 이내에서 연기할 수 있다. 학교장 자체해결 4가지 요건에 포함되지만 피해학생과 그 보호자가 학교장 자체해결에 동의하지 않아 심의위원회 개최가 요청된 경우에는 피해학생과 그 보호자가 심의위원회 개최 이전까지 심의위원회 개최 취소 의사를 서면으로 표명하면 심의위원회 개최 요청을 철회한 것으로 본다.

## 2) 관계회복 및 분쟁조정

### (1) 관계회복

학교의 장은 법 제13조의2 제1항에 따라 학교폭력사건을 자체적으로 해결하는 경우 피해학생과 가해학생 간에 학교폭력이 다시 발생하지 않도록 노력해야 하며, 필요한 경우에는 피해학생·가해학생 및 그 보호자 간의 관계 회복을 위한 프로그램을 운영할 수 있다.

관계회복이란 두 명 이상의 관련 대상자들이 발생 상황에 대하여 이해, 소통, 대화 등을 통해 원래 상태 또는 일상생활로 돌아갈 수 있도록 함께 노력하는 것을 말한다. 그 목적은 관련 당사자 사이에 발생한 사안을 중심으로 개입하여 양측 관계를 회복시키는 것을 목적으로 한다. 그러기 위해 상호 이해 및 소통, 대화를 하는 과정을 통해 피해학생 측 입장을 충분히 고려한 진심어린 사과(화해)와 가해학생 측의 반성에 대한 올바른 인식 정립을 하고, 나아가 관계 개선을 통한 회복을 도모한다. 따라서 심리·정서적 안정 및 학교와 일상생활, 또래(교우) 관계 등의 안정적 적응과 신속한 복귀, 회복을 조력한다. 단, 학교폭력 관계회복은 진행 단계별로 피해학생 측의 의사를 우선적으로 고려하여 확인하고 동의여부를 확인하며 진행한다.

① 관계회복의 운영 주체

학교는 사안에 따라 누가 어떠한 역할을 수행할 것인지에 대해 논의한다. 사안에 대한 내용 및 학생들의 상황을 잘 인지하고 있는 교사가 개입하는 것이 효과적이다. 학교의 사정에 맞게 가장 적합한 교사에게 역할을 배정하되 아래의 역할 예시를 참고할 수 있다.

표    관계회복 프로그램 운영 시 역할 예시 안

| 교장 | • 관계회복 프로그램 운영 총괄 |
|---|---|
| 교감 | • 관계회복 프로그램 운영 관리<br>• 외부 연계가 필요한 경우 진행 |
| 담임교사 | • 학생 및 학부모에게 안내, 동의 확인 진행 및 협의<br>• 관계회복 프로그램 이후 사후 관리 진행 및 협의<br>• 관계회복 프로그램 진행 |
| 책임교사 | • 사안에 대한 파악 및 공유<br>• 관계회복 프로그램 진행 |
| 상담교사 | • 심리·정서적 개입 및 진행<br>• 기타 정서적 위기 상황에서의 자문<br>• 관계회복 프로그램 진행 |

참고 관계회복 진행 시 유의사항

• 관계회복 프로그램은 양측 학생이 동의할 경우에만 진행할 수 있다.
• 관계회복 프로그램은 한 명이 중단하고 싶으면 중단될 수 있다.
• 관계회복 프로그램을 했다고 해서 갑자기 사이가 좋아지거나 개선이 되지 않을 수도 있다.
• 학교 및 교사는 사전에 가급적 보호자와 면담을 진행하여 프로그램 취지를 잘 이해할 수 있도록 한다.
• 서로 소통함으로써 안전한 학교생활을 할 수 있도록 하는 것임을 안내한다.

- 관계회복 프로그램은 양측 학생이 학교 및 일상생활과 또래와의 관계에 잘 적응할 수 있도록 돕는 것임을 안내한다.
- 피해학생에 대하여 모든 단계 시작 시 현재 마음과 생각, 2차 피해(재발 및 보복 등), 참여 의사 등을 확인함으로써 관계회복 프로그램 진행이 강제적인 것이 아닌 피해학생 의사를 우선으로 고려히여 진행됨을 확인시켜 주는 것이 중요하다.

출처: 푸른나무재단

※ 관계회복과 관련하여 자세한 사항은 '학교폭력 관계회복 프로그램 운영 안내서'(교육부, 경상남도교육청, 푸른나무재단, 2019년 발간) 참고

## 참고: 관계회복 진행 시 면담 Tip

① 피해상황에 있는 학생
- 학교폭력 피해로 인한 심리적 어려움에 대해 공감하는 것이 중요하다.
- 피해학생의 각각의 사안과 상태에 따라 개별 맞춤형 접근을 하는 것이 효율적이다.
- 면담 시 신체적·정서적 안정감을 주는 것이 우선되어야 한다.
- 어떤 도움이 필요한지에 대한 탐색을 통해 피해학생이 원하는 것이 무엇인지를 파악한다.
- 피해학생 스스로 폭력의 원인이 자신에게 있다고 생각하는 등 자신을 비난하지 않도록 돕는다.
- 심리적인 피해가 심각한 상황일 경우 필요에 따라 전문 상담을 연계하는 등 추가적인 조치를 취하도록 한다.
- 가족(보호자 및 형제 등)의 상태나 상황, 조력하고 도울 수 있는 여부에 대한 확인을 하여 이에 대한 개입도 함께 할 수 있다.

  "힘들고 속상했겠어요."
  "선생님이 최선을 다해 도와줄게요."
  "어떤 상황이었는지 이야기해줄 수 있을까요?"
  "피해 상황은 절대 우리 친구의 잘못이 아니에요."
  "다른 도움이 필요하면 선생님에게 이야기 해주세요."

② 가해행동을 한 학생
- 학교폭력 가해행동에 대해 그러한 사실이 있는지에 대한 확인을 하고 반드시 발생한 상황에 대해 확인하는 절차를 가진다.

- 폭력을 왜 가하게 되었는지, 이들이 폭력이라는 방법을 선택하게 된 다양한 요인들을 면밀히 탐색하는 것이 이후 사안의 해결이나 2차적인 가해행동을 예방하는 데 효과적일 수 있다.
- 행위에 대한 일방적 평가나 훈계는 가해학생에게 저항, 반발심, 무기력 등 역효과를 줄 수 있으므로 비난하거나 심문조의 질문은 하지 않는 것이 좋다.

"어떤 일이 있었는지 이야기해줄 수 있나요?"
"00학생도 당황스러울 수 있을 것 같아요. 선생님은 00학생의 진솔한 이야기를 듣고 이 문제를 잘 해결될 수 있도록 도와주려고 하는 거예요."
"폭력적인 행동을 한 것은 잘못된 것이지만 같은 행동을 반복하지 않는 것이 더 중요해요."
"그렇다면 앞으로는 어떻게 행동하는 게 좋을 것 같나요?"

출처: 푸른나무재단

※ 관계회복 프로그램 진행은 사안처리를 갈음하거나 심의위원회의 조치 결과 대신 진행하여 조치 변경 또는 경감 등의 조건부로 진행할 수 없다.

## 4. 조치결정 및 이행

학교폭력대책 심의위원회는 학교폭력이 발생하면 학교장의 요청에 따라 학교폭력 심의위원회를 개최하고 심의위원회는 피해학생의 보호를 위해 필요하다고 인정하는 때에는 조치를 할 수 있다.

### 1) 피해 및 가해학생 조치

### (1) 피해학생에 대한 보호조치

심의위원회는 피해학생의 보호를 위하여 필요하다고 인정하는 때에는 피해학생에 대하여 다음 각 호의 어느 하나에 해당하는 조치(수 개의 조치를 병과하는 경우를 포함한 다)를 할 것을 교육장(교육장이 없는 경우 제12조 제1항에 따라 조례로 정한 기관의 장으로 한 다. 이하 같다)에게 요청할 수 있다. 다만, 학교의 장은 피해학생의 보호를 위하여 긴급하다고 인정하거나 피해학생이 긴급보호의 요청을 하는 경우에는 교육장은 피해학생의 보호자의 동의를 받아 제1호, 제2호 및 제6호의 조치를 할 수 있다. 이 경우 학교의 장은 심의위원회에 즉시 보고하여야 한다.

1. 학내외 전문가에 의한 심리상담 및 조언
2. 일시보호
3. 치료 및 치료를 위한 요양
4. 학급교체
5. 삭제

피해학생이 전문단체나 전문가로부터 제1항 제1호부터 제3호까지의 규정에 따른 상담 등을 받는 데에 사용되는 비용은 가해학생의 보호자가 부담하여야 한다. 다만, 피해학생의 신속한 치료를 위하여 학교의 장 또는 피해학생의 보호자가 원하는 경우에는 「학교안전사고 예방 및 보상에 관한 법률」 제15조에 따른 학교안전공제회 또는 시·도교육청이 부담하고 이에 대한 구상권을 행사할 수 있다.

• 제1호: 학내외 전문가에 의한 심리상담 및 조언

– 학교폭력으로 받은 정신적·심리적 충격으로부터 회복할 수 있도록 학교 내·외의 심리상담 전문가로부터 심리상담 및 조언을 받도록 하는 조치이다. 학교 내 상담교사가 없을 시 지역 내 피해학생 전담지원기관, Wee센터, 정신건강복지센터, 청소년상담복지센터, 전문 상담기관 등 외부 기관을 통하여 진행할 수 있다.

• 제2호: 일시보호

가해학생으로부터 지속적인 폭력이나 보복을 당할 우려가 있는 경우, 일시적으로 보호시설이나 집 또는 학교상담실 등에서 보호를 받을 수 있도록 하는 조치이다.

• 제3호: 치료 및 치료를 위한 요양

학교폭력으로 인하여 생긴 신체적·정신적 상처의 치유를 위하여 의료기관 등에서 치료를 받도록 하는 조치이다. 피해학생이 보호조치로 집이나 요양기관에서 신체적·심리적 치료를 받을 때는 치료기간이 명시된 진단서 또는 관련 증빙자료를 첨부하여 학교에 제출하도록 보호자에게 안내할 수 있다.

• 제4호: 학급교체

지속적인 학교폭력 상황 및 정신적 상처에서 벗어나도록 하기 위해서 피해학생을 동일 학교 내의 다른 학급으로 소속을 옮겨주는 조치이다. 피해학생 입장에서는 새로운 학급에 적응해야 하는 부담이 있으므로, 조치 결정에 있어 피해학생 및 보호자의 의견을 적극 반영하는 것이 바람직하다.

• 제5호: 기존 전학권고 조치는 삭제됨.

학교의 장은 학생의 교육환경을 바꾸어 줄 필요가 있다고 인정하는 경우, 다른 학교로 전학을 추천할 수 있다. 단, 초등학교의 경우 보호자 1인의 동의를 얻어야 한다(초·중등교육법 시행령 제21조 제6항, 시행령 제73조 제6항, 시행령 제89조 제5항).

※ 성폭력 피해학생의 전학요청 시 학교장은 반드시 교육감(장)에게 학교배정을 요청하여야 한다.

• 제6호: 그 밖에 피해학생의 보호를 위하여 필요한 조치

학교폭력 피해 유형 및 연령 특성 등을 감안하여 필요 시 해바라기센터 지정 병원 등 의료기관 연계, 대한법률구조공단과 같은 법률 구조기관, 학교폭력 관련 기관 등에 필요한 협조와 지원요청 등을 할 수 있다.

① 추가적인 보호 지원

출석일수 산입에 관하여 피해학생 보호조치(법률 제16조 제1항) 등 보호가 필요한 학생에 대하여 학교의 장이 인정하는 경우 그 조치에 필요한 결석을 출석일수에 산입할 수 있다(법률 제16조 제4항). 학교의 장은 피해학생 보호조치를 위하여 객관적으로 필요하다고 인정되는 범위에서 결석을 출석으로 인정할 수 있으며 진단서, 의사 소견서 등이 필요하다. 이외에도 법률 제12조에 따른 심의위원회의 개최 및 동 위원회의 학교폭력 피해학생에 대한 보호조치 요청 이전에, 학교폭력 피해자가 학교폭력으로 인한 피해로 출석하지 못하였음을 학교 전담기구의 조사 및 확인을 거쳐 학교의 장이 인정한 경우에는 출석으로 처리한다. 또 불이익 금지조치로는 보호조치를 받았다는 사실 자체가 성적평가 등에서 불이익으로 작용하지 않도록 해야 하며(법률 제16조 제5항), 피해학생이 결석하게 되어 부득이하게 성적평가를 위한 시험에 응하지 못하게 된 경우에도 학교학업성적관리규정에 의거하여 불이익이 없도록 조치해야 한다. 피해학생에 대한 보호조치 등으로 인해 피해학생이 결석하게 되는 경우 학교의 장은 학생의 가정학습에 대한 지원 등 교육상 필요한 조치를 마련해 주는 것이 바람직하다.

② 장애학생의 보호

누구든지 장애 등을 이유로 장애학생에게 학교폭력을 행사하여서는 아니 된다(법률 제16조의2). 따라서 장애관련 비하발언, 장애로 인한 개인의 정신적·신체적 불편함을 의도적으로 자극하거나 공격하는 행위 등을 하여서는 안 된다. 하지만 장애학생의 경우에도 사안처리 과정은 일반학생과 동일하다.

학교폭력예방법에서는 장애학생에 대하여 "신체적·정신적·지적 장애 등으로 「장애인 등에 대한 특수교육법」 제15조에서 규정하는 특수교육을 필요로 하는 학생"으로 정하고 있다. 그러나 특수교육을 받지 않는 학생이라 하더라도 이러한 장애가 다소 있는 학생의 경우는 입법 취지를 고려하여 보다 세심한 주의를 기울여야 할 대상이라는 점을 유의한다.

장애학생이 피·가해학생인 경우, 장애로 인한 피해를 방지하기 위하여 전담기구의 사안조사 및 심의위원회 심의 시 특수교육 전문가(위원 및 참고인)를 참여시켜 장애학생의 의견진술 기회 확보 및 진술을 조력할 수 있다.

심의위원회는 학교폭력으로 피해를 입은 장애학생의 보호를 위하여 특수교육 및 장애인 전문 상담, 또는 장애전문 치료기관의 요양 조치를 학교의 장에게 요청할 수 있다.

○ 피해학생 또는 가해학생이 장애학생인 경우에 추가 고려사항

1) 피해학생 또는 가해학생이 장애학생인 경우 전담기구 및 심의위원회에 특수교육 전문가(위원 또는 참고인)를 참여시켜 장애학생의 장애정도, 특성 등에 대한 의견을 참고하는 것이 바람직하다.
2) 피해학생이 장애학생이고 가해학생이 일반학생인 경우에는 해당 가해학생에 대하여 보다 엄격하게 심의하여 조치하여야 하며, 해당 가해학생에게 학교폭력예방법 제17조 제1항 제5호 및 제3항에 의한 특별교육 이수 조치를 할 때는 장애에 대한 이해 및 인식개선이 가능한 특별교육 프로그램을 이수하도록 하는 것이 바람직하다.
3) 1)에서 특수교육전문가란 특수교육 교원, 특수교육 전문직, 특수교육지원센터 전담인력, 특수교육 관련 교수 등을 말한다.

③ 다문화·탈북학생의 보호 및 지원

다문화학생(중도입국·외국인학생 등)과 탈북학생의 경우에도 기본적인 사안처리는 일반학생과 동일하다. 그러나 다문화학생(중도입국·외국인학생 등)과 탈북학생은 문화적·언어적 차이로 인해 사안처리 과정에서 세심한 주의가 필요한 대상이라는 점을 유의한다. 초기 대응, 사안조사 등 사안처리 과정에서 한국어 능력이 부족하여 의사소통에 어려움이 있는 다문화학생(중도입국·외국인학생 등), 제3국 출생 탈북학생의 경우 명확한 상황 전달과 자기표현을 위해 통역의 활용 또는 관련 담당교사를 참여시켜 충분한 통번역이 이루어지도록 한다.

피해학생 또는 가해학생이 다문화학생(중도입국·외국인학생 등), 탈북학생인 경우 전담기구 및 심의위원회에 전문가(예비학교 담당자, 탈북교육담당자 등)를 참여시켜 다문화학생(중도입국·외국인학생 등)과 탈북학생의 문화적 특성 등에 대한 의견을 참고하도록 한다.

피해학생이 다문화학생(중도입국·외국인학생 등) 또는 탈북학생이고, 가해학생이 일반학생인 경우 법률 제17조 제1항 제5호 및 제3항에 의한 특별교육 이수 조치를 할 때에는 다문화 또는 탈북학생에 대한 이해 및 인식개선이 가능한 내용을 포함한 특별교육 프로그램을 이수하도록 하는 것이 바람직하다.

## 2) 가해학생에 대한 조치

심의위원회는 피해학생의 보호와 가해학생의 선도·교육을 위하여 가해학생에 대하여 다음 각 호의 어느 하나에 해당하는 조치(수 개의 조치를 병과하는 경우를 포함한다)를 할 것을 교육장에게 요청하여야 하며, 각 조치별 적용 기준은 대통령령으로 정한다. 다만, 퇴학처분은 의무교육과정에 있는 가해학생에 대하여는 적용하지 아니한다.

1. 피해학생에 대한 서면사과
2. 피해학생 및 신고·고발 학생에 대한 접촉, 협박 및 보복행위의 금지
3. 학교에서의 봉사
4. 사회봉사
5. 학내외 전문가에 의한 특별 교육이수 또는 심리치료
6. 출석정지
7. 학급교체

8. 전학

9. 퇴학처분

① 가해학생 교육 · 선도 조치

가해학생 조치 이행 시 특별한 경우(방학기간 중, 자율학습, 졸업예정 등)를 제외하고는 학기 중에 이행할 수 있도록 하는 것이 바람직하다. 심의위원회가 제1호, 제3호 조치를 결정할 때에는 조치이행기한을 명시하여야 한다.

• 제1호: 피해학생에 대한 서면사과

가해학생이 피해학생에게 서면으로 그동안의 폭력 행위에 대하여 사과하는 조치이다.

• 제2호: 피해학생 및 신고 · 고발 학생에 대한 접촉, 협박 및 보복행위의 금지

피해학생이나 신고 · 고발학생에 대한 가해학생의 접근을 막아 더 이상의 폭력이나 보복을 막기 위한 조치이다.

— 참고  접촉 등 금지의 범위

• 시간적 범위: 심의위원회에서 2호 '접촉 등 금지' 조치를 결정할 경우 그 기간을 정하는 것이 바람직하다. 만일, 기간을 정하지 않은 경우 해당 학교급의 졸업시점까지 '접촉 등 금지'가 유효하다.
• '접촉'의 범위: 접촉 금지는 조치를 받은 학생이 의도적으로 피해학생에게 접촉하는 것을 금지하는 것으로, 교육활동 및 일상생활 가운데 이루어지는 의도하지 않은 접촉에 대해서 모두 금지하는 것은 아니다. 다만, 무의도성을 이유로 빈번하게 접촉이 이루어지거나, 무의도성을 가장해 피해학생에게 접촉할 경우, 법률 제17조 제11항에 따라 다른 조치를 추가할 수 있다.

• 제3호: 학교에서의 봉사

교내에서 봉사활동을 통해 자신의 행동을 반성하는 기회를 주기 위한 조치이다.

— 참고  학교에서의 봉사

• 단순한 훈육적 차원이 아니라, 봉사의 진정한 의미를 알고 학생 스스로 잘못을 깨달을 수 있는 봉사 방법을 선정하여 선도적 · 교육적 차원에서의 봉사활동을 실시한다.
• 가해학생에게 학교 내의 화단 정리, 교실의 교구 정리, 화장실 청소, 장애 학생의 등교

도우미 지도 등을 실시할 수 있다.
- 지도교사를 다양하게 구성할 수 있다.
- 학교에서의 봉사 조치를 부과할 경우 봉사 시간을 명확하게 제시하는 것이 필요하다.

- 제4호: 사회봉사

학교 밖 행정 및 공공기관 등 관련기관에서 사회구성원으로서의 책임감을 느끼고, 봉사를 통해 반성하는 시간을 마련하기 위한 조치이다.

참고 사회봉사

- 사회봉사는 지역 행정기관에서의 봉사(환경미화, 교통안내, 거리질서유지 등), 공공기관에서의 봉사(우편물 분류, 도서관 업무보조 등), 사회복지기관(노인정, 사회복지관 등)에서의 봉사 등의 형태로 진행될 수 있다.
- 학교에서는 사회봉사를 실시하는 기관과 업무협조를 긴밀히 하고, 각종 확인 자료와 담당자 간의 통신을 통하여 사회봉사가 실질적으로 이루어질 수 있도록 한다.

- 제5호: 학내외 전문가에 의한 특별교육이수 또는 심리치료

교육감이 정한 기관에서 특별교육을 이수하거나 심리치료를 받아야 하며, 그 기간은 심의위원회에서 정한다.

참고 학내외 전문가에 의한 특별교육이수 또는 심리치료

- 가해학생이 봉사활동 등을 통하여 스스로의 행동을 반성하는 것이 어려워 보이는 경우에 전문가의 도움을 받아 폭력에 대한 인식을 개선하고 스스로의 행동을 반성하게 하는 조치이다.
- 가해학생이 담임교사 및 생활교육 담당교사 등과 나누기 어려운 이야기를 상담 전문가와 나눔으로써 자신의 폭력적인 행동의 원인을 생각해 보고 행동을 개선할 의지가 있는 경우에 교육적 의미를 지닌다.

- 제6호: 출석정지

가해학생을 수업에 출석하지 못하게 함으로써 일시적으로 피해학생과 격리시켜 피해학생을 보호하고, 가해학생에게는 반성의 기회를 주기 위한 조치이다. 가해학생에

대한 출석정지 기간은 출석일수에 산입하지 않는다.

> ※ 학교장은 출석정지 기간 동안 가해학생에게 적절한 지도가 이루어질 수 있도록
>    필요한 교육 방법을 마련하는 것이 필요함.
> ※ 법률 제17조 제1항 제6호에 따른 출석정지는 미인정결석으로 처리한다(학교생활
>    기록부 기재요령).

• 제7호: 학급교체

가해학생을 피해학생으로부터 격리하기 위하여 같은 학교 내의 다른 학급으로 옮기는 조치이다.

• 제8호: 전학

가해학생을 피해학생으로부터 격리시키고 피해학생에 대해 더 이상의 폭력 행위를 하지 못하도록 하기 위하여 다른 학교로 소속을 옮기도록 하는 조치이다. 가해학생이 다른 학교로 전학을 간 이후에는 전학 전의 피해학생 소속 학교로 다시 전학 올 수 없도록 하여야 한다.

> ○ 전학 처분 시 교육감 또는 교육장의 조치사항
> 교육감 또는 교육장은 전학 조치된 가해학생과 피해학생이 상급학교에 진학할 때에는 각각 다른 학교를 배정하여야 한다. 이 경우 피해학생이 입학할 학교를 우선적으로 배정한다 (시행령 제20조 제4항).

• 제9호: 퇴학처분

피해학생을 보호하고 가해학생을 선도·교육할 수 없다고 인정될 때 취하는 조치이다. 다만 의무교육과정에 있는 가해학생에 대하여는 적용하지 아니한다.

> ○ 퇴학처분 시 학교의 장의 조치사항
> • 교육감은 퇴학처분을 받은 학생에 대하여 해당 학생의 선도의 정도, 교육 가능성 등을 종합적으로 고려하여 「초·중등교육법」 제60조의3에 따른 대안학교로의 입학 등 해당 학생의 건전한 성장에 적합한 대책을 마련하여야 한다(시행령 제23조 제1항).
> • 가해학생에 대한 조치 및 재입학 등에 필요한 세부사항은 교육감이 정한다(시행령 제23조 제2항).

② 심의위원회의 조치결정에 대한 이행강제

가해학생이 법률 제17조 제1항 제2호부터 제9호까지의 처분에 따른 조치를 거부하거나 기피하는 경우 심의위원회는 추가로 다른 조치를 할 것을 교육장에게 요청할 수 있다(법률 제17조 제11항).

※ 법률 제17조 제4항에 따른 긴급조치를 거부하거나 회피할 경우에는 학교의 장은 「초·중등교육법」 제18조 및 동법 시행령 제31조에 따라 징계하여야 한다(법률 제17조 제7항).

◦ 초·중등교육법 시행령 상 징계조치(초·중등교육법 시행령 제31조)
- 학교 내의 봉사
- 사회봉사
- 특별교육 이수
- 출석정지(1회 10일 이내, 연간 30일 이내)
- 퇴학처분

## 3) 가해학생 및 보호자 특별교육

심의위원회는 피해학생의 보호와 가해학생의 선도·교육을 위하여 가해학생에 대하여 다음 각 호의 어느 하나에 해당하는 조치(수 개의 조치를 병과하는 경우를 포함한다)를 할 것을 교육장에게 요청하여야 하며, 각 조치별 적용 기준은 대통령령으로 정한다. 다만, 퇴학처분은 의무교육과정에 있는 가해학생에 대하여는 적용하지 아니한다.

1. 피해학생에 대한 서면사과
2. 피해학생 및 신고·고발 학생에 대한 접촉, 협박 및 보복행위의 금지
3. 학교에서의 봉사
4. 사회봉사
5. 학내외 전문가에 의한 특별 교육이수 또는 심리치료
6. 출석정지
7. 학급교체
8. 전학

9. 퇴학처분

　제1항 제2호부터 제4호까지 및 제6호부터 제8호까지의 처분을 받은 가해학생은 교육감이 정한 기관에서 특별교육을 이수하거나 심리치료를 받아야 하며, 그 기간은 심의위원회에서 정한다. 심의위원회는 가해학생이 특별교육을 이수할 경우 해당 학생의 보호자도 함께 교육을 받게 하여야 한다.

　① 가해학생 특별교육은 '조치로서의 특별교육'(법률 제17조 제1항 제5호)과 '부가된 특별교육'(법률 제17조 제3항) 두 가지로 구분된다. 교육감이 정한 기관에서 특별교육을 이수하거나 심리치료를 받아야 하며, 그 기간은 심의위원회에서 정한다.

　② **가해학생 보호자 특별교육**

　교육장은 학교폭력대책심의위원회에서 가해학생에게 '조치로서의 특별교육'(법률 제17조 제1항 제5호) 또는 '부가된 특별교육'(법률 제17조 제3항)을 내린 경우 가해학생의 보호자에게도 특별교육을 이수하도록 서면으로 통보하여야 한다(법률 제17조 제9항). 보호자가 특별교육에 불응한 경우, 교육감은 법률에 의하여 300만 원의 과태료가 부과됨을 안내하고, 특별교육을 이수할 것을 재 통보하여야 하며, 이를 불응한 경우 법률에 의거하여 과태료를 부과·징수하여야 한다(법률 제23조, 시행령 제35조).

# PART 05

# 학교폭력 예방 프로그램

## 1. 국·내외 학교폭력 예방 프로그램

학교폭력이 일어났을 때 학생들이 프로그램을 통하여 자신과 타인을 이해하고 자신의 삶을 긍정적으로 설계함으로써 학교폭력이 일어나지 않도록 예방하는 것이 학교폭력 예방 프로그램 개발의 목적이다.

국내·외에 개발된 학교폭력 예방 프로그램의 사례를 살펴봄으로써 학교폭력 예방을 위한 실천 활동에 도움을 주고자 한다.

### 1) 우리나라 학교폭력 예방 프로그램

우리나라의 대표적인 학교폭력 예방 프로그램은 아래의 표와 같이 KEDI, 시우보우, 무지개, 내가 바로 지킴이, 헬핑, 작은 힘으로 시작해봐 등이 있다.

표  우리나라 학교폭력 예방 프로그램

| 예방 프로그램 명 | 핵심 구성요소 | 대상 | 회기 | 개발기관 |
|---|---|---|---|---|
| 학교폭력 예방 프로그램 | 공감, 관점채택, 친사회적 문제해결 및 의사소통기술, 또래중재 기술과 행동, 학교폭력 예방을 돕는 학교환경 구성 | 초등학교 4~6학년 | 4차시 | 한국교육 개발원 (2007) |
| 시우보우 프로그램 | 이타행동, 대인관계, 의사소통, 인권과 평화의식, 폭력문화, 집단 따돌림 등 학교폭력 | 초, 중, 고 | 학교급별 10편, 편당 7~10분 | 서울대 발달심리 연구실(2006) |

| 무지개 프로그램 | 마음의 힘, 관심과 사랑, 친구상담, 학교갈등 통찰, 희망가꾸기 | 초, 중, 고 | 10회기 | 청소년보호위원회(2002) |
|---|---|---|---|---|
| 내가 바로 지킴이 | 학교폭력인식, 예방나무, 무비오케, 예방교육 강의 등 | 초, 중, 고 | 60분 | 청소년폭력예방재단 |
| 헬핑프로그램 | 학교폭력 인식, 방관자와 중재자 역할, 학교폭력 법률과 대처요령 | 초, 중 | 8회기 | 서울대 발달심리 연구실 (2005) |
| 작은 힘으로 시작해봐! | 폭력개념, 폭력트라이앵글, 대처 행동 이해 | 초 | 40분 | 사회정신건강연구소 (2005) |
| 어울림 프로그램 | 공감, 의사소통, 갈등해결, 자기존중, 감정조절, 학교폭력 인식 · 대처 | 초, 중, 고 | 10 – 12 차시 | 교육부 (2013) |

## (1) KEDI 학교폭력 예방 프로그램

한국교육개발원(KEDI)에서 개발한 학교폭력 예방 프로그램은 초등학교 학생들에게서 쉽게 발생할 수 있는 집단 따돌림(왕따), 언어폭력, 신체폭력, 금품갈취 등의 학교폭력 사례 프로그램을 개발하였다.

공감과 관점채택능력, 사회적 정보처리, 또래중재와 갈등해결, 안전하고 즐거운 학교 만들기에 관한 내용으로 구성되어 있다.

표  KEDI 학교폭력 예방 프로그램 구성

| 회기 | 주제 | 회기명 | 핵심내용 |
|---|---|---|---|
| 1 | 공감 | 입장 바꿔 생각해 봐! | 공감하고 배려하는 마음 갖기 |
| 2 | 대인관계 | 나라면 어떻게? | 긍정적인 갈등해결 방법 이해 |
| 3 | 또래 중재 | 우리 반의 평화는 내 손으로! | 또래 중재자 역할과 또래 중재 방법 |
| 4 | 학교 환경 | 행복하고 즐거운 학교 | 학교폭력을 예방하는 학교 환경 개선 방법 |

### (2) 시우보우(서울대학교 발달심리연구실)

시우보우 프로그램은 시우보우(視友保友)-'친구를 보고 친구를 지키자'라는 뜻으로 초·중·고 학생들을 대상으로 동영상 자료를 활용하여 인성 교육, 폭력에 대한 인식, 학교폭력 내서양식을 학습시기기 위해 개발되었다.

학생의 발달수준과 인지, 정서, 행동의 세 차원을 고려하여 제작되었고, 학생의 흥미와 동기를 유발할 수 있도록 7~10분 정도의 동영상 자료를 중심으로 제작되었다. 따라서, 동영상 자료 중심이기 때문에 학습자가 수동적이고, 활동중심이 아니라는 점과 예방을 목적으로 개발되었기 때문에 가해학생의 선도나 피해학생의 치유를 위해 활용하는 데에는 미흡하다는 점이 있다.

표　시우보우 프로그램 회기별 내용 구성

| 회기 | 단계 | 주제 | 회기명 | 핵심내용 |
|---|---|---|---|---|
| 1 | 기본인성 함양 | 이타행동 | "내가 바로 그 사람이야" | 내가 먼저 도와주기 |
| 2 | | 대인관계 | "나와 조금 다를 뿐이야" | 다름을 인정하기 |
| 3 | | 의사소통 | "이렇게 말해요" | 효과적인 의사소통 기술 |
| 4 | | 인권과 평화의식 | "우리에게 인권이 있어요" | 인권에 대한 개념 |
| 5 | 폭력인식 | 폭력문화 | "나도 폭력에 중독되고 있다" | 폭력매체의 부정적 영향 |
| 6 | 학교폭력 대처 | 집단 따돌림 | "내가 먼저 시작할 수 있어요" | 집단 따돌림의 원인과 대처요령 |
| 7 | | 언어적 폭력 | "말도 상처가 돼요" | 언어폭력 대처요령 |
| 8 | | 신체적 폭력 | "아프게 하지 말아요" | 신체적 폭력의 위험성 |
| 9 | | 금품갈취 | 부끄러운 일 | 금품갈취의 유형과 대처요령 |
| 10 | | 사이버 폭력 | 내가 사이버 폭력을? | 사이버폭력의 유형과 대처요령 |

### (3) 무지개 프로그램(청소년폭력예방재단)

무지개 프로그램은 초·중·고 학생을 대상으로 학교와 청소년 기관에서 활용할 수 있도록 개발된 피해학생 치유 및 재활 프로그램이다. 이 프로그램은 모형 개발의 성격이 강해 학교 현장이나 청소년 기관에서 직접적으로 활용하는 데는 제한적이고, 학생들의 흥미와 관심을 불러일으키기에는 활동이 다소 부족한 점이 있다(박효정 외, 2007).

표 무지개 프로그램 구성

| 주\활동 | 수업(10명내외/90분) | 과제 |
|---|---|---|
| 1 | • 오리엔테이션<br>– MI 실시 및 채점<br>– 별칭 짓기 | • 마음의 힘 깨우기(R/V):<br>– 호연지기<br>– 활동지 작성 |
| 2 | • 관심과 사랑나누기(A)<br>– 마음의 문 열기<br>• 마음의 힘 키우기(R/V)<br>– 호연지기 토론 | • 마음의 힘 깨우기(R/V)<br>– 고난극복<br>– 활동지 작성 |
| 3 | • 마음의 힘 깨우기<br>– 구족화 그리기(A)<br>– 고난극복 토론(R/V) | • 마음의 힘 깨우기(A)<br>– 어려운 사람에게 용기를<br>– 편지나 카드 쓰기 |
| 4 | • 친구상담 연습하기(SPC):<br>– 채팅상담, 만화완성하기<br>– 게시판 리플 달기<br>– 게임하기 | • 관심과 사랑나누기(R/V)<br>– 우정·사랑<br>– 활동지 작성 |
| 5 | • 관심과 사랑나누기<br>– 믿음의 원(A)<br>– 우정·사랑 토론(R/V) | • 학교갈등 통찰하기(R/V)<br>– 학교갈등<br>– 활동지 작성 |
| 6 | • 친구상담 연습하기(SPC)<br>– 채팅상담, 만화완성하기<br>– 게시판 리플 달기<br>– 게임하기 | • 학교갈등 통찰하기(A)<br>– 고통 받는 친구들 |
| 7 | • 선배체험 나누기(E)<br>– 체험 듣기<br>– 고백 쪽지(A) | • 학교갈등 통찰하기(A)<br>– 나만의 스트레스 해결법 |

| 8 | • 친구상담 연습하기(SPC)<br>– 채팅상담, 만화완성하기<br>– 게시판 리플 달기<br>– 게임하기 | • 희망 가꾸기(A)<br>– 내가 존경하는 인물(찾고 꾸미기) |
|---|---|---|
| 9 | • 희망 가꾸기(A)<br>– 명함 만들기<br>– 희망나무 가꾸기<br>– 존경하는 인물 | • 희망 가꾸기(A)<br>– MI 활동 계획서 작성하기 |
| 10 | • 희망 가꾸기(A)<br>– MI 활동 계획서 발표하기<br>– 상장 만들고 나눠 주기<br>– 평가하기 | |

## (4) 내가 바로 지킴이(청소년폭력예방재단)

'내가 바로 지킴이' 프로그램은 학생들이 학교폭력에 대해 바로 이해하고 폭력예방을 위한 자기 역할을 인식하며, 친구 간에 긍정적 역할 수행을 지도함으로써 학교폭력 상황을 예방하는 교육프로그램이다.

초등학교 저학년용, 고학년용, 중·고등학교용으로 개발되었고, 모둠활동을 통해 학교폭력의 개념과 대처방법을 이해하도록 되었으며, 특히, 중·고등학생용은 역할극을 통해 피해자와 가해자의 입장을 이해할 수 있도록 활동 내용이 구성되어 있다.

**표** 초등학교 저학년용 프로그램

| 제 목 | 내 용 | 목 표 |
|---|---|---|
| 이게 뭐야 | • 청소년폭력예방재단 및 강사를 소개하고 <내가 바로 지킴이> 프로그램 내용 및 목표를 소개한다.<br>• 전체 인원을 조(모둠)별로 나누어 잘하는 모둠에 스티커를 상으로 주어 동기 부여 등을 통해 프로그램에 대한 기대감을 준다. | 소개 및 관계 형성 |
| 학교폭력 O·<br>X퀴즈 | • 유형별 학교폭력 상황 그림을 준비하여 그림에 나타난 상황을 보며 자신의 경험 말하기를 유도하고 상황을 맞춘 팀에게 스티커를 준다. | 학교폭력의 개념<br>정리 |

| 이럴 땐 이렇게 베스트 5 | • 유형별 학교폭력 방안을 5위까지 순위를 부여하여 판을 만든다.<br>• 손 인형을 가지고 가해자가 피해자에게 학교폭력을 하는 상황을 연출하여 그에 대한 대처방법을 이야기하고 그 답안이 순위에 있는 경우 답이 적힌 경우 예방나무에 그 답을 붙이고 스티커를 준다. | 예방법과 대처 방법 제시 |
|---|---|---|
| 예방나무 만들기 | • 예방나무 준비 및 대처방안이 적힌 사과를 준비한다.<br>• 손 인형을 가지고 학교폭력상황을 연출한 후 그에 대한 대처방안을 이야기하여 준비한 답안을 맞출 경우 그 답이 적힌 사과를 예방나무에 붙이고 스티커를 준다. | 예방법과 대처 방법 제시 |
| 으랏차차!! | • 학교폭력 예방은 혼자 하는 것이 아니라 함께 해야 하는 것임을 알게 하는 활동이다.<br>• 여러 명이 함께 손과 발을 맞대고 바닥에서 일어난다. | 예방을 위한 협동심과 책임감 배양 |

표   초등학교 고학년용 프로그램

| 제 목 | 내 용 | 목 표 |
|---|---|---|
| 이게 뭐야 | • 청소년폭력예방재단 및 강사를 소개하고 <내가 바로 지킴이> 프로그램 내용 및 목표를 소개한다.<br>• 전체 인원을 조(모둠)별로 나누어 잘하는 모둠에 스티커를 상으로 주어 동기 부여 등을 통해 프로그램에 대한 기대감을 준다. | 소개 및 관계 형성 |
| 수사대 활동 | • 수사대가 되어 스스로 학교폭력의 개념을 알아본다.<br>• 조(모둠)별로 종이를 나누어 주어 자신들이 경험하거나 생각하는 학교폭력에 대해 토의, 그림이나 글로 표현하면서 폭력의 개념을 정리한다. | 학교폭력의 올바른 이해 및 위험성 제고 |
| 빙고 게임 | • 빙고게임을 통해 학교폭력 예방 및 대처방법에 대해 익힌다.<br>• 빙고용지 9칸을 만들어 모둠별 토의한 학교폭력 예방 및 대처방법을 쓰게 하고 하나씩 발표하면서 내용을 하나씩 지워나가 먼저 지운 모둠에게 준비한 상품을 준다. | 예방법과 대처 방법 제시 |
| 예방나무 만들기 | • 예방나무 준비 및 대처방안이 적힌 사과를 준비한다.<br>• 빙고게임을 통해 나온 9가지 예방 및 대처방법을 사과에 적도록 하여 예방나무에 붙인다. | 예방법과 대처 방법 제시 |
| 으랏차차!! | • 학교폭력 예방은 혼자 하는 것이 아니라 함께 해야 하는 것임을 알게 하는 활동이다.<br>• 여러 명이 함께 손과 발을 맞대고 바닥에서 일어난다. | 예방을 위한 협동심과 책임감 배양 |

표  중·고등학교용 프로그램

| 제 목 | 내 용 | 목 표 |
|---|---|---|
| 이게 뭐야 | • 청소년폭력예방재단 및 강사를 소개하고 <내가 바로 지킴이> 프로그램 내용 및 목표를 소개한다.<br>• 전체 인원을 조(모둠)별로 나누어 잘하는 조(모둠)에 스티커를 상으로 주어 동기 부여 등을 통해 프로그램에 대한 기대감을 준다. | 소개 및 관계 형성 |
| 무비오케 | • 학교폭력 관련 영상물 등을 감상한다.<br>• 모둠끼리 모여 학교폭력에 대한 느낀점을 토론하고 몸으로 표현하여 발표한다. | 학교폭력 상황의 간접경험과 대안행동 모색 |
| 이럴 땐 이렇게 (역할극) | • 역할극을 통해 상대방의 입장을 이해하고 학교폭력 예방의 대안을 모색한다.<br>• 학교폭력을 종류별로 나누어 보고, 각 조(모둠)별로 상의해서 한 가지 주제를 선택한 후 역할극을 구성하고 발표한다. | 학교폭력 상황의 간접경험과 대안행동 모색 |
| 학교폭력 예방 가요제 | • 좋아하는 노래를 정하여 학교폭력 예방과 대처방안이 들어가는 가사로 개사하여 부르는 활동이다.<br>• 모둠별로 정한 노래를 개사하여 학교폭력 예방 및 대처방안 가요 콘테스트를 열고 시상한다. | 학교폭력 상황의 간접경험과 대안행동 모색 |
| 이것이 학교폭력이다 (예방교육강의) | • 파워포인트 자료 등을 통해 학교폭력의 올바른 이해 및 위험성을 인식시키고 대처방법을 알려준다.<br>• 학교폭력의 정확한 정의, 위험성, 법적 처벌, 대처방법 등에 대해 정리한다. | 학교폭력의 올바른 이해 및 위험성 재고 및 예방을 위함 |
| 으랏차차!! | • 학교폭력 예방은 혼자 하는 것이 아니라 함께 해야 하는 것임을 알게 하는 활동이다.<br>• 여러 명이 함께 손과 발을 맞대고 바닥에서 일어난다. | 예방을 위한 협동심과 책임감 배양 |

## (5) 헬핑 프로그램(서울대학교 발달심리연구실)

헬핑(HELP−ing: Help Encourage yourself as a Leader of Peace−ing!) 프로그램은 8회기 이하의 기간 동안 학급 전체를 주 대상으로 하는 프로그램으로서 폭력의 부정적 결과와 대처방안에 대해 정확한 인식 능력을 도모하는 사회 인지 능력 향상 프로그램으로 제작된 프로그램이다.

우리나라의 교육 여건을 반영하여 비교적 단기간에 일반 학생을 대상으로 교실에서 실시될 수 있도록 하였으며 초등용(한 회기당 40분)과 중등용(한 회기당 45분) 각 8·4·2·

1회기용으로 구성되어 학교 현장에 따라 선택하여 사용할 수 있게 되어 있다.

프로그램 CD에는 각 회기별 시청각 자료, 학생용 워크북(헬핑책), 교사용 매뉴얼이 포함되어 있으며 특정한 교육을 받지 않은 일반 교사들도 교사용 매뉴얼을 바탕으로 프로그램을 진행할 수 있게 하였다.

표  헬핑 프로그램 회기별 목표와 구성

| 내용 \ 학교급 | | 초등학교 | 중학교 |
|---|---|---|---|
| 1회기 | 내용 | '전쟁과 테러'와 왕따에 대한 공통점 인식 | '전쟁과 테러'와 학교폭력에 대한 공통점 인식 |
| | 방법 | 학교폭력 사진 슬라이드와 목소리 녹음 | 학교폭력 실제 동영상 |
| 2회기 | 내용 | 학교폭력의 부정적 결과 인식 | 학교폭력에 대한 정확한 인식과 부정적 결과 인식 |
| | 방법 | 애니메이션과 한의사 인터뷰 | 피해자 동영상과 양의사의 의학적 설명 |
| 3회기 | 내용 | 왕따 상황에서 방관자 역할에 대한 인식 | 학교폭력 상황에서 방관 행동의 문제점 인식 |
| | 방법 | 애니메이션과 일화 소개 | 역사적 사례 소개와 피해자 인터뷰 |
| 4회기 | 내용 | 갈등상황에서 중재자의 필요성 인식 | 본인의 갈등대처유형에 대인 인식과 대안탐색 |
| | 방법 | 애니메이션과 중재 단계 연습 | 갈등대처유형에 대한 유형 찾기와 피해자 인터뷰 |
| 5회기 | 내용 | 학교폭력 법률 인식 | 학교폭력 법률 인식 |
| | 방법 | 애니메이션과 학교폭력법에 관한 설명 | 학교폭력의 구체적인 해결과정 알아보기와 경찰 인터뷰 |
| 6회기 | 내용 | 학교폭력 대처요령 – 적고 알리기 | 학교폭력 대처요령 – 적고 알리기 |
| | 방법 | 금품갈취 상황을 보고 모니터링 하기 | 실제 괴롭힘 동영상 보고 모니터링 하기 |
| 7회기 | 내용 | 학교폭력 대처요령 – 재치로 해결하기 | 학교폭력 대처요령 – 동조 |
| | 방법 | 집단 활동을 통해 상황별 언어대처요령 연습 | 동조에 관한 실험 동영상 |
| 8회기 | 내용 | 나와의 약속과 8회기 정리 | 나와의 약속과 8회기 정리 |
| | 방법 | 집단 활동을 통한 8회기 강조점 정리 | 집단 활동을 통해 이타적 행동을 위한 자기 효능감 증진 |

## (6) 작은 힘으로 시작해 봐!(사회정신건강연구소)

청소년 폭력에 대해서 학교나 상담자들이 참고할 수 있는 프로그램으로 지난 수년간 현장에서 느낀 점들을 바탕으로 초등학생을 대상으로 6~8명 정도로 구성된 모둠 5~6개가 지단상담 빙식으로 총 8회기에 걸쳐 수행되는 학교폭력 예방 프로그램이다. 교육의 효과는 빠를수록 좋다는 진리에 따라서 중학생을 경험으로 한 연구를 초등학생에게 적합하도록 차등을 두어 변화·개발하였다.

표 작은 힘으로 시작해 봐! 프로그램

| 구분 | | 차시 | 단원명 | 목표 |
|---|---|---|---|---|
| 도입<br>(응집력형성) | | 1 | 평화열차 7979!! | • 프로그램 소개 및 동기화 |
| 전개 | 폭력<br>개념<br>이해 | 2 | 폭력에 대한 진실 혹은 거짓! | • 학교폭력의 개념 및 정의 이해 |
| | | 3 | 폭력!<br>그것이 알고 싶다~ | • 학교폭력의 범위 및 종류 이해 |
| | | 4 | 학교에서 생긴 일 | • 학교폭력의 피해 및 심각성 인식 |
| | 입장별<br>이해 | 5 | 폭력 트라이앵글 | • 피해자/가해자/방관자 입장 이해 및 공감 |
| | 대처<br>행동<br>(Tip) | 6 | Stop 법칙을 소개합니다~ | • Stop 법칙 이해 및 연습 |
| | | 7 | 평화는 힘이 세다 | • 수호천사 역할 이해 및 학급규칙 수립 |
| 정리 | | 8 | 수호천사로 임명합니다! | • 수호천사 임명식 및 프로그램 평가 |

## (7) 어울림 프로그램(교육부)

어울림 프로그램은 학생의 사회성, 정서, 학교폭력예방 인식 및 대처역량 등을 함양하기 위한 6대 핵심 구성요소를 모듈형태로 구성되어 있으며, 대상별로 교원(생활지도, 상담교사 등), 학생(가·피해학생, 선도학생 등), 학부모 등 의견이 반영된 프로그램 내용이 구성되어 있다.

특히, 역할극, 음악·미술활동, 놀이 및 게임, 집단상담, 감정코칭 등 다양한 체험활동 중심으로 구성되어 있다.

표 어울림 프로그램의 주요 내용

| 핵심구성요소 (모듈) | 세부 내용 | 달성 목표 |
|---|---|---|
| ① 공감 · 배려 | 타인이해, 타인조망수용능력, 관점채택능력 배려행동 증진 | 사회성 |
| ② 의사소통/ 대인관계기술 | 경청 및 자기주장 훈련, 대화의 중요성 및 의사소통 기술 획득 | 사회성 |
| ③ 갈등해결/ 문제해결능력 | 또래중재 기술과 행동요령 또래관계에서의 갈등상황 대처 방법 또래관계 형성 및 유지 방법 | 사회성 |
| ④ 자기이해 및 자기존중감 | 긍정적인 자기 수용과 미래상 형성 | 정서 |
| ⑤ 감정조절 | 미해결된 부정적 감정 인식 및 표현 공격성, 충동성, 분노조절 우울, 불안감, 무력감 조절 | 정서 |
| ⑥ 학교폭력 인식 및 대처 | 학교폭력 행동유형 및 학교폭력에 대한 심각성 인식, 학교폭력 상황에서 가해자, 피해자, 방관자 입장에 따른 적절한 대처방법 탐색 | 학교폭력 예방 역량 |

## 2) 외국의 학교폭력 예방 프로그램

외국의 대표적인 학교폭력 예방 프로그램은 아래 표와 같이 미국의 Second Step, PATHS, RCCP, 핀란드의 Kiva Koulu, 오스트레일리아 FSF 등이 있다.

표 외국의 학교폭력 예방 프로그램

| 예방 프로그램 명 | 핵심 구성요소 | 대상 | 회기 | 개발기관 |
|---|---|---|---|---|
| Second Step | 공감과 의사소통, 학교폭력 예방, 감정조절, 문제해결능력, 약물남용 예방 | 6~8학년 | 13~15차시 | USA |
| Kiva Koulu | 학교폭력 상황에서 방관자의 능동적 행동, 예방·중재·모니터링 | 1~4학년 7학년 | 20시간 | Finland University of Turku(2009) |
| Resolving Conflict Creatively Program (RCCP) | 능동적 경청, 자기주장, 정서 경험, 관점채택, 협동, 협상, 문제해결, 갈등분석 등 | 유치원생~ 고등학생 | 51회기 | RCCP National Center, New York, USA(1985) |

| Promoting Alternative Thinking Strategies (PATHS) | 문제해결능력, 자기통제, 정서조절 등 | 초등학생 | 119회기 | Center for the Study and Prevention of Violence, Univ. of Colorado, USA(1998) |
|---|---|---|---|---|
| Friendly Schools & Families (FSF) | 긍정적 사회기술 학습, 학급규칙, 학부모 참여와 연계, 학교풍토와 환경 | 초등학생 | 5수준 3단위, 단위별 3~5회기 | Child Health Promotion Research Unit, Australia(1999) |

출처: 교육부(2013). 학교폭력예방 교원연수자료집.

## (1) Second step

미국 일리노이대에서 개발한 'Second step' 프로그램은 사회·정서적 학습이론을 배경으로 4세에서 14세까지의 아동을 대상으로 하는 교실기반 사회성 발달 프로그램이다. '공감과 의사소통', '감정조절', '문제해결능력', '약물남용 예방' 등 각 연령대에 따라 다르게 구성된 커리큘럼으로 학생들의 학교 적응력 향상을 돕는다.

일리노이대가 2008년 수행한 연구 결과에 따르면 학교폭력 예방 프로그램은 '부모교육', '운동장 감독교사의 증가', '가정 – 학교 간 의사소통', '효과적인 학급경영', '교육과정과의 융합' 등이 포함돼 있을수록 감소 효과가 큰 것으로 나타났다(한국교육개발원, 2013).

## (2) Kiva Koulu

핀란드에게 개발한 Kiva Koulu 프로그램은 토의 수업, 영상물, 게임, 소그룹 활동 등 학생들이 폭력에 적극적으로 대응할 수 있도록 체계적으로 구성되어 있으며, 학교폭력 예방에 있어 방관자 역할을 강조하는 프로그램이다. 2006년 핀란드 정부가 투르크 대학과 계약을 체결하고 개발하기 시작해 현재는 90% 이상의 핀란드 학교가 이 프로그램을 사용하고 있다.

키바 프로그램을 운영하는 모든 학교는 최소 세 명의 교직원을 학교 키바 팀에 합류시키고 있다. 쉬는 시간에는 감독을 맡은 교직원들이 '키바 유니폼(조끼)'을 착용하고 순찰을 돌며 사전 예방 활동을 한다.

키바 프로그램은 교사들에게 '학교폭력을 절대 허용하지 않는다'는 공통의 인식을 공유하도록 사전 교육을 실시하며, 폭력 상황 발생 시 단계별 프로세스를 상세히 안내하는 '교사 지침 매뉴얼'도 제공하고 있어 어떤 상황에서도 동일한 관점으로 접근할 수 있다는 장점이 있다(한국교육개발원, 2013).

### (3) RCCP

미국에서 1985년 개발한 RCCP(Resoving Conflict Creatively Program) 프로그램은 초등학교 교사와 학생들에게 비폭력적인 방법으로 갈등을 해결하고, 폭력적인 상황에 개입하는 것을 예방하며, 미국의 다인종사회, 다계층사회의 갈등을 해결하기 위하여 간문화적 이해를 촉진하기 위하여 고안된 프로그램이다. 능동적 경청, 자기주장 훈련, 정서적 경험, 관점채택, 협동, 협상, 문제해결, 갈등분석, 편견의 억제 등이 프로그램의 내용에 포함되어 있다.

### (4) PATHS

미국에서 1998년에 개발한 PATHS(Promoting Alternative Thinking Strategies) 프로그램은 유치원~초등학교 5학년 학생을 대상으로 문제해결기술, 자기통제, 정서적 조절기술 등 친사회적 행동기술을 가르치기 위해 고안된 프로그램이다.

### (5) FSF

호주에서 1999년에 개발한 FSF(Friendly Schools and Families) 프로그램은 학교정책, 학교 분위기, 학생 관리 및 지원, 학급 관리, 학생 가족과 학교의 연계, 물리적 학교 환경 등 6가지로 구성되어 있으며, 학교뿐 아니라 학급 차원에서 교사가 활용할 수 있도록 교재와 포스터 등을 제공하여 학생, 학부모와 가정, 학교와 지역사회가 체계적으로 변화할 수 있도록 하고 있다.

## 2. 학교폭력 예방 프로그램 실제

### 1) 비폭력대화 프로그램의 실제

### (1) 본 프로그램 구성

본 연구에서는 청소년을 대상으로 비폭력대화 분야의 관찰, 느낌, 욕구(필요), 요청(부탁) 영역과 감정코칭의 감정포착, 알아차림, 경청과 공감, 감정 이름붙이기, 바람직한 행동 이끌기를 통합하여 구성하였으며, 그 내용은 아래 표와 같다.

표　프로그램 회기별 활동목표 및 내용

| 단계 | 회기 | 주제 | 활동목표 및 내용 | 준비물 |
|---|---|---|---|---|
| 시작단계 | 1 | 사진에서 나를 찾아요 (친밀감형성하기) | 프로그램 소개 및 라포 형성<br>사전검사<br>서로 간의 상호 친밀감 형성(1:1)<br>(사진 속 감정의 나, 나만의 배지) | 즐거운 만남, 사진 자료 및 스마트폰, 색연필이나 사인펜, 옷핀 |
| | 2 | 내안의 감정 인식하기 | 감정이란 무엇인지 알아보고 '감정을 숨기는 찬이' 동화를 통해 내안의 여러 가지 감정을 인식하고 표현할 수 있다. | 감정을 숨기는 찬이 동화, 활동지, 색연필, 싸인펜 |
| | 3 | 우리는 어떤 말을 할까요 | 1. 의사소통 내용을 알고, 나와 타인이 사용하는 의사소통유형 알기<br>2. 내가 사용하는 의사소통에 방해되는 걸림돌이 무엇인지 알아볼 수 있다. | '각 동물 사진' 자료 및 스마트폰, 필기도구 |
| 준비단계 | 4 | 인디언 추장의 목소리(표현하기) | 1. 비폭력대화의 관찰, 느낌, 욕구, 부탁 4단계를 배워 자신을 표현할 수 있다.<br>2. 감정코칭5단계를 사용하여 타인을 공감할 수 있다. | 깃발만들기(나무 젓가락, 끈, 노랑고무줄) |
| 작업단계 | 5 | 마음의 소리듣기(우울, 외로움은 중요해) | 1. 느낌을 표현하는 것의 중요성을 알고 감정이입을 경험할 수 있다.<br>2. 우울, 외로움의 감정을 해소, 관찰, 공감할 수 있다. | 표정과 이모티콘그림, 느낌카드, 주사위, 정서관련동영상 |
| | 6 | 느낌(분노화)을 정확하게 말해요! | 1. 정서조절의 유형과 필요성을 알 수 있다.<br>2. 화에 대하여 소극적, 공격적, 주장적 행동을 이해 및 해소할 수 있다. | 동영상자료, 그림책, 포스트잇, 감정테스트쪽지 |

| | | | |
|---|---|---|---|
| 7 | 내<br>슬픔버리기<br>있는 그대로<br>보고 말해 | 1. 있는 그대로 관찰하기의 중요성을 알 수 있다.<br>2. 평가와 관찰의 다른 점을 알고 구분할 수 있다.<br>3. 버리고 싶은 슬픈 감정을 해소, 공감하고 정리할 수 있다. | 관찰연습용그림<br>or 사진, 관찰, |
| 8 | 자기성장,<br>내가 진짜로<br>원하는 것은? | 1. 욕구를 나타내는 말을 알아보고 찾아볼 수 있다.<br>2. 느낌과 연결되어 있는 나의 욕구를 찾아 표현할 수 있다. | 욕구목록표,<br>욕구파이 |
| 종결<br>단계 · 9 | 부글부글<br>화가<br>나면……<br>(부탁하기) | 1. 화가 날 때 자신의 욕구 알아차리고 부탁할 수 있다.<br>2. 화(분노)를 표현하는 방법을 익혀서 정서를 조절할 수 있다.<br>3. 상대방의 화나 슬픔을 공감해주는 방법을 익힐 수 있다. | 지식채널 e<br>동영상, '소피가<br>화나면 정말 정말<br>화나면'그림책,<br>종이컵 |
| 10 | 긍정적<br>정서(행복감)<br>경험<br>구체적으로<br>부탁(요청) | 1. 가장 행복했던 순간을 재 경험할 수 있다.<br>2. 부탁을 할 때 주의할 점을 알 수 있다.<br>3. 긍정적인 언어로 구체적인 행동을 부탁할 수 있다(사후검사, 소감나누기). | 활동지 |

　본 프로그램은 집단상담의 발달 단계별 회기를 구성하였다. 시작단계(1회기-3회기)와 준비단계(4회기)에서는 감정의 개념과 비폭력대화 및 감정코칭을 소개하였다. 작업단계(5회기-8회기)에서는 자신의 부적응적 감정을 다루면서 표현하는 것에 비폭력대화법을, 타인을 공감하는 것에 감정코칭 대화법을 사용하여 연습하였다. 마지막, 종결단계(9회기-10회기)에서는 긍정적 정서를 재 경험하여 유지할 수 있도록 부탁을 중심으로 구성하였다. 내용을 구체적으로 살펴보면 다음과 같다.

　시작단계(1회기-3회기)에서는 감정의 개념과 의사소통유형에 대해 알아보고 비폭력대화요소를 소개한다. 1회기는 '사진에서 나를 찾아요'에서 사진 속에서 프로그램을 소개하고 자신의 느낌을 알아차리고 자신을 소개하며 라포를 형성한다. 2회기에서는 '내 안의 감정인식하기'에서는 '감정을 숨기는 찬이' 동화책을 소개하고 비폭력대화에서 사용하는 방법으로 있는 그대로 사실을 평가 없이 관찰한 것을 표현한다. 그런 다음 감정을 인식하고 상대는 경청하여 감정코칭의 알아차림을 함으로써 공감을 한다. 3회기에서는 기린과 자칼언어를 통한 자신의 의사소통유형과 의사소통의 걸림돌을 알도록 한다.

　준비단계(4회기)에서는 교사와 친구 부모님에게 하고 싶었던 말을 비폭력대화 4단계

로 관찰 느낌·욕구·부탁을 사용하여 자신을 표현하고 친구들은 감정코칭으로 타인을
공감하고 감정을 명료화할 수 있도록 학습한다.

작업단계(5회기－8회기)에서는 분노감정에 예비프로그램에서 다루지 않았던 슬픔이
나 우울에 대한 감정을 추가하여 부적응적 정서를 해소하고 비폭력대화법으로 자신을
표현하고 상대는 감정코칭을 사용하여 반응힐 수 있도록 연습의 기회를 준다. 5회기에
서는 우울이나 외로움을 감정이입할 수 있도록 하고 비폭력대화법으로 관찰, 느낌, 욕
구, 부탁으로 표현하도록 하며 감정코칭으로 공감하여 바람직한 행동을 할 수 있도록
선택권을 준다. 6회기에서는 정서조절의 유형과 필요성을 알고 화나 분노 감정에 대해
자신의 경험을 자신의 언어로 표현하도록 하고 비폭력대화법인 관찰, 느낌, 욕구, 부탁
을 사용하여 비교해 비폭력대화법의 유익함을 알 수 있도록 한다. 이때 집단원들은 감
정코칭의 경청과 공감으로 반응하고 바람직한 행동을 선택할 수 있도록 돕는다. 7회기
에서는 관찰의 중요성과 평가와의 차이를 알고 슬픔의 감정을 비폭력대화의 관찰과 느
낌, 욕구를 사용하여 마인드맵을 작성하여 해소하는 작업을 한다. 8회기는 비폭력대화
의 욕구단계인 자신의 욕구를 파악하고 감정과 관련이 있음을 알고 타인은 감정코칭
대화법의 감정을 알아차림을 통한 거울반응으로 공감한다.

종결단계(9회기－10회기)에서는 부탁을 통한 긍정적 대인관계를 이룰 수 있도록 한다.
9회기에서는 자신의 욕구를 부탁을 통해 해소할 수 있도록 하고 감정코칭을 통한 공감
연습을 한다. 10회기에서는 행복했던 순간을 재 경험하도록 한 후 비폭력대화법의 4단
계인 부탁을 사용하여 행복감이나 즐거움과 같은 긍정적 정서를 유지할 수 있도록 한다.

본 프로그램에서는 전체적으로 개인, 소집단, 대집단 활동을 병행하여 비폭력대화로
말하고 감정코칭으로 공감할 수 있도록 이야기 나누는 것을 촉진하도록 각 회기 활동을
통하여 자기 자신에 대하여 느낀 점, 깨달은 점, 배운 점 등을 발표할 수 있도록 한다.

### (2) 회기별 프로그램 내용 및 적용

각각 프로그램 활동에 관한 의도와 활동 내용을 정리하면 다음과 같다. 그리고 프로
그램에 관한 예시는 부록에 있다.

① 1회기: 사진에서 나를 찾아요!!!

비폭력 정서조절프로그램의 첫 단계는 정서(감정)에 대한 개념 잡기와 오리엔테이션

으로 정서조절에 대한 필요성을 다루었다.

　정서나 감정은 의식하지 못해도 느낄 수 있고 서로가 영향을 주고받으며 살아간다. 정서를 억누르면 어떤 방식으로든 영향을 끼친다. 정서는 사회적 관계나 상황을 고려하여 조절할 필요가 있다. 불쾌한 정서와 같은 부정적 정서를 그때그때 적절히 조절하지 못한다면 학업이나 업무, 사회적관계가 훼손되어 위기에 처할 수 있다. 그래서 마음 한 구석에 쌓인 부정적 감정은 다양하게 신호를 보낸다. 그러기 때문에 순간마다 자신에게 일어나는 정서를 알아차리고 그것이 제공하는 정보를 읽고 의미를 파악하여 상황에 적절하게 반응하고 대처하는 것은 매우 중요한 일이다. 다양한 상황에서 정서를 조절하는 일은 힘든 일이다. 지속적으로 정서조절을 실패하면 불안, 우울이나 수치심과 같은 부적응적인 감정을 느끼게 된다(이지영, 권석만, 2006). 또한 지속적으로 정서조절에 실패하는 경우 신체적, 직업적, 사회적인 기능을 손상시켜 부적응을 야기하거나 만성화 될 경우 기능적인 손상을 유발해 정신병리로 발전할 가능성이 높다(최은희, 최성진, 2009; 이지영, 권석만, 2006). 또한 폭력이나 비행으로 가정이나 학교 및 사회에서 문제를 일으킬 수 있다.

　1회기는 참가자 소개와 각자 인사나누기를 통해 프로그램 전 상호 친밀감과 신뢰로운 관계를 형성하고 정서의 개념 및 정서조절의 필요성을 알 수 있도록 하였다. 자신이 좋아하는 사진이나 그림을 선택하여 자신의 감정을 인식하고 표현하도록 실시하였는데 모두가 소홀하게 다루었던 감정이 중요하다는 것을 알게 하는 것이다.

　먼저 책상에 이름표를 부착하고 참가자들이 오는 순서대로 인사를 나누고 이름이 적힌 책상에 앉도록 안내를 하였다. 구성원들이 다 온 후에는 'ㄷ'자 모양으로 둘러 앉아 출석 체크와 함께 집단지도자 및 코리더 소개를 간단히 하였다. 그리고 프로그램에 대한 전반적인 사항과 규칙에 대해 설명했으며, 첫 번째로는 먼저 스마트폰을 지참할 것을 예고하였던 바 각자 자신이 가져온 스마트폰에서 자신의 감정이 드러난 사진이나 그림을 선택하고 그 사진이나 그림의 감정단어를 붙이면서 자기소개하기를 하였다. 그러한 장면을 뽑은 이유와 함께 사진이나 그림에 나타난 장면을 그대로 표현하도록 하고 그러한 장면의 모습이 현재 나의 모습이라고 자신을 소개하도록 한다. 두 번째로는 자신을 잘 표현할 수 있는 상징을 사용하여 형용사를 넣어 자신의 뱃지 만들기를 하였다. 세 번째로는 모두 자리에서 일어나 친구들을 찾아다니면서 자신의 뱃지를 소개하고 상대의 것을 소개받으면 '그렇구나'라고 공감하며 악수하고 포옹하기를 하였다. 이러한 세 가지 과정을 하기 전 집단지도자나 코리더가 시범을 보인다.

② 2회기: 내안의 감정인식하기 – '감정을 숨기는 찬이'를 읽고

아이는 감정을 언어로 잘 표현하지 못하기 때문에 불안할 때도, 우울할 때도 화가 날 때도 투정을 부리는 등 다양한 행동을 나타낸다. 부모나 교사는 아이의 감정을 읽어주지 못하고 문제행동만을 제지하거나 나무란다. 그러면 아이는 좀 더 큰 문제행동을 계속한다. 그 이유는 부모나 교사가 자신의 감정이나 속마음을 제대로 읽지 못하여 이해받지 못한다고 느끼기 때문이다. 아이가 울고 보채고 떼를 쓰고 거친 행동을 보이는 것은 바로 자신의 감정을 알아주고 이해해주고 받아주라는 몸부림이다. 이때 아이의 마음과 감정을 이해해 주면 아이는 금세 누그러지고 진정이 된다. 이처럼 감정은 아이와 같이 감정을 알아주고 다루어주면 금방 추스르고 안정감을 회복한다(이지영, 2013). 그러기 위해 자신의 감정을 먼저 인식해야 한다. 자신에게 어떤 감정이 올라오는지를 알아차리고 느끼고 표현하면 점차 사그라진다.

2회기의 활동목표는 감정표현의 필요성을 알고 자신안의 숨겨진 감정을 인식하고 표현할 수 있도록 하는 것이다. 이 회기에서 활용한 감정을 숨기는 찬이는 한국심리치료연구소가 출판한 동화책의 형태로써 그림으로 표현되었으며, 여러 가지 색깔을 사용하여 나이와 상관없이 흥미를 유발시키는 부담없는 분위기를 느낄 수 있다. 주인공은 아동으로써 사건 때마다 일어나는 자신의 감정을 표현하지 못하고 담아 두어 그로 인한 관계형성의 어려움과 고통이 생긴다. 결국은 감정을 표현하게 되고 표현함으로써 경험하는 카타르시스를 나타내는 책이다. 첫 번째로는, 책을 소개한 후 책에 나오는 주인공과 등장인물의 역할을 분담하여 그 역할에 따라 감정을 실어가며 읽는다. 두 번째로, 주인공과 같은 경험이 있었는지 짝꿍과 함께 나누도록 한다. 세 번째로, 활동지를 나누어 준다. 그리고 활동지에 표현된 감정을 색칠해 보도록 하고 표현되지 않는 감정을 빈칸에 채워 색칠하도록 한다. 네 번째로는 활동지 중앙에 자신의 전신을 그린다음에 그러한 감정이 신체화로 어느 부분에 어떤 방법으로 나타나는지 관련된 색상의 색연필을 사용하여 색칠하여 표현한다. 그리고 짝꿍과 서로 나누거나 발표할 수 있도록 한다. 이번 회기는 참여한 모든 학생들이 감정 표현에 대한 거부감이나 방어없이 자신의 감정과 경험했던 사건을 자연스럽게 표현하는 시간이다.

③ 3회기: 우리는 어떤 말을 할까요?

　의사소통 걸림돌 대화의 유형으로서 첫 번째 형태는 도덕주의적 판단이다. 이것은 자신의 가치관과 맞지 않는 다른 사람의 행동을 나쁘다거나 틀렸다고 하는 것이다. 비난, 모욕, 비하, 비교, 분석, 꼬리표붙이기 등이 모두 판단하는 말들이다. 이 판단의 세계에서 우리는 무엇을 잘못했는지 그 잘못의 성질을 따지고 분석하고 단정짓는 데 관심을 쏟는다. 의사소통 걸림돌 대화 방법의 두 번째 형태는 책임을 부정하는 것이다. 자신의 행동의 원인을 막연하고 일반적인 이유, 다른 사람의 행동, 권위자의 지시, 집단의 압력, 내규, 규칙, 규정, 사회적 지위, 연령에 따른 역할, 억제할 수 없는 충동과 같은 이유로 돌릴 때, 자신의 행동에 대한 책임을 부정하는 것이다. 세 번째로는 비교, 경쟁하기로 자신과 다른 사람과 비교하면서 소외시켜 사람을 비참한 존재로 만드는 가장 손쉬운 의사소통방법이다. 네 번째로는 강요로 권위적인 사회에서 많이 사용되는 의사소통이다. 자신이 바라는 것을 다른 사람에게 강요하는 것은 연민을 차단하는 것으로 아무리 부드럽게 말을 하더라도, 비난, 질책, 책망을 받을 것이라는 위협이 내포되어 있다(이은아, 2012). Rosenberg는 위와 같은 언어를 자칼의 언어라고 하며 소외와 단절을 일으키는 대화법이라 한다. 이와는 반대로 기린의 언어는 경청과 과정을 중요시하는 존재 자체에 대한 수용, 상호존중과 기여, 상생과 통합, 협력과 평화의 관점의 비폭력적 방식을 말하며 기린은 비폭력대화의 상징 동물로 비폭력대화모델에서는 자칼과 기린을 상징 동물로 사용하여 시각적이고 쉽고 재미있게 사용한다.

　3회기의 목적은 의사소통의 유형을 알고 자신이 사용하는 대화를 살펴보도록 하는 것이다. 첫 번째로는 자신이 좋아하는 동물을 선택하도록 한다. 선택된 동물 사진을 본 후 그 동물의 형태 및 성격적 특징, 장단점을 알아보도록 한다. 그런 다음 자신의 특징과 같은 점과 다른 점을 찾아보고 공격적인 동물은 왜 공격적일까? 수용적인 동물은 왜 수용적일까? 공격성은 무조건 나쁠까? 왜 공격적이어야 했을까? 어떤 상황에서 공격성과 수용성이 나타나는지를 알 수 있도록 하는 것이다. 그리고 비폭력대화의 중심언어를 상징하는 기린과 자칼의 특성을 설명하고 나의 기린언어는 무엇이고 자의 자칼언어는 무엇인지 알 수 있도록 한다.

④ 4회기: 인디언 추장의 목소리

비폭력대화의 목적은 솔직함과 공감을 바탕으로 인간관계를 맺는 것이다. 단지 상대 방과 그들의 행동을 변화시키거나 자신이 하고 싶은 대로 하려는 것이 아니라 상대방 이 스스로 원해서 변화하고 연민으로 반응하기를 바라는 대화법이다.

그래서 비폭력대화법 4단계 중 첫 번째는 평가하지 않고 명확하게 관찰하기이다. 평 가나 판단하는 말을 하는 경우 자신을 비난, 공격하는 것으로 오해할 수 있기 때문에 사 실을 바탕으로 묘사하는 것이다. 두 번째로, 느낌을 확인하고 표현하기이다. 몸의 감각 이나 마음으로 깨달아 아는 기운이나 감정을 표현하는 이유는 자신의 솔직한 내면을 표현함으로써 갈등을 해결하는 데 도움이 되기 때문이다. 세 번째 단계는 느낌을 욕구 에 연결하기이다. 다른 사람의 말이나 행동이 느낌을 불러일으키는 자극은 될 수 있어 도 느낌의 원인은 아니다. 느낌의 원인은 충족되거나 충족되지 못한 나의 욕구와 관련 이 있다. 네 번째는 삶을 더 멋지게 만들어 줄 '부탁하기'이다. 자신이 관찰하고, 느끼 고, 원하는 것을 표현한 다음, 이어서 구체적인 부탁을 한다. 질문형식으로 자신의 욕구 를 충족할 수 있는 행동을 부탁하는 것이다. 이때 관찰, 느낌, 욕구를 함께 말하는 것이 좋다. 그렇지 않다면 명령처럼 들릴 수 있기 때문이다.

비폭력대화의 위의 네 가지 정보를 표현했다면 다른 측면으로써, 이제는 듣는 것이 다. 비폭력대화를 이용해 대화할 때는 먼저 자신을 표현할 수도 있고 상대방으로부터 이 네 가지 정보를 공감으로 들으면서 시작할 수도 있어야 한다. 그러나 정서발달 특성 상 공감능력과 긍정적 의사소통능력이 떨어져 학교폭력 중 언어폭력으로 인한 피해가 가장 높은(2016. 9. 교육부) 청소년들이 위의 비폭력대화의 4가지 원리를 상대로부터 공 감으로 듣는 것은 매우 어려운 일이다. 따라서 상대의 표현을 즉시 공감할 수 있는 감정 코칭 대화법을 사용하여 상호작용할 수 있도록 하였다.

이번 회기는 비폭력대화법, 감정코칭 대화법을 배우고 적용하도록 하는 데 목적이 있다. 자기를 표현하는 것은 비폭력대화법을, 상대에 대한 공감과 반응은 감정코칭을 사용한다. 인디언 깃발을 만들어 추장이 되어 부모님, 교사, 친구들 그 외 지인들에게 하고 싶었던 말을 '할 말 있어요'라고 외치며 깃발을 높이 세운다. 깃발을 든 사람은 표 현하지 못했던 말들이나 사건들을 비폭력대화법을 사용하여 적극적으로 자신을 말하 면 다른 친구들은 감정코칭을 사용하여 공감하고 표현하도록 한다. 이때 발표한 친구 의 이야기를 듣는 친구들은 거울반응을 해 줄 수 있다. 거울반응이란 상대의 표정이나 말을 그대로 받아주는 감정코칭대화 중 공감 표현의 한 형태이다. 이 과정은 심리 치료적 접근으로써 선생님이나 부모님께 하지 못한 말을 표현함으로서 치료의 효과를 나타내고 친구들의 공감으로 또래관계의 긍정적인 관계의 효과를 기대해 볼 수 있다.

⑤ 5회기: 마음의 소리 듣기: 느낌(우울, 외로움)은 중요해

오늘날 우울증은 세계적인 건강 문제이자 중요한 심리적 부적응의 지표로 인식되고 있다. 김아정, 이소연(2016)의 DSM-5에 따르면 우울증은 슬픔, 공허감, 과민한 기분을 느끼고 이에 따른 신체적·인지적 변화를 경험하며 개인의 학업 수행 능력이 저하되는 부적응이라고 한다. 우울감이 심해지면 우울증 진단을 받게 되는데, 우울증은 마음의 감기라는 표현이 있듯이 누구나 한번쯤 경험할 수 있고 주변에서 흔히 볼 수 있는 질병이라고 할 수 있다. 이를 흔한 마음의 병으로 생각하고 방치하게 되면 자살 및 비행 등과 같은 극단적인 결과로 이어질 수 있다. 특히 감정기복이 심하고 아직 자아가 모두 발달하지 않았으며 새로운 환경에 적응해 나가야 하는 아동·청소년은 우울에 취약하다(박민지, 2010). 아동·청소년의 우울증상은 일상생활에서 흔히 나타날 수 있고 우울장애가 발병하면 성인기까지 지속될 확률이 높으며 치료가 되더라도 후에 재발되어 장애가 지속될 가능성이 높다(김봉년, 조수철, 2000). 또한 우울 증상은 감정적으로 우울함을 느끼는 것에서 그치는 것이 아니라 분노, 자살, 불안, 공격적인 행동 등 극단적이고 심각한 부적응을 일으킬 수 있으므로 그 예방과 치료에 주의가 요구된다(조아람, 최미경, 2014).

이번 회기에서는 우울감이나 외로움에서 오는 감정을 느끼고 표현할 수 있도록 하고 감정을 이입해 보는 것을 목표로 한다. 감정이입이란 타인이 경험하는 감정에 참여하여 감정적으로 일치되는 것을 의미하며 다른 사람의 감정 안에 자기 자신을 이입하여 타인의 감정적 상황과 자신의 감정적 상황이 완전히 일치하는 것을 의미한다.

드라마를 시청하다가 등장인물에게서 우울감이나 외로움에 관련된 강한 감정이 나타나는 장면에서 소리를 끄고 드라마를 시청한다. 등장인물의 감정, 얼굴표정과 몸짓을 보고 등장인물이 어떤 감정을 느끼고 있을지 추측하고 자신이 느끼는 대로 취할 태도를 나누고 등장인물의 다음 행동을 예상해본다. 소리를 켜서 자신이 추측한 것과 일치하는지 비교하여 다시 시청한다. 드라마 속의 캐릭터와 자신이 감정적으로 하나가 되어 자신을 잃어버리고 완전하게 대상과 감정이 결합하는 것을 의미한다.

집단 참여자를 2~3개의 팀으로 나누어 돌아가면서 우울과 외로움과 같은 감정을 6면에 적은 주사위를 던져서 맨 윗면에 나온 감정을 4회기와 같이 자신의 경험을 나타낼 때는 비폭력대화법을 사용하여 표현하도록 한다. 그런 다음 친구가 감정코칭대화법을 사용하여 공감하고 명료화하여 바람직한 행동으로 이끄는 대화훈련을 한다.

⑥ 6회기: 화 다스리기: 느낌(화, 분노)를 정확하게 말해요!!

일상생활에서 정서를 적절히 다루지 못하면 삶의 다양한 측면에서 어려움을 경험할 수 있는 반면, 정서를 적절히 잘 다루면 대인관계와 일의 영역에서 긍정적인 피드백을 얻으며 성취감을 맛볼 수 있을 거라는 점 또한 쉽게 인정할 것이다. 따라서 정서를 조절하는 능력은 정서적 정보를 처리하는 능력 중 우리의 삶에 가장 중요한 영향을 끼친다. 예를 들면, 정서조절을 못하면 사람(친구, 연인 등)을 잃는다. 또한, 정서조절을 못하면 집중이 안 되고 성적이 떨어진다. 그뿐만 아니라 정서조절을 못 하면 건강을 잃기도 한다.

정서조절은 통제, 대처, 방어와 다르다. 통제는 정서조절의 방법들 중 억제하는 과정이고, 대처는 주로 스트레스 자극에 대한 반응에 초점을 두는 의식적인 과정인데 반해 정서조절은 이런 모든 대처 노력을 포함하는 좀 더 폭넓은 개념이다. 방어는 정신분석 이론적 바탕에서 유래한 용어로 리비도적 충동, 즉 내적인 본능 깊숙이 있던 에너지와 충동이 야기한 불안을 조절하기 위한 무의식적 과정이다. 그러나 정서조절은 부정적인 정서뿐 아니라 긍정적인 정서까지 포함하며 무의식적인 과정뿐 아니라 의식적인 과정까지 포함하는 개념이라는 점에서 방어와 구분된다.

이번 회기는 화나 분노에 대하여 소극적, 공격적, 주장적 행동을 이해하고 해소하고 표현하는 것을 목표로 함으로서 정서를 조절한다. 화나 분노는 3가지 방법으로 표현하는데 첫째, 소극적인 표현이다. 분노를 억제하는 방식으로 화는 나 있지만 이를 겉으로 드러내지 않고 화가 나면 말을 하지 않거나 사람을 피하고 속으로만 상대방을 비판하는 경우가 이에 해당한다. 이와 같이, 분노를 억제하는 경우는 우울 및 신체화 증상의 발생에 중요한 원인으로 작용한다(American Psychiatric Association, 2000). Sharkin(1988)에 따르면 유발된 분노가 제대로 표현되지 않고 억제된다면 다른 부정적 행동과 정서로 대치될 수 있다고 했다. 둘째, 공격적인 방식으로의 분노 표출은 고혈압과 심혈관 질환을 일으키는 핵심요인으로 알려져 있다(최해연, 민경환, 이동귀, 2010). 따라서 공격적인 분노 표현방식은 폭력적으로 표현하여 개인의 심리적 안녕뿐만 아니라 학교폭력,

신체적 건강, 대인관계 문제까지 폭넓게 영향을 미친다. 위의 두 가지는 역기능적인 표현 방식이고 셋째, 주장적인 방식으로서 기능적이라 할 수 있으며 분노를 조절하여 표현하는 방식이다. 분노 조절은 분노를 인지하고 적절하게 조절하고 관리하는 것으로 무엇 때문에 화가 났는가를 언어적으로 명확하게 설명함으로써 상대방과의 관계가 개선되도록 노력하는 것을 의미한다(Spielberger et al., 1988).

이번 회기는 분노나 화가 난 동영상을 보여주고 그에 따른 다양한 반응을 이해한다. 화내는 세 가지(소극적, 공격적, 주장적 행동) 유형을 이해하고 가장 바람직한 방법이 무엇인지 말로 표현하도록 한다. 화가 났을 때 '나는 3가지 중에 어떤 형태를 취하는지' 생각해 보고 자신의 방법대로 행동한 결과는 무엇이었는지 친구들과 경험을 나눈다. 그 당시 화가 났을 때 상황을 비폭력대화를 사용하여 표현하여 재 경험한 다음 변화된 결과에 대해 비교해 본다. 상대방은 감정코칭 대화법으로 공감, 명료화, 바람직한 행동으로 선택할 수 있도록 한다. 만약 이러한 의사소통을 사용했다면 어떤 변화가 있었을 것인지 친구들과 나누어 비폭력대화를 통한 정서조절의 유익함을 인식한다.

⑦ 7회기: 내 슬픔 버리기: 있는 그대로 말해요?

이 회기에서 내 슬픔 버리기에 대한 주제인 '있는 그대로 말해요'에서는 버리고 싶은 슬픈 감점을 해소, 공감하고 정리한다. 먼저 평가와 관찰의 차이점을 구분할 수 있도록 한다. 첫째, 평가는 판단, 추측, 평가, 의견을 섞어서 말하게 되고 선입견이 섞인 주관성을 띤다. 상대가 이를 비판으로 듣고 자기 행동을 변명, 합리화하거나 공격할 준비를 하는 데 에너지를 쓰게 되어 더 이상 대화가 진전되지 않는다. 따라서 내 마음 속에 일어나고 있는 판단이나 평가를 사실로 바꾸어 표현하도록 한다.

둘째, 관찰방식은 자신이 직접 보고, 듣고, 접촉한 자극들에 대해 사실과 상황에 대해 표현하는 방식이다. 인간은 자신이 살아온 환경과 경험에 의해서 형성된 관점을 통해서 판단하고 그것이 사실이라고 믿는다. 자신은 이러한 판단을 합리적이라고 생각하지만 그것은 어디까지나 자신의 관점에서의 합리일 뿐이다. 따라서 자신만의 합리를 타인에게 적용시키면 상대는 거부감을 느끼며 변명 혹은 반격으로 반응하게 된다. 그러므로 비폭력대화는 자신만의 합리성이 아닌 타인도 공감할 수 있는 중립적인 관찰을 하도록 한다. 어떤 상황에서 실제로 일어나고 있는 것을 보고 듣고 접촉한 상황에 대해서 있는 그대로 객관적이고 구체적으로 묘사하는 것이다.

이번 회기는 자신의 행동을 그대로 관찰하기의 중요성을 아는 데 목표가 있다. 지난 과거를 회상하면서 슬픈 감정의 마인드맵을 작성하여 버리고 싶은 슬픔이 무엇인지 파악하고 짝꿍과 나누면서 평가하지 않고 일어난 일을 있는 그대로 묘사하거나 본 그대로의 사실을 A4용지에 써서 표현하도록 한다. '어떤 경우에 슬픈지'를 먼저 쓰고 언제 어디서 누구와 무슨 일이 있었는지 마인드맵으로 작성한다. 상대는 감정코칭 대화법을 통해 공감해주고 모두 함께 작성한 종이를 구기거나 찢어서 쓰레기통에 버린다. 활동 후 자신의 느낌을 발표할 친구가 있는지 확인 후 발표하거나 짝꿍과 나누도록 한다. 그 후 짝꿍과 서로 평가없이 관찰로 오늘 있었던 상황을 이야기하기하며 관찰연습을 한다.

⑧ 8회기: 자기 성장: 내가 진짜 원하는 것은?

욕구는 느낌의 원인으로 삶에 생동감을 불어 넣어주는 에너지이자 긍정적인 힘이며 사람이 살아가는 데 필요하고 중요하며 가치 있는 것이다. 내면의 평화와 창조적이고 행복한 삶을 사는 데 필수적인 조건이다. 욕구를 말할 때는 느낌 뒤에 있는 욕구와 연결하여 욕구의 에너지를 느끼며 표현한다. 느낌을 일으키는 욕구, 가치관, 원하는 것을 찾는 것이 중요한데, 들어 줄 때도 상대가 어떤 말로 자기를 표현하든 그 말 뒤에 있는 욕구의 에너지와 연결하여 들으면 상대를 공감할 수가 있다. 또 청소년기에는 스스로 살아가려는 생리적인 욕구뿐 아니라 애정, 소속감, 사회적 승인, 독점 등의 인격적, 사회적인 욕구도 강하게 나타난다(안영진, 2001).

앞에서와 같이 욕구를 나타내는 말을 알아보고 찾아서 느낌과 연결된 나의 욕구를 파악하고 표현하여 절제하는 데 목표가 있다.

먼저는 다양한 욕구카드를 보여준다. 욕구카드의 내용은 예를 들자면 '배려받고 싶나요?, 친구사이에 우정을 나누고 싶나요?, 원하는 것을 자유롭게 선택하고 싶나요?' 등으로 구성되어 있다. 집단구성원을 두 팀으로 나누어 제시된 욕구카드를 선택하도록 하여 나에게는 어떤 욕구가 있는지 발표할 수 있도록 한다. 다음으로 욕구의 의미를 설명한다. 욕구는 마음에서 나오고 드러나는 표면적인 행동 뒤에 자신이 원하는 욕구가 있다. 상대방을 비난하고 분석하고 해석하는 것은 자신의 욕구를 돌려 표현하는 것이다. 욕구는 삶 자체에서 나오는 에너지, 긍정적인 힘이다. 욕구파이 활동지를 배포하며 지금 자신의 욕구를 정하여 활동지에 욕구단어를 적도록 한다. 자신의 욕구단어와 관련된 색연필을 선택하여 색칠을 하여 작품을 완성한다. 욕구파이에 표현된 욕구와 자신의 감정을 연결하여 욕구파이를 짝꿍에게 설명한다. 어떤 욕구라 할지라도 짝꿍은 적극적인 경청과 공감하기를 한다. 뿐만 아니라 친구들의 욕구가 나와 다름을 알고 다른 욕구의 소중함을 느낀다.

⑨ 9회기: 정서조절: 부글부글 화가 나면

화나 분노는 다양한 정서 중 인간이 경험하는 핵심적인 정서이다. 분노는 일상적으로 빈번히 경험하는 부정적인 정서이며, 분노를 느끼고 있는 당사자는 물론이고 주변 사람들까지도 파괴적인 분노의 피해자가 되는 경우도 많다. 분노를 효과적으로 해소하지 못하여 누적시키거나 반복적으로 부적절하게 표출하게 되면 신체적 건강에 악영향을 주는 것은 물론 심리적 부적응과 정신 병리로 발전하게 된다. 한국 문화의 특징적 질병으로 알려져 있는 홧병의 발생기제에도 이러한 분노억제와 그에 따른 문제해결의 부재가 밀접하게 관련되어 있다고 볼 수 있다. 분노조절이 부적절하게 이루어질 때 자신의 육체적, 심리정서적인 상해를 입거나 인간관계의 어려움, 사회적 문제가 되는 반사회적인 성향이 표출되기도 한다.

이번 회기는 화가 날 때 자신의 욕구를 알아차리고 표현하는 방법을 익히고 부탁을 배우는 데 목적이 있다.

먼저는 화가 난다는 것의 의미를 알아야 한다. 화가 난다는 것은 상대방의 행동 때문에 화가 나는 것이 아니라 상대방의 행동은 자극일 뿐 나 자신의 욕구가 채워지지 않았다는 것을 의미한다. 누구나 화가 난다. 그러나 화가 날 때 적절한 표현 방법을 알지 못할 뿐이다. 화를 조절하는 방법으로 부탁이 있다. 그 부탁의 종류로는 상대와 내가 정서적으로 끊어지지 않고 공감이 흐르는 대화인 연결요청이 있다(예: 내가 이런 말을 했을 때 너는 어떻게 생각하니?). 또 하나는 상대에게 자신이 필요로 하는 행동을 부탁하는 대화인 행동요청이 있다. 부탁 시 상대방이 자신의 요청을 거절할 수도 있다는 것을 전제로 한다.

먼저 2~3팀으로 나눈다. 각자 10개정도 친구들에게 종이컵을 나누어 준 후 자신이 화가 나거나 스트레스를 느낀 상황을 종이컵 바깥 벽면이나 바닥에 적게 한다. 또 그 말을 들었을 때 스트레스를 받는 단어를 적거나 상황을 적도록 한다. 친구들이 원하는 대로 종이컵을 나눈다. 다 적은 다음에는 팀별로 탑을 쌓는다. 스트레스를 날리는 구호를 외치고 팀원 전원이 참석하여 탑을 무너뜨린다. 활동 후 느낌을 묻는다. 스트레스를 받거나 화가 날 때 표현하는 방법은 많은 연습과 훈련이 필요하다는 것을 설명한다. 비폭력대화 4단계를 통해 관찰, 느낌, 욕구, 요청의 순으로 표현할 수 있도록 한다. 이때 상대는 감정코칭 5단계를 적용하여 감정포착하기 → 좋은 기회로 여기기 → 경청하고 공감하기 → 감정 이름붙이기 → 바람직한 행동 이끌기로 연습한다. 감정코칭의 5단계 원리는 반드시 순차적으로 일어나는 것은 아니다. 하습자가 느끼는 감정의 강도와 상황, 또는 부모나 교사의 감정코치 능력이나 그들의 감정에 따라 수시로 변할 수 있다. 순식간에 1단계에서부터 5단계까지 일어날 수도 있고 오랜 시간에 걸쳐서 일어날 수도 있다. 또한 단계를 뛰어넘어 진행될 수도 있다. 그래서 Gottman이 제시한 5가지는 단계라기보다는 원리라고 표현하는 것이 더 맞다. 이런 5가지의 원리를 알고 숙달된 상태에서 학습자의 감정을 다룰 수 있는 것이 중요하다. 사람 감정의 기복이 심한 것만큼 감정코치를 할 때 발생하는 상황에 대한 순발력 있는 집단지도자의 대처 능력도 중요하다. 마지막 활동은 비폭력대화법이나 감정코칭대화법을 적용할 수 없을 만큼 화가 날 때를 위한 또 다른 한 가지 방법을 연습한다. 먼저 '잠깐'하고 속으로 외치고 크게 숨을 쉬거나, 장소를 이동해 주위를 환기시킨 후, 비폭력대화법이나 감정코칭대화법을 사용하도록 한다.

ⓞ 10회기: 긍정적 정서 경험(행복감): 구체적으로 부탁(요청)해요.

자신의 삶을 풍요롭게 하기 위해서는 구체적인 행동을 부탁하는 것이 중요하다. 부탁은 대화를 이어나가기 위한 연결부탁과 행동부탁이 있으며 부탁을 할 때는 구체적인 표현을 하고 긍정적이고 의문형으로 표현하는 것이 좋다. 연결부탁은 대화가 끊어지지 않게 상대를 대화에 초대하는 방법으로, 상대를 동등하게 존중하면서 들으려는 의사가 전달된다. 행동부탁은 구체적이고 긍정적인 행동을 의문형, 현재형으로 부탁하는 것이다. 말하는 의도가 강요가 아니라 부탁임을 확인하는 것이 중요하다. 부탁의 특징은 상대의 거절까지도 수용하는 것이다.

이번 회기는 가장 행복했던 순간을 재 경험하고 자신의 행복을 지키기 위해 부탁할 때의 주의할 점을 알아보고 연습하는 것을 목표로 한다. 가장 행복했을 때를 재 경험하는 것은 중요하다. 또한 그러한 순간을 친구들과 같이 나눔으로 행복은 배가 된다. 앞의 회기에서 슬프고 우울하거나 화가 났던 경험을 이야기하며 부정적 정서를 표현하는 훈련을 했다면 마무리하는 마지막 회기에서는 긍정적 정서를 경험하게 하고 그러한 정서를 유지하기 위해서는 부탁이 필요하다는 것을 알아야 한다. 부탁을 할 때는 주의할 점이 있다. 생활에서 부탁하는 경우는 부탁을 하거나 받아서 그 부탁을 들어 주거나 거절했을 때의 느낌을 말하는 훈련이 필요하고 구체적인 부탁을 하도록 해야 한다.

구체적인 활동으로는 먼저 내가 가장 행복했을 상황을 떠올리게 하고 짝꿍과 나눈다. 두 번째는 학교나 가정에서 부탁하거나 부탁을 받았을 때 들어주거나 거절당한 느낌을 말한다. 그리고 구체적이지 않은 부탁을 들었을 때의 경험을 나눈다. 세 번째는 부탁할 때 알아야 할 점을 알아보고 상황을 설정하여 요청하는 말을 사용하여 연습한다(상황별 미션지 예: 학교 급식소에서 식사를 하려고 줄 서 있는데 한 친구가 새치기를 했을 때 등).

또 부탁할 때 알아야 할 점은 첫째, 긍정적인 언어로 해야 한다. 예를 들면, '떠들지 마'를 '조용히 해 줬으면 좋겠어'라고 해야 한다. 둘째, 구체적인 행동으로 해야 한다. 예로는 '좀 더 예의 바른 학교로 만들자'를 '선생님께 공손히 인사하자'라고 하는 것이다. 셋째, 명령이 아닌 권유나 질문형으로 해야 한다. '두부 사와'를 '슈퍼에 가서 두부 좀 사다 줄래?'라고 한다. 넷째, 부탁은 상대의 반응이 어떤 것이어도 내가 초연할 수 있어야 한다. 다음으로, 상황을 설정하고 부탁할 말 표현하기다. 예를 들면, '나는 네가 ~을 해주면 좋겠어/나를 위해 ~을 해 줄 수 있겠니?/너를 위해 ~를 하면 좋겠어'와 같이 말하고 부탁에 대해 '예, 아니오'에 대한 대답에 자신의 느낌을 살피는 것이 필요하다. 네 번째로는 상황역할극을 통해 부탁을 넣어 비폭력대화 4단계로 표현한다(상황 미션지 사용).

## 2) 인권감수성증진 프로그램 실제

### (1) 인권감수성의 이해

인권감수성은 도덕적 민감성을 바탕으로 구성된 새로운 개념으로 체계화되었다(방주현, 2008). Smith(1953)는 도덕성에 대한 핵심적인 문제는 각자가 해야 할 일과 관련이 있다는 것이다. 즉, 선택은 어떠한 질문에 대답해야 할 때 마주하게 되며 선택되는 것은 곧 행동이기 때문에 도덕성은 행동 지향적인 것으로 보았다. Kekes(1984)도 도덕적 민감성은 행동주의적이고 사회적인 것으로 간주하면서 이것은 다른 사람의 복지에 기여하는 행동에 있어 가장 중요한 요인이라고 하였다.

'인권감수성'이란 인권문제가 제기되어 있는 상황에서 그 상황을 인권에 관한 상황으로 지각하고 해석하며, 그 상황에서 가능한 행동이 다른 관련된 당사자들에게 어떠한 영향을 미칠지를 상상해보며, 그 상황을 해결하기 위한 책임이 자신에게 있다고 인식하는 심리적인 과정을 말한다(박정선, 2007). 한편, 전통적으로 인권의 개념은 주로 법적 차원에서 논의되어 왔으며, 최근에 교육학, 심리학 관점에서의 논의가 대두되었다. Gets(1985)는 인권에 대한 태도를 도덕성의 발달단계와 연결지어 설명하고자 하였다. 인권에 내한 태도를 측정하기 위하여 인권태도 질문지(Attitudes toward Human Rights Inventory)를 제작하였으며 연구결과를 통해 사람들의 도덕추론 수준에 따라 인권 지지의 일관성에 차이가 있으며, 원리적 도덕추론을 하는 사람들일수록 일관되게 인권을 옹호한다는 사실을 보여주었다. 특히 인권의식을 도덕성의 발달과 관련시켜 인권인식 또한 발달하는 심리적 요인, 특히 인지적 요인임을 밝혀주었다. 또한 Diaz-Veizards et al(1995)은 인권태도의 구인을 연구하였는데, 이들은 세계인권선언문을 중심으로 한 인권검사지를 개발하여 인권태도의 구인을 밝히고자 하였다. 또한 인권문제에 대한 인식을 가진다는 것은 인권 옹호행동을 하나의 중요한 역할로 해야 하는 사회복지사들에게 매우 중요한 차원의 과정이라고 볼 수 있다. 사회복지사는 클라이언트의 인권을 보장하고자 노력해야 한다는 것에는 원칙적으로 동의하지만, 실제로 그것을 제대로 지켜내고 있는가를 평가하는 것은 다른 문제일 것이다. 인권인식이 현실적인 인권문제 상황에 적용되지 못하기 때문이고, 실제로 적용하지 못하는 것은 문제 상황을 인권문제로 인식하지 못하는 데서 기인하는 것이라 유추해볼 수 있을 것이다.

## (2) 인권감수성 증진 프로그램 실제

청소년을 위한 인권감수성 증진 프로그램에서는 인권감수성에 대한 충분한 이해가 선행되어야 한다. 인권감수성 프로그램 세부내용을 다음과 같다.

### ① 프로그램 세부내용

회기의 진행단계는 인권개념의 이해, 인식전환의 단계, 인권침해 사례분석, 방안 모색의 단계, 인권에 대한 옹호활동의 5단계로 구성하였다.

프로그램 도입부분인 인권개념의 이해 및 인식 전환의 단계는 1회기부터 3회기까지로 상황지각 능력을 향상시킬 수 있도록 구성한다. 이 단계는 인권의 중요성을 인식하고, 인권경험에 대한 토론과 인권지식을 이행하는 분석의 과정이다. 인권경험을 공유하고 비판적 사고능력을 발달시키고 인권에 대한 민감성을 키우게 된다.

전개부분인 인권침해사례 분석 방안 모색의 단계는 4회기부터 7회기까지로 결과지
각 능력을 향상시킬 수 있도록 구성한다. 참여자들은 성별, 사회 약자, 장애인, 청소년,
노동권 등 구체적인 체험을 통해 경험함으로써 타인의 정서를 인식하고, 행동을 추측
할 수 있다. 이를 통해 사회적 약자의 인권침해 사례를 역할극 등 직접체험 방법과 상황
등을 통한 간접체험 방법을 활용할 수 있다. 또한 마지막 종결부분인 인권에 한 옹호활
동의 단계는 8회기부터 9회기까지로 책임지각능력을 향상시킬 수 있도록 구성하였다.
프로그램을 통한 인지, 정서, 행동 과정은 각 회기 내에서도 상호작용하여 인권감수성
을 증진시킬 수 있도록 구성하였다.

② 프로그램 회기별 목표와 내용

인권감수성 증진프로그램의 회기별 목표와 내용은 다음 표와 같다.

표   인권감수성 증진프로그램

| 회기 | 프로그램명 | 내용 | 하위목표 |
|---|---|---|---|
| 1 | 마음열기 | 놀이를 통해 마음열기<br>인권의 개념<br>우리의 권리 이해하기 | 프로그램목적<br>인권개념<br>권리이해 |
| 2 | 인권알기 | 인권이야기<br>신문에서 찾아보는 인권이야기<br>인권용어 – 퍼즐놀이 | 인권이란<br>기사읽기<br>인권용어알기 |
| 3 | 인권을 찾아서 | 인권경험 나누기 – 수다쟁이<br>인권나무 심기<br>인권이 좋아하는 것/싫어하는 것 | 차별경험공유<br>인권지킴이<br>인권실천의 이해 |
| 4 | 신데렐라의 인권<br>새로쓰기 | 차별과 차이<br>성차별/양성평등<br>양성평등한 세상만들기 | 남녀의 차이<br>양성평등의식<br>양성평등표현하기 |
| 5 | 우리의 이웃 | 어려운 사람들이야기<br>입장 바꿔 생각해봐요<br>우리는 무엇을 도울까? | 사회적약자 이해<br>타인의 배려<br>존중표현 |
| 6 | 장애인 이웃 | 장애체험해보기<br>장애인식과 장애경험이야기<br>인권포스터 만들기 | 장애인식<br>장애인권<br>장애인권옹호 |

| 7 | 나의 노동권 | 알바 권리<br>PD수첩<br>권리침해 대처방법 | 청소년노동권<br>노동권침해시<br>대처방법 |
|---|---|---|---|
| 8 | 미션 임파서블 | 인권 알리기<br>인권뉴스 찾아보기 | 인권실천 홍보활동 |
| 9 | 인권신인문<br>도전!<br>인권퀴즈왕 | 인권신인문 만들기<br>인권퀴즈 풀이<br>프로그램 정리 | 인권실천 다짐<br>활동정리 |

③ 회기별 진행과정

회기별 진행과정의 세부적인 내용은 다음과 같다.

1회에서는 라포형성과 전체프로그램 소개로 진행한다. 참여자들에게 '인권'이란 단어를 들어봤는지에 대해 질문하면서 프로그램을 시작한다. 인권에 대해 잘 알고 있는지, 혹은 잘못 이해하는 부분은 없는지, 인권을 지키기 위해 어떤 노력을 해야 하는지에 대해 생각해 보는 시간을 통해 전체 프로그램에 대해 간략하게 소개한다.

우선 친밀감을 형성하기 위해 공동체 놀이 '내 짝궁' 게임을 시작하여 '돌', '나무', '구름', '호수', '달', '하늘' 등이 있는 활동지를 나누고 상징 언어만을 사용하여 자신의 짝궁을 찾게 한다. 진행자는 인권 꽃으로 한번 더 자기소개를 하고 자신의 인권 꽃의 꽃말을 쓰고 색칠하여 붙이도록 한다. 인권의 꽃으로 자기소개를 하고 직접 색칠에 붙이도록 한다.

참여자 모두의 소개가 끝난 후 진행자는 색칠이 완성된 인권 꽃을 우리 팀으로 소개하고 인권이 침해되고 권리가 지켜지지 못하는 상황을 설명한다. 참여자 모두 각자의 인권을 가진 소중한 존재임을 일깨워주면서 자연스럽게 인권교육의 필요성을 설명하고, 인권감수성 증진 프로그램에 대해 소개한다.

2회기에서는 신문에서 인권과 관련된 기사를 선정하고 그 기사를 선택한 이유에 대해 다른 팀원들과 이야기를 나눠본다. 가정폭력피해자 이주여성 관련기사, 사이버 폭력, 종교차별 신고센터 설치 기사, 무슬림을 수 만명 학살했지만 세르비아계에선 전쟁영웅의 기사 등 다양한 내용을 선정하고 자신들의 생각을 진지하게 표현하도록 한다.

기사 내용 중에 인권과 관련된 용어를 나열해 보도록 하여 차별, 권리, 존중, 편견, 나이, 성별 등의 키워드들을 정리하도록 한다. 여기서 나온 키워드들을 사용하여 인권용어로 빙고게임판을 만들어서 빙고게임을 진행한다. 빙고게임을 하면서 사용된 인권용어들을 통해 그동안 각자의 인권인식에 대해 생각해보는 시간을 갖는다.

3회기에서는 생활속 인권이야기에서는 우리 주변에서 일어나는 인권 사례들을 이야기 나눈다. 가정, 사회, 학교생활에서도 인권침해를 겪고 상처받는 사례들을 이야기하도록 한다. '우리들의 수다' 시간에는 개개인이 겪은 일에서 인권침해라고 생각되는 사례를 나눠보고, 만화 혹은 그림 등으로 자유롭게 표현할 수 있도록 할 수 있다.

지난 회기 빙고게임에서 사용한 인권용어를 정리해 보고, 인권나무의 열매와 나뭇잎 그리고 꽃 등으로 표현하도록 한다. 태양, 맑은 물, 존중, 자유, 배려, 평등, 칭찬, 사랑, 선거에 참여하는 것 등을 선택하고, 인권나무를 해치는 것으로는 무시, 폭력, 차별, 삥, 왕따, 욕, 싸움, 가정폭력, 아동학대 등의 용어들을 찾아 그 의미를 알고 인권의 부정과 긍정의 의미로 사용하고 있다는 것을 설명할 수 있다.

4회기에서는 신데렐라 다시쓰기로 '우리들의 수다' 시간에 나왔던 사례 남녀 간의 생각이 많이 다름을 상기시키고 간단하게 사내대장부, 착한 여자 콤플렉스, 성에 한 고정관념에 대해 생각해 보는 시간을 가진다. 우리 주변에서 일상적으로 사용하는 용어를 자세히 관찰하도록 한다. 일상생활 속 남자와 여자가 차별 받는 사례에 대해 좀 더 주의 깊게 살펴볼 수 있다. 여자는 남자에 비해 귀가 시간이 빠르고, 명절이나 가족행사 때는 여자만 일하고, 집안 살림은 여자가 해야 하고 돈(경제 책임)은 남자가 벌어야 한다는 생각 등과 같이 남과 여를 구분하여 사용하는 말들이 무엇인지를 평상시에 사용하는 문장, 속담, 언어 등에서 찾아 문장카드를 만들어 볼 수 있다.

5회기에서는 우리 주변에서 사회적 약자에 해당하는 사례에 대해 생각해 보도록 이야기를 시작한다. 참여자는 미리 대비한 사회적 약자 활동지를 꺼내 이들이 경험하는 인권사례들을 설명한다. 사회적 약자 계층을 설명해주고 다른 참여자들은 그동안의 직간접적으로 경험한 사례들을 평상시처럼 얘기하도록 한다. 이에 사회적 약자들이 말이나 행동으로 상처가 되는 것에 대해 서로 이야기한다. 참여자들이 각각 사회적 약자가 되는 역할극을 진행한다. 노숙자 특히 성소수자의 역할을 맡은 친구는 내내 불쾌감을 나타내며 소극인 참여를 보이기도 하였다. '학교 밖 청소년', '우울한 청소년' 등의 역할 참여자들도 자신의 기분을 표현하고 서로 역할을 바꿔서 상대방 입장에 경험해 보도록 한다.

6회기에서는 장애인과 관련된 이야기로 프로그램을 시작한다. 주변에 장애인이 있는지 장애유형별로 어떤 장애를 알고 있는지, 그리고 지난 주 역할극에서 장애인 역할을 맡았던 친구에게 느낌을 회상해 보도록 하고 장애인에 대한 올바른 지식을 전달하도록 장애인복지법에 의한 장애의 분류, 우리가 장애와 관련하여 잘못 사용하는 용어를 올바른 표현으로 바로 수정하여 사용하도록 정리한다. 장애체험에서는 지팡이를 쥔 시각장애인 역할과 청각(언어)장애체험으로는 입을 가리고 속담을 설명해보도록 한다. 장애체험 후 느낌을 나눈다. 많은 장애인들이 꿈을 실현하고 인권이 보장받는 생활을 하기 위해 우리의 편견보다 세심과 배려, 격려가 필요함을 설명하고, 장애인 권익보호 포스터를 만들어 보도록 한다.

7회기에서는 노동권이야기로 청소년도 아르바이트 경험을 이야기 나눈다. 많은 참여자가 주유소, 전단지 돌리기, 식당, 편의점 등에서 아르바이트 경험을 이야기를 나눈다.

청소년들이 겪는 부당 사례 등에 대해 설명하고 아르바이트를 하면서 좋았던 기억과 나빴던 기억 등을 이야기하도록 한다. '우리들의 PD수첩' 프로그램을 이용해 실제 장면을 재연한다. 청소년 아르바이트 실태를 고발하는 기사를 만들어 보도록 한다. 사장이 무시하고, 막말하고, 일방적으로 그만두라 등 꽁트로 구성한다.

8회기에서는 미션 임파서블에서 우리 사회도 다양성이 인정되고 약자에 한 배려하는 사람이 많아질 수 있도록 인권교육을 받은 인권지킴이의 역할이 큼을 강조한다.

'미션 – 인권지킴이로서 꽁트, cf 등 다양한 방법을 활용하여 인권의 소중함을 알리기'를 제시하고, 모둠 구성원들이 의논하여 미션 방법과 내용을 선정해 미션을 수행할 수 있도록 지도한다. 놀리거나, 왕따를 시키지 말고, 손을 내밀고 친구가 되자는 내용의 공익광고를 만든다. 모든 미션이 성공했음을 선언하고 앞으로 인권지킴이로서의 실천을 강조하며 마무리한다.

9회기에서는 마지막 회기로 인권선언문과 인권퀴즈왕을 통해 그동안 배운 내용을 바탕으로 인권선언문을 만들어본다. 다소 어려워하는 참여자들에게는 자료집에 포함된 세계인권선언문과 UN 아동·청소년 권리조약을 참고하도록 안내하다. 모둠활동 결과 '우리는 존중 받을 권리가 있다. 청소년은 보호받아야 한다. 차별과 왕따보다는 배려가 좋아요. 우리는 사생활을 간섭받지 않을 권리가 있다.' 등의 의견이 나왔다.

# PART 06

# 학교폭력 대처 모형

## 1. 학교폭력 대처 모형

학교폭력이 발생했을 때 대처할 수 있는 우리나라의 대표적인 학교폭력 대처모형인 한국교육개발원(2006)에서 제안한 '학교폭력 대책을 위한 지원체제 모형'과 조정실 · 차명호(2010)의 '학교평화모형'을 중심으로 소개하고자 한다.

### 1) 학교폭력 대처를 위한 지원체제 모형

학교폭력 대처를 위한 지원체제 모형은 학교폭력 예방 및 대책 5개년 기본계획의 내용과 함께 교육청 중심 운영 사례와 ONE-STOP 지원센터나 위기청소년 지원센터(CYS-Net) 같은 기관 중심 운영 사례에 대한 분석 내용이 포함되어, 우리나라에서 시도된 다양한 모형들의 내용을 포괄하고 있는 장점이 있는 모형이다(송재홍 외, 2012).

### (1) 기본 방향

학교폭력 예방 및 근절의 시너지 효과를 제고하기 위하여 학교폭력 대처를 위한 지원체제 구축의 기본방향을 다음과 같이 설정하였다(박효정 외, 2006).

첫째, 학교폭력 예방 및 대처를 주관하는 부처는 교육부가 담당한다. 현재 국가 수준의 학교폭력 관련 부처는 교육부, 국가 청소년위원회, 법무부, 여성가족부, 경찰청, 검찰청, 정보통신부, 보건복지부 등 8개 부처에 업무가 산재되어 있어 업무의 효율성을 기하기 위해서는 통합될 필요가 있으며, 교육부 내에 학교폭력대책팀이 유관 부처와의 연계와 협조 하에 학교폭력 예방 및 근절을 위한 대책 수립 · 시행, 예산확보 · 지원 등의 업무를 담당하도록 하고 있다.

둘째, 시·도 교육청(지역 교육청)에 '학교폭력대책위원회'와 학교폭력 전담 장학사를 두어 학교폭력 업무만을 전담하도록 한다.

학교 수준에서의 '학교폭력대책자치위원회'와 같이 시·도 교육청(지역 교육청)수준의 '학교폭력대책위원회'가 설치되어야 하며, 학교폭력 전담 장학사가 해당 교육청의 학교폭력 업무를 전담하며, 학교폭력대책위원회 위원장은 교육감이 맡도록 한다.

셋째, 대응목표(예방, 대처)수준에 따라 지원체제의 중심 기관을 달리한다.

학교와 시·도 교육청(또는 지역 교육청)은 상호 협력 관계를 유지하면서 예방과 대처의 대응목표에 따라 제1수준의 중심은 단위 학교 '학교폭력대책자치위원회'가 되며, 제2수준의 중심은 시·도 교육청(지역 교육청)의 '학교폭력대책위원회'가 된다.

넷째, 실질적으로 가동하는 지원체제를 구축한다.

학교폭력 사안이 발생했을 경우 학교폭력 가·피해학생, 학부모, 교사가 학교폭력 지원체제에 자문을 구하고, 유관기관의 학교폭력 전문가와의 연계와 협조를 통해 신속하게 대응할 수 있도록 지속적인 지원 서비스가 제공될 수 있도록 하여야 한다.

다섯째, 지역적 특성을 반영한 지원체제를 구축·운영한다.

학교폭력이 발생하는 지역의 차이도 크고, 도움을 받을 수 있는 유관기관 인프라도 지역마다 차이가 있으므로 지역의 학교폭력 유관 자원의 실태와 특성을 반영하여 구축하여야 한다.

여섯째, 학교폭력 사안 처리의 효율성을 위해 시·도 교육청에 학교폭력 관련 예산의 집행 권한을 부여한다.

예산의 방만한 운영을 방지하고, 일의 효율성을 증진시키기 위하여, 시·도 교육청(지역 교육청)에 학교폭력 지원체제 운영에 대한 예산 집행 권한을 집중시킨다.

### (2) 지원 체제 구축 모형

학교폭력 대처를 위한 지원 체제 구축 모형은 아래 그림과 같이 학교 중심의 제1수준 중심 기관과 교육청 중 중심의 제2수준 중심 기관으로 구성되며, 이들은 서로 상호 협조 관계를 유지한다.

제1수준의 중심 기관인 학교의 학교폭력대책자치위원회는 학교폭력을 예방하고 대처하는 데 필요한 예산 및 인적 구성, 사업의 개발 및 시행에 관한 책임을 담당한다.

　제2수준의 중심 기관인 시·도 교육청 및 지역 교육청 내 학교폭력대책위원회가 책임을 맡고, 학교폭력 예방 및 대처를 위해 필요한 인적·물적 자원을 지원해 줄 뿐 아니라 학교가 학교폭력 관련 업무를 수행하는 데 있어서 겪는 다양한 문제와 어려움을 해결해 주어야 한다. 또한, 학교폭력에 관한 국가적 정책이나 사업을 개발하고 이러한 정책과 사업이 일선 학교에 잘 수행될 수 있도록 제반 여건을 마련해 주는 데 중심적인 역할을 담당하게 된다.

그림　학교폭력 대처를 위한 지원체제 모형

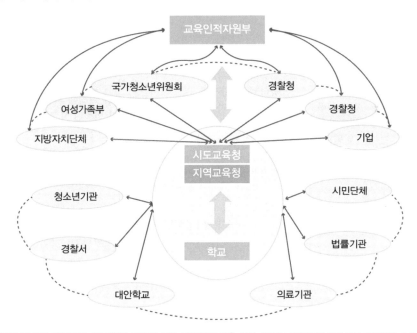

출처: 박효정 외(2006). 학교폭력 대처를 위한 지원체제 구축 연구. 한국교육개발원 연구보고 RR2006-8-1. p.213.

　학교폭력 대처를 위한 학교와 교육청의 구성 및 역할은 아래의 표와 같다. 이때 시·도 및 지역 교육청의 역할이 중요한 만큼, 교육부를 비롯한 관련 국가 기관이 마련하는 일련의 국책 사업과 예산은 시·도 및 지역 교육청을 통해 일선 학교에 전달될 수 있도록 재구조화될 필요가 있다. 시·도 및 지역 교육청은 예산이나 국책 사업을 지원하는 유관 국가 기관에 대해 결과를 알리는 송환 체제를 유지하여야 하며, 유관 국가 기관은 교육부와의 협의를 통해 예산이나 국책사업을 조정할 필요가 있다.

표 학교폭력 대처를 위한 학교와 교육청의 구성 및 역할

| 수준 | 중심 기구 | 구성 | 역할 |
|---|---|---|---|
| 제1수준:<br>학교 | 학교폭력대책<br>자치위원회 | • 위원장(학교장)<br>• 교사(책임,상담,양호)<br>• 청소년전문가<br>• 시민단체, 자원봉사<br>• 경찰, 검찰, 변호사<br>• 의사<br>• 지자체 공무원 | • 예방교육 계획수립 및 시행<br>• 학교폭력 관련 예산 확보 및 집행<br>  인력확보<br>• 교육청 학교폭력센터 의뢰 여부 결정<br>• 학교폭력 사건 처리<br>  - 가해학생 선도<br>  - 피해학생 치료<br>  - 분쟁조정<br>  - 학교폭력 발생 학교의 교사 및 학<br>    생지도 |
| 제2수준:<br>교육청 | 학교폭력<br>대책자치<br>위원회 | • 위원장(교육감)<br>• 장학관, 장학사<br>• 청소년전문가<br>• 시민단체, 자원봉사<br>• 경찰, 검찰 전문가<br>• 의사<br>• 지자체공무원 | • 예방교육 계획수립 및 시행<br>• 학교폭력 관련 예산 확보 및 학교 지원<br>• 교육청 관할 학교 예방교육 및 학교<br>  폭력 사건 처리에 관한 지도감독<br>• 학교에서 의뢰된 학교폭력 사안처리<br>  - 가해학생 선도<br>  - 피해학생 치료<br>  - 분쟁조정<br>  - 학교폭력 발생 학교의 교사 및 학<br>    생 지도 |

출처: 박효정 외(2006). 학교폭력 대처를 위한 지원체제 구축 연구.
한국교육개발원 연구보고 RR2006-8-1. p.214.

## (3) 운영

학교폭력 대처를 위해서는 아래 그림과 같이 학교를 중심으로 이루어지는 제1수준(1~2단계)과 교육청을 중심으로 이루어지는 제2수준(3~8단계)이 함께 운영되어야 한다.

그림 | 학교폭력 대처를 위한 지원체게 업무 흐름도

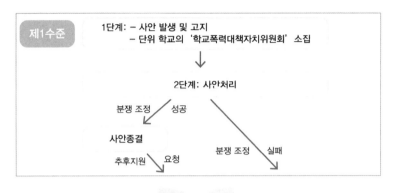

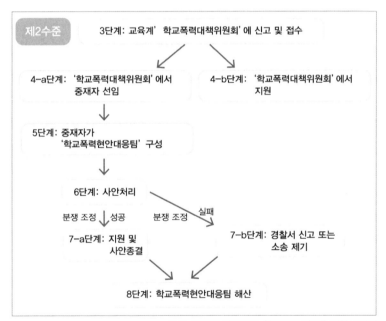

자료: 박효정 외(2006). 학교폭력 대처를 위한 지원체제 구축 연구.
한국교육개발원 연구보고 RR2006-8-1. p.218.

① 제1수준의 운영 방안

• 1단계

'학교폭력 예방 및 대책에 관한 법률' 제2조에서 규정하고 있는 학교폭력 사안이 발
생하면 '학교폭력 예방 및 대책에 관한 법률' 제18조에 근거하여 학교나 부모에게 알리도

록 한다.

이와 같은 학교폭력 사안이 발생하면 1차적으로 학교폭력대책자치위원회가 소집되고, 학교폭력대책자치위원회에서는 '학교폭력 예방 및 대책에 관한 법률'에 명시된 대로 학교폭력 예방 및 대처를 위한 교교 내 상설기구로서의 역할을 수행하게 된다.

• 2단계

학교의 학교폭력대책자치위원회가 사안을 해결하여 가·피해학생이 합의하고, 가해학생에 대한 징계 및 선도, 피해학생에 대한 치료 및 보호가 이루어지면서 사건이 종결된다.

② 제2수준의 운영 방안

• 3단계

2단계에서 학교폭력대책자치위원회에서 중재에 실패하거나, 학교폭력대책자치위원회 위원장이 사안처리를 학교 내에서 처리하기 어렵다고 판단한 경우 위원장은 시·도 교육청 또는 지역 교육청의 학교폭력대책위원회에 신고한다(4-a단계로 진행).

제1수준에서 가건이 종결되었지만 가·피해학생의 추후 지원을 위해 교육청 차원의 학교폭력대책위원회로부터 지원이 필요할 경우에도 시·도 교육청 또는 지역 교육청의 학교폭력대책위원회에 신고한다(4-b단계로 진행).

• 4단계

- 4-a단계

교육청의 학교폭력대책위원회에 학교의 신고가 접수되면 학교폭력대책위원회 학교폭력담당 장학사가 교육청에서 검증된 인력풀에 등록되어 있는 청소년 상담기관 또는 NGO의 학교폭력 담당자를 '학교폭력현안대응팀'의 팀장(중재자)로 선임한다.

이때 선임된 팀장(중재자)은 학교의 학교폭력대책자치위원회 위원이 아닌 제3의 인물로, 객관적으로 사안을 중재할 수 있는 인물이어야 하며, 학교폭력 사안의 중재 경험이 있거나 관련 기관의 학교폭력 예방전문가과정을 이수한 자 등이어야 한다.

- 4-b단계

학교폭력대책자치위원회의 중재로 사건이 종결되었지만 가·피해학생의 경제적 여건이나 학교와 연계되어 있는 청소년 기관의 인적·물적 자원의 한계로 인해 가해학생의 상담이나 선도 또는 피해학생의 치유가 어려울 경우, 단위 학교의 학교폭력대책자

치위원회가 교육청의 학교폭력대책위원회에 지원을 요청할 경우에 해당되는 지원을
해준다.

• 5단계

선임된 중재자는 학교와 연계지원을 받고 있는 법률 지원 기관, 의료 기간 등을 우선
연계 대상으로 하고, 없을 경우에는 근거에 있는 기관을 대상으로 '학교폭력현안대응
팀'을 구성한다. 또한 '학교폭력현안대응팀'은 학교폭력 사안별 또는 사안진행과정에
따라 구성원을 다르게 구성할 수도 있다.

예를 들면, 1차적으로 중재자, 청소년 상담 기관 담당자, 해당 학교 교사, 경찰 등으
로 구성할 수도 있고, 소집 회차가 거듭되면서 1차 구성원 외에 법률 지원 기관, 의료
지원 기관 전문가를 추가로 구성할 수 있다.

• 6단계

'학교폭력현안대응팀'은 발생한 사안에 대하여 조사를 하고 중재를 위해 노력한다.

• 7단계

‒ 7‒a단계

'학교폭력현안대응팀'이 중재에 성공했을 경우, 가해자에게 각서, 공개사과문 등을 작
성하게 하고, 피해자에 대한 보상 기준을 제시하여 가해자가 보상하도록 한다. 이때 치
료비 산정 등에 대한 자문을 위해 지원체제 내 의료 기관의 지원을 받을 수 있다. 가해학
생이 치료비 전액을 지급할 능력이 없을 경우, '학교폭력현안대응팀'의 의료비지급심사
위원회(가칭)에서 심사하여 학교폭력 관련 보험금이 지급되도록 지원할 수 있다.

‒ 7‒b단계

제2수준의 '학교폭력현안대응팀'이 중재에 실패하게 되면 피해자는 경찰서에 신고를
하거나 소송을 제기하게 된다.

• 8단계

'학교폭력현앙대응팀'의 중재로 분쟁이 조정되고, 사안이 종결되거나 피해자가 소송
제기 또는 경찰에 신고할 경우 '학교폭력현안대응팀'은 해산한다.

## 2) 학교평화 모형

학교폭력 대처를 위한 지원체제 모형은 학교폭력 예방 및 대책 5개년 기본계획의 내
용과 함께 교육청 중심 운영 사례와 ONE‒STOP 지원센터나 위기청소년 지원센터

(CYS-Net) 같은 기관 중심 운영 사례에 대한 분석 내용이 포함되어, 우리나라에서 시도된 다양한 모형들의 내용을 포괄하고 있는 장점이 있는 모형이다(송재홍 외, 2012).

### (1) 기본 방향

학교평화모형은 학교폭력의 발생 초기 대응전략을 강조하는 모형이다(조정실, 차명호, 2010). 기본적인 접근 방안은 다음과 같이 요약할 수 있다.

첫째, 학교폭력의 당사자가 일련의 심리과정을 거치며, 어떻게 개입하느냐에 따라 상황이 악화되거나 새로운 경험으로 승화될 수 있다.

둘째, 학교폭력에 대한 생태학적 관점을 채택하여 피해학생을 비롯한 모든 관계자 및 맥락을 고려한 개입과 대응 전략을 구상하고 있다.

셋째, 피해로 인한 개인적·사회적 비용을 최소화하고 성장의 기회로 전환시킨다.

넷째, 학교폭력 사건의 과정에 따라 관련자들의 대안행동을 제시하고 있다.

### (2) 모형

학교평화모형은 학교폭력 사건이 일어난 즉시 개입해 들어가는 것을 강조하고 있고, 그 초기단계의 대응전략에 초점을 둔 모형이다.

학교평화 모형에서는 다음의 표와 같은 상황을 학교폭력 발생 초기로 정의하고 있다.

표 **학교폭력 발생 초기**

| 학교폭력 발생 초기 단계의 정의 |
| --- |
| • 시간적 범위로 부모나 교사가 발견하여 신고한 후 대략 5일 이내 |
| • 폭력 사건 발생 후 문제 해결 범위가 교내에 국한되어 있으며 양측 부모가 협의 및 협상을 통하여 문제를 해결해 보고자 시도하는 단계 |
| • 사건의 통제권을 교사가 가지고 문제 해결이 가능한 단계 |
| • 법적으로 명시된 학교폭력자치위원회에서 중재 조정이 이루어지는 단계 |

위에 제시된 학교폭력 초기단계에 인식단계(perception stage), 초기개입단계(early engaged stage), 중재단계(arbitration stage), 학습단계(creative stage), 실행단계(execution stage), 잠복단계(shadow stage)의 절차를 따라 개입한다. 각 단계의 영문 머리글자를 조

합하여 학교평화 모형(PEACE – School model)이라고 명명한다.

그림　학교평화 모형

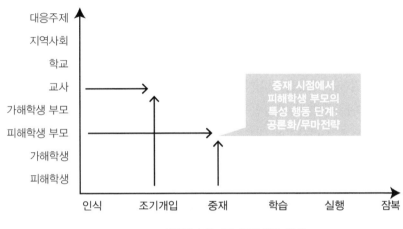

시간경과에 따른 특성 행동 관계

출처: 조정실, 차명호(2010). 폭력없는 평화로운 학교 만들기: 학교폭력, 화해로 이끄는 절차와 대처기술 가이드북.
학지사. p.111.

각 단계는 선순환 과정과 악순환 과정으로 나눌 수 있는데, 선순환 과정은 학생, 학부모, 교사, 학급, 학교, 지역사회의 성장과 발전을 촉진하며, 악순환 과정은 지속적인 심리적 문제를 일으키고 사건을 더욱 악화시켜 사회문제를 불러 일으킬 수 있다.

① 인식단계(P: Perception stage)

학교폭력이 발생한 즉시 개입해 들어가야 한다. 상황에 대한 판단(판단적 인식)보다는 인간적 공감대 형성(공감적 인식)이 중요하다.

② 초기개입단계(E: Early engaged stage)

문제의 원인을 찾는 데 치중하는 회피반응전략이 아닌 상호 지지와 믿음을 바탕으로 문제의 해결책을 찾는 해결의지전략으로 개입해야 한다.

③ 중재단계(A: Arbitration stage)

공론화의 개입이 필요하다. 폭력사건의 의미를 축소하고 개인의 문제로 귀인시키는 무마반응을 주의해야 한다.

④ 학습단계(C: Creative stage)

문제를 해결하는 방안을 인식하고 새로운 방법의 효과성에 대해 고민하며 더 나은 방법을 찾으려는 대안행동학습반응이 요구된다.

자신의 힘으로 폭력사건에 대응할 수 없다고 체념해버리는 폭력수용반응을 주의해야 한다.

⑤ 실행단계(E: Execution stage)

서로의 마음을 이해하고 폭력에 따른 심리적 상처를 치료하는 진정성 반응을 사용해야 한다. 현재 상황을 과정하고 부풀려 더 큰 부적응적 행동을 보이는 과장반응을 주의해야 한다.

⑥ 잠복단계(S: Shadow stage)

피해자는 관용의 자세를 가해자는 책임감을 학습하는 신가치 창출을 이루어내도록 한다. 반대로 후유증반응이 나타나면 모두에게 심리적 상처를 남기고, 가족의 붕괴와 교사의 권위 상실을 초래할 수 있다.

## (3) 운영

학교평화 모형에서는 아래의 표와 같이 개입해야 할 대상에 따라 피해학생 모형, 가해학생 모형, 피해학생 부모 모형, 가해학생 부모 모형, 교사 모형, 주변 친구 모형, 피해학생 주변 친인척 모형, 지역사회 모형 등 8개의 서로 다른 전략을 제공해 주고 있다.

또, 8개 모형에서 각 단계별로 어떤 목표와 내용으로 개입해야하는지를 제시하고 있다.

표   각 모형별 효과적 심리적 반응과 개입전략

| 모형<br>단계 | 피해<br>학생<br>모형 | 가해<br>학생<br>모형 | 피해<br>학생<br>부모<br>모형 | 가해<br>학생<br>부모<br>모형 | 교사<br>모형 | 주변<br>친구<br>모형 | 피해<br>학생<br>주변<br>친인척<br>모형 | 지역<br>사회<br>모형 |
|---|---|---|---|---|---|---|---|---|
| 인식<br>단계 | 감정<br>표현하기 | 미안함 | 정서적<br>지지 | 수용하기 | 공감·<br>위로 | 말리기 | 공감하기 | 안타까움 |
| 초기<br>개입<br>단계 | 능동적<br>행동표현<br>하기 | 시인하기 | 보호와<br>알림 | 사실<br>확인하기 | 해결의지<br>표명 | 알리기 | 이성적<br>행동 | 동일시 |
| 중재<br>단계 | 개방하기 | 반성하고<br>알리기 | 적극적<br>대처 | 잘못<br>인정하기 | 공론화 | 폭력의<br>심각성<br>바로알기 | 사실조사 | 도움주기 |
| 학습<br>단계 | 자존감<br>유지 | 사과하기 | 자존감<br>회복 | 해결<br>지향적<br>행동 | 화해와<br>중재 | 피해학생<br>감싸주기 | 사건해결 | 폭력예방 |
| 실행<br>단계 | 문제해결<br>능력 향상 | 책임지기 | 새로운<br>시도 | 화해와<br>피해지원 | 사과와<br>용서의<br>교실구축 | 화해와<br>중재역할<br>하기 | 정서적<br>지지 | 폭력감소 |
| 잠복<br>단계 | 성장동력<br>회복 | 성장<br>가능성<br>탐색 | 성장<br>가능성<br>탐색 | 성장과<br>관계회복 | 교사의<br>명예회복 | 우리는<br>소중한<br>친구 | 가족애·<br>형제애<br>확인 | 지역사회<br>안정화 |

## 2. 학교폭력 대처 방안

### 1) 학교폭력 발생 시 처리 절차

학교폭력이 일어났을 때 책임교사, 담임교사는 학교폭력 대처방안을 잘 숙지하고, 아래 그림과 같이 순서대로 처리하면 가장 효과적으로 대처할 수 있다.

**그림  학교폭력 발생 시 처리 절차**

| 단계 | | 처리 내용 | 비고 |
|---|---|---|---|
| ① | 폭력사건<br>발생인지 | • 폭력사건 발생을 인지한 교사, 학부모, 학생은 학교폭력전담기구(책임교사)에 신고 | 사건 목격자 |
| | | ⬇ | |
| ② | 신고접수 및<br>학교장 보고 | • 학교폭력 전담기구는 폭력사안을 신고대장에 반드시 기록하고, 학교장에게 보고하며 담임교사 및 가·피해자 학부모에게 통보 | 학교폭력<br>전담기구 |
| | | ⬇ | |
| ③ | 즉시<br>조치 | • 피해자와 가해자 즉시 격리<br>• 신고·고발한 학생도 피해학생의 수준에서 가해학생으로부터 보복행위를 당하지 않도록 조치<br><br>〈피해학생〉<br>• 피해학생의 신체적·정신적 피해를 치유하기 위한 조치 실시<br> ※「아동·청소년의 성보호에 관한 법률」에 따라 성폭행에 대해서는 반드시 수사기관에 신고하고, 성폭력 전문상담기관 및 병원을 지정하여 신체적·정신적 피해 치유<br><br>〈가해학생〉<br>• 다음 사안의 경우 학교장은 가해학생에 대해 자치위원회 회부 이전에 즉시 출석정지를 할 수 있다.<br> – 2명 이상의 학생이 고의적·지속적으로 폭력을 행사한 경우<br> – 학교폭력을 행사하여 전치 2주 이상의 상해를 입힌 경우<br> – 학교폭력에 대한 신고, 진술, 자료제공 등에 대한 보복을 목적으로 폭력을 행사한 경우<br> – 학교의 장이 피해학생을 가해학생으로부터 긴급하게 보호할 필요가 있다고 판단하는 경우<br> ※ 가해학생의 선도가 긴급한 경우,「학교폭력예방 및 대책에 관한 법률」제17조 제4항에 따라 학교장은 가해학생에 대한 조치를 취한 후, 자치위원회에 즉시 보고하여 추인 받음 | 학교장<br><br>학교폭력<br>전담기구<br><br>담임교사 |
| | | ⬇ | |

| ④ | 사안조사 | • 학교폭력전담기구에서 구체적인 사안조사 실시<br>  – 가·피해자 면담, 주변학생 조사, 설문조사,<br>  객관적인 입증자료 수집 등<br>• 가·피해자 심층상담<br>• 조사한 결과를 바탕으로 가해자와 피해자 구분<br>• 사안 조사과정에서 비밀유지 및 인권보호에 유의 | 학교폭력<br>전담기구<br><br>담임교사 |
|---|---|---|---|
| ⑤ | 사안보고<br>및 통보 | • 조사결과를 학교장 및 자치위원회위원장에게 보고<br>• 가·피해 학부모에게 조사 결과 및 향후 처리<br>  절차 등에 대해 통보 | 학교폭력<br>전담기구<br>담임교사 |
| ⑥ | 처리방향심의 | • 자치위원회 개최 시기 결정 | 학교폭력<br>전담기구 |
| ⑦ | 처리방향결정 | • 전담기구의 심의결과를 바탕으로 자치위원회<br>  개최 요구 | 학교장 |
| ⑧ | 자치위원회<br>개최 및 조치 | • 가해자 및 보호자에게 의견진술의 기회를 부여<br>  하는 등 적절한 절차를 거쳐야 함<br>• 자치위원회를 개최하여 피해자 보호 및 가해자<br>  선도 조치 심의 | 자치위원회 |
| ⑨ | 결정통보 및<br>재심안내 | • 자치위원회 심의결과를 가해자와 피해자 및 그<br>  보호자에게 통보(서면통보 권장)<br>• 통보 시 재심을 받을 수 있는 방법 안내 | 학교장 |
| ⑩ | 조치실행<br>및 사후관리 | • 학교장은 자치위원회의 조치 요청이 있는 경우,<br>  14일 이내에 해당 조치를 해야 함<br>• 가해자와 그 보호자가 조치를 거부하거나 회피<br>  하는 경우 관련 법령에 따라 징계 또는 재조치<br>• 교육감에게 조치 및 그 결과 보고<br><br>「학교폭력 예방 및 대책에 관한 법률」 제19조<br>• 가·피해자가 안정적인 학교생활을 할 수 있도<br>  록 심리치료, 재활치료, 생활지도 등 실시<br>• 가·피해자 소속 학급, 필요시 학생 전체를 대상<br>  으로 학교폭력예방교육 실시 | 학교장<br><br>담임교사<br><br>전 교원 |

## 2) 학교폭력 발생 시 담당자 역할

학교폭력 발생 시 담임교사, 학교폭력전담기구, 학교장, 학교폭력대책자치위원회의 역할은 아래 표와 같다.

표 학교폭력 발생 시 담당자 역할

| | |
|---|---|
| 담임교사 | 1) 사안 인지 시 가해학생과 피해학생을 즉시 격리하고, 신고한 학생이 있는 경우 신변 보호 조치를 신속하게 실시<br>2) 인지한 모든 학교폭력은 교장 또는 교감이나'학교폭력 전담기구'에 반드시 보고하여야 함<br>※ 성폭행은 반드시 수사기관에 신고<br>3) 전담기구 또는 교장의 요청이 있을 경우 사건에 대한 조사를 할 수 있으며, 이 결과는 전담기구 및 교장 등과 공유(사건 개요, 가해자와 피해자 확인 등)<br>4) 해당 학부모와 면대면 또는 전화 등으로 상담할 경우에는 사실만을 전달하거나 확인할 뿐, 가해자에 대한 징계 수위나 피해자에 대한 보호 조치 수준을 말해서는 아니 되며, 면담결과는 전담기구와 공유함 |
| 학교폭력<br>전담기구 | 1) 접수한 사안에 대해서 즉시 교장 및 가해학생과 피해학생 보호자에게 통보<br>- 책임교사: 사안 조사 총괄, 조사 결과를 학교장 및 자치위원회에 보고<br>- 보건교사: 피해 및 가해자의 신체적 정신적 피해상황 파악, 필요시 전문기관에 의뢰<br>- 전문상담교사: 피해 및 가해자 대상 상담실시<br>2) 피해학생과 가해학생 즉시 격리, 신고·고발한 학생도 가해학생으로부터 보복행위를 당하지 않도록 조치, 가해학생이 피해학생과 접촉하지 못하도록 사건처리 기간 단축 및 신분노출 최대한 방지<br>※ 성폭행은 반드시 수사기관에 신고<br>- 가해학생의 선도가 긴급한 경우, 교장에게 긴급 조치의 필요성에 대해 보고<br>3) 사건 조사 및 결과를 교장과 자치위원회 위원장에게 보고<br>4) 학교폭력대책자치위원회 개최 준비<br>※ 위원회 운영 보조는 자치위원회 간사가 담당<br>※ 준비물: 사건개요 작성, 위원들에게 안건 및 시간과 장소 통보, 위원 참석 등록부, 가해자 측과 피해자 측의 각기 다른 대기 장소 등 |
| 학교장 | 1) 가해학생의 선도가 긴급한 경우, 가해학생에 대한 조치를 취한 후 자치위원회에 즉시 보고하여 추인 받음<br>2) 필요시 경찰에 대해 일정기간 피해자 동행 보호 및 가해자 감독 요청<br>3) 필요시 자치위원회 개최 전에 가해학생에 대한 출석정지 조치<br><br>【자치위원회 개최 전 가해학생에 대한 출석정지 조치를 할 수 있는 경우】<br>1. 2명 이상의 학생이 고의적·지속적으로 폭력을 행사한 경우<br>2. 학교폭력을 행사하여 전치 2주 이상의 상해를 입힌 경우 |

| | |
|---|---|
| | 3. 학교폭력에 대한 신고, 진술, 자료제공 등에 대한 보복을 목적으로 폭력을 행사한 경우<br>4. 학교의 장이 피해학생을 가해학생으로부터 긴급하게 보호할 필요가 있다고 판단하는 경우<br>※ 출석정지 조치를 하려는 경우에는 해당 학생 또는 보호자의 의견을 들어야 함. 다만, 교장이 해당 학생 또는 보호자의 의견을 들으려 하였으나 이에 따르지 아니한 경우에는 그러하지 아니함.<br><br>4) 학교폭력대책자치위원회 개최 요청<br>5) 학교폭력대책자치위원회의 심의결과를 가해자와 피해자 및 그 보호자에게 통보하고, 조치를 이행함<br>※ 피해학생에 대해서는 그 보호자의 동의를 받아 7일 이내에 해당 조치를 하고 이를 자치위원회에 보고<br>※ 가해학생에 대해서는 그 보호자의 동의와 관계없이 14일 이내에 해당 조치를 해야 함<br>※ 가해학생과 그 보호자가 조치를 거부하거나 회피하는 경우 초·중등교육법 제18조에 따라 징계해야 함<br>6) 교육감에게 학교폭력 사건 및 해당 사건에 대한 조치 결과 보고 |
| 학교폭력<br>대책자치<br>위원회 | 1) 재적위원 과반수의 출석으로 개의하고, 출석위원 과반수의 찬성으로 의결<br>2) 가해학생 및 피해학생과 그 보호자들에게 의견진술의 기회 부여<br>3) 피해학생의 보호, 가해학생에 대한 선도 및 징계 조치 심의, 심의된 사항을 학교장에 요청<br>4) 가해학생 및 피해학생 간에 발생한 분쟁조정 |

## 3) 학생의 대처방안

학생이 학교폭력에 대처하기 위해서는 폭력의 위험을 빨리 감지하고 신속히 대처하는 방안을 익혀두어야 한다. 실제로 학교폭력이 일어난 경우에도 지혜롭게 대처한다면 그 피해를 줄일 수 있다(한국청소년상담원, 2009).

첫째, 절대 맞서 싸우지 않는다. 당장 이길 수 있다 할지라도 폭력을 행사하면 더 큰 싸움을 불러올 수 있고, 근본적인 해결이 될 수 없기 때문이다.

둘째, 일단 그 자리를 피한다. 폭력상황을 피한다고 해도 비겁하거나 자존심이 상하는 것은 아니다. 우선 그 상황을 피하고 재빨리 경찰서나 큰 가게 등 안전한 곳으로 피한 후 보호자, 어른 등에게 도움을 요청한다.

셋째, 다른 사람에게 도움을 요청한다. 항상 폭력 위험에 처했을 때 혼자 고민하지 말고 교사, 부모, 경찰이나 전문 상담기관 등에 알려서 도움을 받아야 한다.

넷째, 혼자 다니지 않고, 등·하교 방법을 바꾼다. 지속적인 괴롭힘이 있는 경우에는 등·하교 방법을 바꾸고 친구나 부모 등과 함께 다닌다. 필요시 청소년폭력예방재단에 경호(무료지원)을 요청할 수 있다.

다섯째, 폭력상황에 처한 친구를 그냥 지나치지 않는다. 친구가 폭력상황에 처해 있을 때는 주변 사람이나 관련 기관에 알려서 도움을 받을 수 있도록 한다.

### 4) 부모의 대처방안

자녀가 학교폭력의 피해를 입었을 경우 가정에서 부모가 자녀의 이야기를 적극적으로 들어주고, 아픈 마음을 공감해 주며, 지혜롭게 대처해 나가는 것 역시 학교폭력의 피해를 줄이는 방법이다(한국청소년상담원, 2009).

#### (1) 아이 마음 다루어주기

첫째, 힘든 마음을 달래주고, 부모에게 털어놓은 것에 대한 지지를 보낸다.

둘째, 잘잘못을 따지지 않고, 비판 없이 수용하고 적극적으로 공감하고 지지한다.

셋째, 문제 해결을 위해 부모가 어떻게 해주기를 바라는지 적극적으로 자녀의 말에 경청한다.

넷째, 필요한 대책을 세우기 위해 단계적으로 접근할 것이며, 끝까지 지켜줄 것을 약속한다.

#### (2) 피해 상황에 대해 구체적으로 파악하기

첫째, 언제부터, 얼마나 자주, 어떻게 피해를 당했는지에 대한 피해사실 기록을 구체적으로 남기고, 객관적인 증거를 수집하여야 한다.

둘째, 다른 유사사건이 또 있는지의 유무를 확인한다.

셋째, 주변의 이야기를 주의 깊게 들어보고, 해결을 위하여 자녀가 원하는 문제해결 방법을 먼저 파악한다.

넷째, 자녀가 심한 신체적 고통이나 정서적 혼란을 경험할 경우 응급조치를 취하는 것이 우선이다.

다섯째, 자녀가 노출을 강하게 꺼리는 경우를 제외하고는 일단 학교에 알려 학교폭력자치위원회 개최를 요구하여 공식적으로 해결할 수 있도록 하고, 경찰에 신고 및 법적소송을 제기할 수 있다. 이때 가급적 기록한 내용을 갖고 가거나 근거로 하여 신고한다.

## 5) 교사의 대처방안

학교폭력이 발생했을 경우 교사의 역할이 가장 중요하다. 교육부(2012) '학교폭력사안처리 가이드북'에 제시된 내용을 요약·정리하면 다음과 같다.

### (1) 초기 대응의 중요성

학교폭력 사안이 최초로 발생하였을 때, 교사는 가해학생의 입장보다는 피해학생의 입장에서 피해학생을 보호하기 위해 적극적으로 대응하고 피해학생이 가해학생에게 보복당하지 않도록 피해학생에게 지속적인 관심과 따뜻한 배려를 제공함으로써 민원 발생을 최소화해야 한다.

### (2) 가해사실의 인지 및 가해학생의 관리

가해사실이 경미하여 훈계정도의 조치만 하였다고 하더라도 가해학생이 그런 사실을 보호자나 교사에게 알렸다고 하여 피해학생을 전보다 더 심하게 괴롭힐 수 있다. 학교폭력 피해학생이 자살을 하거나 사건이 커지는 경우에 있어서 교사의 사후조치가 미비하였던 경우가 많이 있다. 폭력사실을 알게 된 교사는 교장이나 다른 교사와 상의하여 가해학생들에 대하여는 적절한 사후조치나 감독 등 특별히 관리를 하여야 한다.

### (3) 피해학생에 대한 다양한 관찰 및 탐색

더 이상의 가해행위를 방지하기 위하여 피해학생에 대해 보복성 폭행이 없는지 다양한 방법으로 학생의 상황 등을 확인하여야 한다. 예를 들면, 등·하교 시간 때나 쉬는 시간에 복도에서 만나게 되면 간단하게 물어보는 것도 좋은 방법이 될 수 있다. 또한 피해학생이 자신의 현 상황을 쉽게 알릴 수 있고 교사와의 대화 상황을 보는 다른 학생들에게 교사가 피해학생에 대해 많은 관심을 가지고 있다는 것을 알리는 효과도 있다.

교사의 주관적 판단에 기초하여 폭력 장면과 폭력의 심각성 정도가 확인되고 나면, 담임교사 또는 상담교사는 폭력행동을 구체적으로 탐색해 들어가야 한다.

학생은 폭력을 행사하고도 이를 폭력으로 인정하지 않는 경우가 있는데 이때에는 약탈이나 위협, 밀치는 행위 등을 해 놓고 피해학생의 고통과는 무관하게 자신은 폭력을 행사하지 않았다고 말하는 경우이다. 이때 교사는 아래의 표와 같이 연속적인 질문을 부과함으로써 이들이 폭력에 개입되어 있음을 인정하도록 해 줄 필요가 있다.

표    폭력 행위 탐색 질문의 예

| 폭력 행위 탐색 질문 |
| --- |
| ① 신체적으로 어떤 사람에게 상해를 가할 수 있다는 것에 대해 생각해 보았는가? |
| ② 어떤 사람을 때렸는가?(뺨을 치거나, 차거나, 밀치거나, 떠밀거나, 상처를 입혔는가?) |
| ③ 무기(도구)를 가지고 어떤 사람을 위협했는가? |
| ④ 상대방을 밀치거나 물건을 훼손하고 있을 때 화가 나 있었는가? |

위와 같이 탐색적 질문에 대해 긍정적인 반응이 있을 경우, 구체적인 탐색적 질문을 부과할 필요가 있다. 아래 표에 제시된 질문들을 통해 폭력의 발생 배경을 탐색함은 물론이고, 가해자 및 피해자의 잘못된 신념과 행동을 지도하고 상담한다.

표    폭력 행위의 구체적인 탐색을 위한 질문의 예

| 폭력 행위 탐색 질문 |
| --- |
| ① 폭력의 결과 다른 사람들에게 상처를 주었는가? |
| ② 폭력에서 무기를 사용한 적이 있는가? |
| ③ 어떤 맥락 또는 장면에서 폭력이 발생하였는가? |
| ④ 자신의 경솔함에 대해 당신(내담자)은 어떻게 생각하는가? |
| ⑤ 이러한 사건이 일어날 때, 당신은 어떤 느낌/감정이었는가? |
| ⑥ 사건 동안 당신은 약물이나 알코올을 사용하고 있었는가? |
| ⑦ 약물이나 알코올이 그 밖의 다른 사건을 촉진시켰는가? |
| ⑧ 당신은 망상이나 환각과 같은 정신병의 증상을 경험하고 있는가? |
| ⑧ 당신은 가장 최근에 약물(알코올)치료를 받은 적이 있는가? 그(여)는 약물치료를 받고 있었는가? 그 밖의 사건에 대해서는? |
| ⑨ 가장 최근의 폭력에서 희생자 또는 표적은 누구였는가? 그 밖의 다른 사건에 대해서는? |
| ⑪ 희생자와 당신은 어떤 관계인가? |
| ⑫ 폭력의 목적/의미는 무엇인가? |
| ⑬ 당신은 어떤 유형의 폭력에 개입했다고 보는가? (위의 표 참조) |
| ⑭ 상대방이 폭력을 행사한다고 생각했을 때, 어떤 단서를 통해 그렇게 판단하였는가? |
| ⑮ 당신에게 폭력과 밀접하게 관련되는 사건이 있었는가? |
| ⑯ 최초로 폭력을 사용한 적은 언제부터인가? |
| ⑰ 최초 폭력행동 이후 지금까지 얼마나 자주 폭력을 사용해 왔는가? |
| ⑱ 당신은 폭력 피해를 당한 적이 있는가? |
| ⑲ 언제부터, 얼마나 자주 폭력 피해를 경험했는가? |
| ⑳ 당신은 앞으로 폭력을 하지 않기 위해 어떤 행동을 제안할 것인가? |

### (4) 학생들과의 연락망 구축

교실의 상황을 알려줄 수 있는 연락망을 만들어 두는 것이 중요하다. 연락망은 학생 (주로 이 경우 학급반장이 하게 됨) 중 한 명이 교실에서 문제되는 상황이 발생한 경우 이를 교사에게 알리고 수시로 교실에서 일어나는 학생들의 상황을 알려줄 수 있도록 하는 것을 말한다.

### (5) 다른 학생의 피해여부 확인

학교폭력이나 성폭력 사건을 접하게 되면 교사는 해당사건에 온 관심을 기울이게 된다. 우발적인 폭력이 아닌 집단 따돌림, 상습적 폭행 등의 경우 가해학생이 한 학생만을 괴롭히지 않았을 경우가 많이 있다. 따라서 가해학생 등을 고려하여 이러한 사건이 다른 학생에게도 일어났을 가능성이 높은 경우 일반 학생들을 대상으로 간단한 방식으로라도 유사 사건이 있는지 조사할 필요가 있다.

### (6) 서로 간에 싸움이 일어났을 때

학생들 서로 간의 싸움에 대해서는 발견이나 인지 즉시 이들의 격한 감정을 순화하도록 지도한 뒤, 문제의 원인을 한 사람씩 말하도록 한다. 각자의 이야기를 충분히 듣도록 하되, 말을 중간에 차단하는 일이 없도록 주의한다. 안정된 분위기에서 각자의 입장과 욕구불만을 충분하게 이야기하는 과정에서 스스로의 잘못과 상대방에 대한 오해를 찾아내고, 반성하도록 한다. 상호간의 갈등을 해소하도록 도와주기 위하여 6가지 갈등 해소 전략을 활용할 수 있다.

#### ① 1단계

갈등해결을 위한 기본적인 법칙을 설정한다. 예를 들어, 서로를 존중하도록 하고, 어떠한 경우에도 욕을 하지 않으며, 각자의 이야기를 끝까지 듣고 난 뒤 자신의 의견을 말하도록 하는 등의 몇 가지 원칙을 정한다.

#### ② 2단계

서로의 입장을 이해하도록 한다. 지금 현재 욕구불만이 무엇인지, 갈등의 요인이 무엇인지, 그 문제에 대해 어떻게 느끼는지를 솔직하게 말하도록 한다. 여기서 중요한 것은 상대의 성격이 아니라 당면한 문제 또는 갈등이라는 것을 기억해야 한다.

③ 3단계

당면한 문제해결을 위해 일정한 시간을 정해 놓고 각자의 견해를 말하도록 한다. 이때 주의해야 할 것은 상대방의 의견이 맞지 않거나 오해가 있다고 하더라도 절대로 비판을 하지 않도록 지도한다.

④ 4단계

하나 또는 그 이상의 해결방법에 대해 합의를 도출하도록 한다. 이 단계에서는 여러 해결방법 중에서 폭력 당사자들은 자기가 가장 선호하는 해결책을 선택한 후 토론한다. 이 과정에서 때에 따라 협상이 필요하기도 하지만, 합치되는 점을 발견한다.

⑤ 5단계

합의사항을 문서로 기록하고 보관한다. 기억의 왜곡 등으로 인해 문제가 발생할 수 있기 때문에 기록해 두는 것이 좋다.

⑥ 6단계

서로 간에 합의 사항이 잘 지켜지는지에 대해 점검할 수 있도록 다음의 만남 시간을 정해 둔다.

### (7) 교사의 적극적인 대응 자세

첫째, 학교폭력을 발견 또는 주지하였을 때 당황하지 말고, 침착하게 대처하여야 한다.

둘째, 교사의 감정적 대처와 편견은 더 큰 피해를 초래할 수 있다. 교사는 모든 학생들의 이야기와 불평불만의 소리를 주의 깊게 경청해야 하며, 편견이나 고정관념은 과감히 버려야 한다.

셋째, 관련 주체의 상호 협력적인 대처와 지도방법이 요구된다. 교사는 폭력 장면과 상황, 가해자 및 피해자의 특성, 성별과 연령 등의 다양한 요인들을 고려하여 최적의 대책을 마련할 수 있어야 한다.

넷째, 자신감을 가지고 학교폭력에 대처하여야 한다. 교사가 어떤 형태의 폭력장면이든 이를 목격 또는 주지하였을 때 이에 당황하지 말고 또 다른 교육적 과제가 주어졌을 뿐이라고 생각하고, 이러한 문제를 합리적으로 지도할 수 있다는 자신감을 갖는 것이 무엇보다 중요하다.

# 유형별 학교폭력 개입 전략

## 1. 집단 따돌림과 괴롭힘

### 1) 집단 따돌림

집단 따돌림(bullying, 문화어: 모서리주기), 집단폭행 혹은 집단스토킹, 조직스토킹, 집단 괴롭힘은 집단에서 복수의 사람들이 한 명 또는 소수의 사람들을 대상으로 의도와 적극성을 가지고, 지속적이면서도 반복적으로 관계에서 소외시키거나 괴롭히는 현상을 말한다.

따돌리는 일 혹은 따돌림을 당하는 사람을 왕따라고 한다. 이를 줄여서 '따'라고도 한다.

한국청소년개발원에서는 학교에서 다수의 학생들이 특정 학생을 대상으로 2주 이상의 기간에 걸쳐 심리적 · 언어적 · 신체적 폭력, 금품갈취 등을 행하는 것을 집단 따돌림으로 정의한다. 이러한 집단 따돌림은 소위 왕따라고 불리는 특정 학생이 주변의 힘센 다수의 학생에게 일방적으로 상해를 당하는 병적 현상을 말한다. 특정 집단 내에 존재하는 기준에서 벗어나는 언행을 하는 구성원을 벌주기 위한 의도적 행동, 특정인을 따돌리는 행동을 주도하는 구성원들의 압력에 동조하여 같이 괴롭히는 행동 등이 집단 따돌림의 행태이다. 흔히 왕따, 줄여서 '따', '따를 당하다'라고도 불린다. 학교 조직뿐 아니라 다른 사회 조직에서도 일어나는 현상이다. 왕따라는 단어는 1997년 탄생하여 언론에 소개되었다.

피해자는 심리적으로 괴로움을 당하고 심하면 육체적으로도 피해를 입으며 극단적인 경우에는 자살에 이르거나 묻지마 범죄의 원인이 되기도 한다.

우리나라 경우 2003년의 청소년보호위원회에서 조사한 바에 따르면 초등학생의

10.7%, 중학생의 5.6% 그리고 고등학교의 3.3%의 학생들이 집단 따돌림을 경험하였다고 한다. 한국EAP(근로자 지원 프로그램)협회에 따르면 직장 왕따의 대표적인 증상으로 꼽히는 개인의 정서·성격, 조직 내 갈등, 직무 스트레스 문제의 상담은 2011년 전체 상담 중 60.4%를 차지했다. 2012년 1월, 취업포털 '사람인'이 직장인 2975명을 설문한 결과 45%는 '직장에 왕따가 있다'라고 답했고 58.3%는 '왕따 문제로 퇴사한 직원이 있다'고 답해 직장 왕따가 학교폭력보다 더 심각한 것으로 나타났다.

교내 또는 또래 집단 내에 발생한 집단 따돌림은 심각한 부작용을 초래한다. 집단 따돌림 피해를 경험한 청소년은 학교 적응을 어려워하고 낮은 자아존중감, 우울, 불안 및 외로움 등의 정서적 문제를 가지는 것으로 알려져 있다. 이러한 문제는 학령기에 그치지 않고 성인기에까지 영향을 미쳐 우울, 불안, 사회적 위축과 같은 사회심리적 부적응으로 이어질 수 있다. 회사 외에서 발생하는 경우도 90% 속한다. SNS나 여러 가지 이유 불문 정체도 모르는 사람이 간접적인 영향을 더 끼칠 경우도 있으며, 자살하게 만드는 경우도 대다수로 비롯됨을 알 수 있다. 가까운 사람들 중에도 있다.

왕따는 '집단 따돌림'을 가리키는 말이다. 사회 집단 내에서 무리를 지어 특정인을 소외시키고 반복적으로 인격을 무시하거나 신체적 폭력을 가하는 일체의 행위를 말한다. 1995년에 '매우, 진짜, 엄청'의 의미로 단어 앞에 '왕~'이라는 말을 덧붙이는 것이 유행했는데, 당시의 유행에 따라 '집단적으로 엄청나게 따돌림을 당한다'는 의미로 왕따가 사용되었다. 왕따를 당하는 사람들, 특히 학생들의 경우 극심한 정신적 고통을 경험하며 등교를 거부하거나 극단적으로는 자살을 시도하는 경우도 있기 때문에, 왕따는 심각한 사회 문제로 인식되고 있다.

왕따는 일본의 '이지메'와 유사한 사회적 현상이다. 일본의 이지메가 일본 사회의 특징인 획일주의와 집단주의를 배경으로 집단 속에서 튀는 행동을 하는 사람들에게 가해지는 폭력이었던 것처럼 한국의 왕따 역시 조직 내 튀는 사람들이 주요 대상이라고 알려져 있다. 차이와 다양성을 받아들이지 못하는 한국 조직 사회의 경직성을 여실히 반영하고 있는 것이 바로 왕따 문제다. 왕따를 지칭하는 단어도 다양한데, 가령 전교생이 따돌리는 왕따나 전학 온 아이를 따돌리는 것은 '전따', 반에서 따돌리는 경우는 '반따', 은근히 따돌림을 당하는 경우는 '은따', 심하게 따돌림을 당하는 경우는 '진따'라고 구분해서 부른다.

집단 따돌림의 대상자는 이지메이다. 이지메는 집단주의에 익숙한 일본 국민성의 한

단면이다. 즉, 이지메는 하나의 집단, 하나의 테두리에서 내몰린 사람에 대한 가혹한 차별이라고 할 수 있다. 혹자는 일본인들이 이지메를 통해 집단의식을 체득하고 이지메 당하는 외톨이가 되지 않기 위해 언제나 집단 속에 끼여 있으려고 안간힘을 쓰는 것이며, 이지메는 집단주의의 혹독한 훈련과정이라고 말하기도 한다. 생각을 달리해서 이지메가 좋은 의도를 가지고 있다 해도 한 사람을 자살로까지 내몰게 한다는 것은 너무나 잔인하다. 그리고 어느 세계에서나 있음직한 현상이라 하더라도 발생빈도가 너무 많다.

## 2) 집단 괴롭힘

집단 괴롭힘이란 용어는 올베우스(Olweus, 1978)가 처음 사용하기 시작한 개념으로, 한 학생 소속 집단 내의 한 명 또는 그 이상의 또래에게 반복적이고 지속적으로 소외당하거나 배척당하고 부정적 명칭이 부과되며 구성원으로서 역할수행에 제약을 받는 등 신체적 또는 심리적인 해를 입히는 일련의 언어적 · 신체적 공격 행동을 말한다.

'bullying'을 집단 괴롭힘이라는 용어로 사용하는 것은 따돌림에 대한 한국적 특성에 기인한 것이다. 우리나라에서는 따돌림을 당하는 학생은 왕따, 전따와 같은 용어로 공개적으로 지목되면 낙인이 되어 관계적 소외가 나타나고, 언어적 · 신체적 공격 행동이 병행되면서 폭력에 대한 암묵적 합리화가 이루어진다. 이러한 아동청소년에게는 학년이 올라가거나 상급학교에 진학해도 왕따현상이 지속적으로 유지되는 특성이 있다. 결국 괴롭힘이 한 사람에서 시작하여도 곧 집단적 현상으로 나타나기 때문에 집단 따돌림이란 용어를 사용하는 것에 무리가 없다.

집단 따돌림은 직접적 괴롭힘과 간접적 괴롭힘으로 구분할 수 있다. 직접적 괴롭힘(direct bullying)은 구타나 폭행처럼 외부로 드러내어 능동적으로 공격행동을 가하여 괴롭히는 것이다. 간접적 괴롭힘(indirect bullying)은 소외나 심리적 배제처럼 외부로 드러나지 않으면서 특정 집단에서 소외를 시키거나 또는 심리적 갈등, 부적응을 갖도록 괴롭히는 것이다. 놀리거나 욕을 하거나 왕따를 시키거나 협박을 하여 상대방이 원하지 않는 행동을 하게 만드는 괴롭힘의 또 다른 강압적 행동으로는 겁을 주는 행동, 상대방의 물건을 빼앗는 행동, 때리는 행동이 있다.

올베우스 프로그램은 학교폭력 예방을 위하여 성인의 인식수준을 제고하고, 참여를 독려하기 위한 프로그램이다.

학교폭력이 학교의 가장 큰 문제이므로 학교폭력이 발생할 때 적절하게 대처하면 현저한 감소를 기대할 수 있다는 가정하에 출발하였다. 따라서 많은 비용과 노력 없이 쉽게 적용하여 학생들의 태도, 지식, 행동 및 관습을 긍정적으로 변화시키고자 하는 것이다. 이 프로그램의 핵심 요소는 성인의 인식수준을 제고하고, 참여를 독려하는 것이며, 학교 차원에서는 설문조사, 학교협의회, 쉬는 시간이나 점심시간의 효율적인 감독, 교사협의회 운영, 조정자 집단형성 등이 있다. 학급 차원에서는 학교폭력을 반대하는 학급규칙 수립, 학생들과의 학급모임, 학부모와의 모임 등이 있다. 개인적으로는 가해학생이나 피해학생과의 진지한 대화, 관련 학생의 학부모와의 진지한 대화, 개별적인 처방계획 마련 등이 있다.

이러한 활동들은 세 가지 수준으로 진행된다.

1수준의 개입은 학교폭력의 가능성을 감소시키기 위한 노력이 우선이다. 이를 위해 학교는 정기적으로 설문조사를 실시하고 학교 협의회는 학교폭력에 대한 학교정책이나 행동규칙을 수립한다. 이를 학생, 교직원, 학부모 등에게 공지하고 또래중재, 상담, 학교–가정 등을 연계하여 이 같은 노력을 강화한다.

2수준의 개입은 학교폭력이 발생하였을 경우 적극적으로 처리하는 것이다. 이는 문제제기, 내담자의 문제인식, 내담자 상담 및 치유, 관계회복, 가해자의 처벌 및 징계방법의 고려 등으로 이루어진다.

3수준의 개입은 사건에 관여된 사람을 돕기 위한 과정이다. 학생, 교사, 가족 및 지역사회를 대상으로 사건을 관리·감독하고, 전문가의 상담서비스를 제공한다.

## 2. 집단폭력

### 1) 폭력의 유형

일반적으로 폭력, 폭력물, 폭력성이라는 표현이 구별되지 않고 유사하게 사용되고 있다. 다소 거칠거나 불쾌하거나 상대방에게 피해를 주는 과한 표현이나 행동에 대해 폭력, 폭력물, 폭력성이라는 표현을 사용하는 경향이 있다. 그러나 좀 더 명확하게 이 표현들을 정리하자면 이들 표현은 구분이 된다. 폭력은 행해져 표출되는 것, 폭력물은 폭력이 반영되고 묘사된 내용물, 폭력성이란 폭력을 내포하고 있음을 뜻한다. 공통적으로는 이 표현들이 갖고 있는 의미는 거의 다 부정적이며 강압, 공격, 억압, 파괴, 범죄, 두려움, 공포 등과 관련된다.

광의적인 개념으로서 폭력은 재산의 파괴나 손실 혹은 인간의 생명과 신체를 손상시키는 결과를 초래하는 모든 행동을 뜻하며 여기에는 협박에 그친 단순한 행위부터 실제 무력행사로 폭력의 결과가 명백하게 드러나는 모든 행위가 포함된다. 반면에 협의의 폭력은 그 가운데서 특히 법에 저촉되는 행위로 국한되기도 한다(Moyer, 1983).

이를 반영하듯 거브너 등(Gerbner et al., 1986)은 "폭력이란 자아나 타인에 대한 신체적 힘의 공공연한 표현 또는 다른 사람을 해치려는 의지 그리고 실제 해치거나 살해하는 것에 대항하는 행동"이라고 정의했다. 또한 폭력은 인간이 인간 혹은 외부의 물건에 대해 물리적으로 해를 가하려고 의도해 물리적 힘을 행하는 것을 현시적으로 나타낸 묘사로 정의되기도 한다(한국방송진흥원, 1997).

폭력에는 심리적 압박을 가하는 정신적 폭력이나 사회의 제도적 모순에 의한 구조적 폭력 등도 인간 사회에 폭력의 문제가 널리 퍼져 있다는 것을 보여준다. 폭력에 대한 이해는 사회 전반과 자연에 대한 이해의 실마리를 줄 수 있다고 할 수 있다. 사람의 질병을 연구하고 치료의 방법을 개발하면서 인체를 더 깊이 이해할 수 있듯이 우리 사회의 병적인 요소라고 할 수 있는 폭력의 문제를 다루면서 사회에 대해 이해할 수 있다는 것이다.

폭력 자체가 인간성(personhood)을 침해하는 것이기 때문에 폭력을 당한 사람은 비인간적인 저항을 하게 되며, 결국 이성으로 제어할 수 없는 폭력의 악순환이 생겨나는 것이다. 예컨대 누군가가 나를 한 대 때렸다면 나는 두 대를 때리게 되고, 그 사람은 다시 나를 서너 대 때리는 등 폭력의 상황은 확대되고 반복된다는 것이다. 흔히 말하듯 애들 싸움이 어른 싸움이 되고 지역 분쟁이 세계 전쟁으로 커지기 쉽다는 것이다.

폭력이 확대되고 반복된다는 바로 그러한 이유 때문에 폭력이 허용되고 정당화되는 것은 결코 바람직하지 않다. 범죄자나 남에게 피해를 준 사람에 대한 처벌로서의 폭력이 인정되는 것은 더 큰 폭력을 막기 위한 것이지 폭력 그 자체를 정당화하는 것은 아니다. 학교에서 체벌이 논란거리가 되는 것도 폭력을 정당화해서는 안 된다는 것이다. '사랑의 매'란 이름으로 학교와 가정에서의 폭력을 미화할 수 있지만 '매' 자체가 사랑의 표현일 수 없다. 모든 사회에서 폭력을 없애는 노력이 중시되어야 하고 그 구체적인 방법이 사회 전체의 관심사로 부각되는 것은 당연하고 바람직한 것이다.

학교폭력은 신체적 공격(direct physical aggression), 언어적 공격(direct verbal aggression), 정서적 공격(indirect aggression, relational aggression)의 세 가지 유형으로 구분한다.

첫째, 신체적 공격은 신체적·물리적 폭력을 가하거나, 흉기 등으로 위협하거나, 금품 또는 다른 물건들을 갈취하는 것이다. 둘째, 언어적 공격은 별명을 부르거나, 협박을 하거나, 모욕적인 말을 하거나, 전화 또는 직접적으로 위협적인 말을 하는 것이다. 셋째, 정서적 공격은 나쁜 소문을 퍼트리거나, 많은 사람 앞에서 망신을 주거나, 지속적으로 귀찮게 하면서 괴롭히거나, 따돌리는 것이다. 학년이 올라갈수록 직접적인 공격보다는 정서적 공격을 더 많이 하는 경향이 있으며, 최근에는 인터넷의 사용이 급증함에 따라 사이버상에서 정서적 공격을 가하는 것이 큰 문제가 되고 있다. 그리고 학교폭력이 학생들 간에 발생하는 것뿐만 아니라 교사가 학생에게 폭력을 가하거나, 학생 또는 학부모가 교직원에게 폭력을 가하는 일도 발생하고 있으며, 오늘의 가해자가 내일의 피해자가 될 수도 있어 학교폭력의 심각성이 더해지고 있다.

## 3. 폭력에 대한 학습 효과

사회학습이론에 따르면 사람들은 시도와 실수를 통해 직접 경험하거나 자신의 사회적 환경 속에서 타인들을 모방하면서 행동을 학습하게 된다. 이용자 자신의 환경에서 만나게 되는 타인들(부모, 친척, 지인 등)과 직접 교류하면서 또는 미디어에 등장하는 인물들이나 사람들로부터 배울 수 있다. 또한 직접 학습을 주입하지 않더라도 관찰을 통해 학습할 수 있는데, 미디어에서 제공하는 내용이나 장면에 대한 관찰도 이에 포함된다. 관찰 학습은 스스로 모든 것을 발견하려고 노력하면서 전개하는 학습보다 더 효율적이다.

관찰을 통한 학습에서 문제시되는 부분이 폭력이다. 왜냐하면 폭력은 그 자체가 사회적 문제이자 위험요인이므로 학습이 아니라 관리 또는 통제되어야 하기 때문이다. 텔레비전 속에 폭력 장면과 내용이 만연해 시청자들이 반복적이고 장기적으로 노출되면 이와 병행해 폭력에 대한 학습도 전개될 수 있다. 사회학습이론의 지적처럼 시청자들이 폭력 장면에 노출될 경우 관찰 학습을 통해 폭력 행위가 단기적으로 모방되거나 장기적으로 내면화될 수 있다. 이처럼 미디어를 통해 표현된 폭력은 학습될 수 있기 때문에 폭력이 어떻게 학습되느냐가 중요하다. 폭력적인 장면에 노출되는 것만으로도 폭력성이 전가될 수 있지만 폭력에 대한 묘사는 더 많은 영향을 미칠 수 있다.

한편 보상을 받는 행동은 더 자주 하게 되고 처벌을 받는 행동은 억제하는 경향이 있다. 이는 폭력적 행동과도 관련된다. 폭력이 통제적, 차단적, 비사회적으로 학습되는지 아니면 용납적, 실행 가능적으로 학습되는지가 중요하며 이는 미디어의 폭력 처리 방식과도 관련된다. 즉 학습 과정에서 처벌되지 않은 폭력은 실행할 수 있는, 통제되지 않아도 되는, 사회적으로 용납이 가능한 것으로 학습될 수 있다.

반두라(Bandura, 1986)는 사람들이 미디어에서 제시된 모델을 관찰함으로써 사회 관습에 역행하거나 지지되는 관련 처벌 혹은 보상을 학습한다고 주장했다. 다른 사람이 보상(또는 처벌)을 받는 것을 관찰하는 것만으로 자기가 직접 보상(또는 처벌)을 받는 것과 같은 효과를 나타내는 것이다.

대상으로 설정한 모델이 보상을 받았던(적어도 처벌되지 않았던) 행동은 자기가 모방하거나, 다른 사람이 처벌받았던 행동을 자기도 억제하는 것을 학습하게 된다(Morrison et al., 2004). 그러므로 폭력적인 행위가 미디어 속에서 처벌되지 않았다면 이용자들은 자신이 시청한 폭력적인 장면을 학습하게 된다. 따라서 폭력물에서 묘사된 모든 폭력적인 행위를 모방하는 것이 아니라 보상받게 되는 행위만 모방하고 처벌받게 되는 행위는 모방하지 않는 것으로 해석된다.

폭력물에서 반사회적인 행위를 긍정적으로 묘사하더라도 이용자들은 그 내용을 학습할 수 있다. 그러므로 특정한 비규범적인 폭력적인 행위에 노출된 청소년들은 그러한 행위가 처벌되지 않았다면 규범적인 것으로 채택하고 내재화할 수 있다. 내재화된 행동은 기억 속에 저장되었다가 미래 언젠가 실행될 수 있다(Bandura, 1965).

## 4. 언어적 폭력

언어적 폭력은 욕설, 비속어, 조롱, 공격적인 언어 등을 통해 상대방에게 분노를 표출해 모욕, 위협, 수치심을 유발하는 것이다. 언어적 폭력은 성격, 능력, 배경, 신체적 외모 등 상대방의 자아를 공격해 인격적인 모욕을 유발하는 표현이나 상대방에게 폭력적, 공격적, 공포 분위기를 야기할 수 있는 자극적인 표현을 포함한다.

우리는 사람의 생명, 신체, 물건 등에 가해지는 물리적 행사만을 폭력으로 인지하는 경우가 많다. 그러나 물리적인 형상으로 제시되지 않더라도 언어적 폭력 또한 폭력이라는 점에서 부정적인 영향을 미칠 수 있다. 가시적인 물리적 폭력이 제시되지 않더라도 유사하게 위협, 공포감, 두려움, 공격적이라고 느꼈다면 폭력이 되는 것이다. 그러므로 시청자들이 매우 폭력적으로 혹은 아주 공격적으로 표현(얘기)한다고 느낄 경우 그렇게 말하거나 표현한 사람의 언어적 표현은 언어적 폭력에 해당할 수 있다.

언어적 폭력은 학력 및 외모 비하부터 인격 모독 발언과 직접적 욕설까지 다양한 방식으로 이뤄진다. 다양한 언어적 폭력은 9가지 유형으로 분류되기도 한다.

첫째, 성격 공격(character attack)은 누군가의 성격을 부정적으로 표현하는 것으로 "너는 성격파탄자야", "네 성격은 이상해"라고 표현하는 것이다.

둘째, 능력 공격(competence attack)은 누군가의 능력을 부정적으로 표현하는 것으로 "능력이 없는 주제에", "쓸모없는 인간"과 같은 표현이다.

셋째, 배경 공격(background attack)은 집안 배경 등을 공격하는 표현으로 "쌍놈의 집안 자식", "보잘것없는 집안" 등이 예가 된다.

넷째, 외모 공격(physical appearance attack)은 누군가의 생긴 모습이나 육체적 매력 혹은 외양 등을 부정적으로 표현하는 것으로 "돼지처럼 생겼다", "촌스럽다" 등이 예다.

다섯째, 저주(curse)는 어떤 나쁜 일이 누군가에게 일어나기를 바란다는 식의 부정적인 표현을 퍼붓는 것으로 "벼락 맞을 것이다", "떨어져 죽을 것이다" 등의 표현이다.

여섯째, 희롱(teasing)은 누군가를 화가 나도록 약을 올리거나 놀려 기분을 상하게 하는 표현으로 "쫀쫀하게 굴지 마", "너는 매번 실패하지" 등의 표현이다.

일곱째, 조롱(ridicule)은 누군가의 단점이나 약점을 농담 삼아 비아냥거리면서 표현하는 것으로 "걷는 모습이 오리 같다", "얼굴이 큰 얼큰이" 등의 표현이다.

여덟째, 협박(threat)은 누군가를 처벌할 것이라고 위협하는 표현으로 "죽일 것이다", "가만두지 않을 것이다" 등의 표현이다.

아홉째, 욕설(swearing)은 저속한 언어를 이용해 욕을 하는 것이다(강길호, 1996; Infante, et al., 1990).

그 외에도 언어적 폭력에는 비방, 성희롱, 유언비어가 포함된다. 비방은 상대방의 약점을 들추어내거나 헐뜯는 행위를 말한다. 주로 공인이라고 일컫는 정치인이나 연예인의 약점을 들추어낸다. 성희롱(음담패설)은 성에 대해 노골적으로 표현해 상대방에게 불쾌감이나 수치심을 주는 것이다. 특히 성적인 수치심을 잘 느끼는 여성을 성적으로 대상화해 공격하고 남성의 폭력적 성 인식을 드러내는 음란하고 상스러운 욕설은 상당한 정신적인 피해까지 입힐 수 있다.

언어적 표현으로 인한 피해를 가한다는 측면에서 유언비어도 언어적 폭력에 해당된다. 유언비어는 사실이 아닌 내용을 고의로 조작하거나 그것을 퍼뜨려서 상대방에게 정신적인 피해를 주는 것을 뜻한다. 비록 자기가 조작하지는 않았더라도 거짓 정보를 고의로 유포하거나, 고의는 아니더라도 사실 관계를 확인하지 않은 정보를 표현하고 유포하는 것 또한 엄연한 폭력이다.

이러한 언어적 폭력들 중 가장 보편적으로 행해지면서 많은 피해를 주는 것은 욕설, 비속어, 폭언이나 극단적인 언어를 통한 협박일 것이다. 난폭한 표현을 사용하는 폭언이나 극단적인 말은 심한 충격을 줄 수 있을 뿐만 아니라 어떠한 행위까지 동반될 경우 그 영향력은 치명적일 수 있다. 물리적 폭력에는 언어적 폭력이 동반될 수밖에 없다. 언어적 폭력을 정화하기 위해서도 물리적 폭력이 자제되어야 한다. 또한 물리적 폭력 없이 행해지는 언어적 폭력 또한 부정적인 영향을 미치므로 건전하고 순화된 언어로 표현하도록 노력해야 한다.

## 5. 미디어 폭력

미디어 폭력은 주제, 형식, 표현에 내포되어 있다. 그렇기 때문에 폭력의 의미가 가시적으로 확인되고 보이는 것에 국한되지 않으며, 실제로 확인할 수 없지만 상상하거나 감지할 수 있는 것도 포함될 수 있다. 폭력이라고 명확하게 지정할 수 있는 화면상의 폭력 행위나 장면뿐 아니라 화면 밖에서 행해질 것으로 암시되는 폭력 또는 간접적으로 표현되는 것도 폭력으로 간주할 수 있다. 또한 만화처럼 환상적으로 묘사되거나 웃음을 자아내기 위해 행사하는 폭력은 간과하기 쉬우나 이 또한 폭력으로 간주된다. 왜냐하면 묘사와 표현이 폭력적이어서 이용자들에게 폭력으로 인식되기 때문이다.

미디어 폭력에서는 주로 신체적 폭력과 언어적 폭력이 표출된다. 폭력을 생물체에게 물리적(육체적) 상해를 입히려는 의도로, 물리적(육체적) 힘을 사용해 명백하게 위협을 하거나 물리적 힘을 실제적으로 행사하는 것에 대한 전반적 묘사가 이루어지거나 언어를 이용해 상대를 모욕하고 수치심을 주거나 앞으로 다가올 수 있는 위험을 언급하며 일정한 행동을 하도록 협박하는 상황이 전반적으로 묘사될 경우 이는 수용자에게 미디어 폭력으로 전달된다(민영, 이정교, 김태용, 2007).

　이러한 의미의 폭력이 미디어를 통해 표현되고 묘사되어 이미지나 장면으로 제공되는 것이 미디어 폭력이다. 미디어 폭력은 미디어가 제공하는 메시지 안에 사람들에게 물리적으로 해를 입힐 의도로 가하는 물리적인 힘 또는 그러한 힘을 사용해 행하는 위협, 그러한 목적과 관련된 물리적 수단과 행위가 가시적으로 표현되고 묘사된 것이다. 그러므로 미디어 폭력은 폭력의 형상화라고 할 수 있다. 막연한 폭력의 의미가 가시적으로 형상화되어 시청자들에게 제공되는 것이다.

　신체적 폭력의 전형적인 형태는 주요 등장인물의 직업이나 역할이 폭력적이거나, 주제나 구성상 일상생활에서 경험할 수 있는 정도보다 폭력의 비중이 큰 프로그램에 한정되어 나타나는 것이 보통이지만, 코미디 프로그램이나 광고에 나오는 폭력적 묘사 행동도 모두 신체적 폭력에 포함된다. 언어적 폭력은 만화, 드라마나 코미디, 광고 등에서 사용하는 비속어, 불경어, 인격 비하어, 은어, 선정적 언어, 비표준어, 불필요한 외국어 등이 모두 해당된다. 이 밖에도 다큐멘터리, 뉴스 등에 나오는 살인, 사고, 죽음, 비행 등 폭력적 요소가 스며 있는 내용도 모두 신체적 또는 언어적 폭력에 해당된다.

## 6. 성폭력

　성폭력이란 상대방의 의사에 반하여 성을 매개로 가해지는 모든 폭력(신체적·심리적·언어적·사회적)행위로 성희롱, 성추행, 성폭행뿐만 아니라 개인의 '성적 자기결정권'을 침해하는 행위를 모두 포괄하는 개념이다.

　※ 성적 자기결정권이란, 사람은 성행동을 할 수 있는 존재이고, 성적 욕망과 쾌락을 추구하는 존재이기도 하지만 성행동을 하지 않는 선택과 거부할 수 있는 자율성, 원하지 않는 성행동에 대해 저항하거나 새로운 실천을 만들어낼 수 있는 능력까지도 포함하는 성적 주체로서의 권리를 의미함

　한편, 학교 내외에서 학생을 대상으로 발생한 성폭력 사안에 대해서는 「형법」, 「성폭력범죄의 처벌 등에 관한 특례법」, 「아동·청소년의 성보호에 관한 법률」 등에 따라 우선 수사기관에 신고하는 등 엄정하게 대처하되, 「학교폭력예방 및 대책에 관한 법률」

제2조에서 학교폭력의 정의에 성폭력이 규정되어 있는 점을 고려하여 「학교폭력예방 및 대책에 관한 법률」상의 적절한 조치가 필요하다.

| 학교폭력 |
| --- |
| 학교 내외에서 학생을 대상으로 발생한 상해, 폭행, 감금, 협박, 약취·유인, 명예훼손, 모욕, 공갈, 강요, 강제적인 심부름, 성폭력, 따돌림, 사이버 따돌림, 정보통신망을 이용한 음란·폭력정보 등에 의하여 신체·정신 또는 재산상의 피해를 수반하는 행위(학교폭력 예방 및 대책에 관한 법률 제2조) |

※ 「학교폭력예방법」의 적용을 받는 성폭력 개념은 성희롱, 성추행, 성폭행(강간) 등 상대방의 의사에 반하여 성을 매개로 가해지는 신체적, 언어적, 정신적 폭력을 모두 포괄함

성폭력(성희롱)은 타인에게 정신적·신체적으로 성적인 불쾌감과 피해를 주는 행위로 상대방의 의사와 관계없이 성적인 수치심을 주는 말이나 행동을 의미

| | |
| --- | --- |
| 신체적 성희롱 | 신체적 접촉, 특정 신체부위를 만지는 행위 등 |
| 언어적 성희롱 | 음란한 농담이나 음담패설, 외모에 대한 성적인 비유나 평가, 성적인 내용의 정보를 의도적으로 유포하는 행위, 성적 관계를 강요하거나 회유하는 행위, 음란한 내용의 전화통화 등 |
| 시각적 성희롱 | 외설적인 사진·그림·낙서·음란출판물 등을 게시하거나 보여주는 행위, 직접 또는 컴퓨터 등을 통하여 음란한 편지·사진·그림을 보내는 행위, 성과 관련된 자신의 특정 신체부위를 고의적으로 노출하거나 만지는 행위 등 |

○ (성추행) 일방적인 성적 만족을 얻기 위하여 물리적으로 신체 접촉을 가함으로써 상대방에게 성적 수치심을 불러일으키는 행위를 의미

○ (성폭행) 피해자의 성적 자기결정권을 침해하는 강간, 강제추행 등을 포함

## 1) 성폭력의 유형

## (1) 행위 유형별 분류

| 유형 | 내용 |
| --- | --- |
| 강간 | 폭행 또는 협박 등으로 상대방의 반항을 곤란하게 하여 행위자가 자신의 성기를 피해자의 성기에 삽입하는 행위 |
| 유사강간 | 폭행 또는 협박 등으로 상대방의 반항을 곤란하게 하여 행위자가 구강, 항문 등 신체(성기는 제외)의 내부에 성기를 넣거나 성기, 항문에 손가락 등 신체(성기는 제외)의 일부 또는 도구를 넣는 행위 |

| 강제추행 | 폭행 또는 협박으로 성교는 하지 않고 가슴, 엉덩이, 성기부위 및 다른 신체 부위에 접촉하거나 키스, 음란한 행위, 피해자나 행위자의 성기를 노출시키는 등 성적 침해를 하는 행위 |
|---|---|
| 준강간<br>준강제추행 | 상대방의 심신상실(장애, 수면, 술에 취함, 의식 잃음) 또는 항거불능(심리적, 육체적으로 반항이 불가능한 상황)의 상태를 이용하여 강간 또는 추행을 하는 행위 |
| 성희롱 | 업무 또는 고용, 기타 관계에서 성적 언동 등으로 성적 굴욕감 또는 혐오감을 느끼게 하거나 성적 언동 또는 그 밖의 요구에 따르지 아니하였다는 것을 이유로 불이익을 주는 행위 |
| 아동 성학대 | 보호하거나 양육하는 대상인 아동·청소년에 대한 성적 가혹행위 |
| 스토킹 | 상대방이 원하지 않는데도 지속적 또는 반복적으로 접근, 미행, 연락 등을 하며 정신적·신체적 피해를 입히는 행위 |
| 사이버<br>성폭력 | 온라인 상에서 상대방의 동의를 구하지 않고 원치 않는 성적 대화나 메시지, 야한 사진, 동영상 등을 전달하거나 유포함으로써 불쾌감, 위협감 등을 느끼게 하는 행위 |

## (2) 대상별 분류

| 유형 | 내용 |
|---|---|
| 아동성폭력 | 13세 미만 미성년자에 대한 간음, 강간, 강제추행 등의 성폭력 행위<br>※ 청소년성폭력과의 차이점: 피해자의 동의가 있더라도 처벌됨 |
| 청소년성폭력 | 13세 이상 19세 미만 미성년자에 대한 강간, 강제추행 등의 성폭력 행위 |
| 장애인성폭력 | 장애인에 대한 강간, 강제추행 등의 성폭력 행위 |

## (3) 법률상 분류

| 법률명 | 행위유형 | 비고 |
|---|---|---|
| 아동·청소년의<br>성보호에 관한<br>법률 | 아동·청소년에 대한 강간 및 강제추행 등 | 제7조 |
| | 장애인인 아동·청소년에 대한 간음 등 | 제8조 |
| | 강간 등 상해·치상 / 강간 등 살인·치사 | 제9, 10조 |
| | 아동·청소년이용음란물의 제작·배포 등 | 제11조 |
| | 아동·청소년 매매행위 | 제12조 |
| | 아동·청소년의 성을 사는 행위 등 | 제13조 |
| | 아동·청소년에 대한 강요행위 등 | 제14조 |
| | 알선영업행위 등 | 제15조 |

| 아동복지법 | 아동에게 음란한 행위를 시키거나 이를 매개하는 행위 또는 아동에게 성적 수치심을 주는 성희롱 등의 성적 학대행위 | 제17조 제2호 |
|---|---|---|
| 성폭력범죄의 처벌 등에 관한 특례법 | 특수강도강간 등 | 제3조 |
| | 특수강간 등 | 제4조 |
| | 친족관계에 의한 강간 등 | 제5조 |
| | 장애인에 대한 강간·강제추행 등 | 제6조 |
| | 13세 미만의 미성년자에 대한 강간·강제추행 등 | 제7조 |
| | 강간 등 상해·치상 / 강간 등 살인·치사 | 제8, 9조 |
| | 업무상 위력 등에 의한 추행 | 제10조 |
| | 공중 밀집 장소에서의 추행 | 제11조 |
| | 성적 목적을 위한 다중이용장소 침입행위 | 제12조 |
| | 통신매체를 이용한 음란행위 | 제13조 |
| | 카메라 등을 이용한 촬영 | 제14조 |
| | 허위영상물 등의 반포 등 | 제14조의2 |
| | 촬영물 등을 이용한 협박·강요 | 제14조의3 |
| | 제3조~제9조, 제14조~제14조의3의 미수범 | 제15조 |
| 형법 | 강간, 유사강간, 강제추행 | 제297조 제297조의2 제298조 |
| | 준강간, 준강제추행 | 제299조 |
| | 강간 등 상해·치상, 강간 등 살인·치사 | 제301조 제301조의2 |
| | 미성년자에 등에 대한 간음 | 제302조 |
| | 업무상위력 등에 의한 간음 | 제303조 |
| | 미성년자에 대한 간음, 추행 | 제305조 |
| | 강도강간 | 제339조 |
| | 제339조의 미수범 | 제342조 |

## 2) 성폭력 예방교육

### (1) 성폭력 예방교육 실시

| 예방교육 | | |
|---|---|---|
| 학생 | 학부모 | 교원 |
| • 연간 15시간 이상의 성교육 (성폭력 예방교육 3시간 포함) 실시<br>• 다양한 특성화 교육 실시<br>• 학생활동을 통한 안전한 학교환경 조성 | • 학교폭력 예방교육 실시(학기별 1회)<br>• 학부모 상담주간 활용 상담 | • 폭력예방교육 실시(년1회)<br> － 성폭력, 성희롱, 성매매 예방교육<br>• 담당 교원 및 보건교사 연수 |

※ 성에 대한 올바른 가치관과 성평등 의식을 함양하고, "사소한 성적인 장난이나 행동도 성폭력이 될 수 있다"는 명확한 인식 제고

## 3) 비밀누설 금지

아래에서 명시한 비밀준수의 의무사항이다.

첫째, 「아동·청소년의 성보호에 관한 법률」 제31조 제3항은 누구든지 피해아동·청소년의 주소·성명·연령·학교 또는 직업·용모 등 그 아동·청소년을 특정하여 파악할 수 있는 인적사항이나 사진 등을 신문 등 인쇄물에 싣거나 「방송법」 제2조 제1호에 따른 방송(이하 "방송"이라 한다) 또는 정보통신망을 통하여 공개하여서는 아니 된다고 규정하고 있다. 이를 위반할 시 같은 법 제31조 제4항에 따라 7년 이하의 징역 또는 5천만 원 이하의 벌금에 처해질 수 있다.

둘째, 같은 법 제34조 제3항은 다른 법률에 규정이 있는 경우를 제외하고는 누구든지 신고자 등의 인적사항이나 사진 등 그 신원을 알 수 있는 정보나 자료를 출판물에 게재하거나 방송 또는 정보통신망을 통하여 공개하여서는 아니 된다고 규정하고 있다. 이를 위반할 시 같은 법 제65조 제4항에 따라 1년 이하의 징역 또는 500만 원 이하의 벌금에 처해질 수 있다.

셋째, 「성폭력범죄의 처벌 등에 관한 특례법」 제24조 제1항에 따르면, 성폭력범죄의 수사 또는 재판을 담당하거나 이에 관여하는 공무원 또는 그 직에 있었던 사람은 피해

자의 주소, 성명, 나이, 직업, 학교, 용모, 그 밖에 피해자를 특정하여 파악할 수 있게 하는 인적사항과 사진 등 또는 그 피해자의 사생활에 관한 비밀을 공개하거나 다른 사람에게 누설하여서는 아니 된다. 같은 법 제24조 제2항에 따르면, 누구든지 제1항에 따른 피해자의 주소, 성명, 나이, 직업, 학교, 용모, 그 밖에 피해자를 특정하여 파악할 수 있는 인적사항이나 사진 등을 피해자의 동의를 받지 아니하고 신문 등 인쇄물에 싣거나 「방송법」 제2조 제1호에 따른 방송 또는 정보통신망을 통하여 공개하여서는 아니 된다.

넷째, 비밀준수 의무는 「학교폭력예방 및 대책에 관한 법률」 역시 규정하고 있다. 「학교폭력예방 및 대책에 관한 법률」 제21조 제1항에 따르면 학교폭력의 예방 및 대책과 관련된 업무를 수행하거나 수행하였던 자는 그 직무로 인하여 알게 된 비밀 또는 가해학생·피해학생 및 제20조(학교폭력의 신고의무)에 따른 신고자·고발자와 관련된 자료를 누설하여서는 아니된다. 이를 위반할 시 같은 법 제22조에 따라 1년 이하의 징역 또는 1천만 원 이하의 벌금에 처해질 수 있다.

○ 성폭력 관련 비밀누설금지 위반사례
- 피해학생의 상담 녹취파일을 제3자에게 개인메일로 전달하여 피해학생 관련 자료 외부 유출
- 피해사실을 들어 알게 된 학생과, 피해자라고 찾아온 피해학생들에게 비밀이 보장되도록 개별상담하지 않고 집단상담 실시

○ 아동·청소년의 성보호에 관한 법률
제31조(비밀누설 금지)
② 제45조 및 제46조의 기관·시설 또는 단체의 장이나 이를 보조하는 자 또는 그 직에 있었던 자는 직무상 알게 된 비밀을 타인에게 누설하여서는 아니 된다.
③ 누구든지 피해아동·청소년의 주소·성명·연령·학교 또는 직업·용모 등 그 아동·청소년을 특정하여 파악할 수 있는 인적사항이나 사진 등을 신문 등 인쇄물에 싣거나 「방송법」 제2조 제1호에 따른 방송(이하 "방송"이라 한다) 또는 정보통신망을 통하여 공개하여서는 아니 된다.
④ 제1항부터 제3항까지를 위반한 자는 7년 이하의 징역 또는 5천만 원 이하의 벌금에 처한다. 이 경우 징역형과 벌금형은 병과할 수 있다.
제34조(아동·청소년대상 성범죄의 신고)
③ 다른 법률에 규정이 있는 경우를 제외하고는 누구든지 신고자 등의 인적사항이나 사진

등 그 신원을 알 수 있는 정보나 자료를 출판물에 게재하거나 방송 또는 정보통신망을 통하여 공개하여서는 아니 된다.

제65조(벌칙)

④ 다음 각 호의 어느 하나에 해당하는 자는 1년 이하의 징역 또는 500만 원 이하의 벌금에 처한다.

 1. 제34조 제3항을 위반하여 신고자 등의 신원을 알 수 있는 정보나 자료를 출판물에 게재하거나 방송 또는 정보통신망을 통하여 공개한 자

○ 성폭력범죄의 처벌 등에 관한 특례법

제24조(피해자의 신원과 사생활 비밀 누설 금지)

① 성폭력범죄의 수사 또는 재판을 담당하거나 이에 관여하는 공무원 또는 그 직에 있었던 사람은 피해자의 주소, 성명, 나이, 직업, 학교, 용모, 그 밖에 피해자를 특정하여 파악할 수 있게 하는 인적사항과 사진 등 또는 그 피해자의 사생활에 관한 비밀을 공개하거나 다른 사람에게 누설하여서는 아니 된다.

② 누구든지 제1항에 따른 피해자의 주소, 성명, 나이, 직업, 학교, 용모, 그 밖에 피해자를 특정하여 파악할 수 있는 인적사항이나 사진 등을 피해자의 동의를 받지 아니하고 신문 등 인쇄물에 싣거나「방송법」제2조 제1호에 따른 방송 또는 정보통신망을 통하여 공개하여서는 아니 된다.

○ 학교폭력예방 및 대책에 관한 법률

제21조(비밀누설금지 등)

① 이 법에 따라 학교폭력의 예방 및 대책과 관련된 업무를 수행하거나 수행하였던 자는 그 직무로 인하여 알게 된 비밀 또는 가해학생 · 피해학생 및 제20조에 따른 신고자 · 고발자와 관련된 자료를 누설하여서는 아니 된다.

② 제1항에 따른 비밀의 구체적인 범위는 대통령령으로 정한다.

③ 제16조, 제16조의2, 제17조, 제17조의2, 제18조에 따른 자치위원회의 회의는 공개하지 아니한다. 다만, 피해학생 · 가해학생 또는 그 보호자가 회의록의 열람 · 복사 등 회의록 공개를 신청한 때에는 학생과 그 가족의 성명, 주민등록번호 및 주소, 위원의 성명 등 개인정보에 관한 사항을 제외하고 공개하여야 한다.

제22조(벌칙)

제21조 제1항을 위반한 자는 1년 이하의 징역 또는 1천만 원 이하의 벌금에 처한다.

# PART 08

# 학생 정서·행동특성검사의 이해

## 1. 한국판 아동·청소년 행동평가척도

아동·청소년기의 사회적 적응 및 정서, 행동문제를 평가하기 위하여 아헨바흐와 에델브록(Achenbach & Edelbrock, 1983)이 개발하였고, 오경자, 하은혜(1997)가 우리나라 실정에 맞게 표준화하였다. 이 검사는 만 4~18세의 아동·청소년을 대상으로 부모가 자녀의 행동을 평가한다. DSM-Ⅳ의 분류기준에 부합하는 문항을 선별하여 사용하고 있기 때문에 아동·청소년의 여러 가지 정서, 행동문제의 빈도를 조사하는 기초역학조사도구는 물론, 그들의 심리장애 진단에 유용한 임상적 도구로도 널리 활용되고 있다. K-CBCL은 크게 사회능력 척도와 문제행동 증후군 척도로 구성되어 있다.

사회능력 척도는 또래, 부모와의 관계를 평가하는 사회성 척도, 교과목 수행 정도와 학업수행상 문제를 평가하는 학업수행 척도, 그리고 총 사회능력점수 등 모두 3개의 척도로 이루어진다. 문제행동 증후군 척도는 119개의 문제행동 항목으로 이루어져 있으며 3점 척도로 평가한다. 위축, 신체증상, 우울/불안, 사회적 미성숙, 사고의 문제, 주의집중 문제, 비행, 공격성 등 8개의 소척도와 더불어 내재화 문제 척도, 외현화 문제 척도, 총 문제행동 척도, 4~11세에만 적용되는 특수 척도인 성문제 척도 등 총 12개의 척도로 구성되어 있다.

척도별 신뢰도 크론바흐 알파값은 특수 척도인 성문제 척도를 제외하고 .62~.86으로 양호하게 나타났다. 각각은 위축 .76, 신체증상 .76, 우울/불안 .80, 사회적 미성숙 .64, 사고의 문제 .62, 주의집중 문제 .76, 비행 .67, 공격성 .86, 성문제 .57이었다. 또한 타인평가 척도임을 고려해 평정자(부모) 간 신뢰도를 살펴본 결과, 평균 상관계수

r=.69로 비교적 양호하게 나타났다. 각각은 위축 .67, 신체증상 .71, 우울/불안 .63, 사회적 미성숙 .67, 사고의 문제 .63, 주의집중 문제 .74, 비행 .69, 공격성 .62, 성문제 .74, 내재화 문제 .76, 외현화 문제 .64, 총 문제행동 .75였다.

　각 문제행동 증후군 척도는 해당 문제행동 항목의 합으로 계산되며 모든 문항은 3점 (0~2) 리커트 척도로, 채점이 가능한 점수는 0~234점이다(2번, 4번 문항은 채점에서 제외). CBCL은 이후 아헨바흐 연구팀이 영유아기부터 노인기까지 확대·개편하여 발달 단계별 심리검사군(유아용: CBCL 1.5~5, C−TRE, 아동·청소년용: CBCL 6~18, YSR, TRF, 성인용: ASR, ABCL)을 갖추었으며, 한국판으로도 개발, 표준화되어 시판되고 있다.


## 2. 청소년 행동평가척도

　학교폭력 및 집단 따돌림, 인터넷 중독과 비행, 청소년 성매매 등 현대 청소년이 많이 경험하고 있는 문제행동을 평가하고 문제 청소년을 사전에 판별하기 위하여 이해경, 신현숙, 이경성(2004)이 개발한 검사다. 만 12~18세 청소년을 대상으로 하는 자기 보고형 검사이며, 부모용과 교사용도 추가로 개발하였다. 심리적 장애에 대한 임상적 진단보다는 일반 청소년의 부적응 문제를 판별하고 사전예방차원에서 개발된 검사다. 2개의 타당도 척도, 11개의 문제 척도 및 개인 인적 사항으로 구성되어 있다. 하위척도별 구성내용은 다음과 같다.

　개인 인적 사항은 학교명, 이름, 성별, 연령, 가족구성, 가정생활 수준, 부모의 학력 및 직업, 자신의 휴학·전학·퇴학 경험, 그리고 교내 봉사 및 사회봉사 경험 유무를 알아보기 위한 항목으로 구성되어 있다. 타당도 척도는 피험자가 동일한 문항에 대해 일관성 있게 응답하는지를 확인하는 비일관성 척도 10개 문항, 사회적으로 바람직한 방향으로 응답하는 경향성을 측정하는 긍정반응 경향 척도 19개 문항으로 구성되어 있다.

　문제행동영역은 예비조사(이해경 외, 2003)를 토대로 11개의 행동문제영역, 즉 인터넷 중독, 가족관계, 섭식, 진로, 또래관계, 공격행동, 교사관계, 학업·주의, 학교 부적응, 비행, 충동·과다 행동을 측정하는 137개 문항으로 구성되어 있다. 문제행동 영역별 신뢰도 크론바흐 알파는 인터넷 중독 .91, 가족관계 .90, 섭식 .90, 진로 .88, 또래관계 .84, 공격행동 .85, 교사관계 .87, 학업·주의 .88, 학교 부적응 .83, 비행 .81, 충동·

과다 행동 .71로 나타났다.

　문제척도의 세부내용과 문항 수 및 문항의 예는 다음과 같다. 인터넷 중독은 인터넷 과다사용으로 인한 일상생활 부적응과 내성, 금단증상을 평가하며 14개 문항으로 구성된다(예: 인터넷 때문에 중요한 일에 소홀해진다). 가족관계는 부모와의 갈등을 비롯한 반항, 가출경험의 유무를 확인하며 15개 문항으로 구성된다(예: 부모와 생각이 달라서 대화가 안 된다). 섭식은 섭식과 관련한 스트레스 또는 무리한 다이어트 행동을 측정하며 12개 문항으로 구성된다(예: 스트레스를 받거나 불안하면 쉬지 않고 먹는다). 진로는 진로의사결정 곤란, 미성숙과 관련된 문제를 평가하며 10개 문항으로 구성된다(예: 어떤 진로를 택할 것인지 결정하기 어렵다).

　또래관계는 친구와의 관계위축, 집단 괴롭힘 피해 경험과 관련되며 15개 문항으로 구성된다(예, 또래(선후배 포함)에게 괴롭힘을 당한다). 공격행동은 일반적인 공격성, 즉 공격적인 언어 및 행동, 집단 괴롭힘 가해경험과 관련된 문제를 평가하며 13개 문항으로 구성된다(예: 친구들을 집적거리거나 괴롭힌다). 교사관계는 선생님과의 관계에서 일어나는 문제, 갈등, 반항 등을 평가하며 11개 문항으로 구성된다(예: 선생님과 사이가 나쁘다). 학업 · 주의는 주의산만, 학업수행의 저조 등을 측정하며 12개 문항으로 구성된다(예: 주의집중이 어렵다). 학교 부적응은 학업수행의 저조, 학교생활에서 규칙위반 등을 평가하며 16개 문항으로 구성된다(예: 학교에 가기가 싫다).

　비행은 지위 비행, 성 비행, 인터넷 관련 비행 등을 평가하며 13개 문항으로 구성된다(예: 학교에서 정한 규칙을 어긴다). 충동 · 과다 행동은 충동적인 행동, 지나치게 행동이나 말이 많은 경향을 측정하며 6개 문항으로 구성된다(예: 쉽게 주의가 산만해진다). 청소년은 문제행동을 평가하는 각 문항에 대하여 자신이 최근 6개월 동안 얼마나 자주 문제행동을 경험했는지에 따라 0점(전혀 그런 적이 없다)에서 3점(항상 그렇다)까지 4점 리커트 척도로 평정한다. 청소년 행동평가 자기보고형 ABAS-S와 부모용 ABAS-P, 교사용 ABAS-T는 표준화를 거친 뒤 학지사 심리검사연구소에서 출판되고 있다.

## 3. 한국청소년자기행동평가척도

　청소년의 적응수준을 평가하기 위하여 아헨바흐(Achenbach, 1991)가 개발한 것으로 우리나라에서는 하은혜 등(1998)이 표준화하였다. 이 검사는 4~17세 아동 및 청소년을 대상으로 자기 스스로 정서 및 행동의 적응수준을 평가하도록 한다. 이는 아헨바흐가 개발한 부모평가 아동 · 청소년 행동평가척도(CBCL)와 공통되는 내용이 많다. K-YSR은 크게 사회능력 척도와 문제행동 증후군 척도로 구성되어 있다. 사회능력 척도는 친구나 또래와 어울리는 정도, 부모와의 관계 등을 평가하는 사회성 척도, 교과목수행 정도, 학업수행상 문제 여부를 평가하는 학업수행 척도와 총 사회적 능력 점수 등 3개의 하위척도로 구성된다. 그리고 문제행동 증후군 척도는 위축, 신체증상, 우울/불안, 사회적 미성숙, 사고의 문제, 주의집중, 비행, 공격성, 내재화 문제, 외현화 문제의 10개와 총 문제행동 척도 등 11개의 척도로 구성된다.

문제행동 증후군 척도는 총 119개 문항으로 이루어지며, '가만히 앉아 있기가 힘들다' '외롭다고 느낀다'와 같이 진술된 문항에 대해 '전혀 없다(0점)', '가끔 보인다(1점)', '매우 심하다(2점)' 등의 3점 리커트 척도로 평가한다. 실제 채점에 포함되는 문항 수는 101개로 점수의 범위는 0~202점까지다. 도구의 전체 신뢰도 크론바흐 알파는 .76으로 나타났다. K-YSR은 여러 차례 표준화를 거친 뒤 2010년에 개정되어 ASEBA(www.aseba.or.kr)에서 출판되고 있다.

## 4. 한국아동인성평정척도

임상장면에서 아동의 정신과적 문제를 조기선별하여 도움을 주고자 개발한 한국아동인성검사(Korean Personality Inventory for Children: KPI-C)를(김승태, 김지혜, 송동호, 이효경, 주영희, 홍창희, 황순택, 1997) 수정 · 보완하여 김지혜, 조선미, 홍창희, 황순택(2006)이 개발하였다. 만 3~17세의 아동 및 청소년을 대상으로 하며, 부모보고형(KPRC)뿐 아니라 아동보고형(Korean Personality Rating Scale for Children-child Report Foam: KPRC-CRF)과 교사보고형(KPRC-TRF)도 추가 개발 및 표준화되었다.

KPRC는 미국의 아동 인성검사(Personality Inventory for Children: PIC), 아동 문제행동평가척도(Child Behavior Checklist: CBCL), 사회성숙도검사, DSM-Ⅳ(American Psychiatric Association, 1994), 국제질병분류 10판(ICD-10) 등 각종 검사지의 문항을 참고하여 제작하였다. 검사-재검사 척도(T-R), 허구 척도(L), 빈도 척도(F)의 타당성 척도와 자아

탄력성 척도(ERS) 및 10개의 임상척도로 구성되어 있으며, 총 177개 문항이 있다. 임상 세부 척도 및 측정내용을 살펴보면 다음과 같다.

언어발달 척도는 언어적 능력이나 발달지체, 기능상 손상을 측정하며 12개 문항으로 구성되어 있다. 운동발달 척도는 정신운동 기능과 같은 동작성 능력에서 발달의 지체, 기능성 손상을 측정하며 13개 문항으로 구성되어 있다. 불안 척도는 자연현상, 동물, 대인관계 등 전반적 두려움, 불안, 긴장을 측정하며 15개 문항으로 구성되어 있다. 우울척도는 아동기 우울을 측정하며 15개 문항으로 구성되어 있다. 신체화 척도는 심리 적 문제를 신체증상으로 나타내는 경향을 측정하며 15개 문항으로 구성되어 있다. 비 행 척도는 품행장애가 있는 아동을 선별하기 위해 반항과 불복종, 공격성과 적대감, 거 짓말, 도벽 등의 문제를 측정하며 15개 문항으로 구성되어 있다.

과잉행동 척도는 ADHD 특성을 보이는 아동을 가려내기 위한 것으로 주의산만, 과 잉행동, 충동성 및 이에 따른 학습 또는 대인관계에서의 어려움을 측정하며 19개 문항 으로 구성되어 있다. 가족관계 척도는 가정불화, 가정 내 긴장, 부모자녀관계, 부부관계 의 위기, 자녀에 대한 무관심 등을 파악하여 가정 내 역기능적인 역동이 아동의 부적응 에 미치는 영향을 측정하며 18개 문항으로 구성되어 있다. 사회관계 척도는 아동이 또 래관계나 어른과의 관계에서 느끼는 어려움을 평가하는 것으로 또래관계에서의 소외, 리더십 및 자신감 부재, 수줍음, 제한된 인내력과 포용력을 측정하며 14개 문항으로 구 성되어 있다. 정신증 척도는 정신병적인 증상이 있는 아동을 선별하기 위한 것으로 상 동적인 행동, 부적절하고 특이한 언행, 망상과 환각, 비현실감 등을 측정하며 19개 문 항으로 구성되어 있다.

그리고 자아탄력성 척도는 여러 가지 문제상황에서 아동의 대처능력이나 적응 잠재 력을 평가하는 것으로 원만하고 친밀한 대인관계, 인내심, 집중력, 포용력 등을 측정한 다. 척도별 크론바흐 알파값은 허구 .72, 빈도 .86, 자아탄력성 .79, 언어발달 .78, 운동 발달 .70, 불안 .81, 우울 .79, 신체화 .73, 비행 .80, 과잉행동 .89, 가족관계 .65, 사회관 계 .73, 정신증 .82로 나타났다. 각 문항은 0점(전혀 그렇지 않다), 1점(별로 그렇지 않다), 2점(다소 그렇다), 3점(매우 그렇다)의 4점 리커트 척도로 평정한다. KPRC는 표준화를 거 친 뒤 가이던스프로에서 출판되고 있다.

## 5. 우울평가척도

벡 등(1961)이 우울증을 측정하기 위해 개발한 자기보고식 검사로서, 총 21개 문항으로 되어 있다. 즉, 분위기(mood), 염세사상(pessimism), 실패감, 불만족감, 죄악감, 수벌감(受罰感), 자기혐오, 자기 비난, 자벌원망, 울고 싶은 기분, 초조감, 사회적 퇴각, 미결정, 신체상(身體像), 일의 억제, 수면장애, 피곤, 무식욕(無食慾), 체중감소, 신체에의 선입감, 리비도 결여의 항목으로 구성된다.

자신의 기분을 잘 기술하는 정도에 따라 0~3점까지 채점한다. 총점의 범위는 0~63점까지로 점수가 높을수록 우울 정도가 심하고 다양한 우울증상을 보이는 것으로 해석한다. BDI는 실시가 편하고 채점과 해석이 용이하여 자주 사용되는데, 신뢰도 크론바흐 알파는 정상 대학생 집단에서 .86, 정신과 환자 집단에서는 .87로 나타났다. 벡의 우울척도는 성인뿐 아니라 7~17세 아동·청소년을 대상으로 실시하는 아동용 우울척도(Children's Depression Inventory: CDI)도 개발되어 있다.

CDI는 아동의 인지적, 정서적, 행동적 증상을 포함하는 우울정서, 행동장애, 흥미상실, 자기비하, 생리적 증상의 다섯 가지 범주로 총 27개 문항으로 구성되어 있다. 각 문항은 0~2점까지 평정하며 채점 가능 범위는 0~54점이다. 성인용과 마찬가지로 점수가 높을수록 우울 정도가 심하다고 해석한다.

## 6. MBTI 검사

MBTI(Myers-Briggs Type Indicator)는 마이어스(Myers)와 브릭스(Briggs)가 스위스의 정신분석학자인 카를 융(Carl Jung)의 심리 유형론을 토대로 고안한 자기 보고식 성격 유형 검사 도구이다. MBTI는 시행이 쉽고 간편하여 학교, 직장, 군대 등에서 광범위하게 사용되고 있다. MBTI는 다음과 같은 4가지 분류 기준에 따른 결과에 의해 수검자를 16가지 심리 유형 중에 하나로 분류한다. 정신적 에너지의 방향성을 나타내는 외향-내향(E-I) 지표, 정보 수집을 포함한 인식의 기능을 나타내는 감각-직관(S-N) 지표, 수집한 정보를 토대로 합리적으로 판단하고 결정내리는 사고-감정(T-F) 지표, 인식 기능과 판단 기능이 실생활에서 적용되어 나타난 생활 양식을 보여 주는 판단-인식

(J－P) 지표이다. MBTI는 이 4가지 선호 지표가 조합된 양식을 통해 16가지 성격 유형을 설명하여, 성격적 특성과 행동의 관계를 이해하도록 돕는다.

### 1) 외향성(extraversion)과 내향성(introversion)

외향－내향 지표는 심리적 에너지와 관심의 방향이 자신의 내부와 외부 중 주로 어느 쪽으로 향하느냐를 보여 주는 지표이다. 외향적인 사람은 주로 외부 세계에 관심의 초점을 두고 더 주의를 기울이며, 사교적이고 활동적이다. 말로 표현하기를 즐기고, 외부의 자극을 통해 배우는 방식을 선호하기 때문에 경험한 후 이해하는 경향이 있으며, 자신을 숨기기보다는 드러낸다. 반면, 내향적인 사람은 자신의 내면에 더 주의를 집중하며, 조용하고 내적 활동을 즐기는 경향이 있다. 생각이 많고, 말보다는 글로 표현하는 것을 더 편하게 느끼며, 이해한 다음에 경험하는 방식을 선호하여 생각을 마친 후에 행동하는 경향이 있다.

### 2) 감각형(sensing)과 직관형(intuition)

감각－직관 지표는 사람이나 사물 등의 대상을 인식하고 지각하는 방식에서 감각과 직관 중 어느 쪽을 주로 더 사용하는지에 관한 지표이다. 감각형인 사람들은 일반적으로 오관에 의존하고, 현재에 집중하는 경향이 있다. 일 처리가 철저한 편이고, 실제적인 것을 중시하며, 사건을 사실적으로 묘사하는 경향이 있고, 세심한 관찰 능력이 뛰어나다.

반면, 직관형인 사람들은 상상력이 풍부하고 창조적이며, 보이는 것 그대로를 보기보다는 육감에 의존하려 한다. 나무보다는 숲을 보려는 경향이 있고, 가능성을 중요시하며, 비유적인 묘사를 선호하는 경향이 있다.

### 3) 사고형(thinking)과 감정형(feeling)

사고－감정 지표는 수집한 정보를 바탕으로 판단하고 결정을 내릴 때 사고와 감정 중 어떤 것을 더 선호하는지 알려 준다. 사고형인 사람들은 객관적인 사실에 주목하며, 분석적으로 판단하고자 한다. 공정성을 중요한 가치로 여기고, 원칙과 규범을 지키는 것을 중요시한다. 비판적이고, 맞다－틀리다 식의 사고를 하는 경향이 있다.

반면, 감정형인 사람들은 판단을 내릴 때 원리 원칙에 얽매이기보다는 인간적인 관계나 상황적인 특성을 고려하여 판단하고 결정을 내리고자 한다. 이들은 좋다－나쁘다

식의 사고를 하며 정서적 측면에 집중하고, 논리적인 판단이나 원칙보다는 사람들에게 어떤 결과를 가져올지 등을 더 중요시한다.

### 4) 판단형(judging)과 인식형(perceiving)

판단－인식 지표는 인식 기능과 판단 기능을 바탕으로 실생활에 대처하는 방식에 있어 판단과 인식 중 어느 쪽을 주로 선호하는지에 관한 경향성을 나타내는 지표이다. 판단형의 사람들은 빠르고 합리적이며 옳은 결정을 내리고자 한다. 이들은 목적 의식이 뚜렷하며, 조직적이고 체계적으로 행동하는 경향이 있다.

인식형의 사람들은 판단형의 사람들보다 상황에 맞추어 활동하고, 모험이나 변화에 대한 열망이 높다. 매사에 호기심이 많으며, 사전에 계획을 세웠다 하더라도 상황에 따라 유연하게 행동하는 경향이 있다.

## 7. MMPI 검사

MMPI 검사란 미네소타 다면 인성 검사(Minnesota Multiphasic Personality Inventory)의 약자로, 1943년 미국 미네소타 대학에서 임상 심리학자인 해서웨이(Hathaway)와 정신과 의사인 맥킨리(McKinley)가 고안한 심리 검사이다. 최초의 MMPI는 정신 병리를 진단하기 위한 검사였으나, 최근에는 정신 질환을 측정하는 것 외에 정상인을 대상으로 성격 특성을 측정하는 데도 널리 사용되기도 한다(이우경, 이원혜, 2012).

이후 1989년 개정판인 MMPI－2(Butcher et al., 1989)를 거쳐, 현재는 MMPI－2 재구성판(MMPI－2 Restructured Form; MMPI－2－RF)이 사용되고 있다(Ben－Porath & Tellegen, 2008). 국내에는 한국판 MMPI－2의 재구성판(한경희 등, 2011)이 나와 있다. 현재 다양한 심리 검사들이 개발되었으나, MMPI는 가장 널리 사용되고 있고 관련된 연구도 많이 축적된 성격 검사 방법이다(Camara, Nathan, & Puente, 2000).

MMPI－2는 건강 염려증, 우울증, 히스테리, 반사회성, 남성성－여성성, 편집증, 강박증, 정신 분열증, 경조증, 사회적 내향성 등 10가지 임상 척도로 구성되어 있으며, 이밖에 10가지 타당성 척도[?, VRIN, TRIN, F, F(B), F(P), L, K, S]를 포함하고 재구성 임상 척도(Restructured Clinical Scale: RC)와 성격 병리 5요인 척도(PSY－5 scales), 내용 척도 및 보충 척도 등으로 구성되어 있다. 총 567개의 문항으로 구성되어 있으며, 각 문항에 대해 '그렇다'와 '아니다' 중 하나로 답하게 한다.

　MMPI는 각 문항에 대해 "그렇다"와 "아니다"로 대답하게 되어 있는 질문지형 검사이다. 총 14개의 척도로 구성되어 있으며 여기에는 4개의 타당도 척도와 10개의 임상척도가 있다. 각 척도별로 해당되는 문항수의 총합은 사실 550개가 넘는데, 이는 척도들 간에 중복되는 문항들이 일부 포함되어 있기 때문이다. 또, 내용이 완전히 같은 문항 16개가 추가로 포함되어 있는데, 이 16개의 반복문항들은 피검자가 얼마나 일관성 있게 반응했는지를 확인하는 지표로 사용된다. 이렇게 하여 MMPI의 실제 질문지의 총 문항은 566번까지로 되어 있다.

　다음 표에 각 척도의 명칭과 기호 및 척도를 구성하는 문항수에 대해서 제시되어 있다. 각 척도의 명칭은 MMPI가 제작되었던 시기인 1940년대에 사용되었던 정신과적 진단명이다. 이 명칭들은 그 의미나 내용이 오늘날의 진단명과는 다소 차이가 있다. 또한 실제 임상장면에서 이 검사를 사용해오면서 특정 하위 임상척도에서 높은 점수를 받더라도 그 척도명과 일치하지 않는 진단이 내려지는 경우가 빈번하게 나타났기 때문에, 현재는 임상 척도명을 직접 사용하는 대신 10개 임상척도에 일련번호를 붙여서 Hs 척도부터 차례로 척도 1, 척도 2 등으로 명명하여 사용하고 있다.

　MMPI가 실시에 있어 문항수가 너무 많고 방대하여 시간이 많이 걸린다는 문제점들이 제기되었기 때문에, 지난 30여 년간 단축형 MMPI에 대한 관심과 연구가 꾸준히 있어왔다(Stevens & Reilley, 1980). 단축형은 요인분석, 문항분석, 다중회귀분석 등의 통계 기법을 통해 만들어졌는데, 이러한 방식으로 척도를 구성할 경우 척도들이 원래의 척도보다 문항수는 적을지라도 타당도나 신뢰도와 같은 심리측정적인 특성들은 달라지지 않는다는 전제하에 제작되었다. 13개 정도의 단축형 MMPI가 제안되었는데, 여러 연구에서 검사문항수가 200여 개 이하로 지나치게 적을 경우 타당도와 신뢰도에서 많은 문제가 있음이 밝혀졌다. 현재 임상장면에서 383문항형이 단축형으로는 가장 널리 사용되고 있다.

## 8. HTP(House-Tree-Person Test)

HTP는 집-나무-사람 검사라는 뜻이다. 이름에서 알 수 있듯이, 수검자가 그린 집과 나무와 사람 그림을 통해 임상가가 수검자 내면의 욕구나 감정, 생각 등을 해석하는 투사 검사이다. HTP 검사는 1920년대에 구디너프(Goodenough, 1926)가 고안한 인물화 검사(Drawing a Person Test: DAP)를 바탕으로, 존 벅(John Buck)이 1948년에 집과 나무를 추가로 그리게 하는 방식으로 발전시켜 HTP를 개발했다. HTP 검사는 실시하기가 간편해서, 특히 언어적 어려움이나 나이 등의 이유로 다른 검사를 하기가 어려운 경우에 널리 사용된다.

HTP 검사법은 우선 수검자에게 집, 나무, 사람, 첫 번째 그린 사람과 반대 성의 사람의 순서로 각 종이에 자유롭게 그림을 그리게 한다. 이때 검사자는 그림을 그릴 때 수검자의 말과 행동을 관찰하고 기록해야 한다. 수검자가 그림을 다 그린 후에 검사자는 수검자에게 그림에 관한 다양한 질문을 하여, 그림에서 수검자가 나타내려 한 것이 무엇인지 심층적으로 알아본다.

그림을 해석할 때는 그림의 위치나 크기, 그린 순서, 필압, 세부 묘사, 대칭, 왜곡, 지우기, 검사에 대한 태도나 소요된 시간 등을 고려한다. 내용적인 요소에서는 집의 경우 지붕이나 문, 창문 등의 특징에 따라 해석을 다르게 할 수 있으며, 나무 그림에서는 가지나 뿌리, 잎 등을, 사람 그림에서는 얼굴, 머리, 팔다리, 옷 등에 나타나는 특징을 이용하여 해석할 수 있다(Buck, 1948).

HTP 검사에서 집 그림은 보통 가정이나 가족을 의미하며, 집을 어떻게 표현하느냐는 가족과의 관계를 반영한다고 할 수 있다. 나무 그림과 사람 그림은 개인 내적인 갈등에 관한 내용을 반영하는데, '나무'는 무의식적인 측면을, '사람'은 상대적으로 더 의식적인 측면을 나타낸다(최정윤, 2002). 그러나 HTP 검사 결과를 해석할 때는 많은 주의를 요하는데, 결과를 맹신하여 단정적인 해석을 하는 것은 삼가고 다른 심리 검사와 면담 등을 병행하여 종합적인 판단을 해야 한다(김동연, 공마리아, 최외선, 2002).

## 9. SCT(Sentence Completion Test)

SCT는 문장 완성 검사라는 뜻으로, 완성되지 않은 문장을 수검자에게 보여 주고 이를 완성하게 만드는 심리 검사이다. 예를 들어, "내가 바라기에 아버지는 _____."와 같이 미완성 문장을 제시하면, 수검자는 "_____" 안에 들어갈 말을 자유롭게 작성하는 것이다. 문장 완성 검사는 실시가 용이하고, 자유 연상을 이용하기 때문에 짧은 시간 안에 수검자의 반응을 이끌어 내어, 수검자에 대한 다각적인 정보를 얻을 수 있다는 장점이 있다(이우경, 이원혜, 2012).

SCT는 다양한 임상가들에 의해 개발되었는데, 가장 널리 사용되는 검사는 삭스와 레비(Sacks & Levy, 1950)가 개발한 것이다. 이 문장 완성 검사는 총 50개의 문항으로 구성되어 있으며, 크게 가족 영역, 성적 영역, 대인 관계 영역, 자기 개념 영역으로 나뉜다. 각 문항의 완성 결과를 요약하여 손상 정도 즉, 정서적 갈등의 정도에 따라 평점을 매긴다(최정윤, 2002).

# PART 09

# 아동 · 청소년의 정신건강의 이해

## 1. 비행과 비행청소년의 이해

### 1) 비행의 개념

비행이란 도둑질, 살인과 같은 반사회적 행동이나 범법행위를 보이는 젊은이들(주로 18세 이하)의 행동을 일컫는 용어이다.

일반적인 양상은 다음과 같다.

① 법이나 규칙의 잦은 위반

② 절제의 부족

③ 비정상적인 성적 패턴

④ 욕구의 만족을 지연시킬 수 없음

⑤ 피상적인 대인관계

⑥ 남들에 대한 비난이나 원망

⑦ 상습적이고 고치기 어려운 행동

⑧ 거짓말

⑨ 불경스러운 용어의 잦은 사용

⑩ 관심받고 싶은 욕구

⑪ 부, 권력, 다른 사람에 대한 무시

⑫ 지능과 의식발달의 부조화

비행의 원인을 살펴보면, 개인과 관련되어 있는 환경적인 요인에 따른 비행이 있다.

비행자들은 어릴 때부터 바람직하지 못한 행동이나 태도를 받아들이는 환경에서 자랐다는 관점이다. 부모가 반사회성을 자주 보임에 따라 그것을 학습하고 거기에 적응한 경우라고 할 수 있다. 두 번째의 경우는 반사회적 반동의 한 형태로 나타난 비행이다. 반사회적인 행동은 분노의 표현이거나 대인관계의 어려움의 표현이거나 무책임 혹은 충동의 표현으로 보는 것이 적합하다.

비행의 발달적인 요인으로는, 신경계의 손상, 결손가정, 부모들 간의 갈등, 적절한 교육의 부재, 부모의 유기, 가정의 불안정, 과보호, 가난한 가정환경, 문화적 언어적 장애, 삶의 전망의 부재, 나쁜 친구와의 교제, 부족한 성지식, 매스컴의 영향, 정신적인 대화의 부재 등을 보고하고 있다. 치료적인 접근으로는 계속되는 불복종이나 난동 피우는 행동에 대한 즉각적인 관심을 표명하는 것이 중요하다. 교사와 부모, 그리고 전문가의 적극적인 노력이 초기에 가용하다면 매우 심각한 문제는 피할 수 있을 것이다.

비행치료의 가장 기초가 되는 것은 개인 내의 갈등에 직접 다가가는 접근이다. 제재나 벌은 오히려 적대감을 더욱 불러일으킬 수 있다. 그러나 대개의 노력이 성공적이기 어려운 것은 그들 스스로가 변화의 동기를 가지고 있지 못하기 때문이다. 가장 우선으로 할 일은 그런 행동의 내적 동기를 이해하는 것이다. 그들 자신의 감정을 표현하고 이해할 수 있는 기회를 마련하는 것이 필요하다.

### 2) 비행학생의 지도

비행청소년의 지도는 비행을 한 소년의 지도만으론 효과를 올리기 어렵다. 비행의 원인은 소년 자신의 개인적 문제성에만 의한 것이 아니라, 사회적 환경 가운데의 많은 요소와 상호간 관련이 있다. 이 환경 가운데에서 가장 영향력이 있는 것은 가정이다. 가정은 비행 발생원인으로서 중요할 뿐만 아니라 비행 회복과정에 있어서도 양친을 비롯한 가족의 적극적·자주적인 협력이나 지도가 큰 힘을 갖는다. 일반적으로 비행소년의 가정은 가치관이 편중되어 있거나, 의욕 및 도덕성이 낮은 경우가 많다. 이와 같은 가정에 대해 교사가 지도력을 발휘하기 위해서는, 평소부터 모든 수단을 활용하여 교사와 부모와의 유대를 밀접하게 맺어 두어야만 한다. 비행소년의 가정, 특히 양친으로 하여금 비행의 원인으로 눈을 돌리게 하고, 소년의 갱생에 힘을 합치려는 자주적·적극적 관심을 일으켜야 한다.

사회적 환경의 제2요소는 학교 및 이웃지역 안에서 맺어지는 친구관계이다. 중학생·

고등학생의 경우, 학생의 행동기준 · 방향 등에 영향을 미치는 힘은 가정에서 친구관계로 옮겨간다.

교사는 학생이 소속하는 형식적(formal) · 비형식적(informal)인 소집단을 파악하고, 그 소집단이 바람직한 방향으로 계속 지속할 수 있도록 평소부터 항상 지도해 둘 필요가 있다. 비행소년의 지도에 있어 각자를 분리하여 별도로 지도한다는 것은 노력에 비해 효과가 신통치 않으며, 대부분의 경우 집단에 작용하여 집단 전체를 변용시키므로, 집단의 힘을 통해 지도하는 방법이 효과적이다.

사회적 환경의 제3요소는 지역사회이다. 매스커뮤니케이션을 매개로 하여 성립하는 복잡한 현대사회에서는 국가라고 하는 대사회전체의 구조나 문화적 가치체계 등은 인간의 행동에 영향력을 갖고 있긴 하지만, 직접적인 개개의 행동 통제력은 무엇보다도 소년들이 그 안에서 생활하고 있는 지역사회로부터 영향을 받는다. 지역사회를 교육적 의도로써 재구성하고, 건전한 관심을 주민전체에게 각성시켜 청소년을 비행으로부터 지키고 보호하기 위하여 꾸준하고 소박한 활동을 계속하여야 하며, 지역사회와 밀접한 관계를 맺으면서 비행소년을 지도하여야 한다.

## 2. 아동 · 청소년의 우울증

우울증은 흔한 정신질환으로 성적 저하, 원활하지 못한 대인관계, 휴학 등 여러 가지 문제를 야기할 수 있으며, 심한 경우 자살이라는 심각한 결과에 이를 수 있는 뇌질환이다.

우울증은 효과적으로 치료될 수 있는 질환으로 초기 완쾌율이 2개월 내에 70~80%에 이르는 의학적 질환이다. 우울증에는 상담과 정신과 치료가 필수적이며, 중등도 이상의 우울증은 항우울제 투여도 반드시 필요하다. 특히, 최근 개발된 항우울제들은 뇌내의 저하된 세로토닌을 증가시켜 우울 증상을 호전시키고, 부작용이 거의 없이 안전하게 우울증을 개선할 수 있다.

청소년들은 슬프고 우울하다고 직접적으로 표현하지 않는다. 대신 짜증이 많아지고 충동적인 성향을 보이게 된다. 의욕 없이 무기력하게 지내면서 인터넷이나 스마트폰 게임 등에 집착하는 모습을 보이기도 한다.

그 이유는 우울감을 해결할 길 없는 청소년들이 가장 쉽게 문제를 해결하고 현실을 도피할 수 있으며, 말초적인 성취감을 느끼게 해 줄 수 있는 것이 인터넷이나 게임 등이기 때문이다. 더구나 우울증이 오는 시기가 사춘기 시기와 겹칠 때가 많아서 부모들은 더 혼란스러움을 겪는다. 우울증을 앓기 전과 확연하게 달라진 자녀를 보고 부모가 혼을 내거나 나무라기 시작하면 아이들은 더 대들고 반항하는 모습을 보이는 경향이 있다.

부모들은 이런 아이의 모습을 보고 전혀 우울증과 상관없는 모습이겠거니 하면서 우울증이 진행되는 동안 눈치채지 못하는 경우가 다반사다. 결국 우울증이 많이 진행되어 성적이 떨어지고 가출하고, 등교하지 않고, 인터넷 중독 등의 증상이 심해지는 등 문제가 표면 위로 오르게 되면 그때서야 부모들은 뭔가 잘못되었다고 생각한 후 병원을 찾게 된다.

우울증을 앓고 있는 청소년들은 별 것 아닌 일에 쉽게 짜증을 내고 분노하는 경우가 많다. 짜증이나 감정조절이 어려워지면 주변 사람들과 관계가 틀어지기 시작한다. 특히 가장 가까운 부모님이나 친구들 사이에 균열이 생기기 시작한다. 우울하고 짜증이 난 기분을 즉흥적으로 조절하기 위해서 반항적인 행동 역시 많이 하며 어른들에게 대들기도 한다.

우울한 기분은 누구나 일상생활에서 흔히 느낄 수 있다. 하지만 정신의학에서 말하는 우울증이란 일시적으로 기분만 저하되는 상태를 뜻하는 것이 아니라 생각의 내용, 사고과정, 동기, 의욕, 관심, 행동, 수면, 신체활동 등 전반적인 정신기능이 저하된 상태를 말한다. 이러한 증상이 거의 매일, 거의 하루 종일 나타나는 경우 우울증이라 하고 이 경우에는 단순한 기분 전환이 아닌 전문적인 치료가 필요하다.

우울증의 진단 기준으로, 9가지 중 5개 이상의 증상이 2주 이상 지속하며 기존의 기능과 비교하여 명백한 장애가 있는 경우 진단할 수 있다. 그러나 우울증 진단은 진단 기준에 따라 기계적으로 이루어지는 것은 아니다. 가장 중요한 것을 숙련된 전문가의 면담을 통한 임상적 진단이다.

- 하루의 대부분, 그리고 거의 매일 지속되는 우울한 기분이 주관적인 보고(슬프거나 공허하다고 느낌)나 객관적인 관찰(울 것처럼 보임)에서 드러난다.

※ 주의: 소아와 청소년의 경우는 과민한 기분으로 나타나기도 한다.

- 모든 또는 거의 모든 일상 활동에 대한 흥미나 즐거움이 하루의 대부분 또는 거의 매일 같이 뚜렷하게 저하되어 있을 경우(주관적인 설명이나 타인에 의한 관찰에서 드러남)

- 체중 조절을 하고 있지 않은 상태(예: 1개월 동안 체중 5% 이상의 변화)에서 의미있는 체중 감소나 체중 증가, 거의 매일 나타나는 식욕 감소나 증가가 있을 때
- 거의 매일 나타나는 불면이나 과다 수면
- 거의 매일 나타나는 정신 운동성 초조나 지체(주관적인 좌불안석 또는 처진 느낌이 타인에 의해서도 관찰 가능)
- 거의 매일의 피로나 활력 상실
- 거의 매일 무가치감 또는 과도하거나 부적절한 죄책감을 느낌(망상적일 수도 있는, 단순히 병이 있다는데 대한 자책이나 죄책감이 아님)
- 거의 매일 나타나는 사고력이나 집중력의 감소, 또는 우유부단함(주관적인 호소나 관찰에서)
- 반복되는 죽음에 대한 생각(단지 죽음에 대한 두려움뿐만 아니라), 특정한 계획 없이 반복되는 자살 생각 또는 자살 기도나 자살 수행에 대한 특정 계획

가벼운 우울증은 상담만으로 충분한 경우도 있으나, 중등도 이상의 우울증에서는 약물치료가 필수적이다. 특히, 최근 개발된 항우울제는 뇌내 저하된 세로토닌을 증가시켜 우울증의 원인을 치료하며 거의 부작용 없이 안전하게 우울증을 개선할 수 있다.

## 1) 치료를 반드시 고려해야 하는 경우

- 우울증으로 인한 증상으로 일상생활에 불편함이 지속되는 경우
- 직업기능, 학업 기능의 저하가 지속되는 경우
- 자살의 위험성이 있는 경우
- 동반되는 내과질환의 치료에 부정적인 영향을 주는 경우

우울증은 잘 치료될 수 있는 의학적 질환이다. 정신과 의사는 환자의 증상과 정신 상태, 질병의 진행 정도, 환자의 선호도 등을 종합적으로 검토하여 적절한 치료법을 환자와 함께 선택해야 한다.

## 2) 치료의 단계

우울증의 치료는 급성기, 지속기, 유지기 치료로 세 단계로 나누어진다.
- 급성기 치료(2~3개월): 증상의 관해를 목적으로 한다.

- 지속기 치료(4~6개월): 관해를 유지함을 목적으로 한다.
- 유지기 치료(6~24개월): 반복성 우울증의 경우 재발 예방을 목적으로 한다.

## 3. 자해와 자해행동

### 1) 자해의 이해

자해, 특히 자살 의도가 없는 자해행동은 죽고자 하는 명백한 의도 없이 주로 부적 정서를 다루는 방법의 일환으로 자신의 신체에 고의로 해를 가하는 행동을 뜻한다. 자해행동을 야기하는 원인이나 종류, 특성 등은 다양하며, 자해행동을 보이는 사람들 간의 이질성도 크다. 청소년부터 초기 성인기 집단의 자해행동 유병률이 높고, 경계선 성격 장애나 우울, 불안, 외상 후 스트레스 장애, 섭식 장애 등의 정신건강 문제가 있는 집단의 유병률이 높은 것으로 보고된다.

자해행동은 크게 두 유형으로 나누어진다. 첫째, 알코올 및 약물중독, 이식증, 자기 유인적 발작상태로 특징되는 간접 자기상해 유형이 있다. 둘째, 자신의 신체에 직접적인 상해를 입히는 경우로 벽에 머리 부딪치기, 물어뜯기, 자르기, 할퀴기, 때리기 등으로 나타난다. 자해행동 형태는 한 가지 형태에서 갖가지 결합된 형태 등 다양하며, 자해행동의 미스터리 중 하나는 자해행동이 주는 상처와 고통에도 불구하고 계속해서 자신을 상해한다는 점이다. 흔히 어떤 증후의 고통도 없이 발생하며, 중도 이상의 지적장애인으로서 언어결함, 시각장애 등을 수반했을 때 자해행동이 심한 것으로 보고된 경우도 있다.

자해행동은 언제나 심각한 안전문제를 일으키고 상처부위의 감염이나 2차적 병을 야기하기 때문에 자해행동을 보이는 아동뿐만 아니라 가족이나 교사, 주위 사람들에게 불안감, 좌절감, 무력감을 갖게 하는 등 큰 문제로 부각되며, 따라서 치료 및 교정교육이 절실한 부분이다. 자해행동의 원인으로는 각성을 권장하는 뇌 체계가 어떤 장애인에게는 비정상적이어서 자살행동과 같은 자기자극행동을 초래한다고 보는 생리학적 이론, 자기상해가 자극박탈이나 자극결핍에 대한 반응이라는 심리학적 이론, 주위 사람들의 반응에 따라 강화된 행동으로 보는 행동주의적 이론 등 세 가지로 설명되고 있다.

자해행동의 치료전략으로는 환경관리방법, 약물치료, 행동치료 등이 있다.

　첫째는 환경관리방법인데, 자해행동을 억제할 수 없는 심한 정신적인 긴장상태나 흥분된 감정상태의 외부적 표현으로 보고 있다. 따라서 자기통제력이 부족한 자폐 아동은 자신이 극복하지 못한 좌절감이나 스트레스를 느낄 때 자신의 감정표현을 자해행동으로 나타낸다. 자해행동을 보이는 아동이 가정보다는 학교에서, 식사시간이나 여가시간보다는 학습시간에 더 많이 나타낸다는 점이 이를 잘 말해 주고 있다. 따라서 아동의 자제력과 아동에게 스트레스를 주는 일과 환경을 잘 관찰한 다음 스트레스를 경감시키는 환경을 조성해 주는 환경관리방법이 자해행동을 줄이는 데 도움이 될 수 있다. 아동의 주위에 풍부한 자극을 주기 위해 장남감도 많이 놓아 주고 놀이기구 등을 설치하여 다양한 놀이를 유도한다.

　둘째는 약물치료인데, 일반적으로 엔도르핀의 분비가 인체에 좋은 것으로 알려져 있지만 지나치게 많은 양의 분비는 오히려 행동장애를 유발하는 원인을 제공하는 것으로 보고되고 있다. 인체 내에서 엔도르핀의 주요 역할 중 하나가 마취작용을 하기 때문에 자폐 아동이 자해행동을 할 때 인체 내에서 분비된 많은 양의 엔도르핀이 오히려 고통을 느끼지 않게 도와주어 자폐 아동이 자해행동에 대한 감각을 더욱 잃게 만든다. 이에 날트렉손(naltrexone, 뇌 진정제 수용체를 억제하는 약)이라는 약물로 치료하면 큰 도움이 될 수 있다. 이 약을 복용하면 인체 내에서 엔도르핀의 주요 역할인 마취작용을 둔화시키고 고통을 촉진하여 자해행동과 같은 부적절한 행동을 자연스럽게 감소시킬 수 있다.

　셋째는 행동치료인데, 자해행동을 후천적으로 배우고 익힌 행동으로 보고 자해행동을 강화하는 특정 상황이나 조건을 제거해야 한다고 행동주의 심리학자들은 보고 있다. 이들은 아동이 경미한 자해행동을 할 때 지나치게 관심을 기울이거나 신경을 곤두세우면 오히려 아동의 자해행동을 강화하는 결과를 낳는다고 하였다. 응벌적 자극요법의 행동수정방법은 어떤 아동에게는 효과가 있지만 또 다른 아동에게는 역효과를 낼 수 있으므로 아동의 특성에 맞게 신중하게 선택해야 한다. 과거에는 약한 전기충격방법이나 물 뿌리기 방법, 신체적 제지 등의 방법이 있었지만 인격적인 문제가 야기되어 요즈음은 아동이 불유쾌하게 생각하는 방법을 쓰기도 한다. 예를 들면, 신맛을 불유쾌하게 생각한다면 레몬주스의 신맛으로 자해행동을 줄이기도 하고, 신맛을 좋아하는 아동에게는 암모니아 냄새를 맡게 하는 방법 등이 있다.

### 2) 자해행동의 분류

자살 의도가 없는 자해의 분류로 현재 가장 많이 인용되는 기준은 4개의 큰 범주로 구분한 분류 체계이다(Favazza, 1996; Favazza & Rosenthal, 1990; Favazza & Simeon, 1995; Simeon & Favazza, 2001에서 재인용).

① 상동형(stereotype)
② 유력형(major)
③ 강박형(compulsive)
④ 충동형(impulsive)

상동형(주기적, 내용 없음), 유력형(거세[castration] 또는 절단[amputation])의 자기 손상 행동은 대개 정신증 및 정신 지체 증후군의 한 요소이다. 그러므로 이러한 자기 손상 행동의 유병률은 낮은 편이다. 강박형 자해는 고조된 불안을 경감시키고자 도저히 참을 수 없고 수행할 수밖에 없는 반복적이고 자아 이질적인 자해행동(예: 머리카락 뽑기, 손톱 물어뜯기, 팔뚝이나 등, 목, 허벅지 등을 할퀴기, 피부 뜯기)을 하는 것이다. 충동적인 자해는 자신에게 상처를 입히고자 하는 일화적 욕구, 손상 행동을 하기 전의 통제력 상실, 손상 행동 직후의 만족감 등의 특징으로 설명된다. 아마 가장 널리 인식된 고의적인 자해행동의 형태는 칼로 긋기, 불로 지지기, 뾰족한 것으로 찌르기 등을 포함한 충동적인 자기 손상 행동일 것이다(Simeon & Favazza, 2001).

젊은 여성을 대상으로 한 대규모 지역사회 표본 연구에서는 충동형 자해행동과 강박형 자해행동이 모두 24%의 높은 평생 유병률을 보였다(Favaro, Ferrara, & Santonastaso, 2007). 자해로 입원한 환자 중 충동형 자해행동(주로 자신을 칼로 긋기, 불로 지지기, 자기 구타)에 해당하는 경우는 5%였으나, 그들은 강박적 자해행동에 관련된 환자보다 아동기 학대와 물질 남용 및 낮은 사회경제적 지위와 관련된 경우가 훨씬 더 많았다(Favaro et al., 2007). 자해행동의 동기가 되는 요소로 일관되게 부정적 정서 상태에 대한 조절이 확인되고 있는데, 이는 충동형 자해에서 특히 그러하다(Kumar, Pepe, & Steer, 2004).

자살 의도가 없는 자해행동에 대한 이러한 4개 범주를 도입하고 있기는 하지만 이 역시 한계점이 있다. 이러한 구분은 자해의 동기나 처음 이유를 설명해 주지는 못한다. 예를 들면, 자살 의도가 없는 자해행동은 분명 발달 장애나 지적 장애에서의 자해와 다른 현상이지만 둘 다 자살을 의도하지 않는다는 공통점이 있다. 그렇다면 둘 사이의 차이는 자해의 동기나 처음 이유에서 찾아야 하는데, 위의 분류 기준은 이를 설명해 주지 못한다.

한편, 자해행동의 종류를 구분하기보다는 자해행동의 요소나 차원을 제안한 접근도 있다(Claes & Vandereycken, 2007).

① 자기 손상을 가한 방법(예: 칼로 긋기, 불로 지지기, 끈으로 묶기)

② 손상을 가한 신체 부위(예: 머리, 팔)

③ 일정 기간 동안 자살 의도가 없는 자해를 저지른 빈도(예: 하루, 일주일, 또는 한 달 동안 자해행동을 한 빈도)

④ 자살 의도가 없는 자해로 야기된 손상의 정도(예: 손상 유형, 손상 부위 수, 손상 심각도 등의 측정)

⑤ 자살 의도가 없는 자해를 저지른 당시 개인의 심리 상태(예: 지적 장애, 기질성 질환, 정신과적 장애)

⑥ 자살 의도가 없는 자해의 용도나 기능(예: 주목을 받기 위해, 책임을 회피하기 위해, 스트레스 대처의 일환)

⑦ 자살 의도가 없는 자해가 사회적으로 용인되는(또는 용인되지 않는) 정도(예: 사회적으로 용인되는 경우는 자해행동에서 제외함)

⑧ 손상으로 인한 실제 또는 잠재적인 치명성

⑨ 손상의 직간접성(예: 칼로 긋는 것과 같은 즉각적인 손상이 있는지, 또는 약물 남용과 같이 시간이 경과한 후에야 효과가 있는지)

특히 손상의 치명성은 제대로 평가하기가 쉽지 않다. 잠재적인 치명성은 종종 손상의 심각도로 알아보는데, 손상의 정도가 사망의 잠재성을 충분히 반영하지 못할 수 있다. 예를 들어, 목에 끈을 맬 때 그 행동을 완수하는 경우는 잠재적인 치명성이 높겠지만, 어떤 방해로 인해 그 행동을 제대로 하지 못하면 신체적 손상이 없는 것이다. 치명성을 가늠하는 데에 더 도움이 되는 기준으로 (1) 의학적 심각성(손상의 심각도와 사망 위험), (2) 의도의 심각성(죽고 싶어하는 정도가 얼마나 강했는가)을 고려할 수 있다(Lohner & Konrad, 2006).

자해행동은 사회적으로 용납하기 어려운 목적과 방법으로 자신의 신체에 고의로 직접 해를 입히거나 흉터를 남기는 행동으로 정의할 수 있다. 여기서는 죽고자 하는 명백한 의도 없이 자신에게 고의적으로 가하는 해로운 행동에 국한해 살펴보았다. 자해를 야기하는 행동은 광범위하고 다양한데, 현재 널리 인용되는 분류 체계는 상동형, 유력형, 강박형, 충동형 등의 범주이다. 자해행동의 유병률은 사회적 낙인 문제나 다른 정신건강 증상, 장애와의 중복으로 인해 정확한 측정이 쉽지 않다. 현재까지 진행된 유병률 연구들을 종합했을 때 일반인 집단보다는 정신건강 문제가 있는 집단이, 연령으로는 청소년부터 초기 성인기 집단의 유병률이 높게 보고되었다. 성별에 따른 유병률은 논란의 여지가 있으나, 자해행동 유형에서는 남성이 더 과격하고 심각도가 큰 자해행동을 보이는 것으로 나타났다.

자해행동과 관련된 요인에는 충동성, 분노, 공격 또는 이것들의 증후군인 경계선 성격 장애와 같은 특성적 요인이나 외상 경험이나 역기능적 가정 환경과 같은 환경적 요인, 외상 후 스트레스 장애나 우울, 불안 등의 정서적 문제, 약물 남용이나 섭식 문제와 같은 중독 문제가 제기된다. 자해행동을 하는 동기로는 다양한 이유가 제시되나, 대부분 부적 정서를 다루는 대처 기술의 일환으로 자해를 한다는 관점이 많다(Gladstone, Parker, Mitchell, Malhi, Wilgelm, Austin, 2004). 자해행동을 다루는 개입들이 시도되고 있지만 경험적으로 증명된 접근은 부족한 실정이다. 자해행동 자체만을 위해 개입하기보다는 경계선 성격 장애나 기분 장애, 불안 장애, 섭식 장애 등 다른 정신건강 문제에서 자해행동이 있을 때 집중적인 관리나 대처 기술 훈련을 돕는 방식으로 개입이 이루어진다.

## 4. 청소년의 자살과 자살이론

### 1) 청소년의 자살

청소년기의 자살은 다양하고 복잡한 원인들이 작용한다. 청소년기는 신체적, 인지적, 정서적으로 급격한 변화를 겪으면서 많은 혼란을 경험하게 되는 시기이다. 뇌의 깊숙한 곳에 자리하고 감정을 지배하는 해마와 주변 조직은 청소년기가 되면 발달이 거의 다 이루어진다. 하지만 감정을 지배하고 자기 조절력을 발휘할 수 있는 전전두엽은 이보다 훨씬 더 늦게, 20세를 지나서야 발달을 끝낸다. 다시 말하면, 사춘기는 전전두엽이 왕성하게 발달되는 시기이지만, 아직 제 역할을 수행하기에는 미숙하다는 것이다. 따라서 감정을 조절하는 것과 하고 싶은 것을 억누르는 것에 어려움을 겪기도 한다. 특히 우울증이 심하거나 스트레스를 받고 있을 때는 자기 제어 능력이 더욱 떨어지면서 문제가 악화될 수 있다는 것을 명심해야 한다.

특히 20~30대에서는 자살이 사망 원인 1위이고, 15~19세 사이에서는 2위다. 한국만이 아니라 미국에서도 15~19세 사이의 청소년 사망 원인의 3위가 자살이다(참고로 미국의 경우 2위는 타살이다). 암과 같은 불치병은 현대 의학의 발전과 함께 사망률이 급속도로 낮아지고 있고, 교통사고와 같은 사고사도 안전 수칙을 준수하면 예방이 가능하다. 그렇지만 자살만은 당사자가 자의적으로 저지르는 것이기 때문에 예방하기가 쉽지 않다.

청소년기의 자살은 충동적이고 즉흥적인 경우가 많다. 심각한 죄의식이나 우울감보다는 성적 비관, 일상적 말다툼, 생활상의 스트레스 등이 원인이다. 그래서 성인에 비해 자살 시도를 10배나 많이 하는 경향이 있다. 그렇지만 그에 비해 실제 죽음에 이르는 비율은 낮다. 특히 여자가 남자보다 4배나 많이 시도하지만 실제 사망률은 큰 차이가 없는데, 여자는 상대적으로 덜 위험한 방법을 사용하기 때문이다. 남자든 여자든, 현재의 일상적 고통을 견디기 어려워서 어떻게든 벗어나려는 노력이 1차적인 이유다. 일상적 스트레스가 여러 가지 겹칠 때 시너지를 일으키면서 폭발적으로 위험한 행동을 저지르기 쉽다는 것이 청소년기 자살의 특징이다. 자살에 대해 생각하거나 행동에 옮긴다는 것은 그만큼 스트레스를 겪고 힘들어 한다는 징후다. 그러므로 적극적으로 대처해야 한다.

처음에는 그저 막연하게 생각만 하다가 그 생각이 잦아지면 방법과 계획을 떠올린다. 점차 생각은 정교해지고 구체적인 계획을 세우는 단계까지 간다. 이 단계까지 가기 전에 여러 번 멈출 수 있다. 그러나 자살에 대한 생각이 마음속에 이식되고 나면 자신의 의지만으로는 극복하거나 없애기가 쉽지 않다. 여러 번 생각을 접고 마음을 돌리지만, 만에 하나 안 좋은 일이 겹치면 가속도가 붙으면서 결행하게 된다.

## 2) 자살의 이론

사회학자 뒤르켐(Emil Durkheim)의 이론이다. 그는 자살에는 이기적(egoistic), 이타적(altruistic), 붕괴적(anomic) 자살이 있다고 말했다. 집단과의 결속이 없어져 버린 개인이 견디지 못하면 이기적 자살이고, 논개와 같이 국가와 민족을 위해 생명을 던지면 이타적 자살이다. 붕괴적 자살이란 한 사회가 다른 구조로 변화될 때 이에 적응하지 못한 개인이 견디지 못하는 것이다.

프로이트는 외부 대상으로 향했던 사랑이 공격성으로 변해 자신을 향해 일어나는 것이 자살이라고 해석했다. 밖을 향해 쏘려던 총구를 자신을 향해 돌린 셈이다. 여기에는 여러 가지 환상이 기여한다.

첫 번째가 복수 환상이다. 자신이 죽으면 다른 사람들이 미안해할 것이라고 생각하고 자존심에 입은 상처를 자기 파괴적인 복수로 보상받으려는 것이다.

두 번째는 징벌 환상으로, 복수 환상과는 정반대로 자신이 너무나 나쁜 짓을 저질렀다고 자책한 나머지 살아 있을 가치가 없다고 여기고 스스로에게 사형을 선고한다.

세 번째는 재결합 환상으로 노인들에게 흔한데, 배우자나 사랑하는 사람이 죽고 나면 더 이상 살아갈 이유를 찾지 못하고 사후 세계에서 그들과 재결합하려 시도한다.

네 번째는 리셋 환상이다. 컴퓨터가 잘 돌아가지 않으면 리셋 버튼을 눌러 새로 시작하면 되듯이, 마찬가지로 인생이 너무 꼬였다고 여기면 자살을 일종의 리셋 버튼으로 여기는 경우가 있다. 컴퓨터 게임을 하다가 마음에 안 들면 새로 캐릭터를 만들어 시작하면 된다는 생각과 비슷하다.

그러나 이런 환상들은 삶의 의미를 부정하고, 현재 겪는 스트레스에서 도망치거나 자신의 행동을 합리화하는 것일 뿐이다. 결국 실제로 왜 그랬는지는 아무도 모를 만큼 복합적인 이유가 작용한다.

사회적인 변화도 자살에 영향을 미친다. 길리건(James Gilligan)이라는 정신과 의사는 자살과 살인을 치명적 폭력(lethal violence)으로 규정하고, 실업률과 빈부의 격차가 증가하면 치명적 폭력의 발생률이 높아진다고 말했다. 우리나라도 1998년 IMF 사태로 실업률이 급격히 올라갔을 때 일시적으로 자살률이 올라갔다. 사회적 환경이 나빠지면 수세에 몰린 사람들이 자살이란 극단적 선택이 유일한 해결책이라고 판단할 수 있다. 아니면 '동반 자살'이라는 부작용으로 나타나기도 한다.

무엇보다 중요한 것은 자살을 시도했던 사람들이 다시는 시도하지 않도록 보살피는 것이다. 1명의 자살은 당사자만의 문제가 아니다. 한 사람의 자살은 주변의 6명에게 심각한 영향을 미친다고 알려져 있다. 모 탤런트가 자살한 후에 동생마저 자살한 사건을 봐도 그렇다. 이렇듯 연쇄적인 비극의 도미노를 막으려면 자살 시도자와 자살 성공자의 주변인을 잘 돌보아야 한다. 특히 자살 시도자의 30%가 1년 내로 또다시 자살을 시도한다.

가장 흔한 자살의 원인은 치료되지 않은 우울증이다. 우울증이 있는 경우 자살에 대한 생각이 건강한 사람의 4~5배로 증가하고 생활상의 스트레스나 음주 문제 등이 겹치면 그 위험도는 급상승한다. 한 연구에서는 자살한 사람을 대상으로 심리적 부검(psychological autopsy)을 하면 75%가 우울증이라고 했을 정도다. 더 나아가 자살 시도자의 우울증을 발견해서 적극적으로 치료하면 자살을 재시도하는 비율을 80퍼센트나 줄일 수 있다고 한다. 그러므로 자살과 우울증은 떼려야 뗄 수 없을 만큼 밀접히 관련되어 있다는 사실을 알 수 있다.

그러나 치료를 받는 사람은 여전히 소수다. 외국의 보고에 의하면 자살 사망자의 3분의 1만이 항우울제를 복용했고, 3%만이 치료적 용량의 항우울제를 복용했다. 약물 치료를 동반한 적극적인 우울증 치료는 자살 위험을 낮추는 데 매우 효율적이지만, 자살을 시도할 위험이 있는 90%가 넘는 사람들이 여러 가지 이유로 치료받지 않고 있다. 그러므로 적극적인 치료와 지속적인 모니터링이 자살 예방의 중요한 전략이 된다.

한편 자살은 전염성이 있다. 특히 유명한 사람이 자살하면 그와 같은 방법으로 자살하는 사람이 늘어나는데, 이를 '베르테르 효과'라고 한다. 괴테의 소설 '젊은 베르테르의 슬픔'의 주인공이 권총 자살을 했는데 그 후 유럽의 젊은이들 사이에 권총 자살이 늘어났다는 사실을 발견하고, 1974년 미국의 사회학자 필립스(David Phillips)가 이름 붙였다. 그는 20년 동안 자살을 연구하면서 유명인의 자살이 언론에 보도된 뒤 자살률이 급증했다는 사실을 토대로 이 연구 결과를 이끌어 냈다. 2005년 한 여배우가 자살한 지 2달 후에 자살자가 평균 기대치인 2,073명보다 많은 2,568명으로 늘어났고, 2008년 또 다른 여배우의 자살 후에는 3,081명으로 1,000명이나 더 자살하는 일이 벌어졌다. 그만큼 유명한 이들의 자살은 대중들에게 큰 영향을 미친다.

## 5. 은둔형 외톨이

은둔형 외톨이는 집 안에만 칩거한 채 가족 이외의 사람들과는 인간관계를 맺지 않고 보통 6개월 이상 사회적 접촉을 하지 않은 사람들을 이르는 말이다. 일본의 '히키코모리'와 상통하는 은둔형 외톨이는 핵가족화와 인터넷 보급 등 사회 구조와 환경의 급속한 변화에 따른 사회병리적 현상으로 이해된다. 은둔형 외톨이는 타인에게 관심을 두지 않고 자신의 일에만 집중하는 '나홀로 문화'가 낳은 현상이라고 볼 수 있는데 특히 사회 부적응, 가정 붕괴, 부모의 폭행, 왕따, 인터넷 게임 중독 등의 상황에 노출된 사람들에게서 빈번히 발견된다.

'히키코모리'란 '틀어박히다'라는 뜻을 나타내는 일본어 '히키코모루(ひきこもる)'의 명사형으로, 일본 후생노동성의 정의에 따르면 '여러 가지 이유로 사회적 참가영역이 좁아져서 취직이나 취학 등 자택 외에서의 생활의 장이 장기간에 걸쳐 상실된 상태'와 그런 상태에 있는 사람을 의미한다. 사이토 다마키(斎藤環, 1998)는 정신질환 때문에 나타나는 은둔과 구별하기 위해 '사회적 히키코모리'라는 용어를 사용하고, 이를 '20대 후반까지 문제로 나타나면서 6개월 이상 자택에 틀어박혀 사회에 참여하지 않는 상태가 계속되고, 정신장애를 제1의 원인이라 볼 수 없는 경우'로 정의하였다. 히키코모리는 단일 질환이나 장애 개념이 아니며, 그 실태가 다양하여 생리학적 요인이 깊이 관여하는 경우도 있고, 명확한 장애가 없는 경우도 있으며, 장기화된다는 것이 특징이다.

일본 후생노동성에서 제시하는 판정기준은 정신분열이나 조울증, 기질성 정신장애가 없을 것, 초진 시점에서 3개월 이상의 무기력, 히키코모리 상태일 것, 치료관계가 6개월 이상 계속되고 있을 것, 적어도 본인이 5회 이상 병원을 방문했을 것, 평가표에 해당 사항이 충분히 갖추어져 있을 것 등이다. NHK 네트워크에 따르면 일본의 히키코모리 인구는 2005년 현재 160만 명 이상이었고, 가끔 외출을 하기도 하는 준히키코모리 인구를 합하면 약 300만 명을 넘을 것으로 추정하였으며, 주로 남성에게서 많이 나타난다고 하였다. 또한 종래에 히키코모리는 등교거부와 동일시되기도 하여 히키코모리 지원에서는 10대에서 20대를 대상으로 상정하는 경우가 많았지만, 근년에는 히키코모리의 장기화나 사회진출 후의 히키코모리가 나타나면서 30대, 40대 연령층에도 히키코모리가 증가하고 있다고 한다.

일본에서 히키코모리 현상이 사회문제로 부각되기 시작한 것은 1980년대 후반으로, 서구에서는 이를 일본 특유의 사회문화적 현상으로 보는 경향이 있었다. 미국의 저널리스트이자 캘리포니아대학교의 객원연구원 마이클 질렌지거(Michael Zielenziger)는 '히키코모리의 나라'라는 책에서 히키코모리를 일본 특유의 현상으로 규정하고, 이를 일본의 사회문화적 병리로 다룬 바 있다. 일본인들의 명품 선호 경향이나 '오타쿠(특정한 일이나 대상에 지나치게 집착하여 폐쇄적 경향을 보이는 사람)'의 증가, 일본경제의 추락이나 정치적 정체, 자살률의 증가, 국제적 고립 등이 히키코모리와 맥락을 같이한다고 보고 있다. 그러나 이러한 현상은 우리나라를 비롯하여 대만, 홍콩, 미국, 오스트리아, 이탈리아, 영국 등 많은 선진국에서도 존재한다는 사실이 보고되고 있다.

2010년 8월 옥스퍼드 영어사전 제3판에는 'hikikomori'를 수록하고, 그 의미로 "사회와의 접촉을 이상힐 민큼 피하는 일, 일반적으로는 젊은 남성이 많다."라고 적고 있다. 히키코모리가 되는 원인에는 여러 가지가 있을 수 있다. 첫째, 학교나 회사에서 당하는 육체적·정신적 고통(왕따 등의)을 피하기 위해서다. 둘째, 가족과의 관계에서 발생한 트라우마나 가족으로부터의 지나친 간섭 때문에 자신감을 갖지 못해서다. 셋째, 사회에 압도되어 인생에 대한 절망으로 일으키는 자해행위의 일종이다. 넷째, 자신이 보기 싫어하는 현실, 사람(들), 장소 등을 보지 않기 위해서다. 다섯째, 속마음을 겉모습이라고 합리화시켜 사회나 어떤 상황이 기대하는 역할을 찾아내는 것이 어렵기 때문이다.

사회생활을 시작하면서 책임감이 주어지는 청소년부터 젊은 성년의 시기에 히키코모리가 된 사람은 사회로 복귀하지 못한 채 중년이 되기도 한다. 진학이나 취직 적령기에 놓인 사람들 외에 사회인으로서 자립한 사람들도 히키코모리가 될 수 있다.


## 6. 아동·청소년 스마트폰 중독

청소년기에 스마트폰 게임에 지나치게 몰입함으로써 심리적, 정서적인 문제 뿐 아니라 학업, 성격 등에 부정적인 영향을 받고 사회적인 기능 손상을 가져오는 등 문제가 심각해지고 있는데, 최근 조사결과에 따르면 청소년들의 스마트폰 사용비율은 74.1%로 30~40대에 비해 2배 이상 높았고, 이들은 정보, 통신 등 비교적 건강한 쪽보다 게임에 몰두하는 경향이 높았다. 문화관광부와 게임지원센터의 '게임이용시간 증가에 따른 영향' 연구 결과에 따르면, 우리나라 게임 이용 청소년 10명 중 1명 정도는 게임을 하지 않을 때 금단, 내성, 조절능력 상실, 강박적 의존 등의 중독증상을 심하게 보이는 것으로 나타났다.

게임에 빠진 아동들은 정상적인 일상생활을 하지 못하고 매일 4~5시간 또는 밤새워 게임을 하며, 심한 경우는 학교를 무단이탈하여 게임을 하기도 한다. 게임은 통계적으로 여학생보다 남학생이 더욱 관심을 가지며, 특히 아동 시기에 많이 접하게 된다. 게임

자체에 몰입하게 되고 아직 정신적으로 성장단계인 청소년기에 공격적이고 나쁜 게임을 접하게 되면 즐기는 수준은 순식간에 넘어가 대인관계 및 현실과 가상공간을 구분하지 못하는 등 심각한 부작용을 낳게 된다. 이로 인하여 게임 중독에 빠진 청소년들은 폭력적, 공격적 행동의 조장과 신체적 문제를 야기시킬 수 있는 큰 문제를 야기할 수 있다.

스마트폰 중독, 사이버 게임중독, 채팅중독 등에 빠지는 청소년들의 특징이 심각한 정서적 문제나 낮은 자존감 상태나 자신의 정체감에 불만이 있는 경우, 이전 다른 것에 중독되었던 경험이 있는 경우이기 때문이다. 그래도 그들에게 최선을 다해 상담해야 한다. 조금만 도와주면 중독에서 벗어나는 경우도 있기 때문이다.

첫째, 신체적인 활동을 하는 것이다. 농구를 하고, 축구를 하고, 그리고 탁구나 볼링 등 다양한 신체적인 노력을 기울이는 것이다. 신체적인 운동은 심리적인 스트레스를 해소할 수 있는 방법이기 때문이다. 여기에 운동은 수영처럼 배우면서 실력이 느는 것을 바로 확인할 수 있는 운동이 바람직하다. 일반적인 생각과는 달리 내성적인 아이들만이 이러한 스마트폰 중독에 잘 빠지는 것은 아니며, 외향적인 아이들도 많이 빠지는 것으로 알려져 있다. '스마트폰 중독'에 대해 현재로는 뚜렷한 치료방법이 정립되어 있지는 않지만, 일반적으로 부모들이 아이들에게 관심을 가지고 문제점을 이해하고 해결하려는 노력이 많은 도움이 된다.

둘째, 컴퓨터의 제한 시간을 두는 것이 필요하다. 무엇보다 컴퓨터를 사용하는 데 제한을 두는 것이 중요하다는 것은 부모들의 무조건적인 강압보다는 다른 활동을 함으로써 컴퓨터 사용시간을 조금씩 줄어들게 해야 한다는 것을 의미한다. 컴퓨터를 사용하는 시간에 사람들을 만나게 해서 대화를 나누게 하거나 운동을 하는 것도 좋기 때문이다. 그리고 게임을 하려면 친구 등과 함께 하도록 해서 혼자서 컴퓨터 앞에 앉지 않도록 하는 것도 좋은 방법이다. 이러한 방법들을 통해 컴퓨터 앞에 앉아 있는 시간을 줄이고, 자신의 상황을 객관적으로 되돌아 볼 수 있도록 하면 게임에 대한 흥미를 줄일 수 있다.

셋째, 컴퓨터의 환경을 조정해줄 필요가 있다. 컴퓨터에 깔려 있는 게임을 모두 지우고, 게임 CD나 잡지도 아까워하지 말고 모두 버린다. 즐겨찾기 목록도 정리해 꼭 필요한 사이트만 남긴다. 특정 경우를 제외하고는 메일 검색은 일정기간에 1번씩 하도록 한다. 메일을 검색한다는 그럴듯한 핑계로 컴퓨터를 켰다가 아예 눌러 앉을 수가 있다. 컴퓨터를 거실로 옮겨 온 가족이 함께 사용하는 것도 컴퓨터를 자제하게 하는 좋은 방법이 될 수 있다.

넷째, 다른 활동을 찾아야 한다. 친구들이나 집단에서 소외되지 않기 위해 어쩔 수 없이 컴퓨터를 하게 되는 경우도 있다. 이때에는 집단에서 소외되는 것을 두려워하지 말고, 함께 할 수 있는 다른 활동을 찾아 주도적으로 이끌어 갈 수 있도록 해야 한다. 또 친구나 주변 사람들에게 자신이나 아이의 상황을 말해주고 최대한의 협력을 구해야 한다. 스마트폰 중독을 물리칠 수 있는 가장 기본적이면서 중요한 핵심은 자신의 의지이다. 진정으로 중독증을 치료하고자 하는 의지가 없다면 어떤 방법도 실패할 수 있으므로, 청소년들을 충분히 이해시키는 것이 중요하다. 전문가들은 부모들은 필요하다면 스마트폰 사용시간을 제한하고, 아이들에게 가족끼리의 여행이나 운동 및 다른 취미생활을 통해 즐거움을 찾을 수 있도록 도와주는 것이 좋다고 강조한다.

다섯째, 게임만큼 재미있는 일, 또는 게임보다 더 재미있는 일들을 많이 만들어야 한다. 하고 싶던 취미가 있으면, 바로 지금이 시작할 때이다. 헬스클럽에 가고 싶었으면, 바로 지금 회원 가입을 하도록 한다. 오랫동안 잊고 있던 친구가 생각나면 지금 당장 연락해 같이 할 수 있는 것들을 찾아보도록 한다. 인생에서 즐길 수 있는 재미있는 것들을 많이 만들어야 한다. 오프라인에서의 삶이 더 재미있는 것일수록, 온라인게임에 대한 향수는 더 줄어들 것이다.

여섯째, 스마트폰 게임 사용 시간에 대한 주간 일정표를 작성해야 한다. 게임 사용에 대한 절제를 시작하는 첫 단계는 시간 계획을 세우는 것이다. 계획과 목표가 있어야 통제할 수 있다. 게임 이용에 제약을 가하고자 하는 수많은 시도가 실패로 끝나고 마는 이유는, 무작정 시간을 줄이려고만 하기 때문이다. 먼저 합리적인 목표, 즉 현재 주당 40시간 동안 스마트폰을 하고 있다면 주당 20시간 정도로 줄이는 식의 목표를 정한다. 다음에는 이 20시간을 기준으로 사용 시간표를 작성하되 주간 또는 월간 단위로 구체적으로 작성한다. 접속 항목들은 중독자가 게임으로 꼭 해야 하는 것들을 우선적으로 포함시키되 가급적 접속 시간은 짧게 하고 대신 자주 하도록 하는 것이 더 바람직하다.

# PART 10

# 학교폭력과
# 다문화교육의 이해

## 1. 다문화사회의 이해

　다문화사회는 정보화 사회, 지구촌 등으로 표현되는 21세기의 다양한 모습 중 하나이다. 수많은 인류와 물적 자원들이 국경선을 넘나들고, 또한 합쳐지며 새로운 문화를 만들어내고 있다. 한국도 마찬가지로 이러한 사회의 흐름에 따라 총인구 대비 약 2%의 비율을 다문화가정이 차지하고 있다. 물론, 역사적으로 오래된 다문화사회를 이루고 있는 유럽국가와 미국에 비하면 낮은 비율이지만, 세계 인구 대비 평균 디아스포라 (diaspora)가 2.5%인 것을 감안했을 때, 한국은 지속적으로 다문화사회에 근접하고 있다고 볼 수 있다. 국제결혼 가정 자녀의 17.6%가 외모 차이와 언어 미숙으로 인하여 학교 부적응을 겪고 있다는 것과 한국이 그동안 단일민족과 혈통을 강조했던 사회라는 점에서 다문화사회로의 변화에 대한 적절한 대응이 필요하고 그러한 대응의 하나로 대두된 것이 다문화교육이다.

## 2. 다문화교육의 이해

　어릴 때부터 이주민의 문화를 이국적이거나 '구경거리화'하지 말고, 우리 삶의 한 부분으로 받아들일 수 있는 감수성을 배양해야 한다. 이러한 교육과 학습은 자연스럽게 이루어지는 것이 아니라 미디어를 포함한 다양한 도구를 활용해 체계적이고 지속적으로 이루어져야 한다. 아동들이 영상매체에 익숙하므로 미디어, 특히 영상매체나 인터넷을 활용해 교육하는 것이 효과적일 수 있다. 이주민을 '우리'의 일부로 묘사하는 미디어 콘텐츠의 확산도 필요하다. 체계적으로 신문, 방송, 인터넷 등 미디어의 다문화 콘텐츠를 모니터링과 함께 비평하고 대안을 제시함으로써, 다문화에 부적절한 내용을 규제하고, 좋은 프로그램이 많이 만들어질 수 있도록 유도해야 할 것이다.

그동안 다문화 아동에 대한 교육은 주로 학교생활 적응, 한국어 능력 향상 등 한국화 교육이 중심이 되어 왔다. 또한, 다문화 아동 지원 및 교육 프로그램은 시혜적 차원에서 이루어져 왔다. 이는 이주민을 우리의 이웃이 아니라 우리와 다른 특별한 집단, 또는 도와주어야 하는 대상으로 간주하는 데 기인한다. 동정과 지원의 대상이 되는 다문화 아동은 시혜적 시선에 부끄러워하거나, 다른 친구들과 거리감을 갖게 되기도 하며, 이는 다문화 갈등의 씨앗이 될 수 있다.

다문화 아동을 대상으로 한국어와 한국문화 교육에 치중하는 다문화교육으로는 아동 사이에 문화 간 갈등을 예방하는 데에 한계가 있다. 다문화 아동의 정체성을 보호하고 자긍심을 갖게 하는 교육, 다문화 공동체 내부 또는 공동체 간 편견과 고정관념을 타파하는 교육, 다수자를 대상으로 다문화 아동 등 소수자에 대한 편견을 줄이기 위한 반편견 교육(non-biased education)이 동시에 추진되어야 한다.


## 3. 다문화학생의 현황 및 문제점

2012년 행정안전부의 자료에 따르면, 결혼이민자는 14만 4,214명으로 전체 국내거주 외국인의 10.2%를 차지하며, 이 중 86.4%가 여성이다. 이는 1990년대 중반부터 저출산 및 농촌 총각 결혼문제 해결을 위해 중국, 필리핀, 베트남, 몽골, 우즈베키스탄, 캄보디아 등 아시아 국가로부터 다문화 여성이 꾸준히 유입된 결과다. 2007년 이미 국제결혼 비중이 전체 결혼의 11.1%에 달했고, 농, 임, 어업 종사자 기혼남성의 40%가 외국 여성과 결혼한 것으로 나타났다. 다문화 여성의 대부분은 우리나라에 영구적으로 거주하며, 내국인과 가족, 친구, 이웃 등으로 다양한 관계를 맺으며, 다문화 학생의 초기 가정교육에도 큰 영향을 미친다.

다문화 학생이 늘면서, 학교 교실이 다문화 경험과 갈등, 문제해결의 현장이 되고 있다. 다문화사회의 미래를 좌우할 다문화 학생이 2015년에는 전체 취학아동의 13% 이상이 되었으며, 이는 다문화 학생을 위한 전반적인 커리큘럼 등 교육과정의 개발이 필요하다.

다문화 학생이 꾸준히 증가하는 상황에서도 다문화 학생을 위한 학교와 사회의 배려는 취약하다. 어떤 학교에서는 다문화 학생의 한국어 등을 돕기 위해 방과 후 교육을 실시하는데, 수업 후 선생님이 "다문화(학생) 남아"라는 말을 한다고 한다. 이는 다문화 학생과 내국인 학생 사이를 구별짓는, 다문화 감수성이 부재한 태도다. 이들을 이름 부르고, 특별 대우할 것이 아니라 동등한 존재로 바라보며 자연스럽게 융화할 수 있도록 지도하는 것이 필요하다. '이주민'이나 '다문화' 꼬리표를 붙여 그들만을 분리하는 식의 교육은 오히려 다문화 학생의 주변화나 왕따를 유도할 수도 있다.

## 4. 다문화교육과 전문역량 강화

국가적 차원에서 다문화에 대한 관심이 증가하고, 정책이 수립됨에 따라 다문화교육도 실시되었다. 하지만, 한국의 다문화교육은 몇 가지 문제점이 있다. 황정미는 한국 다문화교육 사례의 특징을 세 가지로 요약했다. "첫 번째, 현재 한국 다문화교육의 특징은 분절성이다. 우선 다문화교육의 대상 측면에서 이주민에 대한 교육과 내국인에 대한 교육이 분리되어있으며, 이주민 내부에서도 결혼이주여성과 그 자녀라는 특정 대상에 편중되는 현상이 나타난다. 다문화교육을 수행하는 기관 측면에서는 정부 각 부처별로 기존 정책이나 기능의 연장선상에서 다문화교육 프로그램을 확대 운영하는 사례들이 많다. 이처럼 부처 간 경쟁과 중복사업이 반복되는 관행은 다문화교육 프로그램을 더욱 세분화하는 효과를 낳았다. 명목상으로는 각각의 교육 수요에 맞는 다양하고 세분화된 프로그램, '맞춤형' 서비스를 이야기하지만, 결과적으로 거시적인 사회통합에 기여하는 다문화교육의 지향점에 대한 토론의 결핍을 초래하였다. 두 번째 특징은 다문화교육에서 문화의 의미에 대한 체계적인 접근이나 사회적 합의가 형성되지 못한 것이다. 다문화주의를 채택한 국가에서 다문화정책의 근간이 되는 소수자 문화공동체에 대한 집단적 권리의 인정은 한국의 이주현실에는 아직 들어맞지 않으며, 이를 지향하는 다문화교육 사례도 찾아보기 힘들다. 한국 다문화교육의 아젠다 안에서 문화권은 개인의 기본권의 연장선상에서, 사회적 소수자인 이주민 인권의 연장선상에서 사고되는 경향이 있다. 문화적 기본권 보장, 문화 향유권과 복지의 제공은 바람직한 것이지만, 문화를 이주민들의 출신국적과 결부시키는 것은 또 다른 스테레오타입, 문화민족주의적 인식을 강화할 우려가 있다. 마지막으로 이주민에 대한 관심을 보편적인 사회적 소수자 지원과 연계하는 시각이 부족하다. 다문화교육에서도 문화적 차이나 타문화 이해는 자주 언급되는 주제이지만 소수자에 대한 다수자의 편견을 주목하고 반인종주의 교육을 체계화하려는 관심을 많지 않다. 아시아 각국의 민속의상이나 음식을 경험할 수 있는 축제는 더러 있지만, 타인종 타민족에 대한 뿌리 깊은 편견과 배타적인 태도를 되돌아보고 개방적인 시민의 태도를 토론하고 함양하는 프로그램은 소수에 불과하다." 또한 서덕희는 "다문화 정책에 대한 비판은 그것이 겉보기에 동화주의든 다원주의든 다수자의 입장에서 소수자들을 '도구적으로' 활용하기 위한 것이었다는 점에 초점이 있다(조상식, 2009; 최종렬 외, 2008; 이민경, 2009; 오경석, 2009; 심보선, 2009) 가령, 결혼이주여성 및 이주 노동자들에 대한 정부의 각종 다문화 정책이 결혼이주여성과 이주노동자를 구분하고 전자에게만 각종 온정주의적 지원을 대폭 확대함으로써 전자는 시혜의 대상으로 후자는 치안의 대상으로 차별화함으로써 부계혈통 중심의 가부장제 사회를 유지하고 농촌의 공동화를 막으려는 도구적 차원임을 지적하였다(오경석, 2009; 심보선, 2009)." 라고 논문에서 지적한바 있다. 뿐만 아니라 푸코의 예를 들어, "다문화라는 담론이 주체를 형성하여, 이주민들이 그 의미조차 애매한 '다문화가정'이라는 가정적 변인으로 귀결되고 그들은 그 호명의 결과 얻게 된 '다문화가정' 자녀라는 정체성과의 전쟁을 치뤄야 한다."고 지적하였다.

이민경은 한국사회의 다문화와 다문화교육을 둘러싼 논의들의 문제점으로 대상의 편향성, 현장에서의 다문화교육에 대한 내용구성과 방향성 문제, 다문화교육 대상 범위의 한정성을 들었다. 이는 다문화관련 논의와 정책들이 탈북자들이나 결혼이주자 여성과 그 자녀의 교육문제 등 궁극적으로 한국인으로 포함되는 대상에 관심이 집중되어 있는 것과 그 교육의 내용들이 언어교육과 문화체험에 그쳐 장기적인 비전을 모색하지 못한 채 온정적, 시혜적 이벤트성이라는 것이다. 또한 그 대상이 이주민 혹은 소수자들을 대상으로 할 뿐, 정주자(다수자)를 대상으로 타자를 받아들이고 평등과 공존의 삶을 모색하는 것에 중심을 두는 교육이 부족하다고 지적하였다.

## 1) 가정에서 부모의 역량 강화

다문화가정 부모들의 자녀교육에 관한 다양한 정보 습득의 기회 제고, 다문화가정 부모 대상 언어교육을 통해 이들의 교육지원역량 강화, 학생의 교육결과 (학업성취와 같은 지적 발달은 물론 사회적, 정서적, 신체적 발달 등)에 가정의 사회적 자본이 미치는 요인을 감안하여, 학부모들 특히 한국인 아버지의 자녀에 대한 심리적 지지 역할을 강화하는 가족 단위의 정책 마련, 어릴 때부터 어머니 나라의 언어와 문화에 노출돼 어머니에 대한 긍정적 태도 형성을 돕고 세계화 시대의 인재로 양성 등이 필요하다.

## 2) 학교에서 교사의 역량 강화

교사의 다문화가정 학생에 대한 관심 제고 및 이들 가정과 상호교류기회 확대 노력, 교사들의 다문화교육에 대한 부담감 해소 위한 연수 기회 확대, 다문화교육 관련 학생 상담, 교수전략 등에 관한 정보 공유 등의 방법이 있다.

## 3) 또래집단의 강화

통계에 의하면 조사된 다문화가정 자녀들이 학교 따돌림 건수는 예상만큼 많지 않았다. 어렸을 때부터 또래들과 자주 접촉하도록 유도하는 프로그램이 효과적이다.

## 4) 미디어의 역할 제고

다문화가정에 대한 선정적 보도 태도를 지양하고 균형감 회복, 성공적으로 살아가는 다문화가정의 사례 확산 및 공유 노력, 외국의 사회경제적 현실과 문화적 전통에 대한 이해를 프로그램 편성에 방영하는 등의 노력이 필요할 것이다.

## 5) 시민단체의 교육 역량 강화

이주민의 학습권 보장을 위한 인권 보호 차원의 노력, 그리고 중고등학생의 자발적이고 활발한 학습 봉사 참여 유도 등이 있다.

## 6) 당사자 자조모임 역량 강화

장기적으로 이주민 2세, 3세의 사회진출과 정주민들과의 공존을 위해 다양성 속의 일치라는 공생의 논리 개발 및 지속적 추진, 그리고 다문화 시민권의 이념에 입각해 이주민 가족의 경제적, 문화적, 정치적 자립 역량 강화를 위한 정책적 지원이 필요하다.

## 5. 다문화 이민 정책

대한민국의 이민 정책은 법무부 출입국·외국인정책본부를 중심으로 외교통상부, 노동부, 보건복지부 등에서 분산 관리하고 있다. 이민 정책의 근간이 되는 법령은 국적법, 출입국 관리법, 재한 외국인 처우 기본법 등이다. 이민자 급증으로 인한 체계적이고 합리적인 이민 정책 수립의 필요성이 높아짐에 따라 관련 업무를 전담할 이민청 신설에 대한 논의가 2003년경부터 시작되었으나, 별다른 진전은 없는 실정이다. 현재 국무총리를 위원장으로 하는 외국인 정책위원회가 다수 부처가 분산 수행하는 외국인 관련 정책을 총괄·조정하고 있으나, 재원 배분권이 없는 등 위원회의 기능과 권한이 제한적이고 간사 부처인 법무부 출입국·외국인 정책 본부의 인력 및 예산의 한계 등으로 인해 효율적인 업무 수행에 근본적인 어려움을 겪고 있다. 이민청이 설립되면 현재의 분산·중복 정책 집행으로 인한 예산 낭비를 줄이는 데 도움이 될 전망이다. 출입국, 체류 관리, 국적, 체류 외국인의 사회 통합 및 적응 문제 등 외국인 정책을 보다 원활하고 체계적으로 수행하기 위해서는 이민청 또는 외국인청의 설립을 적극 검토할 필요가 있다. UN에서는 자신의 출신국을 떠나 타지에서 1년 이상 머물 경우, 이 같은 행위를 이민의 기준으로 삼기 때문에 한국에서도 이민 정책을 세울 경우 외국인 노동자와 불법체류자, 그 자녀들 등을 이민자로 포함하는 종합적인 분석 및 정책 수립이 필요한 실정이다.

### 1) 현행 주요 이민 정책

출생에 의한 국적 취득, 인지(認知) 및 귀화로 인한 외국인의 국적 취득, 귀화의 요건과 허가, 배우자와 자녀의 국적 취득, 국적의 상실, 국적의 회복·재취득 등의 절차, 국적상실자의 처리 및 권리 변동 등에 관하여 규정한 법률이다.

### 2) 출생에 의한 국적 취득

대한민국의 국적법은 출생에 의한 국적취득에 관하여 원칙적으로 속인주의, 예외적인 속지주의를 취하고 있다. 과거에는 부계혈통주의를 취했었으나 헌법재판소의 위헌 결정으로 현재는 부모양계혈통주의이다. 출생한 당시에 부 또는 모가 대한민국의 국민인 자, 출생하기 전에 부가 사망한 경우 사망한 당시에 부가 대한민국의 국민이었던 자는 출생과 동시에 대한민국의 국적을 취득하며, 대한민국에서 발견된 아기는 대한민국에서 출생한 것으로 추정한다.

### 3) 귀화

귀화에는 일반귀화와 간이귀화, 특별귀화가 있다. 일반귀화의 요건은 다음과 같다. 외국인이 귀화 허가를 받기 위해서는 5년 이상 계속하여 대한민국에 주소가 있어야 하며, 대한민국의 민법에 의하여 성년이고 품행이 단정하며, 자신의 자산이나 기능에 의하거나 생계를 같이 하는 가족에 의존하여 생계를 유지할 능력이 있고, 국어능력 및 대한민국의 풍습에 대한 이해 등 대한민국 국민으로서의 기본 소양을 갖추고 있어야 한다. 대한민국의 국적을 취득한 외국인으로서 외국 국적을 가지고 있는 자는 대한민국의 국적을 취득한 날부터 1년 이내에 그 외국 국적을 포기하여야 한다.

다음의 요건을 갖춘 외국인은 3년 이상 계속해서 대한민국에 주소가 있으면 일반귀화의 요건을 갖추지 않아도 귀화허가를 받을 수 있다. 1. 부 또는 모가 대한민국의 국민이었던 자 2. 대한민국에서 출생한 자로서 부 또는 모가 대한민국에서 출생한 자 3. 대한민국 국민의 양자(養子)로서 입양 당시 대한민국의 「민법」상 성년이었던 자. 한편 배우자가 대한민국의 국민인 외국인도 다음의 요건을 갖추면 일반귀화의 요건을 갖추지 않아도 귀화허가를 받을 수 있다. 1. 그 배우자와 혼인한 상태로 대한민국에 2년 이상 계속하여 주소가 있는 자. 2. 그 배우자와 혼인한 후 3년이 지나고 혼인한 상태로 대한민국에 1년 이상 계속하여 주소가 있는 자 3. 제1호나 제2호의 기간을 채우지 못하였으나, 그 배우자와 혼인한 상태로 대한민국에 주소를 두고 있던 중 그 배우자의 사망이나 실종 또는 그 밖에 자신에게 책임이 없는 사유로 정상적인 혼인 생활을 할 수 없었던 자로서 제1호나 제2호의 잔여기간을 채웠고 법무부장관이 상당(相當)하다고 인정하는 자 4. 제1호나 제2호의 요건을 충족하지 못하였으나, 그 배우자와의 혼인에 따라 출생한 미성년의 자(子)를 양육하고 있거나 양육하여야 할 자로서 제1호나 제2호의 기간을 채웠고 법무부장관이 상당하다고 인정하는 자.

다음의 요건을 갖춘 외국인은 일반귀화의 요건 중 5년 이상 계속 주소가 있을 것, 성년일 것, 생계유지 능력의 요건들을 갖추지 않아도 귀화허가를 받을 수 있다. 1. 부 또는 모가 대한민국의 국민인 자. 다만, 양자로서 대한민국의 「민법」상 성년이 된 후에 입양된 자는 제외한다. 2. 대한민국에 특별한 공로가 있는 자 3. 과학·경제·문화·체육 등 특정 분야에서 매우 우수한 능력을 보유한 자로서 대한민국의 국익에 기여할 것으로 인정되는 자.

대한민국의 국민이었던 외국인은 법무부장관의 심사를 거쳐 국적회복 허가를 받아 대한민국의 국적을 재취득할 수 있다. 다만, 병역면탈을 위한 국적이탈이 아니었을 것, 국가에 위해를 끼친 사실이 없을 것 등의 요건을 충족시켜야 한다.

### 4) 복수국적 제도

2010년의 법개정으로 대한민국에서 외국국적을 행사하지 않겠다는 서약을 통해 복수국적을 유지할 수 있는, 즉 외국국적 포기의무가 면제되는 복수국적 제도를 도입하였다(다만 법령의 적용에 있어서 대한민국 국민으로만 대우). 한편 출생 및 기타 규정에 의하여 만 20세가 되기 전에 대한민국의 국적과 외국 국적을 함께 가지게 된 이중국적자는 만 22세가 되기 전까지, 또 만 20세가 된 후에 이중국적자가 된 자는 그때부터 2년 이내에 하나의 국적을 선택하거나 서약을 하여야 한다.

하지만 병역의 의무와 이른바 원정출산 문제에 대한 대책으로 다음과 같은 예외와 제한을 두고 있다. 남성의 경우 만 18세가 되어 병역법에 따라 제1국민역에 편입된 자는 그 날부터 3개월 내에 하나의 국적을 선택해야 하고 3개월이 지난 후에는 병역을 마치거나 면제되거나 제 2국민역에 편입되어야 선택이 가능하다. 존속이 영주의 의사 없이 외국에 체류 중에 태어난 자는 병역을 마치거나 면제되거나 제2국민역에 편입된 때부터 2년 이내에 국적선택이 가능하다. 존속이 외국의 국적을 취득시키기 위해 외국에서 출산했다고 인정되는 자(이른바 원정출산에 의해 태어난 자)는 복수국적 유지가 불가능하다.

### 5) 국적 이탈

대한민국의 국민으로서 자진하여 외국 국적을 취득한 자는 외국 국적의 취득과 동시에 대한민국의 국적을 상실하며, 법무부장관에게 국적상실 신고를 하여야 한다. 대한민국의 국적을 상실한 자는 국적을 상실한 때부터 대한민국 국민으로서의 권리를 향유할 수 없다.

## 6) 출입국관리법

대한민국에 입국하거나 대한민국으로부터 출국하는 모든 국민 및 외국인의 출입국 관리와 대한민국에 체류하는 외국인의 체류관리 및 난민의 인정절차 등에 관한 사항을 규정함을 목적으로 한다.

대한민국에 출국 또는 입국하고자 하는 자는 출입국항에서 출입국관리 공무원의 출입국심사를 받아야 한다. 법무부 장관은 일정한 자에 대하여는 출입국을 금지할 수 있다. 누구든지 외국인을 불법으로 출입국시킬 목적으로 선박 등이나 여권 또는 사증·탑승권 등을 제공하여서는 안 된다. 출입국관리 공무원은 일정기간 동안 외국인 승무원의 상륙허가를 할 수 있다. 외국인은 그 체류자격과 체류기간의 범위 내에서 대한민국에 체류할 수 있다.

외국인이 90일을 초과하여 대한민국에 체류하게 되는 경우에는 체류지를 관할하는 출입국관리사무소장 또는 출장소장에게 외국인등록을 하여야 한다. 사무소장·출장소장 또는 외국인보호소장은 일정한 외국인을 대한민국 밖으로 강제퇴거시킬 수 있다. 강제퇴거명령을 받은 자는 국적 또는 시민권을 가진 국가로 송환한다. 사무소장 또는 출장소장은 대한민국에 체류하는 외국인이 일정한 사유에 해당하는 경우에는 출국권고나 출국명령을 할 수 있다. 법무부 장관은 대한민국 안에 있는 외국인에 대하여 난민임을 인정할 수 있다.

## 7) 재한외국인 처우 기본법

재한외국인에 대한 처우 등에 관한 기본적인 사항을 정함으로써 재한외국인이 대한민국 사회에 적응하여 개인의 능력을 충분히 발휘할 수 있도록 하고, 대한민국 국민과 재한외국인이 서로를 이해하고 존중하는 사회환경을 만들어 대한민국의 발전과 사회통합에 이바지함을 목적으로 한다. 법무부는 5년마다 기본계획을 수립하고, 중앙행정기관 및 지방자치단체는 기본계획을 바탕으로 연도별 시행계획을 수립하여 시행하고, 기본계획 및 추진실적 등 외국인정책에 관한 중요사항을 심의·조정하기 위하여 국무총리를 위원장으로 하는 '외국인정책위원회'를 구성하도록 하였다. 결혼이민자 및 그 자녀, 영주권자, 난민인정을 받은 자 등 정주하는 외국인들의 사회적응 교육을 지원하고, 이들에 대한 불합리한 차별방지와 인권옹호를 위해 정부는 교육·홍보 기타 필요한 노력을 하도록 규정하고 있으며, 또한, 국민과 재한외국인이 화합하는 환경을 조성하기 위하여 매년 5월 20일을 "세계인의 날"로 정하고 5월 20일이 포함된 한 주간을 "세계인 주간"으로 정하였다.

# PART 11

# 학교폭력에 대한 법적조치

## 1. 학교폭력 관계 법령의 이해

학교폭력예방 및 대책에 관한 법률은 상황에 맞게 계속 개정되고 있다. 2003년 6월 시행된 이래 2004년 제정되고 여러 차례 개정 과정을 거쳐 오늘에 이르고 있다. 2013년에는 정부의 '4대 근절악' 조항에 포함되고 2019년 9월에 개정되어 2020년 3월부터 새롭게 시행되는 법은 학교 내 학교폭력에 관한 사안을 조사하고 심의 조치하는 기구인 학교폭력대책자치위원회가 없어지고 교육청(교육지원청)산하에 신설된 학교폭력대책심의위원회로 다루어지게 되었다. 여기서는 학교폭력의 관계 법령을 이해하기 위해 「학교폭력 예방 및 대책에 관한 법률」에 제시되어 있는 법률의 목적, 정의, 적용 대상과 다른 법률과의 관계에 대해 살펴본다.

### 1) 목적

학교폭력의 예방과 대책에 필요한 사항을 규정함으로서 피해학생의 보호, 가해학생의 선도·교육 및 피해학생과 가해학생 간의 분쟁조정을 통하여 학생의 인권을 보호하고 학생을 건전한 사회구성원으로 육성함을 목적으로 한다(학교폭력 예방 및 대책에 관한 법률 제1조). 또한 이 법을 해석하고 적용함에 있어서 국민의 권리가 부당하게 침해되지 아니하도록 주의하여야 한다(법 제3조).

### 2) 정의

「학교폭력 예방 및 대책에 관한 법률」에서 사용하는 용어의 정의는 다음과 같다(제2조).

### (1) 학교폭력의 범위

① **학교폭력**: '학교폭력'이란 학교 내외에서 학생을 대상으로 발생한 상해, 폭행, 감금, 협박, 약취·유인, 명예훼손·모욕, 공갈, 강요·강제적인 심부름 및 성폭력, 따돌림, 사이버 따돌림, 정보통신망을 이용한 음란·폭력 정보 등에 의하여 신체·정신 또는 재산상의 피해를 수반하는 행위를 말한다.

② **따돌림**: '따돌림'이란 학교 내외에서 2명 이상의 학생들이 특정인이나 특정 집단의 학생들을 대상으로 지속적이거나 반복적으로 신체적 또는 심리적 공격을 가하여 상대방이 고통을 느끼도록 하는 일체의 행위를 말한다.

③ **사이버 따돌림**: '사이버 따돌림'이란 인터넷, 휴대전화 등 정보통신기기를 이용하여 학생들이 특정 학생들을 대상으로 지속적, 반복적으로 심리적 공격을 가하거나, 특정 학생과 관련된 개인정보 또는 허위 사실을 유포하여 상대방이 고통을 느끼도록 하는 일체의 행위를 말한다.

### (2) 학교의 범위

'학교'란 「초·중등교육법」 제2조에 따른 초등학교·중학교·고등학교·특수학교 및 각종학교와 같은 법 제61조에 따라 운영하는 학교를 말한다.

> ○ 학교의 종류 「초·중등교육법」 제2조
> 초·중등교육을 실시하기 위하여 다음 각 호의 학교를 둔다.
>   1. 초등학교
>   2. 중학교·고등공민학교
>   3. 고등학교·고등기술학교
>   4. 특수학교
>   5. 각종학교

### (3) 가해학생과 피해학생

'가해학생'이란 가해자 중에서 학교폭력을 행사하거나 그 행위에 가담한 학생을 말하며, '피해학생'이란 학교폭력으로 인하여 피해를 입은 학생을 말한다.

### 3) 적용 대상

이 법의 적용 대상은 학교 내외에서 발생하는 학생 간의 폭력에 국한된다. 즉, 학생이라 함은 초등학교나 중학교 또는 고등학교에서 학생의 신분을 갖고 있는 자를 말하며 대학생, 퇴학생, 취학의무 유예자, 취학의무 면제자, 정원 외 학적관리 대상자 등은 학생에서 제외된다(오경식, 2009).

### 4) 다른 법률과의 관계

학교폭력의 규제, 피해학생의 보호 및 가해학생에 대한 조치에 있어서 다른 법률에 특별한 규정이 있는 경우를 제외하고는 이법을 적용한다(법 제5조 제1항). 법 제2조 제1호 중 성폭력은 다른 법률에 규정이 있는 경우에는 이 법을 적용하지 아니한다(법 제5조 제2항). 학교폭력은 형벌의 대상으로 학교폭력 가해학생에게는 「형법」 및 「폭력행우 등 처벌에 관한 법률」을 비롯한 형사법을 적용할 수 있으며 가해학생의 연령·행위의 동기와 죄질 등을 고려해서 「소년법」을 적용할 수도 있다. 그 외에도 손해배상과 관련해서 「민법」을 적용할 수 있다(법제처, 2012).

## 2. 「학교폭력 예방 및 대책에 관한 법률」의 적용 절차와 기관의 책무

「학교폭력 예방 및 대책에 관한 법률」의 적용 절차와 법률에 제시되어 있는 관계 기관의 책무에 대해 소개한다. 「학교폭력 예방 및 대책에 관한 법률」의 적용 절차는 기본계획의 수립 및 시행, 학교폭력 예방교육, 피해학생의 보호조치와 지원범위, 가해학생에 대한 조치, 재심청구, 분쟁조정, 학교폭력의 신고의무, 학생보호인력 배치, 학교폭력 비밀누설 금지 및 벌칙 규정 순으로 제시한다. 학교폭력 예방 대책에 관한 기관의 책무는 먼저 국가 및 지방자치단체의 책무에 대해 알아보고 교육감과 학교장의 임무에 대해 살펴본다.

## 1) 「학교폭력 예방 및 대책에 관한 법률」의 적용 절차

### (1) 기본 계획의 수립 및 시행

교육부장관은 이 법의 목적을 효율적으로 달성하기 위하여 학교폭력의 예방 및 대책에 관한 정책 목표·방향을 설정하고 이에 따른 학교폭력의 예방 및 대책에 관한 기본계획을 학교폭력대책심의위원회의 심의를 거쳐 수립·시행하여야 한다. 기본 계획은 다음 각 호의 사항을 포함하여 5년마다 수립하여야 한다. 이 경우 교육부장관은 관계 중앙행정기관 등의 의견을 수립하여야 한다. 또한 교육부장관은 대통령령으로 정하는 바에 따라 특별시·광역시·특별자치시·도 및 특별자치도 교육청의 학교폭력 예방 및 대책과 그에 대한 성과를 평가하고, 이를 공표하여야 한다(법 제6조).

1. 학교폭력의 근절을 위한 조사·연구·교육 및 계도
2. 피해학생에 대한 치료·재활 등의 지원
3. 학교폭력 관련 행정기관 및 교육기관 상호 간의 협조·지원
4. 전문상담교사의 배치 및 이에 대한 행정적·재정적 지원
5. 학교폭력의 예방과 피해학생 및 가해학생의 치료·교육을 수행하는 청소년 관련 단체 또는 전문가에 대한 행정적·재정적 지원
6. 그 밖에 학교폭력의 예방 및 대책을 위하여 필요한 사항

### (2) 학교폭력 예방교육

각급 학교에서는 학생과 교직원 및 학부모에 대한 예방교육을 다음과 같이 실시하도록 규정하고 있다(법 제15조, 시행령 제17조)

① 학교의 장은 학생의 육체적·정신적 보호와 학교폭력의 예방을 위한 학생들에 대한 교육을 학기별로 1회 이상 실시하여야 한다.

② 학교의 장은 학교폭력의 예방 및 대책 등을 위한 교직원 및 학부모에 대한 교육을 학기별로 1회 이상 실시하여야 한다.

③ 학교의 장은 학교폭력 예방교육 프로그램의 구성 및 그 운용 등을 전담기구와 협의하여 전문단체 또는 전문가에게 위탁할 수 있다.

④ 교육장은 학교폭력 예방교육 프로그램의 구성과 운용계획을 학부모가 쉽게 확인할 수 있도록 인터넷 홈페이지에 게시하고, 그 밖에 다양한 방법으로 학부모에게

알릴 수 있도록 노력하여야 한다.

⑤ 그 밖에 학교폭력 예방교육의 실시와 관련한 사항은 대통령령으로 정한다.

### (3) 피해학생의 보호조치와 지원범위

피해학생의 지원범위는 다음과 같다.

피해학생이 전문단체나 전문가로부터 심리상담 및 조언, 일시보호, 치료 및 치료를 위한 상담 등을 받는 데 사용되는 비용은 가해학생의 보호자가 부담하여야 한다. 다만 피해학생의 신속한 치료를 위하여 학교의 장 또는 피해학생의 보호자가 원하는 경우에는 「학교안전사고 예방 보상에 관한 법률」 제15조에 따른 학교안전공제회 또는 시·도 교육청이 부담하고 이에 대한 구상권을 행사할 수 있다(법 제16장 제6항). 학교안전공제회 또는 시·도 교육청이 부담하는 피해학생의 지원범위는 다음과 같다(시행령 제18조 제1항).

1. 교육감이 정한 전문심리상담기관에서 심리상담 및 조언을 받는 데 드는 비용
2. 교육감이 정한 기관에서 일시보호를 받는 데 드는 비용
3. 「의료법」에 따라 개설된 의료기관, 「지역보건법」에 따라 설치된 보건소·보건의 료원 및 보건지소, 「농어촌 등 보건의료를 위한 특별조치법」에 따라 설치된 보건진 료소, 「약사법」에 따라 등록된 약국 및 같은 법 제91조에 따라 설립된 한국희귀약 품센터에서 치료 및 치료를 위한 요양을 받거나 의약품을 공급받는 데 드는 비용

### (4) 가해학생에 대한 조치

학생의 징계는 학교의 장이 법 제17조 제4항에 따른 조치를 한 때에는 가해학생과 그 보호자에게 이를 통지하여야 하며 가해학생이 이를 거부하거나 회피하는 때에는 다 음의 절차에 따라 징계하여야 한다(「초·중등교육법」 제18조).

① 학교의 장은 교육상 필요한 경우에는 법령과 학칙으로 정하는 바에 따라 학생을 징계하거나 그 밖의 방법으로 지도할 수 있다. 다만 의무교육을 받고 있는 학생은 퇴학시킬 수 없다.

② 학교의 장은 학생을 징계하려면 그 학생이나 보호자에게 의견을 진술할 기회를 주는 등 적정한 절차를 거쳐야 한다.

가해학생에 대한 조치별 적용 기준은 다음과 같다.

심의위원회는 피해학생의 보호와 가해학생의 선도·교육을 위하여 가해학생에 대하여 ① 피해학생에 대한 서면사과, ② 피해학생 및 신고·고발 학생에 대한 접촉, 협박 및 보복행위의 금지, ③ 학교에서의 봉사, ④ 사회봉사, ⑤ 학내외 전문가에 의한 특별교육 이수 또는 심리치료, ⑥ 출석정지, ⑦ 학급교체, ⑧ 전학, ⑨ 퇴학처분 중 어느 하나에 해당하는 조치를 할 것을 교육장에게 요청하여야 하며 각 조치별 적용 기준은 대통령령으로 정한다. 다만 퇴학처분은 의무교육과정에 있는 가해학생에 대해서는 적용하지 아니한다(법 제17조 제1항). 법 제17조 제1항의 가해학생에 대한 조치별 적용 기준은 다음 각 호의 사항을 고려하여 결정하고 그 세부적인 기준은 교육부장관이 정하여 고시한다(시행령 제19조).

1. 가해학생이 행사한 학교폭력의 심각성·지속성·고의성
2. 가해학생의 반성 정도
3. 해당 조치로 인한 가해학생의 선도 가능성
4. 가해학생 및 보호자와 피해학생 및 보호자 간의 화해의 정도
5. 피해학생이 장애학생인지 여부

• 가해학생에 대한 전학 조치

교육장은 심의위원회가 법 제17조 제1항에 따라 가해학생에 대한 전학 조치를 요청하는 경우에는 그 사실을 해당 학생이 소속된 학교의 장에게 통보해야 한다. 이 경우 해당 통보를 받은 학교의 장은 교육감 또는 교육장에게 해당 학생이 전학할 학교의 배정을 지체없이 요청해야 한다(시행령 제20조 제1항). 교육감 또는 교육장은 가해학생이 전학할 학교를 배정할 때 피해학생의 보호에 충분한 거리 등을 고려하여야 하며, 관할 구역 외의 학교를 배정하려는 경우에는 해당 교육감 또는 교육장에게 이를 통보하여야 한다(시행령 제20조 제2항). 시행령 제20조 제2항에 따른 통보를 받은 교육감 또는 교육장은 제2항과 제3항에 따라 전학 조치된 가해학생과 피해학생이 상급 학교에 진학할 때에는 각각 다른 학교를 배정하여야 한다. 이 경우 피해학생이 입학할 학교를 우선적으로 배정한다(시행령 제20조 제4항).

• 가해학생에 대한 우선 출석 정지

학교의 장이 출석 정지 조치를 하려는 경우에는 해당 학생 또는 보호자의 의견을 들어야 한다. 다만 학교의 장이 해당 학생 또는 보호자의 의견을 들으려 하였으나 이에 따

르지 아니한 경우에는 그러하지 아니한다. 법 제17조 제4항에 따라 학교의 장이 출석 정지 조치를 할 수 있는 경우는 다음 각 호와 같다.

1. 2명 이상의 학생이 고의적 · 지속적으로 폭력을 행사한 경우
2. 학교폭력을 행사하여 전치 2주 이상의 상해를 입힌 경우
3. 학교폭력에 대한 신고, 진술, 자료제공 등에 대한 보복을 목적으로 폭력을 행사한 경우
4. 학교의 장이 피해학생을 가해학생으로부터 긴급하게 보호할 필요가 있다고 판단 하는 경우

● 가해학생의 조치 거부 · 기피에 대한 추가 조치

심의위원회는 법 제17조 제1항 제2호부터 제9호까지의 조치를 받은 학생이 해당 조 치를 거부하거나 기피하는 경우에는 법 제17조 제11항에 따라 교육장으로부터 그 사실 을 통보받은 날부터 7일 이내에 추가로 다른 조치를 할 것을 교육장에게 요청할 수 있다.

● 퇴학학생의 재입학 등

① 교육감은 법 제17조 제1항 제9호에 따라 퇴학처분을 받은 학생에 대하여 법 제17 조 제12항에 따라 해당 학생의 선도의 정도, 교육 가능성 등을 종합적으로 고려하 여 「초 · 중등교육법」 제60조의3에 따른 대안학교로의 입학 등 해당 학생의 건전 한 성장에 적합한 대책을 마련하여야 한다.

② 제1항에서 규정한 사항 외에 가해학생에 대한 조치 및 재입학 등에 필요한 세부 사항은 교육감이 정한다.

(5) 행정심판에서는 교육장의 내린 조치에 대하여 이의가 있는 피해학생 또는 그 보 호자는 「행정심판법」에 따른 행정심판을 청구할 수 있다.

(6) 분쟁조정의 심의위원회는 학교폭력과 관련하여 분쟁이 있는 경우에는 그 분쟁을 조정할 수 있다.

## (7) 학교의 장의 의무

학교의 장은 심의위원회의 가 · 피해학생에 대한 조치 이행(제16조, 제16조의2, 제17조) 에 협조하여야 한다. 또 학교폭력을 축소 또는 은폐해서는 안되며 학교의 장의 자체해

결로 처리된 사건에 따른 결과를 보고하고 관계 기관과 협력하여 교내 학교폭력 단체의 결성예방 및 해체에 노력하여야 한다.

### (8) 학교폭력 신고의무

학교폭력 현장을 보거나 그 사실을 알게 된 자는 학교 등 관계 기관에 이를 즉시 신고하여야 하고 신고를 받은 기관은 이를 가해학생 및 피해학생의 보호자와 소속 학교의 장에게 통보하여야 한다. 또 통보받은 소속 학교의 장은 이를 심의위원회에 지체 없이 통보하여야 한다. 또 누구라도 학교폭력의 예비·음모 등을 알게 된 자는 이를 학교의 장 또는 심의위원회에 고발할 수 있다. 다만, 교원이 이를 알게 되었을 경우에는 학교의 장에게 보고하고 해당 학부모에게 알려야 한다. 누구든지 제1항부터 제4항까지에 따라 학교폭력을 신고한 사람에게 그 신고행위를 이유로 불이익을 주어서는 아니 된다(법 제20조).

### (9) 학생보호인력의 배치

학생보호인력의 배치 등에 대한 내용은 다음과 같다(법 제20조의5).
① 국가·지방자치단체 또는 학교의 장은 학교폭력을 예방하기 위하여 학교 내에 학생보호인력을 배치하여 활용할 수 있다.
② 다음 각 호의 어느 하나에 해당하는 사람은 학생보호인력이 될 수 없다.
1. 「국가공무원법」 제33조 각 호의 어느 하나에 해당하는 사람
2. 「아동·청소년의 성보호에 관한 법률」에 따른 아동·청소년대상 성범죄 또는 「성폭력범죄의 처벌 등에 관한 특례법」에 따른 성폭력범죄를 범하여 벌금형을 선고받고 그 형이 확정된 날부터 10년이 지나지 아니하였거나, 금고 이상의 형이나 치료감호를 선고받고 그 집행이 끝나거나 집행이 유예·면제된 날부터 10년이 지나지 아니한 사람
3. 「청소년 보호법」 제2조 제5호 가목 3) 및 같은 목 7)부터 9)까지의 청소년 출입·고용금지업소의 업주나 종사자
③ 국가·지방자치단체 또는 학교의 장은 제1항에 따른 학생보호인력의 배치 및 활용 업무를 관련 전문기관 또는 단체에 위탁할 수 있다.
④ 제3항에 따라 학생보호인력의 배치 및 활용 업무를 위탁받은 전문기관 또는 단체

는 그 업무를 수행함에 있어 학교의 장과 충분히 협의하여야 한다.

⑤ 국가·지방자치단체 또는 학교의 장은 학생보호인력으로 배치하고자 하는 사람의 동의를 받아 경찰청장에게 그 사람의 범죄경력을 조회할 수 있다.

⑥ 제3항에 따라 학생보호인력의 배치 및 활용 업무를 위탁받은 전문기관 또는 단체는 해당 업무를 위탁한 국가·지방자치단체 또는 학교의 장에게 학생보호인력으로 배치하고자 하는 사람의 범죄경력을 조회할 것을 신청할 수 있다.

⑦ 학생보호인력이 되려는 사람은 국가·지방자치단체 또는 학교의 장에게 제2항 각호의 어느 하나에 해당하지 아니한다는 확인서를 제출하여야 한다.

## (10) 학교전담경찰관

① 국가는 학교폭력 예방 및 근절을 위하여 학교폭력 업무 등을 전담하는 경찰관을 둘 수 있다.

② 제1항에 따른 학교전담경찰관의 운영에 필요한 사항은 대통령령으로 정한다.

## 2) 학교폭력 예방 및 대책에 관한 각 기관의 책무

### (1) 국가 및 지방자치단체의 의무

국가 지방자치단체는 다음과 같은 책무가 있다(법 제4조).

① 국가 및 지방자치단체는 학교폭력을 예방하고 근절하기 위하여 조사·연구·교육·계도 등 필요한 법적·제도적 장치를 마련하여야 한다.

② 국가 및 지방자치단체는 청소년 관련 단체 등 민간의 자율적인 학교폭력 예방활동과 피해학생의 보호 및 가해학생의 선도·교육활동을 장려하여야 한다.

③ 국가 및 지방자치단체는 제2항에 따른 청소년 관련 단체 등 민간이 건의한 사항에 대하여는 관련 시책에 반영하도록 노력하여야 한다.

④ 국가 및 지방자치단체는 제1항부터 제3항까지의 규정에 따른 책무를 다하기 위하여 필요한 행정적·재정적 지원을 하여야 한다.

### (2) 교육감의 의무

① 교육감은 시·도교육청에 학교폭력의 예방과 대책을 담당하는 전담부서를 설치·

운영하여야 한다(법 제11조).

② 교육감은 관할'구역 안에서 학교폭력이 발생한 때에는 해당 학교의 장 및 관련 학교의 장에게 그 경과 및 결과의 보고를 요구할 수 있다.

③ 교육감은 관할 구역 안의 학교폭력이 관할 구역 외의 학교폭력과 관련이 있는 때에는 그 관할 교육감과 협의하여 적절한 조치를 취하여야 한다.

④ 교육감은 학교의 장으로 하여금 학교폭력의 예방 및 대책에 관한 실시계획을 수립·시행하도록 하여야 한다.

⑤ 교육감은 제12조에 따른 심의위원회가 처리한 학교의 학교폭력빈도를 학교의 장에 대한 업무수행 평가에 부정적 자료로 사용하여서는 아니 된다.

⑥ 교육감은 제17조 제1항 제8호에 따른 전학의 경우 그 실현을 위하여 필요한 조치를 취하여야 하며, 제17조 제1항 제9호에 따른 퇴학처분의 경우 해당 학생의 건전한 성장을 위하여 다른 학교 재입학 등의 적절한 대책을 강구하여야 한다.

⑦ 교육감은 대책위원회 및 지역위원회에 관할 구역 안의 학교폭력의 실태 및 대책에 관한 사항을 보고하고 공표하여야 한다. 관할 구역 밖의 학교폭력 관련 사항 중 관할 구역 안의 학교와 관련된 경우에도 또한 같다.

⑧ 교육감은 학교폭력의 실태를 파악하고 학교폭력에 대한 효율적인 예방대책을 수립하기 위하여 학교폭력 실태조사를 연 2회 이상 실시하고 그 결과를 공표하여야 한다.

⑨ 교육감은 학교폭력 등에 관한 조사, 상담, 치유프로그램 운영 등을 위한 전문기관을 설치·운영할 수 있다.

⑩ 교육감은 관할 구역에서 학교폭력이 발생한 때에 해당 학교의 장 또는 소속 교원이 그 경과 및 결과를 보고함에 있어 축소 및 은폐를 시도한 경우에는 「교육공무원법」 제50조 및 「사립학교법」 제62조에 따른 징계위원회에 징계의결을 요구하여야 한다.

⑪ 교육감은 관할 구역에서 학교폭력의 예방 및 대책 마련에 기여한 바가 큰 학교 또는 소속 교원에게 상훈을 수여하거나 소속 교원의 근무성적 평정에 가산점을 부여할 수 있다.

⑫ 제1항에 따라 설치되는 전담부서의 구성과 제8항에 따라 실시하는 학교폭력 실태조사 및 제9항에 따른 전문기관의 설치에 필요한 사항은 대통령령으로 정한다.

• 학교폭력 조사 · 상담

① 교육감은 학교폭력 예방과 사후조치 등을 위하여 다음 각 호의 조사 · 상담 등을 수행할 수 있다(법 제11조의2).

1. 학교폭력 피해학생 상담 및 가해학생 조사

2. 필요한 경우 가해학생 학부모 조사

3. 학교폭력 예방 및 대책에 관한 계획의 이행 지도

4. 관할 구역 학교폭력서클 단속

5. 학교폭력 예방을 위하여 민간 기관 및 업소 출입 · 검사

6. 그 밖에 학교폭력 등과 관련하여 필요로 하는 사항

② 교육감은 제1항의 조사 · 상담 등의 업무를 대통령령으로 정하는 기관 또는 단체에 위탁할 수 있다.

③ 교육감 및 제2항에 따른 위탁 기관 또는 단체의 장은 제1항에 따른 조사 · 상담 등의 업무를 수행함에 있어 필요한 경우 관계 기관의 장에게 협조를 요청할 수 있다.

④ 제1항에 따라 조사 · 상담 등을 하는 관계 직원은 그 권한을 표시하는 증표를 지니고 이를 관계인에게 보여주어야 한다.

⑤ 제1항 제1호 및 제4호의 조사 등의 결과는 학교의 장 및 보호자에게 통보하여야 한다.

## (3) 학교의 장의 의무

① 학교의 장은 제16조, 제16조의2, 제17조에 따른 조치의 이행에 협조하여야 한다(법 제19조).

② 학교의 장은 학교폭력을 축소 또는 은폐해서는 아니 된다.

③ 학교의 장은 교육감에게 학교폭력이 발생한 사실과 제13조의2에 따라 학교의 장의 자체해결로 처리된 사건, 제16조, 제16조의2, 제17조 및 제18조에 따른 조치 및 그 결과를 보고하고, 관계 기관과 협력하여 교내 학교폭력 단체의 결성예방 및 해체에 노력하여야 한다.

## 3. 학교폭력 관련 위원회의 조직과 기능

학교폭력 관련 각종 위원회의 조직과 기능에 대해 소개한다. 먼저 학내의 학교폭력의 예방 및 대책에 관련된 사항을 전담하는 전담기구에 대해 알아보고 그 다음 지역의 교육청(교육지원청)에 설치된 학교폭력 문제를 심의·조치하는 학교폭력대책심의위원회에 대해 살펴본다. 또한 지역의 학교폭력 문제를 해결하기 위해 각 시·도에 조직되어 있는 학교폭력대책지역위원회에 대해 살펴보고 또 학교폭력의 예방 대책을 수립하고 기관별 추진 계획 및 상호 협력·지원 방안 등을 협의하기 위해 각 시·군·구에 조직되어 있는 학교폭력대책지역협의회에 대해 소개하고 학교폭력의 예방 및 대책에 관한 국무총리 소속의 학교폭력대책위원회에 대해 살펴본다. 마지막으로 전문상담교사의 배치 및 전담기구 구성과 운영에 대해 소개한다.

### 1) 학교폭력 전담기구의 설치

학교의 장은 학교폭력문제를 담당하는 전담기구(이하 '전담기구'라 한다)를 구성한다.

### (1) 학교폭력 전담기구 구성

전담기구 구성권자는 학교의 장으로, 교감, 전문상담교사, 보건교사(학교폭력문제를 담당하는 교사를 말한다), 학부모 등으로 구성한다(법 제14조 제3항). 이 경우 학부모는 구성원의 3분의 1 이상이어야 하고 학교운영위원회에서 추천한 사람 중에서 학교장이 위촉한다. 또한 전담기구 심의방법, 전담기구 업무분장, 학부모위원 임기 등 전담기구 운영에 필요한 사항은 학교의 장이 정한다.

### (2) 학교폭력 전담기구 역할

① 사안접수 및 보호자 통보

전담기구는 학교폭력신고 접수대장을 비치하고 117 신고센터, 학교장, 교사, 학생, 보호자 등 학교폭력 현장을 보거나 그 사실을 알게 된 자 및 기관으로부터 신고받은 사안에 대해 기록·관리한다. 학교폭력신고 접수대장은 학교장, 교원의 학교폭력 은폐 여부를 판단하는 중요한 기초자료로 활용되므로, 사소한 폭력이라도 신고한 것은 접수하여야 한다.

그리고 접수한 사안에 대해서는 즉시 관련학생 보호자에게 통보하고, 통보일자, 통보방법 등을 기록한다.

② 교육(지원)청 보고

인지 후 48시간 이내에 교육청(교육지원청)으로 사안 보고하는 것을 원칙으로 한다. 긴급하거나 중대 사안(성폭력 사안 등)일 경우 유선으로 별도 보고한다. 또 성폭력 사안은 반드시 수사기관에 신고한다.

③ 학교폭력 사안조사

학교폭력을 인지한 경우 피해 및 가해사실 여부에 대해 조사하여야 한다. 전담기구의 협조 요청 시 해당 교사는 적극 협조해야 한다. 학교폭력을 인지한 경우, 학교의 장은 지체 없이 전담기구 또는 소속 교원으로 하여금 가해 및 피해사실 여부를 확인하도록 해야 한다.

④ 사안조사 결과보고

신고된 학교폭력 사안에 대해 조사를 실시하고 조사 결과를 보고서로 작성하여 학교장에게 보고한다.

⑤ 학교장 자체해결 여부 심의

학교장 자체해결의 객관적 요건 충족 여부 및 피해학생과 그 보호자의 학교폭력대책심의위원회 개최 요구 의사를 확인한다.

⑥ 졸업 전 가해학생 조치사항 삭제 심의

법률 제17조 제1항에 따른 가해학생 조치사항 제4호, 제5호, 제6호, 제8호의 삭제 심의하고 심의대상자 조건을 만족할 경우 심의를 통해 졸업과 동시에 삭제한다.

⑦ 집중보호 또는 관찰대상 학생에 대한 생활지도

관련 학생 담임교사와 함께 지속적인 상담 및 기록을 진행하고 학교폭력 가해학생 조치 기재유보 사항 기록 및 관리한다(학교생활기록부 기재요령 참조).

## 2) 학교폭력대책심의위원회의 설치

학교폭력의 예방 및 대책에 관련된 사항을 심의하기 위하여 「지방교육자치에 관한 법률」 제34조 및 「제주특별자치도 설치 및 국제자유도시 조성을 위한 특별법」 제80조에 따른 교육지원청(교육지원청이 없는 경우 해당 시·도 조례로 정하는 기관으로 한다. 이하 같다)에 학교폭력대책심의위원회(이하 "심의위원회"라 한다)를 둔다. 다만, 심의위원회 구성에 있어 대통령령으로 정하는 사유가 있는 경우에는 교육감 보고를 거쳐 둘 이상의 교육지원청이 공동으로 심의위원회를 구성할 수 있다. 심의위원회는 학교폭력의 예방 및 대책 등을 위하여 다음 각 호의 사항을 심의한다. 심의위원회는 해당 지역에서 발생한 학교폭력에 대하여 조사할 수 있고 학교장 및 관할 경찰서장에게 관련 자료를 요청할 수 있다. 심의위원회의 설치·기능 등에 필요한 사항은 지역 및 교육지원청의 규모 등을 고려하여 대통령령으로 정한다(법 제12조).

### (1) 학교폭력심의위원회 구성 및 운영

① 심의위원회는 10명 이상 50명 이내의 위원으로 구성하되, 전체위원의 3분의 1 이상을 해당 교육지원청 관할 구역 내 학교(고등학교를 포함한다)에 소속된 학생의 학부모로 위촉하여야 한다(법 제13조).

② 심의위원회의 위원장은 다음 각 호의 어느 하나에 해당하는 경우에 회의를 소집하여야 한다.

1. 심의위원회 재적위원 4분의 1 이상이 요청하는 경우
2. 학교의 장이 요청하는 경우
3. 피해학생 또는 그 보호자가 요청하는 경우
4. 학교폭력이 발생한 사실을 신고받거나 보고받은 경우
5. 가해학생이 협박 또는 보복한 사실을 신고받거나 보고받은 경우
6. 그 밖에 위원장이 필요하다고 인정하는 경우

③ 심의위원회는 회의의 일시, 장소, 출석위원, 토의내용 및 의결사항 등이 기록된 회의록을 작성·보존하여야 한다.

④ 그 밖에 심의위원회의 구성·운영에 필요한 사항은 대통령령으로 정한다.

## (2) 심의위원회의 지위

학교폭력대책심의위원회(이하 "심의위원회"라 함)는 학교폭력의 예방 및 대책에 관련된 사항을 심의하는 교육지원청 내의 법정위원회이다(법 제12조).

## (3) 심의위원회의 심의사항

- 학교폭력의 예방 및 대책
- 피해학생의 보호
- 가해학생에 대한 교육, 선도 및 징계
- 피해학생과 가해학생 간의 분쟁조정
- 그 밖에 대통령령으로 정하는 사항
- 학교폭력 예방 및 대책과 관련하여 학교의 장이 건의하는 사항(시행령 제13조 제2항)

## (4) 심의위원회의 권한

- 해당 지역에서 발생한 학교폭력에 대한 조사
- 자료 제출 및 의견 진술 요청권
- 학교장에게 심의에 필요한 자료 또는 정보의 제출 요구
- 심의를 위해 필요한 경우 해당 학교의 관련 교원에게 의견 진술 요청
- 심의를 위해 필요한 경우 전문가 등 참고인의 의견 진술 요청
- 관할 경찰서장에게 관련 자료 요청

## (5) 심의위원회 운영

- 심의위원회 회의의 개의와 의결: 심의위원회의 회의는 재적위원 과반수의 출석으로 개의하고, 출석위원 과반수의 찬성으로 의결한다(시행령 제14조 제5항).
- 심의위원회 회의록 작성 및 공개 범위: 심의위원회는 회의의 일시, 장소, 출석위원, 토의내용 및 의결사항 등이 기록된 회의록을 작성하여야 한다(법률 제13조 제3항). 심의위원회의 회의는 공개하지 않는다. 다만, 피해 및 가해학생 또는 보호자가 회의록의 열람·복사 등 회의록 공개를 신청한 때에는 학생과 그 가족의 성명, 주민등록번호 및 주소, 위원의 성명 등 개인정보에 관한 사항을 제외하고 공개하여야

한다(법률 제21조 제3항).

- 심의위원회의 자료 요청: 심의위원회는 해당 지역에서 발생한 학교폭력에 대하여 학교장 및 관할 경찰서장에게 관련 자료를 요청할 수 있다(법률 제12조 제3항)

- 심의위원회의 의견 제시 요청: 심의위원회는 필요하다고 인정할 때에는 학교폭력이 발생한 해당 학교 소속 교원이나 학교폭력 예방 및 대책과 관련된 분야의 전문가 등을 출석하게 하거나 서면 등의 방법으로 의견을 들을 수 있다(시행령 제14조 제8항).

### (6) 심의 방식

심의 방식은 대면 심의를 원칙으로 한다.

피해 및 가해학생과 보호자가 심의위원회에 직접 출석하여 진술해야 한다. 다만, 피해 및 가해학생 측의 요구가 있거나 도서지역의 경우 등 특별한 여건을 고려할 필요가 있는 경우, 전화, 화상, 서면 등의 심의 방식을 활용할 수 있다. 대면 심의를 위해 학생들이 심의위원회에 출석하는 경우, 다음과 같은 사항을 주의해야 한다. 심의위원회 출석으로 인해 피해 및 가해학생의 학습권 침해를 최소화하도록 하고 기타 부득이한 사유로 학교장의 허가를 받아 결석하는 경우로 보아 출석으로 인정할 수 있음을 학교에 안내한다. 심의위원회 개최 장소에서 피해 및 가해학생의 불필요한 접촉을 방지하도록 피해 및 가해학생의 대기실을 분리 운영한다.

학교폭력 사안 유형에 따라 관련 분야 전문가 및 관련 학교 교원을 출석시켜 의견을 들을 수 있다. 또 관련 분야 전문가 및 교원 출석에 대한 내용을 심의위원들에게 사전 공지하여 심의위원들이 이를 활용할 수 있도록 지원한다.

심의위원회는 다문화학생과 장애학생이 학교폭력 관련 학생인 경우, 관련 분야의 전문가를 참석시켜 의견을 들을 수 있다. 심의위원회는 성 사안과 사이버 폭력 사안의 경우에도 관련 분야의 전문가를 회의에 참석시켜 의견을 들을 수 있다.

심의위원회는 필요하다고 판단하는 경우, 피해 및 가해학생이 재학 중인 학교의 교직원 등(관리자, 책임교사, 담임교사, 학생 보호 인력 등)을 출석하게 하여 의견을 들을 수 있다. 그 밖에 심의위원회 운영에 관하여 필요한 사항은 교육장이 정한다(시행령 제14조 제9항, 제14조의2 제5항).

## (7) 심의위원회 절차에 따른 학교의 역할

| 심의위원회 소집 | 심의위원회 준비 | 심의위원회 개최 |
|---|---|---|
| • 학교폭력대책심의위원회 개최 요청<br>　－ 제출서류: 학교폭력 사안조사 보고서 등 | • 심의위원회의 요청에 따른 관련자료 제출 등의 협조 | • 신의위원회익 요청에 따른 관련교원의 출석 |

## 3) 학교폭력대책지역위원회의 설치

지역의 학교폭력 문제를 해결하기 위하여 시·도에 학교폭력대책지역위원회(이하 '지역위원회'라 한다)를 둔다(법 제9조 제1항). 특별시장·광역시장·특별자치시장·도지사 및 특별자치도지사(이하 '시·도지사'라 한다)는 지역위원회의 운영 및 화동에 관하여 시·도의 교육감(이하 '교육감'이라 한다)과 협의하여야 하며, 그 효율적인 운영을 위하여 실무위원회를 둘 수 있다(법 제9조 제2항).

## (1) 학교폭력대책지역위원회의 구성

• 위원 수: 지역위원회는 위원장 1인을 포함한 11인 이내의 위원으로 구성한다.
• 위원의 위촉: 지역위원회의 위원은 학식과 경험이 풍부하고 청소년 보호에 투철한 사명감이 있는 사람으로서 다음 각 호의 어느 하나에 해당하는 사람 중에서 시·도지사가 교육감과 협의하여 임명하거나 위촉한다.
1. 해당 시·도의 청소년 보호 업무 담당 국장 및 시·도 교육청 생활지도 담당 국장
2. 해당 시·도의회 의원 또는 교육위원회 위원
3. 시·도 지방경찰청 소속 경찰공무원
4. 학생생활지도 경력이 5년 이상인 교원
5. 판사·검사·변호사
6. 「고등교육법」 제2조에 따른 학교의 조교수 이상 또는 청소년 관련 연구기관에서 이에 상당하는 직위에 재직하고 있거나 재직하였던 사람으로서 학교폭력 문제에 대한 전문지식이 있는 사람
7. 청소년 선도 및 보호 단체에서 청소년 보호활동을 5년 이상 전문적으로 담당한

사람

8. 「초·중등교육법」 제31조 제1항에 따른 학교운영위원회의 위원 또는 법 제12
조 제1항에 따른 자치위원회 위원으로 활동하고 있거나 활동한 경험이 있는 학
부모

9. 그 밖에 학교폭력 예방 및 청소년 보호에 대한 지식과 경험이 있는 사람

• 위원장: 지역위원회의 위원장은 특별시·광역시·특별자치시·도·특별자치도(이
하 '시·도'라 한다)의 부단체장(특별시의 경우에는 행정(1)부시장, 광역시 및 도의 경우에
는 행정부시장 및 행정부지사를 말한다)으로 하며, 지역위원회의 위원장은 회의를 소
집하고, 그 의장이 된다. 지역위원회의 위원장이 부득이한 사유로 직무를 수행할
수 없을 때에는 지역위원회 위원장이 미리 지명하는 위원이 그 직무를 대행한다.

• 위원의 임기: 지역위원회 위원의 임기는 2년으로 한다. 다만, 지역위원회 위원의 사
임 등으로 새로 위촉되는 위원의 임기는 전임위원 임기의 남은 기간으로 한다.

• 간사의 임명: 지역위원회의 사무를 처리하기 위하여 간사 1명을 두며, 지역위원회
의 위원장과 교육감이 시·도 또는 시·도 교육청 소속 공무원 중에서 협의하여 정
하는 사람으로 한다.

## (2) 학교폭력대책지역위원회의 기능

지역위원회의 기능 등에 관련된 내용은 다음과 같다(법 제10조).

① 지역위원회는 기본계획에 따라 지역의 학교폭력 예방대책을 매년 수립한다.

② 지역위원회는 해당 지역에서 발생한 학교폭력에 대하여 교육감 및 지방경찰청장
에게 관련 자료를 요청할 수 있다.

③ 교육감은 지역위원회의 의견을 들어 제16조 제1항 제1호부터 제3호까지나 제17
조 제1항 제5호에 따른 상담·치료 및 교육을 담당할 상담·치료·교육 기관을 지
정하여야 한다.

④ 교육감은 제3항에 따른 상담·치료·교육 기관을 지정한 때에는 해당 기관의 명
칭, 소재지, 업무를 인터넷 홈페이지에 게시하고, 그 밖에 다양한 방법으로 학부
모에게 알릴 수 있도록 노력하여야 한다.

## 4) 학교폭력대책지역협의회

### (1) 학교폭력대책지역협의회의 설치

학교폭력예방 대책을 수립하고 기관별 추진계획 및 상호 협력·지원 방안 등을 협의하기 위하여 시·군·구에 학교폭력대책지역협의회(이하 "지역협의회"라 한다)를 둔다.

- 위원 수: 지역협의회는 위원장 1명을 포함한 20명 내외의 위원으로 구성한다.
- 위원의 위촉: 지역협의회의 위원은 학식과 경험이 풍부하고 청소년보호에 투철한 사명감이 있는 사람으로서 다음 각 호의 어느 하나에 해당하는 사람 중에서 시장·군수·구청장이 해당 교육지원청의 교육장과 협의하여 임명하거나 위촉한다.

1. 해당 시·군·구의 청소년보호 업무 담당 국장(국장이 없는 시·군·구는 과장을 말한다) 및 교육지원청의 생활지도 담당 국장(국장이 없는 교육지원청은 과장을 말한다)
2. 해당 시·군·구의회 의원
3. 해당 시·군·구를 관할하는 경찰서 소속 경찰공무원
4. 학생생활지도 경력이 5년 이상인 교원
5. 판사·검사·변호사
6. 「고등교육법」 제2조에 따른 학교의 조교수 이상 또는 청소년 관련 연구기관에서 이에 상당하는 직위에 재직하고 있거나 재직하였던 사람으로서 학교폭력 문제에 대하여 전문지식이 있는 사람
7. 청소년 선도 및 보호 단체에서 청소년보호활동을 5년 이상 전문적으로 담당한 사람
8. 학교운영위원회 위원 또는 심의위원회 위원으로 활동하거나 활동한 경험이 있는 학부모
9. 그 밖에 학교폭력 예방 및 청소년보호에 대한 지식과 경험을 가진 사람

- 위원장: 지역협의회의 위원장은 회의를 소집하고, 그 의장이 된다. 지역협의회의 위원장이 부득이한 사유로 직무를 수행할 수 없을 때에는 위원장이 미리 지정하는 위원이 그 직무를 대행한다.
- 위원의 임기: 지역협의회 위원의 임기는 2년으로 한다. 다만, 지역위원회 위원의 사임 등으로 새로 위촉되는 위원의 임기는 전임위원 임기의 남은 기간으로 한다. 시장·군수·구청장은 제4항 제2호부터 제9호까지의 규정에 따른 지역협의회의 위원이 제3조의2 각 호의 어느 하나에 해당하는 경우에는 해당 위원을 해임하거나 해

촉할 수 있다.

- 간사의 임명: 지역협의회에는 사무를 처리하기 위해 간사 1명을 두며, 간사는 지역 협의회의 위원장과 교육장이 시·군·구 또는 교육지원청 소속 공무원 중에서 협의 하여 정하는 사람으로 한다.

## 5) 학교폭력대책위원회

### (1) 학교폭력대책위원회의 설치 및 기능

학교폭력의 예방 및 대책에 관한 다음 각 호의 사항을 심의하기 위하여 국무총리 소속으로 학교폭력대책위원회(이하 "대책위원회"라 한다)를 둔다(법 제7조).

1. 학교폭력의 예방 및 대책에 관한 기본계획의 수립 및 시행에 대한 평가
2. 학교폭력과 관련하여 관계 중앙행정기관 및 지방자치단체의 장이 요청하는 사항
3. 학교폭력과 관련하여 교육청, 제9조에 따른 학교폭력대책지역위원회, 제10조의2 에 따른 학교폭력대책지역협의회, 제12조에 따른 학교폭력대책심의위원회, 전문 단체 및 전문가가 요청하는 사항

### (2) 학교폭력대책위원회의 구성

- 위원의 수와 위원의 위촉: 대책위원회는 위원장 2명을 포함하여 20명 이내의 위원 으로 구성한다. 위원은 다음 각 호의 사람 중에서 대통령이 위촉하는 사람으로 한 다. 다만, 제1호의 경우에는 당연직 위원으로 한다.

1. 기획재정부장관, 교육부장관, 과학기술정보통신부장관, 법무부장관, 행정안전부 장관, 문화체육관광부장관, 보건복지부장관, 여성가족부장관, 방송통신위원회 위 원장, 경찰청장
2. 학교폭력 대책에 관한 전문지식과 경험이 풍부한 전문가 중에서 제1호의 위원이 각각 1명씩 추천하는 사람
3. 관계 중앙행정기관에 소속된 3급 공무원 또는 고위공무원단에 속하는 공무원으로 서 청소년 또는 의료 관련 업무를 담당하는 사람
4. 대학이나 공인된 연구기관에서 조교수 이상 또는 이에 상당한 직에 있거나 있었던 사람으로서 학교폭력 문제 및 이에 따른 상담 또는 심리에 관하여 전문지식이 있

　는 사람

5. 판사·검사·변호사

6. 전문단체에서 청소년보호활동을 5년 이상 전문적으로 담당한 사람

7. 의사의 자격이 있는 사람

8. 학교운영위원회 활동 및 청소년보호활동 경험이 풍부한 학부모

- 위원장과 위원의 임기 및 간사의 임명: 위원장은 국무총리와 학교폭력 대책에 관한 전문지식과 경험이 풍부한 전문가 중에서 대통령이 위촉하는 사람이 공동으로 되고, 위원장 모두가 부득이한 사유로 직무를 수행할 수 없을 때에는 국무총리가 지명한 위원이 그 직무를 대행한다. 위원회의 효율적 운영 및 지원을 위하여 간사 1명을 두되, 간사는 교육부장관이 된다.

## (3) 학교폭력대책위원회의 운영

대책위원회의 회의 소집, 대책위원회의 개의와 의결, 출석위원 수당·여비 지급과 학교폭력 전문가 출석 등 대책위원회의 운영에 관련된 내용은 다음과 같다(시행령 제3조)

- 회의 소집 및 대책위원회의 개의와 의결: 위원장은 회의를 소집하고, 그 의장이 된다. 대책위원회의 회의는 반기별로 1회 소집한다. 다만, 재적위원 3분의 1 이상이 요구하거나 위원장이 필요하다고 인정하는 경우에는 수시로 소집할 수 있다. 대책위원회의 위원장이 회의를 소집할 때에는 회의 개최 5일 전까지 회의 일시·장소 및 안건을 각 위원에게 알려야 한다. 다만, 긴급히 소집하여야 할 때에는 그러하지 아니하다. 대책위원회의 회의는 재적위원 과반수의 출석으로 개의(開議)하고, 출석위원 과반수의 찬성으로 의결한다.

- 출석위원 수당·여비 지급 및 학교폭력 전문가 출석: 회의에 출석한 위원과 전문가 등에게는 예산의 범위에서 수당과 여비를 지급할 수 있다. 다만, 공무원인 위원이 그 소관 업무와 직접적으로 관련하여 회의에 출석하는 경우에는 그러하지 아니하다. 대책위원회의 위원장은 필요하다고 인정할 때에는 학교폭력 예방 및 대책과 관련하여 전문가 등을 회의에 출석하여 발언하게 할 수 있다.

## 6) 학교폭력대책실무위원회의 구성·운영

위원회에 상정할 안건을 미리 검토하는 등 안건 심의를 지원하고 위원회가 위임한

안건을 심의하기 위하여 대책위원회에 학교폭력대책실무위원회(이하 "실무위원회"라 한다)를 둔다(법 제8조 제6항).

- 의원수: 위원장(이하 "실무위원장"이라 한다) 1명을 포함한 12명 이내의 위원으로 구성한다. 위원은 기획재정부, 교육부, 과학기술정보통신부, 법무부, 행정안전부, 문화체육관광부, 보건복지부, 여성가족부, 국무조정실 및 방송통신위원회의 고위공무원단에 속하는 공무원과 경찰청의 치안감 또는 경무관 중에서 소속 기관의 장이 지명하는 사람 각 1명이 된다.
- 위원장과 간사의 임명: 실무위원장은 교육부차관이 되고 실무위원장이 부득이한 사유로 직무를 수행할 수 없을 때에는 실무위원장이 미리 지명하는 위원이 그 직무를 대행한다. 실무위원회의 사무를 처리하기 위하여 간사 1명을 두며, 간사는 교육부 소속 공무원 중에서 실무위원장이 지명하는 사람으로 한다.
- 회의 소집과 업무: 회의는 대책위원회 개최 전 또는 실무위원장이 필요하다고 인정할 때 소집한다. 실무위원회는 대책위원회의 회의에 부칠 안건 검토와 심의 지원 및 그 밖의 업무수행을 위하여 필요한 경우에는 이해관계인 또는 관련 전문가를 출석하게 하여 의견을 듣거나 의견 제출을 요청할 수 있다. 실무위원장은 회의를 소집할 때에는 회의 개최 7일 전까지 회의 일시·장소 및 안건을 각 위원에게 알려야 한다. 다만, 긴급히 소집하여야 할 때에는 그러하지 아니하다(시행령 제4조의 제5항, 6항, 7항).

## 7) 전문상담교사 배치 및 전담기구 구성

### (1) 전문상담교사 매치 및 전담기구 구성

학교폭력 예방 및 대책에 관한 법률 제14조에 규정하고 있는 전문상담교사의 배치 및 전담기구 구성에 관련된 사항은 다음과 같다.

① 학교의 장은 학교에 대통령령으로 정하는 바에 따라 상담실을 설치하고, 「초·중등교육법」 제19조의2에 따라 전문상담교사를 둔다.
② 전문상담교사는 학교의 장 및 심의위원회의 요구가 있는 때에는 학교폭력에 관련된 피해학생 및 가해학생과의 상담결과를 보고하여야 한다.
③ 학교의 장은 교감, 전문상담교사, 보건교사 및 책임교사(학교폭력문제를 담당하는

교사를 말한다), 학부모 등으로 학교폭력문제를 담당하는 전담기구(이하 "전담기구"라한다)를 구성한다. 이 경우 학부모는 전담기구 구성원의 3분의 1 이상이어야 한다.

④ 학교의 장은 학교폭력 사태를 인지한 경우 지체 없이 전담기구 또는 소속 교원으로 하여금 가해 및 피해 사실 여부를 확인하도록 하고, 전담기구로 하여금 제13조의2에 따른 학교의 장의 자체해결 부의 여부를 심의하도록 한다.

⑤ 전담기구는 학교폭력에 대한 실태조사(이하 "실태조사"라 한다)와 학교폭력 예방 프로그램을 구성·실시하며, 학교의 장 및 심의위원회의 요구가 있는 때에는 학교폭력에 관련된 조사결과 등 활동결과를 보고하여야 한다.

⑥ 피해학생 또는 피해학생의 보호자는 피해사실 확인을 위하여 전담기구에 실태조사를 요구할 수 있다.

⑦ 국가 및 지방자치단체는 실태조사에 관한 예산을 지원하고, 관계 행정기관은 실태조사에 협조하여야 하며, 학교의 장은 전담기구에 행정적·재정적 지원을 할 수 있다.

⑧ 전담기구는 성폭력 등 특수한 학교폭력사건에 대한 실태조사의 전문성을 확보하기 위하여 필요한 경우 전문기관에 그 실태조사를 의뢰할 수 있다. 이 경우 그 의뢰는 심의위원회 위원장의 심의를 거쳐 학교의 장 명의로 하여야 한다.

⑨ 그 밖에 전담기구 운영 등에 필요한 사항은 대통령령으로 정한다.

## 8) 상담실 설치

법 제14조 제1항에 따른 상담실은 다음 각 호의 시설·장비를 갖추어 상담활동이 편리한 장소에 설치하여야 한다.

1. 인터넷 이용시설, 전화 등 상담에 필요한 시설 및 장비
2. 상담을 받는 사람의 사생활 노출 방지를 위한 칸막이 및 방음시설

## 9) 전문상담교사의 배치

전문상담교사의 배치에 관련된 사항은 「초·중등교육법」 제19조의2에 다음과 같이 규정하고 있다. 학교에 전문상담교사를 두거나 시·도 교육행정기관에 교육공무원법 제22조의2에 따라 전문상담순회교사를 둔다. 제1항의 전문상담순회교사의 정원·배치 기준 등에 필요한 사항은 대통령령으로 정한다.

# PART 12

# 학교폭력 화해·
# 분쟁조정의 이해

## 1. 학교폭력 화해 · 분쟁조정

### 1) 학교폭력 화해 · 분쟁조정 개념

분쟁조정이란 피해 및 가해학생 간 또는 그 보호자 간의 손해배상에 관련된 합의조정 및 그 밖에 심의위원회가 필요하다고 인정하는 사항에 대한 심의위원회 또는 교육감의 조정을 의미한다. 학교폭력이 발생하면 관련 대상자인 학생, 보호자, 학교는 사안 신고 및 조사 과정, 피·가해학생의 보호 선도 조치, 행정심판, 민·형사 및 행정 소송에 이르는 긴 진행과정을 거치게 된다. 이때 발생하는 다양하고 복잡한 갈등이 원만히 해결되지 않는 경우 분쟁으로 사안이 확대될 수 있으며 관련 대상자들은 심리적·사회적·경제적 어려움과 손실을 경험하게 된다.

「학교폭력 예방 및 대책에 관한 법률」제18조에 따르면 분쟁조정이란 피해학생과 가해학생 간 또는 그 보호자 간의 손해배상에 관련된 합의조정과 그 밖에 심의위원회가 필요하다고 인정하는 사항에 대한 조정이다. 여기서 분쟁조정은 '소송'에 대한 대체적 해결수단으로 이해관계가 부딪히는 양측으로부터 중립적 입장을 가진 조정 전문가가 개입하여 분쟁당사자들이 자율적으로 타협과 화해에 이르도록 하는 것을 말한다.

그 동안 교육부가 청예단과 협력하여 현장 중심의 학교폭력 화해·분쟁조정 사업을 진행하면서 위의 법률에서 규정한 분쟁조정의 의미가 현장 지원 및 진행시에는 다소 제한적인 상황이 많아서 화해조정과 분쟁조정으로 구분하고 재정의하여 학교폭력 화해·분쟁조정이라는 용어를 사용하여 현장 맞춤형 지원이 되도록 하고 있었다. 2020년 3월 이후부터 학교폭력이 발생 시 학교장 자체해결 사안이 되지 않으면 교육(지원청)에 설치된 학교폭력 대책 심의위원회에서 심의, 조치가 이루어짐으로써 학교폭력에 대한 화해와 분쟁조정이 더욱 필요하게 되었다. 그래서 교육부와 청예단에서 진행하는 학교폭력 화해 분쟁조정 현장전문가교육 매뉴얼(청예단 2019. 8)을 소개하고자 한다.

학교폭력 화해·분쟁조정이란 손해에 대한 합의조정에 국한되지 않으며 갈등 당사자 간의 관계를 개선하여 갈등이 확대되지 않도록 하는 개입 및 조정을 모두 포함한다. 현장에서는 관계회복 화해조정, 손해배상 분쟁조정, 갈등관리 코칭으로 세부유형을 구분하여 개입하고 있다. 지금부터 소개하는 관계회복 화해조정 프로그램은 학교폭력대책 심의위원회의 심의 이전에 개입하기도 하고 심의위원회의 심의 과정 중에도 진행할 수 있다.

**관련 조항**

학교폭력예방법 제18조(분쟁조정)

① 심의위원회는 학교폭력과 관련하여 분쟁이 있는 경우에는 그 분쟁을 조정할 수 있다.
② 제1항에 따른 분쟁의 조정기간은 1개월을 넘지 못한다.
③ 학교폭력과 관련한 분쟁조정에는 다음 각 호의 사항을 포함한다.
  1. 피해학생과 가해학생 간 또는 그 보호자 간의 손해배상에 관련된 합의조정
  2. 그 밖에 심의위원회가 필요하다고 인정하는 사항
④ 심의위원회는 분쟁조정을 위하여 필요하다고 인정하는 때에는 관계 기관의 협조를 얻어 학교폭력과 관련한 사항을 조사할 수 있다.
⑤ 심의위원회가 분쟁조정을 하고자 할 때에는 이를 피해학생·가해학생 및 그 보호자에게 통보하여야 한다.
⑥ 시·도교육청 관할 구역 안의 소속 교육지원청이 다른 학생 간에 분쟁이 있는 경우에는 교육감이 직접 분쟁을 조정한다. 이 경우 제2항부터 제5항까지의 규정을 준용한다.
⑦ 관할 구역을 달리하는 시·도교육청 소속 학교의 학생 간에 분쟁이 있는 경우에는 피해학생을 감독하는 교육감이 가해학생을 감독하는 교육감과의 협의를 거쳐 직접 분쟁을 조정한다. 이 경우 제2항부터 제5항까지의 규정을 준용한다.

## 2) 학교폭력 화해 · 분쟁의 목적

학교폭력 발생 시 신속한 초기 대응으로 학생, 보호자 학교 교육 3주체 간의 갈등 및 분쟁심화를 예방하는 것을 목적으로 한다. 학교폭력 화해·분쟁조정 당사자들의 심리

적 어려움에 대해 지원함으로써 신뢰, 관계를 회복할 수 있도록 심리 · 정서적 피해를 최소화하여 가해자 및 피해자 당사자들 간의 정신적, 신체적, 금전적 손상회복과 피해 복구를 돕는다. 또 공정하며 전문적인 학교폭력 사안처리 진행을 조력하며 조치 결과에 따른 2차 갈등 및 법적 소송을 방지하여 당사자들의 관계개선과 화해를 도모하여 안정적인 학교 및 일상생활 적응을 도와 가해학생이 피해학생의 입장을 이해하고 자신의 행동에 책임감을 갖는 기회를 제공한다. 뿐만 아니라 학교폭력 화해 · 분쟁조정 당사자들 간의 추가적인 피, 가해자가 발생하지 않도록 지원함으로써 학교폭력의 재발을 방지하고 피해학생들의 안정을 확보할 수 있도록 조력한다.

## 3) 학교폭력 화해 · 분쟁조정 유형

### (1) 관계회복 화해조정

학교폭력 화해조정이란 학교폭력 또는 갈등이 발생한 당사자를 대상으로 이해 · 공감 · 소통 · 치유를 도모하는 맞춤형 관계회복 화해조정 프로그램을 말한다.

효과적인 관계회복 프로그램을 진행하기 위해서는 사안에 대한 이해와 전문적이고 중립적인 개입이 필요하다. 당사자가 무엇을 원하고 어떠한 감정을 느끼는지 파악하여 서로를 이해할 수 있도록 돕는 과정이다. 또한 참여자 사이의 오해를 풀고 관계개선을 위해 의사를 표현하는 기회를 제공한다. 이를 통해 성장하는 과정에 있는 학생들 간의 갈등을 보호자 간의 갈등으로 확대되지 않고 해결할 수 있는 대체적 기회를 제공하는 데 그 의의가 있다.

### (2) 손해배상 분쟁조정

학교폭력 분쟁조정이란 학교폭력으로 인한 금전적 손실이 발생하였을 때 소송에 대한 대체적 분쟁해결 수단으로 당사자 간의 입장 차이를 최소화하여 합의를 이끌어 가는 조정 프로그램을 말한다.

분쟁조정은 소송에 비해 신속 · 저렴하게 진행되며 비공개로 진행되기 때문에 당사자의 사생활을 보호받을 수 있다는 장점이 있다. 단, 분쟁조정은 당사자 중 어느 한쪽이 거부하면 합의가 이루어지지 않는다.

분쟁조정은 당사자들 간의 자체적인 해결을 최대한 도모하여 법적인 소송으로 인하여 발생할 수 있는 불필요한 사회적 비용을 감소시킬 수 있다는 데 의의가 있다.

### (3) 갈등관리 · 코칭

학교폭력 갈등관리 · 코칭은 학교폭력 사안을 원만히 해결하는 데 필요한 사안 처리 정보, 법적인 자문, 심리지원 서비스 연계 등 통합적인 지원을 1:1로 코칭받을 수 있는 프로그램을 말한다.

학교폭력 또는 갈등으로 위기 상황 하에 놓인 대상자인 학생, 보호자, 교사 등에게 긴급하게 개별적으로 개입하여 갈등해결능력을 향상시켜 심각한 분쟁으로 확대되는 것을 방지한다. 각 주체의 대상자에게 나타나는 갈등유형별 감정적 및 행동별 대응방법에 대해 코칭하고 필요 시 전문 인프라를 통한 상담 및 치유, 의료, 법률 등을 1:1로 지원한다.

## 2. 학교폭력 화해 · 분쟁조정의 실제

### 1) 학교폭력 화해 · 분쟁조정 단계별 세부내용

학교폭력 관계회복을 위한 화해조정에는 먼저 신청/접수하고 사전준비, 예비조정, 프로그램 구성, 본조정, 사후관리, 종결의 7단계를 거친다.

### (1) 신청/접수

신청이 되면 양측 간 학생 및 보호자의 동의를 확인한 뒤 관계회복 화해조정 신청서를 작성 후 해당 사례를 접수한다. 사례접수가 되면 조정전문가는 접수된 신청서를 바탕으로 사안을 충분히 파악하고 개입여부를 결정한다.

① 목적 안내 및 대상자 동의

화해조정은 양측의 동의와 자발적 참여 동기가 있어야 개입이 가능하기 때문에 이에 대해 확인하는 것이 필수적이다. 화해조정은 양측의 동의를 바탕으로 하는 것이며, 학생들의 즐겁고 안전한 학교생활을 위해 진행된다는 것을 학생, 보호자, 학교 모두가 인지하고 진행되어야 한다. 어느 한측의 의뢰로 신청될 수는 있으나 양측이 모두 동의를 해야 진행 가능하다.

② 신청서 작성 및 진행안내

화해 조정을 신청할 때 서로 간의 관계 개선 욕구와 의지를 확인한다. 신청서를 작성하여 참여하는 대상자의 기본정보와 사안에 대한 내용을 파악하며 이때 동의서를 서면으로 받을 수 있다.

신청서를 접수하면서 대상자에게 화해분쟁 조정 진행에 대한 간략한 절차 및 일정안내를 하여 대상자가 전문가와의 만남 또는 실재 개입이 진행될 때까지 준비할 수 있도록 한다. 분쟁사건에 대한 조정권한이 있는 심의위원회 또는 교육감에게 분쟁조정신청인의 성명 및 주소, 보호자의 성명 및 주소, 분쟁조정 신청의 사유를 작성하여 신청할 수 있다.

○ 학교폭력예방법 시행령 제27조(분쟁조정의 개시)

① 심의위원회 또는 교육감은 제25조에 따라 분쟁조정의 신청을 받으면 그 신청을 받은 날부터 5일 이내에 분쟁조정을 시작해야 한다.

② 심의위원회 또는 교육감은 분쟁당사자에게 분쟁조정의 일시 및 장소를 통보해야 한다.

③ 제2항에 따라 통지를 받은 분쟁당사자 중 어느 한 쪽이 불가피한 사유로 출석할 수 없는 경우에는 심의위원회 또는 교육감에게 분쟁조정의 연기를 요청할 수 있다. 이 경우 심의위원회 또는 교육감은 분쟁조정의 기일을 다시 정해야 한다.

④ 심의위원회 또는 교육감은 심의위원회 위원 또는 지역위원회 위원 중에서 분쟁조정 담당자를 지정하거나, 외부 전문기관에 분쟁과 관련한 사항에 대한 자문 등을 할 수 있다.

○ 학교폭력예방법 시행령 제28조(분쟁조정의 거부·중지 및 종료)

① 심의위원회 또는 교육감은 다음 각 호의 어느 하나에 해당하는 사유가 발생한 경우에는 분쟁조정의 개시를 거부하거나 분쟁조정을 중지할 수 있다.

  1. 분쟁당사자 중 어느 한 쪽이 분쟁조정을 거부한 경우

  2. 피해학생 등이 관련된 학교폭력에 대하여 가해학생을 고소·고발하거나 민사상 소송을 제기한 경우

  3. 분쟁조정의 신청내용이 거짓임이 명백하거나 정당한 이유가 없다고 인정되는 경우

② 심의위원회 또는 교육감은 다음 각 호의 어느 하나에 해당하는 사유가 발생한 경우에는 분쟁조정을 끝내야 한다.

  1. 분쟁당사자 간에 합의가 이루어지거나 심의위원회 또는 교육감이 제시한 조정안을

분쟁당사자가 수락하는 등 분쟁조정이 성립한 경우

2. 분쟁조정 개시일부터 1개월이 지나도록 분쟁조정이 성립하지 아니한 경우

③ 심의위원회 또는 교육감은 제1항에 따라 분쟁조정의 개시를 거부하거나 분쟁조정을 중지한 경우 또는 제2항 제2호에 따라 분쟁조정을 끝낸 경우에는 그 사유를 분쟁당사자에게 각각 통보해야 한다.

③ 사안정보 확인

신청서 작성 내용을 바탕으로 학교 담당자에게 학교폭력 또는 갈등 사안에 대해 확인하는 과정이 필요하다. 이를 통해 대상자들의 갈등 내용을 파악할 수 있으며 이러한 원인과 정보를 가지고 조정을 진행하는 것이 효과적이다.

## (2) 사전 준비

신청·접수된 사안에 대해 확인하고 대상자 및 대상자들 간 관계회복을 위한 프로그램 진행에 적합한 조정전문가를 구성한다. 조정전문가는 예비조정 진행을 위한 계획을 수립하고 일정과 진행 장소를 조율하여 예비조정이 원활하게 진행될 수 있도록 준비한다.

① **팀 구성**: 관계회복 화해조정은 조정전문가 최소 2인이 한 팀으로 구성하여 진행한다. 조정 진행 시 1인이 진행하는 경우보다 2인 이상이 조정하는 경우 사안에 대한 심리적 부담감에 대한 다양한 해결방안 모색에 효과적일 수 있다. 또한 적절한 역할분담을 통해 대상자들의 의견을 중립적이고 공정하게 파악할 수 있고, 이는 화해분쟁조정 진행 과정에서 대상자들의 소통을 돕는 데 도움이 될 수 있다.

② **조정 진행 계획수립**: 신청·접수단계에서 각 대상자들에게 확인된 학교폭력 또는 갈등상황을 바탕으로 조정전문가들은 원활한 조정 진행과 소통을 위한 진행 계획을 수립한다. 대상자가 다수일 경우 예비조정 진행 시 개별적으로 진행하는 것을 원칙으로 하며, 사례에 따라 그룹으로 진행할 것인지에 대한 논의 후 결정한다. 공정한 진행 형식 구조화를 위하여 대상자별로 가급적 동일한 시간을 할애하여 예비조정이 진행될 수 있도록 계획을 수립하는 것이 좋다.

③ **예비조정 일정조율**: 예비조정의 진행일정을 학교, 학생 또는 학부모와 조율한다. 신청·접수 이후에 예비조정 일정을 조율하여 신속하게 개입할 수 있도록 해야 한다.

④ **예비조정 장소선정**: 예비조정은 각 대상자들의 의견을 존중하여 확인하고, 학교 내 장소 등 학교와 협력도 적극적으로 활용하도록 한다. 또한 조정 진행시에는 대상자들이 따로 대기할 수 있는 장소를 별도로 마련하는 것이 필요하다. 대상자들이 대기하는 장소나 예비조정을 진행하는 장소는 독립적이고 개별적인 공간이어야 한다.

## (3) 예비조정

예비조정은 대상자들이 관계회복 화해조정에 참여해 이에 대해 동의하는지 보고 화해분쟁조정프로그램에 대해 어떻게 이해하고 있는지를 확인하는 단계이다. 더불어 본 조정에서 진행될 프로그램 구성을 위해 대상자들 간 본 조정 진행을 원활하게 하기 위하여 학교폭력 상황에 대한 점검, 현재의 갈등 정도 확인, 감정 및 욕구파악 등 대상자들이 본 조정에 참여하여 해결 지향적 의사소통을 할 수 있도록 지원할 수 있다.

① **참여 목적과 동의 재확인**: 화해조정은 조정전문가의 도움을 받아 학교폭력 또는 갈등에 대한 해결방법에 대해 표현하고 이를 수용하는 과정을 거쳐 서로를 이해하기 위한 과정임을 안내한다. 더불어 일방적인 소통을 하는 자리가 아닌 관계를 회복하기 위하여 서로 이해하고 소통하고, 회복하기 위한 계기를 마련하는 자리라는 프로그램의 목적에 대해 다시 한 번 설명한다.

갈등상황에 있는 대상자들 간 온전한 관계회복을 위해서는 프로그램의 목적에 대해 명확하게 숙지하고 대상자 및 보호자의 프로그램 참여에 대한 동의 여부 확인이 중요하다. 또한 어떤 기대를 가지고 본 프로그램에 참여하는지에 대한 탐색을 통해, 본 조정 프로그램 구성에 대한 방향을 설정할 수 있다.

② **사안 및 욕구파악**: 학교폭력 및 갈등상황을 해결하는 방법 탐색을 위해 이전의 대상자들 간 관계에 대해 확인한다. 이는 학교폭력 발생 이전 혹은 갈등이 발생학 이전의 대상자들의 감정이나 학교생활에 대해 파악할 수 있도록 하는 과정이며, 이것을 바탕으로 현재의 갈등 정도와 감정 욕구 등을 파악할 수 있다. 이때 조정전문가는 지나치게 사건중심의 탐색을 지양하고 관계회복을 목적으로 하는 방향성을 잃지 않도록 유의해야 한다.

– 대상자의 관점에서 학교폭력 및 갈등상황에 대한 이해의 정도를 파악하기 위해 사안에 대해 점검한다. 대상자들의 갈등 촉발 사건은 무엇인지? 갈등 대상자들의

수는? 대상자들의 교급과 성별, 대상자들의 관계, 보호자들과 관계, 대상자들의 심리적 어려움의 정도를 점검한다.

- 각자가 이해하고 있는 학교폭력 및 갈등상황에서 어떤 어려움이 있는지, 어떤 감정을 느끼고 있는지 등을 파악한다. 대상자들이 느끼고 있는 감정을 바탕으로 갈등 해결을 위한 욕구를 구체적으로 탐색한다.

③ **해결방식 탐색**: 대상자들이 겪고 있는 갈등상황을 해결하기 위해 관계회복 프로그램 참여 이전에 어떤 시도들이 있었는지 확인한다. 해결을 위한 시도가 없었거나 실패한 경험이 있다면 관계회복을 위한 프로그램을 구성할 때 새로운 방법으로 접근하는 것이 필요하다.

④ **본 조정에 대한 안내**: 본 조정 진행 시 상대 학생과 직접 만나 관계회복 화해조정 프로그램이 진행됨을 안내한다. 이때 일방적으로 사과를 하거나 받아주는 프로그램이 아님을 다시 한번 안내하고 본 프로그램 진행 목적에 대해 설명한다. 어떤 기대를 가지고 본조정에 참여하고자 하는지에 대해 확인한다면 본 조정 프로그램 구성에 도움이 될 수 있다. 최종적으로 본조정 진행을 동의하는지 확인하는 작업도 필요하다.

## (4) 본 조정 프로그램 구성

조정전문가는 예비조정의 결과를 바탕으로 사례회의를 열고 개별 대상자들의 갈등의 쟁점을 파악하여 개입 프로그램을 구성할 수 있도록 전략을 세운다.

① **예비조정 바탕 사례회의**: 조정전문가는 예비조정의 결과를 서로 공유하여 가장 효과적인 개입 프로그램 전략을 세울 수 있도록 한다.

② **갈등쟁점 파악**: 예비조정 각 대상자별로 갈등의 쟁점을 둘러싼 입장과 주요 욕구의 차이를 파악한다. 대상자의 이전 관계, 갈등의 쟁점, 양측이 공통적으로 가지고 있는 욕구가 무엇인지 논의한다.

③ **개입 프로그램 구성**: 이 과정에서 대상자의 발달단계 특성(교급, 성별, 그 외 특성들)과 갈등 특성이 잘 반영될 수 있도록 하여야 하며 실현 가능한 목표로 조율할 수 있도록 구성하여야 한다. 프로그램 방식은 대상자들이 바람직하게 의사소통을 할 수 있도록 조력하여야 하며 서로를 향한 이해, 존중, 공감, 진솔함을 이끌어낼 수 있어야 한다.

## (5) 본 조정

① **조정 전 개별 확인**: 조정전문가는 대상자들이 한 자리에 모이기 전에 개별적으로 다시 한 번 참여 의사를 확인하고 본 조정에 대한 기대 및 마음가짐 등을 확인한다. 대상자가 본 모임의 결과에 대하여 긍정적인 기대를 갖도록 격려하는 동시에 상대방과의 조정 및 화해 여부는 스스로 선택하는 것이며 언제라도 중지 의사를 표현할 수 있음을 안내한다. 이렇게 참여 의사를 개별적으로 확인하게 되면 대상자들은 스스로 의사결정을 통제할 수 있다는 안정감을 느끼는 동시에 본 조정이 마친 후 합의안을 이행하는 과정에서도 책임감을 가진다.

② **대면 맞춤형 프로그램 진행**: 조정전문가는 대상자들과 한 자리에 모여 서로 간의 입장과 요구를 소통하고 개선된 관계를 약속하는 자리를 마련한다. 또한 자발적인 참여 동기 및 의사를 훼손하지 않도록 주의하여야 한다. 프로그램의 구성은 대상별 맞춤형으로 구성되기 때문에 차이가 있으나 대략적인 진행방식은 아래와 같다.

• 참여 규칙 정하기

대상자의 참여 동기와 우호적인 대화 분위기를 훼손하지 않을 수 있는 규칙을 정한다. 참여 규칙은 가급적 대상자가 스스로 제안하는 것이 좋으나 어려워하는 경우에는 조정가가 제시할 수 있다. 정해진 참여 규칙은 양 측으로부터 확인하고 규칙을 어길 시에 조정가가 개입할 수 있음에 대해 동의를 구한다.

• 요약 및 재진술

그 동안 다뤄진 갈등의 쟁점과 오늘 이 자리에 모여서 우리가 함께 해결하고자 하는 안건이 무엇인지 조정가가 요약하여 전달한다. 이 과정에서 가급적 중립적이며 긍정적인 진술이 될 수 있도록 한다.

• 입장 나누기

갈등 사안을 둘러싼 각자의 입장에 대해서 서로 소통할 수 있는 기회를 제공한다. 이 과정에서 전문가는 대상자의 의사소통 방식을 조력하여 상대방에 대한 공감, 존중, 진솔함을 유지할 수 있도록 한다.

• 소감과 마무리

각 대상자가 참여한 프로그램의 소감을 나눈다. 만일 이 자리에서 화해가 성사되지 않을 수 있다 해도 이 자리를 통해 서로의 입장을 표현할 수 있는 것의 의미와 존중감을 지닐 수 있도록 한다.

- 사후 효과성

사후 효과성 척도를 실시하고 향후 사후관리가 진행될 수 있음을 안내한다.

## (6) 사후관리

조정전문가는 개입 시점 후 2주 또는 한 달 안에 프로그램 대상자, 대상자의 보호자, 교사를 대상으로 사후관리를 실시한다. 사후관리 자료는 프로그램 자체에 대한 평가뿐 아니라 향후 보다 나은 분쟁조정 사업이 이뤄지는 데 중요한 평가 및 자료가 될 수 있다.

① **관계 개선 정도 점검**: 프로그램 개입 이후 대상 학생 간의 관계는 얼마나 개선되었는지, 화해분쟁조정프로그램의 효과가 유지되고 있는지 평가한다. 학생 대상자가 이번 경험을 바탕으로 어떤 경험을 하였으며 그것의 의미가 무엇인지 확인한다.

② **기타 지원 연계**: 해결되지 않고 남아있는 대상학생의 어려움이나 쟁점이 있다면 기타 도움을 연계한다. 상담 및 심리치료, 법률적인 자문, 기타 지원 등을 연계할 수 있는 지역사회 내 네트워크를 소개할 수 있다.

③ **평가 및 분석**: 프로그램의 사전-사후 효과성과 사후관리를 바탕으로 성과를 측정한다. 분석된 결과를 바탕으로 프로그램의 효과적 요인이 무엇인지, 개선점이 무엇인지 파악하여 더 나은 개입이 많은 대상자에게 확산될 수 있도록 한다.

## (7) 종결

조정 프로그램의 사후관리가 마무리 된 이후에 종결보고서를 작성한 후 확인한다. 이를 통해 학교의 요청에 따라 종결을 확인하는 공문서를 발송할 수 있다.

○ 학교폭력예방법 시행령 제29조(분쟁조정의 결과 처리)
① 심의위원회 또는 교육감은 분쟁조정이 성립하면 다음 각 호의 사항을 적은 합의서를 작성하여 분쟁당사자와 피해학생 및 가해학생이 소속된 학교의 장에게 각각 통보해야 한다.
  1. 분쟁당사자의 주소와 성명
  2. 조정 대상 분쟁의 내용
    가. 분쟁의 경위
    나. 조정의 쟁점(분쟁당사자의 의견을 포함한다)

3. 조정의 결과
② 제1항에 따른 합의서에는 심의위원회가 조정한 경우에는 분쟁당사자와 조정에 참가한 위원이, 교육감이 조정한 경우에는 분쟁당사자와 교육감이 각각 서명날인해야 한다.
③ 심의위원회의 위원장은 분쟁조정의 결과를 교육감에게 보고해야 한다.

## 2) 손해배상 분쟁조정

피해학생 측에서 치료비, 위자료 등 금전적 손해에 대한 배상을 요구하는 경우, 가해학생 측에서 치료비, 위자료 등 금전적 손해배상을 통해 합의하고자 하는 경우 손해배상 분쟁조정을 할 수 있다.

그 밖에 심의위원회가 필요하다고 인정하는 사항으로 심의위원회의 조치만으로는 해결이 불가능한 갈등이 있는 경우 제3의 전문기관을 통한 객관적, 전문적, 공정한 개입이 필요한 경우도 손해배상 분쟁조정이 가능하다.

① **분쟁조정의 당사자**: 분쟁당사자(피해 및 가해측)가 신청할 수 있다. 당사자는 분쟁조정신청서(분쟁조정 신청인의 성명 및 주소, 보호자의 성명 및 주소, 분쟁조정 신청의 사유가 포함되어 있음)를 작성하여 심의위원회나 교육감에게 신청한다. 이를 위해서는 해당 당사자들에게 분쟁조정 제도가 있다는 것을 알리고 분쟁조정 관련된 절차와 내용에 대해 안내한다.

② **분쟁조정의 기한**: 심의위원회 또는 교육감은 분쟁조정의 신청을 받으면 5일 이내 분쟁조정을 시작해야 한다(시행령 제27조 제1항).

분쟁의 조정기간은 1개월을 넘지 못한다(법 제18조 제2항).

③ **분쟁조정의 관할권**: 피해 및 가해학생이 같은 교육지원청 소속일 경우는 심의위원회에서 분쟁을 조정한다.

피해 및 가해학생이 다른 교육지원청 소속일 경우를 살펴보면 동일한 시 · 도교육청 관할 구역일 경우는 해당 시 · 도 교육감이 분쟁을 조정하고 관할구역이 다른 시 · 도교육청일 경우는 각 지역의 교육감 간에 협의를 거쳐 분쟁을 조정한다.

## 3) 분쟁조정의 거부 · 중지 및 통보

① **분쟁조정의 거부 · 중지**: 분쟁당사자 중 어느 한 쪽이 분쟁조정을 거부한 경우, 피해

학생 등이 관련된 학교폭력에 대하여 가해학생을 고소·고발하거나 민사소송을 제기한 경우, 분쟁조정의 신청내용이 거짓임이 명백하거나 정당한 이유가 없다고 인정되는 경우심의위원회 또는 교육감은 다음에 해당하는 사유가 발생한 경우에는 분쟁조정의 개시를 거부하거나 분쟁조정을 중지할 수 있다.

② **분쟁조정의 거부·중지의 통보**: 분쟁조정을 거부하거나 중지할 경우에는 그 사유를 분쟁당사자에게 서면으로 통보해야 한다.

○ 학교폭력예방법 시행령 제28조(분쟁조정의 거부·중지 및 종료)

① 심의위원회 또는 교육감은 다음 각 호의 어느 하나에 해당하는 사유가 발생한 경우에는 분쟁조정의 개시를 거부하거나 분쟁조정을 중지할 수 있다.

    1. 분쟁당사자 중 어느 한 쪽이 분쟁조정을 거부한 경우

    2. 피해학생 등이 관련된 학교폭력에 대하여 가해학생을 고소·고발하거나 민사상 소송을 제기한 경우

    3. 분쟁조정의 신청내용이 거짓임이 명백하거나 정당한 이유가 없다고 인정되는 경우

② 심의위원회 또는 교육감은 다음 각 호의 어느 하나에 해당하는 사유가 발생한 경우에는 분쟁조정을 끝내야 한다.

    1. 분쟁당사자 간에 합의가 이루어지거나 심의위원회 또는 교육감이 제시한 조정안을 분쟁당사자가 수락하는 등 분쟁조정이 성립한 경우

    2. 분쟁조정 개시일부터 1개월이 지나도록 분쟁조정이 성립하지 아니한 경우

③ 심의위원회 또는 교육감은 제1항에 따라 분쟁조정의 개시를 거부하거나 분쟁조정을 중지한 경우 또는 제2항 제2호에 따라 분쟁조정을 끝낸 경우에는 그 사유를 분쟁당사자에게 각각 통보해야 한다.

### 4) 합의서 작성

심의위원회 또는 교육감은 분쟁조정이 성립된 때에는 분쟁당사자의 주소와 성명, 조정대상의 분쟁내용(분쟁의 경위, 조정의 쟁점), 조정 결과를 적은 합의서를 작성하여 분쟁당사자와 피해학생 및 가해학생이 소속된 학교의 장에게 각각 통보해야 한다(시행령 제29조 제1항). 합의서에는 심의위원회가 조정한 경우에는 분쟁당사자와 조정에 참가한 위원이, 교육감이 조정한 경우에는 분쟁당사자와 교육감이 각각 서명 날인해야 한다(시행령 제29조 제2항).

## 5) 분쟁조정의 종료 및 결과 보고

분쟁당사자 간에 합의가 이루어지거나 심의위원회 또는 교육감이 제시한 조정안을 분쟁당사자가 수락하는 등 분쟁조정이 성립한 경우 또는 분쟁조정 개시일로부터 1개월을 경과하도록 분쟁소정이 성립하지 아니한 경우 분쟁조정을 종료하여야 한다(시행령 제28조 제2항). 심의위원회 또는 교육감은 시행령 제28조 제1항에 따라 분쟁조정을 거부 또는 중지하거나 시행령 제28조 제2항 제2호에 따라 분쟁조정을 종료한 경우에는 그 사유를 분쟁당사자에게 각각 통보하여야 한다(시행령 제28조 제3항). 심의위원회의 위원장은 분쟁조정의 결과를 교육감에게 보고해야 한다(시행령 제29조 제3항).

> ※ 분쟁조정이 성립되었다 하여, 심의위원회를 개최하지 않거나 가해학생에 대한 조치를 하지 않는 것은 아니나, 조치별 적용기준(시행령 제19조 제4호)에 고려될 수 있다.

\* 교육장이 내린 조치에 대하여 이의가 있는 피 · 가해학생 또는 그 보호자는「행정심판법」에 따른 행정심판을 청구할 수 있다(학교폭력예방법 제17조 제2항).

# PART 13

# 학교폭력과 집단상담

## 1. 학생상담의 이해

학생상담은 학교에서 이루어지고 있는 생활지도의 한 형태이다.

학생들의 건전한 성장과 발달을 촉진하거나 여러 가지 문제를 예방하고 해결하기 위해서 교사와 학생이 직접적으로 대면하여 개방적이고 타당한 커뮤니케이션(valid communication)을 통해서 학생을 원조하는 활동을 말한다. 따라서 단순히 교사와 학생 사이에 이루어지는 대화나 훈육과는 구별되며 전문적 커뮤니케이션, 특히 원조적(援助的) 커뮤니케이션에 관해서는 물론이고 폭넓은 상담문제에 관한 훈련을 받은 전문적 카운슬러에 의해서 이루어질 필요가 있다.

학교상담은 다른 상담과 마찬가지로 다음과 같은 특징을 지니고 있다.

① 학교상담은 학생들이 자발적으로 성장·발달·변화되도록 하는 것이 주관심이다.
② 학교상담은 학생들의 자발적 성장·발달·변화가 이루어질 수 있는 조건을 제공하는 것이다.
③ 학생들에게 요청하는 행동이나 상담의 목표 등에는 명백한 한계가 있어야 하며, 학생의 자유를 가능한 한 최대로 보장하는 것이어야 된다.

학교상담에서 흔히 다루어지는 문제의 영역은 교육·직업·성격과 행동·인간관계·여가 등의 광범위한 것이며, 이는 개인적으로 이루어지기도 하고 집단적으로 이루어지기도 한다. 학교상담을 위해서 특히 강조되는 것은 교사와 학생 간에 이루어지는 인간관계이며, 성공적 상담을 위해서는 수용(受容)하고 이해하는 인간관계가 이루어져야 된다.

부적응 학생에 대한 상담뿐만 아니라 학업과 진로, 경제문제, 과외활동 등의 문제에도 응하는 것이기 때문에 학생지도의 영역과 중복되는 부분이 많다. 또한 그 대상은 전체 학생이다. 역사적으로 볼 때, 대학과 대학원은 교육과 연구를 목적으로 하는 고등교육기관이다. 그곳은 학생들에게는 학업의 장(field)일뿐만 아니라, 대인관계의 장이고 생활의 장이며, 장래 진로를 결정하는 장이기도 하다. 학생은 오랜 학교생활 동은 학업, 대인관계, 학생생활, 진로 등의 영역에서 여러 가지 고민과 과제에 직면한다.

학생상담의 목적은 이러한 학교생활상 겪을 수 있는 다양한 문제에 대하여 심리적인 도움을 주는 것이다. 학생상담은 학교생활 전반에 대한 폭넓은 일반성과 발달 및 마음의 건강에 대한 전문성이 요청되는 상담활동이다. 학생상담의 구체적인 내용은 학업, 취직, 성격이나 정서, 성(性), 대인관계, 가정, 기숙사, 경제, 종교, 생활방식 등 매우 다양하며, 이 내용을 크게 구별하면 위기상담(crisis counseling), 촉진상담(facilitation counseling), 예방상담(prevention counseling), 발달상담(developmental counseling)으로 나눌 수 있다.

상담은 주로 개인 면접으로 이루어지지만 그 외에도 전화상담, 집단상담, 합숙, 강연회 및 부적응 학생을 위한 예방 활동으로 진행한다. 상담의 이론으로는 내담자중심상담, 행동상담, 인지상담, 교류분석적 상담, 게슈탈트 상담, 절충적 상담 등이 있으며, 그 밖에 정보제공이나 적성진단 등 생활지도(guidance)적인 것도 있다.

## 2. 상담전략

학생상담을 위한 상담전략은 라포형성, 상담계획, 상담목표선정, 상담구조화 등이 있다.

### 1) 라포형성

NLP에서 라포는 일반적인 인간관계를 포함하여 상담과 치료, 비즈니스 관계의 기본적인 조건이 되며, 변화와 성취를 위한 전제 조건이 되기도 한다. NLP 성공의 4대 원리 중 하나이기도 하다. 라포는 타인과의 관계에서만 생각하기 쉽지만 NLP에서 자신과의 라포도 중요하게 여긴다. 자신과의 라포에는 자기 자신의 신체와의 라포, 마음과의 라포, 영적 라포 또는 초개인적 연합이 포함된다. NLP에서는 전체 의사소통에서 언어적 의사소통은 7%에 불과하고 몸의 자세, 신체 움직임, 눈 깜박임, 얼굴표정 등 신체언어에 의한 의사소통이 55%, 음성이 38%에 해당한다는 점에 근거하여 모든 통로를 사용한 라포 형성이 중요하다고 본다. 또한 사람들이 서로 비슷하거나 공통점이 많을수록 공감대가 쉽게 형성되고, 따라서 서로 좋아할 확률이 높아진다는 점을 중시한다. 이에 따라 NLP에서 라포를 형성하는 방법은 거울반응하기(mirroring), 역추적(backtracking), 맞추기(pacing) 등이 있다.

거울반응은 거울처럼 내담자의 행동을 그대로 따라하는 기법으로 내담자가 왼손을 들어 머리를 만지면 상담자도 왼손을 들어 머리를 만지는 방식이다. 이는 내담자가 알아차리지 못하게 행동을 따라하는 것이 더 효과적이다. 역추적은 내담자와 이야기하는 중간에 내담자가 말한 특정 핵심 단어를 한 번 더 반복해서 말하는 것, 혹은 이미 이루어진 상황이나 일의 전개과정을 끝에서부터 처음 시작에 이르기까지 역으로 되돌아보거나 전체 과정을 요약하는 것이다. 이렇게 하면 내담자는 자신의 말이 경청되고 있다는 느낌을 받아 상담자와의 신뢰감을 형성하게 된다. 맞추기는 상담자가 자신의 동작, 호흡, 음조, 자주 사용하는 표현 등을 내담자에게 맞추는 것이다. NLP 상담자는 맞추기를 통하여 내담자와 라포를 형성한 다음 그를 상담자의 의도나 목적에 맞추어 특정한 방향으로 인도하는 이끌기(leading)를 시도한다.

## 2) 상담계획

내담자의 호소문제의 특성, 내담자의 강점, 내담자의 지지체계, 상담자의 이론적 배경 등을 고려하여 상담목표를 설정하고, 이를 수행하기 위한 행동전략, 수단, 시간, 공간, 절차 및 지침, 상담기법과 같은 상담전략을 수립하는 과정이 상담계획이다. 이는 상담의 방향과 지침을 제공하여 상담의 전 과정을 조직할 수 있고 상담목표를 수행할 수 있다. 또한 상담 평가 및 조정의 기본 골격이며, 상담자의 전문성을 향상시키고 경험적 자료를 축적하는 데 도움이 되는 중요한 과업이라 할 수 있다.

상담계획은 상담서비스의 질을 유지시키고 사례관리에 매우 중요한 절차다. 이 상담계획을 효율적으로 구성하기 위해서는 전문성, 개별성, 역동성 및 융통성, 실용성 등을 고려해야 한다. 첫째, 전문성은 인간에 대한 광범위한 지식, 문제, 원인, 해결방법에 대한 전문적 지식, 상담과정의 역동성에 대한 전문적 지식을 바탕으로 구성해야 한다. 여기서 전문적 지식이란 객관적으로 검증되고 조직화되어 있는 경험적 지식을 말한다. 둘째, 개별성은 내담자의 호소문제의 특성, 강점, 환경적 요인 등을 고려하여 각각의 내담자에게 적합하게 구성해야 한다. 셋째, 역동성 및 융통성은 상담을 진행하는 과정에서 상황의 역동적 변화에 따라 상담계획을 점검하여 융통성 있게 조절해야 한다는 것이다. 넷째, 실용성은 상담계획을 구성하는 과정이나 상담계획의 실행이 쉽고 간단하여 실제적으로 적용 가능한 것이어야 한다. 상담계획은 크게 상담목표수립과 상담전략 선택으로 구성된다.

### 3) 상담목표

상담을 효과적으로 이끌기 위해서는 상담목표를 설정해야 한다. 상담목표를 설정하는 이유는, 첫째, 내담자가 호소하는 문제와 관련된 상황이나 행동을 탐색하거나 조정하도록 돕는다. 둘째, 내담자가 상담에 적극적으로 참여하도록 돕는다. 셋째, 상담의 전략이나 기법을 선정하는 데 중요하다. 넷째, 상담의 진행과정을 알 수 있고 상담의 종결을 결정짓는 데 중요하다. 다섯째, 상담자와 내담자에게 상담의 방향을 제시해 준다.

상담목표에는 여러 가지 유형이 있다. 먼저 내담자의 관점에서 바라본 목표는 일차적 목표, 이차적 목표로 구분할 수 있다. 일차적 목표는 내담자가 호소하는 문제에 초점을 두고 일상생활의 적응력을 향상시키는 것이다. 예를 들면, 우울함을 호소하는 내담자의 목표는 우울함을 경감시키는 것이 상담목표가 되고, 친구와의 갈등이 있다면 갈등해소가 목표가 되며, 나아가 효과적인 대인관계를 형성하는 데 도움을 준다. 따라서 일차적 목표는 내담자가 지니고 있는 증상의 감소 또는 제거, 문제해결이라 할 수 있다. 이차적 목표는 내담자가 지니고 있는 무한한 가능성과 잠재력을 발휘할 수 있도록 성격을 재구조화하여 인간적으로 발달하고 성숙해지는 데 도움을 주는 것이며, 때로는 성장 촉진적 목표라고도 이야기한다.

한편, 상담목표를 상담의 과정적 측면에서 보아 궁극적 목표, 결과목표, 과정목표, 세부목표의 네 가지로 구분할 수 있다. 궁극적 목표는 상담자가 궁극적으로 지향하는 방향, 즉 상담방향을 말한다. 결과목표는 상담이 종결되었을 때 성취한 구체적인 결과물을 말한다. 과정목표는 결과목표를 성취해 나가기 위해 각 회기나 단계에서 수행하는 회기별 목표를 말한다. 세부목표는 특정한 상황에서 상담자의 즉각적인 개입행동을 통해 곧바로 성취되는 즉각적이고 구체적인 목표를 말한다. 상담목표는 상담의 방향을 제시하고 상담의 전 과정을 조직화할 수 있어서 상담과정의 혼란을 감소시킬 수 있다. 또한 상담목표는 목표행동, 목표행동을 수행하는 상황적 조건, 성취 여부를 평가할 수 있는 빈도, 강도, 기간 등의 수락기준으로 기술한다. 상담목표의 가장 이상적인 형태는 결과목표로 기술하는 것인데, 이에 따라 성취될 수 있는 일반적인 상담목표를 살펴보면 다음과 같다. 첫 번째, 내담자가 호소하는 증상이나 갈등이 감소되고 바람직한 대안행동이 형성되거나 증가한다. 두 번째, 불안, 위협, 흥분, 좌절, 우울, 분노, 조급, 충동, 억압 등의 부정적 정서를 감소시켜 정서적 안정을 추구한다. 세 번째, 자신을 있는 그대로 이해하고 수용하며 인지, 정서, 행동 간의 일치성을 향상시키고 자신의 경험들을 통합한다.

네 번째, 자기 관점에서 벗어나 상대방이나 제삼자의 객관적인 관점에서 현상을 바라보는 공간조망능력, 과거·미래·현재 등의 시점에서 바라보는 시간조망능력, 결점의 자원화, 동기의 긍정적 해석과 같은 가치조망능력의 향상이다. 다섯 번째, 긍정적 경험에 대하여 주의를 기울이고 경험하려는 경향이 증가한다. 여섯 번째, 자각이 향상되어 억압이나 부정으로 왜곡되었던 경험들을 알아차리고 설명행동이 증가한다. 일곱 번째, 내적 욕구나 충동, 감정에 지배되지 않은 채 현상을 바라본다. 여덟 번째, 의식적이고 상황에 적합한 반응과 개인적·사회적 욕구에 순응하는 반응 행동이 증가한다. 아홉 번째, 자기 및 환경에 대한 신뢰감이 증가하여 성장 지향적 행동을 추구한다. 열 번째, 상황적 조건에 따라 자신의 욕구성취를 지연하거나 승화한다. 이외에도 자기관리, 의사소통, 친사회적 행동에 대한 동기와 행동이 증가하고 신체적 기능이 활성화된다.

## 4) 상담전략

상담을 효과적으로 이끌기 위해서는 상담목표를 설정해야 한다. 상담목표를 설정하는 이유는, 첫 번째, 내담자가 호소하는 문제와 관련된 상황이나 행동을 탐색하거나 조정하도록 돕는다. 두 번째, 내담자가 상담에 적극적으로 참여하도록 돕는다. 세 번째, 상담의 전략이나 기법을 선정하는 데 중요하다. 넷째, 상담의 진행과정을 알 수 있고 상담의 종결을 결정짓는 데 중요하다. 다섯 번째, 상담자와 내담자에게 상담의 방향을 제시해 준다.

상담목표에는 여러 가지 유형이 있다. 먼저 내담자의 관점에서 바라본 목표는 일차적 목표, 이차적 목표로 구분할 수 있다. 일차적 목표는 내담자가 호소하는 문제에 초점을 두고 일상생활의 적응력을 향상시키는 것이다. 예를 들면, 우울함을 호소하는 내담자의 목표는 우울함을 경감시키는 것이 상담목표가 되고, 친구와의 갈등이 있다면 갈등해소가 목표가 되며, 나아가 효과적인 대인관계를 형성하는 데 도움을 준다. 따라서 일차적 목표는 내담자가 지니고 있는 증상의 감소 또는 제거, 문제해결이라 할 수 있다. 이차적 목표는 내담자가 지니고 있는 무한한 가능성과 잠재력을 발휘할 수 있도록 성격을 재구조화하여 인간적으로 발달하고 성숙해지는 데 도움을 주는 것이며, 때로는 성장 촉진적 목표라고도 이야기한다.

한편, 상담목표를 상담의 과정적 측면에서 보아 궁극적 목표, 결과목표, 과정목표, 세부목표의 네 가지로 구분할 수 있다. 궁극적 목표는 상담자가 궁극적으로 지향하는 방향, 즉 상담방향을 말한다. 결과목표는 상담이 종결되었을 때 성취한 구체적인 결과물을 말한다. 과정목표는 결과목표를 성취해 나가기 위해 각 회기나 단계에서 수행하는 회기별 목표를 말한다. 세부목표는 특정한 상황에서 상담자의 즉각적인 개입행동을 통해 곧바로 성취되는 즉각적이고 구체적인 목표를 말한다. 상담목표는 상담의 방향을 제시하고 상담의 전 과정을 조직화할 수 있어서 상담과정의 혼란을 감소시킬 수 있다.

또한 상담목표는 목표행동, 목표행동을 수행하는 상황적 조건, 성취 여부를 평가할 수 있는 빈도, 강도, 기간 등의 수락기준으로 기술한다. 상담목표의 가장 이상적인 형태는 결과목표로 기술하는 것인데, 이에 따라 성취될 수 있는 일반적인 상담목표를 살펴보면 다음과 같다. 첫 번째, 내담자가 호소하는 증상이나 갈등이 감소되고 바람직한 대안행동이 형성되거나 증가한다. 두 번째, 불안, 위협, 흥분, 좌절, 우울, 분노, 조급, 충동, 억압 등의 부정적 정서를 감소시켜 정서적 안정을 추구한다. 세 번째, 자신을 있는 그대로 이해하고 수용하며 인지, 정서, 행동 간의 일치성을 향상시키고 자신의 경험들을 통합한다.

네 번째, 자기 관점에서 벗어나 상대방이나 제삼자의 객관적인 관점에서 현상을 바라보는 공간조망능력, 과거 · 미래 · 현재 등의 시점에서 바라보는 시간조망능력, 결점의 자원화, 동기의 긍정적 해석과 같은 가치조망능력의 향상이다. 다섯 번째, 긍정적 경험에 대하여 주의를 기울이고 경험하려는 경향이 증가한다. 여섯 번째, 자각이 향상되어 억압이나 부정으로 왜곡되었던 경험들을 알아차리고 설명행동이 증가한다. 일곱 번째, 내적 욕구나 충동, 감정에 지배되지 않은 채 현상을 바라본다. 여덟 번째, 의식적이고 상황에 적합한 반응과 개인적 · 사회적 욕구에 순응하는 반응 행동이 증가한다. 아홉 번째, 자기 및 환경에 대한 신뢰감이 증가하여 성장 지향적 행동을 추구한다. 열 번째,

상황적 조건에 따라 자신의 욕구성취를 지연하거나 승화한다.

이외에도 자기관리, 의사소통, 친사회적 행동에 대한 동기와 행동이 증가하고 신체적 기능이 활성화된다.

### 5) 상담의 구조화

상담에서 상담자와 내담자의 관계, 상담자와 내담자의 역할, 내담자의 권리, 상담실제, 상담윤리 등에 관한 정보를 상담자가 주도적으로 내담자에게 알려 주는 활동이 상담구조화다. 이 같은 활동에 대하여 내담자가 이해할 수 있도록 충분히 설명한 다음 내담자의 이해 정도를 확인해야 하므로 상담의 첫 회기에 상담구조화를 위한 시간을 충분히 배분해야 한다. 상담구조화의 내용에는 크게 상담관계, 상담실제, 상담에서의 윤리적 고려사항 등을 들 수 있다.

먼저 상담관계의 구조화는 상담방향 및 상담목표 설정, 상담 절차 및 방법, 상담자와 내담자의 역할과 규범 등에 대하여 설명한다. 상담과정에서 내담자는 자기 스스로 문제해결능력을 키워야 하며, 상담자는 이를 위해 내담자를 조력하는 역할임을 알려 준다. 그리고 내담자의 행동양식 변화가 문제해결의 실마리가 된다는 것을 강조한다. 상담자는 자신이 받은 교육경력, 훈련과정을 밝혀 전문가로서의 신뢰감을 형성하는 데 도움이 되도록 한다.

상담실제에 대한 구조화는 상담시간, 상담장소, 상담료, 상담빈도, 총 상담횟수, 연락방법, 상담시간 엄수 및 취소 등에 대한 정보를 설명하고 이해하도록 한다. 개인상담은 일주일에 1회, 50분이 보통이지만 내담자의 문제심각도, 상담목표의 특성 등에 따라 바뀔 수 있다. 상담시간 엄수를 강조하고 예약 없이 오는 일이 없도록 하며 상담료의 지불방식 등도 알려 준다. 상담 관련 윤리적 내용은 비밀보장, 이중관계 금지, 내담자의 알 권리 보장 등에 대한 전문가로서 지켜야 할 내용들을 포함한다.

상담구조화는 명시적 구조화와 암시적 구조화가 있다. 명시적 구조화는 상담 진행과 관련된 내용을 내담자에게 언어적으로 명확하게 설명한 다음 내담자와 협의를 거쳐 상담의 구조적 형태를 만들어 가는 것이다. 암시적 구조화는 언어적으로 설명하지 않고 이면적이고 암시적으로 구조화하는 방식이다. 전반적으로 상담을 효율적으로 진행하기 위해서는 상담구조화에서 다음과 같은 내용이 고려되어야 한다. 첫 번째, 구조화는 상담자와 내담자가 상호 협력해 나갈 것을 전제로 하는 것이므로 구조화는 타협해야 하는 것이지 강요되어서는 안 된다. 두 번째, 구조화는 벌을 주는 형식으로 주어져서는 안 되며 특정 한계를 제시할 경우에는 더욱더 조심해야 한다. 세 번째, 구조화를 하는 이유를 내담자에게 설명해야 한다. 네 번째, 내담자의 준비도와 상담관계의 흐름 등을 고려하여 구조화 시기를 정한다. 다섯 번째, 지나치게 경직된 구조화는 상담자와 내담자를 제한시켜 오히려 내담자가 좌절하거나 저항할 수 있다. 여섯 번째, 불필요하고 목적이 없는 규칙은 오히려 내담자의 활동을 억제한다. 일곱 번째, 내담자의 인지, 정서, 행동적 특성을 고려해야 한다. 여덟 번째, 상담관계를 원활하게 하는 목적으로서 치료적 능력이 있는 것은 아니다. 아홉 번째, 상담의 초기 단계에서 한 번으로 끝나는 것이 아니라 지속적으로 반복해서 상담 전 과정에서 상담을 재구조화해 나간다. 이는 내담자의 바람직하지 않은 행동을 제한하고 새로운 행동을 요구하는 것과 관련있기 때문에 긴장과 갈등을 유발한다. 이러한 감정은 상담이 진행되는 동안 자연스러운 현상이며, 이런 감정이 일어나더라도 재구조화 시기를 놓쳐서는 안 된다.

## 3. 집단상담

집단은 상호 의존적인 관계에서 사회적 상호작용을 통해 서로 영향을 주고받는 두 명 이상의 상호 독립적인 개인들의 집합체로 정의할 수 있다. 집단상담에 대한 수십 명 학자들의 저서와 논문을 종합해 가즈다(Gazda), 던컨(Duncan), 메도스(Meadows)는 다음과 같은 정의를 도출했다.

"집단상담은 의식적 사고와 행동, 그리고 허용적 현실에 초점을 둔 정화, 상호 신뢰, 돌봄, 이해, 수용 및 지지 등의 치료적 기능을 포함하는 하나의 역동적인 대인 과정이다. 동료 성원들과 상담자(들)가 하나의 작은 집단에서 사적인 관심거리를 서로 털어놓고 이야기함으로써 치료 기능이 이루어진다. 집단원들은 포괄적인 성격 변화를 요할 정도로 심한 문제를 갖지 않은 근본적으로 정상적인 개인들이다. 집단의 성원들은 가치와 목표들을 이해하고 수용하는 능력을 증대시키고, 새로운 태도와 행동을 학습하고, 이미 학습한 것 중에서 바람직하지 못한 것은 버리기 위해 집단 상호작용을 활용한다(Gazda, Duncan, & Meadows, 1967, p.305)."

## 1) 집단작업

집단상담이 어떤 작업으로 이루어지며, 어떤 것들이 포함된 과정인지 알 수 있다.

첫 번째, 집단상담의 대상은 병리학적 수준의 환자들이라기보다 비교적 정상 범위의 적응 수준에 속하는 사람들이라는 것이다. 즉, 집단상담에서 이루어지는 작업 주제는 정상적인 발달 과업의 문제나 태도와 행동의 변화이다. 또한 그러한 주제들은 내담자가 제시하여 결정하는 경우가 많다.

두 번째, 집단상담을 이끄는 상담자는 훈련받은 전문가이다.

세 번째, 집단상담이 진행될 때 서로 신뢰가 있고 받아들여진다고 느껴지는 분위기여야 한다. 한 사람 한 사람이 모두 존엄성을 가진 인간으로 존중받아야 하고 더욱이 자신이 그렇게 느껴야만 한다. 그렇기에 무조건적인 수용이 필수적이다.

마지막으로 집단상담은 하나의 역동적인 대인관계의 과정이다. 집단상담은 그 안에서의 새로운 경험을 통해 문제를 해결하는 과정이다. 상호 관계를 지속적으로 경험하며 학습, 적응하여 바람직한 발달을 촉진한다.

## 2) 집단의 유형

### (1) 상담 집단(counseling groups)

개인적, 교육적, 사회적, 직업적 문제에 초점을 맞추고 치료적인 목표 외에도 예방과 교육적인 목표를 설정하여 실천하는 유형이다. 상담 집단에서 다뤄지는 주제로는 성문제, 이혼과 재혼, 직업, 학습, 종교, 부모 역할, 인간 내면의 심리적 특성 등 다양한 것들이다. 상담 집단은 보통 4~12명 정도로 구성되며, 대인관계와 문제 해결 방법을 찾는 데에 중점을 둔다. 또한 개개인의 잠재 능력을 발견하고, 성장하는 데 걸림돌이 되는 것들을 지혜롭게 이겨내는 방향을 찾는 데 초점을 맞춘다.

이러한 활동을 통해 집단원들은 대인 기술을 개발할 수 있고, 통찰한 것을 실천하는 데 격려와 지지를 받게 된다. 또한 집단상담자로부터 '지금-여기'에 초점을 맞추고 개인적인 목표를 설정할 수 있도록 도움을 받는다. 상담 집단의 큰 장점 중 하나는 자기자신을 그대로 인정받는 경험을 할 수 있다는 것이다. 공감과 지지를 받으며 자신을 인정받고 더 나아가 다른 이를 인정하는 체험을 할 수 있다.

### (2) 치료 집단(therapy groups)

심각한 정서·행동 문제나 정신 장애를 치료하기 위한 목적으로 구성되어 입원이나 통원의 형태로 이루어진다. 상담 집단과 치료 집단의 차이를 설명하는 데 많은 논의가 끊이지 않고 있으나 통념적으로 집단 회기의 길이와 다루는 내용, 집단 구성원들의 정신건강 수준에 따라 구분한다. 즉, 상담 집단과 비교했을 때 그 안에서 다루는 주제가 서로 비슷하다 해도 치료 집단 구성원들이 정도가 더 심하고 기간이 장기적이다.

치료 집단에서는 무의식적 요소와 과거사, 성격의 재구성에 중점을 둔다. 이런 심오하고 깊은 차원의 것을 주제로 삼기에 그 기간이 다른 집단에 비해 길다. 이 집단에 주로 참여하는 구성원은 알코올 중독자, 심각한 정신장애자, 비행 청소년, 교도소에 수감된 사람, 섭식 장애자 등이다. 이들 또한 상담 집단과 마찬가지로 인정과 격려, 지지를 받으면서 새로운 관계를 형성해 가고, 그 안에서 도움을 받아 더 나은 자신의 삶을 만들어 가는 데 도움을 받을 수 있다.

### (3) 교육 집단(educational groups)

이전의 상담 집단이나 치료 집단과는 다르게 교육의 기회와 다양한 주제에 관한 정보를 제공하는 집단이다. 이 집단은 정서적으로나 인지적으로 크게 타격을 받지 않은 정신적인 관점에서 건강한 사람들로 구성되므로 혹시 모를 미래의 교육적·심리적 동요를 예방하는 목적을 가지고 상담을 진행한다. 교육 집단의 집단상담자는 특별하게 교육자(educator)와 촉진자(facilitator)의 역할을 수행하여 구성원들에게 필요한 정보를 주고 그들 사이의 상호작용을 촉진한다. 따라서 두 역할의 정도를 잘 조절하며 진행할 수 있는 실력이 뒷받침된 전문가여야 한다.

이러한 교육 집단은 특히 학교 장면에서 많이 사용된다. 많은 혼란과 생각 속에서 성장하고 있는 학생들이 쉽게 겪는 문제와 관심사를 주제로 선정하여 교실에서 교육 집단을 실행할 수 있다. 학교 장면에서 이루어지는 집단상담은 학교 상담교사들이 참여한다.

### (4) 성장 집단(growth groups)

이 집단은 경험을 원하거나 자기 자신에 대해 좀 더 알기 원하는 사람들로 이루어진 상당히 능동적인 집단이다. 이들은 인정과 격려, 지지를 받으며 굉장히 안정된 상태의 집단 상황을 경험함으로써 자신의 참모습을 바라보고 깨달으며 나아가 자신의 사고, 감정, 행동을 변화시켜 성장하고자 한다. 이들의 주제는 주로 삶에서 경험하는 문제 및 갈등, 관심사이다. 성장 집단상담자는 직접적으로 경험을 많이 할 수 있는 프로그램을 제공하여 구성원들 간에 상호작용을 촉진하는 역할을 한다. 경험 중심으로 집단을 이끌며 자신을 되돌아보고 인간 발달적 성장의 통찰을 갖도록 도와주는 것이다.

## 4. 상담진행과정

### 1) 도입단계

상담이 시작되는 초기에 집단구성원이 자신의 성장을 위하여 집단경험을 최대한 활용할 수 있도록 집단의 목적과 성격에 대해 안내하고 탐색하는 단계로서 시작단계, 초기단계, 준비단계라고도 부른다. 오리엔테이션을 중심으로 하는 도입단계에서는 크게 집단구성원 소개와 예기불안의 취급, 집단상담의 구조화, 행동목표 설정의 과정을 거친다. 오리엔테이션은 집단상담자가 현재 진행 중인 집단이나 신청받은 집단에 대해서 필요한 만큼의 정보를 제공함으로써 집단구성원을 적절하게 준비시키는 과정으로, 최소한 몇 가지 영역과 관련된 정보를 주고 있다.

첫 번째, 집단상담자는 가입절차, 집단경험의 시간제한, 집단참여의 목표(적절하다면), 상담비 지불방법, 종료절차 등을 집단구성원의 성숙도와 집단의 성격 및 목적에 합당한 정도로 설명한다. 두 번째, 집단상담자는 특히 특정 집단의 성격 및 목적과 관련해서 제공할 수 있는 집단상담자의 자격 및 집단서비스에 관한 정보가 포함된 전문가로서의 자기노출을 허용한다. 세 번째, 집단상담자는 자신과 집단구성원의 역할기대, 권리 및 의무를 전달한다. 네 번째, 집단상담자는 집단의 목표를 가능한 한 간단하게 언급한다. 여기에는 그 목표가 누구의 것인지(집단상담자의 목표인지, 기관의 목표인지, 부모의 목표인지, 법의 목표인지, 사회의 목표인지 등)와 집단목표에 영향을 주고 이를 결정하는 데 필요한 집단구성원의 역할이 포함되어야 한다.

다섯 번째, 집단상담자는 집단경험으로 생길 수 있는 잠재적인 삶의 변화에 따르는 위험을 집단구성원과 함께 탐구하고 이 같은 가능성에 직면할 수 있다는 점을 스스로 탐구하도록 도와준다. 여섯 번째, 집단상담자는 집단경험에서 기대할 수 있는 흔치 않거나 실험적인 절차를 집단구성원에게 알린다. 일곱 번째, 집단상담자는 특정 집단구조에서 어떤 서비스를 제공할 수 있거나 없는지를 가능한 한 사실적으로 설명한다. 여덟 번째, 집단상담자는 집단구성원의 충분한 심리적 역할과 참여의 필요성을 강조한다. 미래의 집단구성원에게 집단에서의 기능에 영향을 줄 수 있는 마약이나 약물을 사용하고 있는지 물어보는데, 집단구성원이나 다른 집단구성원의 신체적·정서적 참여에 영향을 줄 수 있는 술이나 (합법적·불법적) 약물은 모두 사용을 금한다.

아홉 번째, 집단상담자는 이전에 상담이나 심리치료 내담자였는지를 미래의 집단구성원에게 물어본다. 만일 미래 집단구성원의 한 사람이 다른 전문가와 이미 상담관계에 놓여 있다면 그 전문가에게 집단 참여를 통보하도록 충고한다. 열 번째, 집단상담자는 집단구성원과 기꺼이 상담할 준비가 되어 있다는 것과 관련된 방침에 대해 집단과정 중에 수시로 집단구성원에게 분명히 알린다.

열한 번째, 집단상담서비스에 대한 상담비를 정할 때 미래 집단구성원의 재정상태와 거주지역을 고려한다. 집단상담자가 참석하지 않은 시간에 대해서는 상담비를 부과하지 않으며 집단구성원이 참석하지 않은 시간에 대한 상담비 징수 방침을 분명하게 전달한다. 집단구성원으로 참석한 데 대한 상담비는 집단상담자와 집단구성원 간에 특정 기간만큼의 계약으로 결정한다. 집단상담자는 현존하는 계약요금구조가 만료될 때까지는 집단상담서비스에 대한 상담비를 올리지 않는다. 기존의 요금구조가 미래의 집단구성원에게 적합하지 않다면 집단상담자는 그에게 가능한 비용의 유사한 서비스를 찾는 데 도움을 준다.

성취해야 하는 기본 과업은 안정되고 신뢰할 만한 집단분위기를 조성하여 다음에 이어질 작업단계를 준비하는 일이다. 집단구성원은 집단이 있는 그대로의 느낌과 생각을 공유하고 새로운 행동을 실험해 볼 수 있는 안전하고 신뢰할 만한 곳이라는 믿음을 가져야 한다. 이를 위해 집단상담자는 가면을 쓰거나 역할놀이를 하는 대신, 자신의 느낌과 말에 일치되는 행동을 해야 한다. 집단구성원에게 바라는 행동을 솔선수범하는 동시에 온정적·긍정적·수용적 태도로 집단활동에 임한다. 또 자신을 신뢰할 뿐 아니라 집단을 신뢰하는 마음을 간직한 채 집단구성원들로 하여금 신뢰감 형성을 방해하는 어떤 요소에 대해서도 솔직하게 이야기하도록 격려해야 한다.

경우에 따라 집단상담자는 신뢰감 형성을 위하여 의도적인 활동을 도입할 수 있다.

그러나 신뢰감은 인위적으로 형성되는 것이 아니라 흐름에 따라 자연스럽게 형성되는 것임을 명심하고 집단상담자는 여유 또는 인내심을 가지고 집단에 임해야 한다(Corey et al., 1988). 다음으로 도입단계의 특징을 살펴보면 다음과 같다.

첫 번째, 다른 단계에 비해 집단구성원 간의 신뢰감 수준이 상대적으로 낮다. 집단구성원들이 즉각적인 표현을 억제하고 상호작용이 추상적으로 흐른다. 두 번째, 집단참여에 소극적인 태도를 보인다. 집단구성원은 역할혼란, 즉 집단에서 말과 행동을 어떻게 해야 할지 몰라 불안하고 혼란스러운 경우가 자주 발생한다. 세 번째, 집단구성원의 불안수준이 높다. 불안의 주요 원인은 집단구성원의 내재적 갈등이다. 그들은 본질적으로 자신의 소망, 욕구를 표출하면서 앞으로 나아가고 싶은 반면, 내면의 거부, 수치감, 징벌에의 두려움 때문에 표출을 위한 동기가 꺾이기도 한다.

네 번째, 집단과정에서 집단구성원은 흔히 자신에 대한 초점을 회피한다. 집단구성원은 자신이 겪은 사건이나 상황에 대해 이야기하면서 마치 다른 사람의 일처럼 말하거나 다른 사람의 일에 초점을 맞추기도 한다. 즉, 의도적 혹은 비의도적으로 집단작업에 저항하는 경우가 있다. 다섯 번째, 거기 그때(there-and-then)에 초점을 맞추어 이야기하는 경향이 있다. 집단구성원은 과거의 경험과 관련된 문제나 주변에서 발생한 사건이나 관심사를 드러내려고 한다. 개인적인 문제를 의미 있게 탐색하기 위해서는 지금-여기에 초점을 맞추어 집단 내에서 다루어야 한다.

이 같은 특징을 가진 도입단계에서의 집단상담자의 역할은 다음과 같다. 첫 번째, 상호작용을 촉진해야 한다. 집단구성원에게 지지적이고 집단 지향적인 태도를 보임으로써 적절한 상호작용 촉진방법에 대한 시범을 보여야 한다. 두 번째, 집단에 대한 구조화를 실시하고 모델로서 실천을 통해 집단구성원들에게 기대하는 행동을 가르친다. 세 번째, 집단구성원의 문제행동에 대하여 효과적으로 대처하거나 해결한다. 이 단계에서는 흔히 집단에서 허용되는 행동과 그렇지 않은 행동의 한계를 시험해 보려고 하기 때문이다. 네 번째, 집단의 신뢰분위기를 조성해야 한다. 집단구성원에게 적극적으로 수용적·공감적인 반응을 보이면서 서서히 이루어 나갈 수 있다.

도입단계에서 집단상담자는 거의 주도적으로 오리엔테이션에 임한 셈인데, 그 결과 집단구성원은 도입단계에서도 집단상담자에게 의존하려는 경향을 보인다. 그들은 집단상담자가 집단을 주도하고, 지시하고, 충고하고, 평가해 주기를 바란다. 그러나 지도성의 원리에 따르면, 집단상담자는 집단활동의 책임을 점차 집단에 이양하는 것이 바람직하다. 이를 위해 집단상담자는 도입단계에서 의존성을 나타내는 집단구성원의 질문에 직접 응답하는 대신 반응의 방향을 집단구성원에게 돌려야 한다.

## 2) 작업단계

집단상담의 가장 핵심적인 과정으로 집단구성원 상호 간에 신뢰감을 형성하고 집단목표 달성을 위한 작업을 시작하는 단계로서 후기, 생산기라고도 부른다. 행동변화를 촉진하는 실행단계로 개인, 집단, 가족상담에서 가장 통합되고 생산적인 시기다. 매켄지(Mackenzie, 1990)는 작업단계를 개별화 단계라고 불렀는데, 이때 집단구성원들은 자기 자신을 좀 더 깊이 있게 탐색하게 된다. 집단구성원들은 이 단계에서 저항이나 불편감이 줄어들고 응집력이 생기면서 집단과 구성원 간 상호 신뢰를 바탕으로 집단 밖에서 표현하기 어려운 사적인 문제까지 집단에서 노출하기 시작한다.

집단구성원은 이해와 관심을 가지고 그러한 문제에 대하여 깊이 있게 탐색하도록 상호 격려하는 모습을 드러낸다. 따라서 집단상담자는 이 단계에서 집단구성원이 각자의 문제를 노출하고 탐색하며 이해하고 수용하는 과정을 통하여 바람직하지 못한 행동패턴을 버리고 보다 생산적인 대안행동을 학습하도록 도움을 주기 위해 노력해야 한다. 작업단계는 자기노출과 감정을 정화하고, 비효과적인 행동패턴을 다루고, 바람직한 대안행동을 다루는 세 과정을 거친다.

첫 번째, 집단구성원이 사적으로 의미 있는 문제를 노출하면 집단은 공감과 자기노출 기법을 활용하여 그 문제와 관련된 여러 가지 감정적 응어리를 토로하도록 도움을 주어야 한다. 두 번째, 당면 문제와 관련된 감정의 응어리가 충분히 정화되어 집단구성원이 심적으로 여유를 가지게 되었다면 이제는 그 문제상황에 연루되고 헤어나지 못하게 만드는 자신의 비효과적 행동패턴을 탐색, 이해, 수용하도록 하는 작업을 시작한다. 세 번째, 집단구성원이 자신의 비효과적인 행동패턴을 깨닫고 인정한 다음에는 바람직한 대안행동의 탐색, 선택, 학습작업에 들어간다. 이것은 작업단계의 또 다른 핵심 과제가 된다.

한편, 작업단계의 특징을 살펴보면 다음과 같다. 첫 번째, 집단구성원의 불안감이 더욱 고조된다. 집단이 작업단계에서 정체되다가 생산 단계로 도약하지 못하고 종결을 맞게 되는 이유는 집단구성원의 불안, 저항, 갈등을 직접 다루지 않고 회피하거나 방치하였기 때문이다. 다양한 형태의 부정적인 감정을 침착하게 직면하여 통찰을 유도해 나가는 것은 신뢰할 수 있는 분위기 조성과 집단발달을 촉진하는 데 중요하다.

두 번째, 집단상담자와 집단구성원 사이에 갈등이 야기된다. 이 갈등은 전형적으로 집단구성원의 방어적 행동, 적대감, 신뢰감의 부족에서 발생한다. 이때 집단상담자는 집단구성원을 갈등에 직면하도록 하는 한편, 상호작용을 촉진하여 건설적인 방법으로 해결하도록 도움을 준다. 세 번째, 집단상담자에게 도전함으로써 권위와 능력을 시험해 보는 집단구성원이 나타난다. 집단구성원의 전이반응을 단순히 자신의 전문성과 능력에 대한 무시나 공격으로 간주해서는 안 된다. 상담자는 집단구성원의 요구에 방어적인 태도로 즉각 반박하기보다는 수용적으로 경청하면서 오히려 불만을 충분히 표현하도록 해 준다.

### 3) 종결단계

집단상담에서 집단과정 전체를 마무리하는 단계를 말한다. 집단구성원들이 집단에서 비효과적 행동패턴을 버리고 새로운 대안행동을 학습하여 소기의 목표를 달성했을 때, 집단은 종결단계에 접어든다. 이 단계에 도달하면 집단구성원은 자신의 문제를 해결하게 되어 자기노출을 줄이는 반면, 이제까지 맺어 온 유대관계에서 분리되어야 하는 아쉬움을 경험한다. 이때 집단상담자는 집단구성원이 학습결과를 잘 정리하고 이를 실천하겠다는 의지와 희망을 품은 채 집단상담에 대한 긍정적인 시각을 가지고 떠나도록 도와야 한다. 이와 관련하여 이별감정의 취급, 집단 경험의 개관과 요약, 집단구성원의 성장 및 변화의 평가, 미해결 과제의 취급, 학습결과의 적용 문제, 피드백 주고받기, 작별인사, 지속적 성장 또는 문제해결을 위한 계획, 추수집단모임의 결정, 마침을 위한 파티문제 등을 다룰 수 있다.

종결단계의 기간은 집단의 유형, 집단의 목적, 모임의 횟수, 그리고 집단구성원의 요구 등에 따라 다르지만 대개 마지막의 1~2회기 정도면 충분하다. 상담자와 집단구성원은 집단과정에서 배운 것을 미래의 생활 장면에서 어떻게 적용할 것인지를 생각해야 하는데, 집단상담의 종결단계는 어떤 면에서는 하나의 '출발'을 의미한다고 볼 수 있다. 집단구성원 각자의 첫 면접기록과 현재 상태를 비교한 다음, 일정 정도의 진전이 있다면 상담자는 종결을 준비한다. 이러한 판단은 적어도 집단에 참여할 때 설정한 목표가 달성되어야 가능하다. 자신을 사랑할 수 있고 문제적 상황들에 융통성 있게 대처하며, 자신의 가치를 신뢰하고, 이를 추구할 수 있다면 집단상담을 종결해도 된다.

종결단계에서 이루어져야 하는 내용은 다음과 같다. 첫 번째, 집단경험의 개관과 요약하기다. 종결을 앞두고 시간을 할애하여 집단 경험을 개관해 주어야 한다. 이때 집단 과정에서 의미 있게 경험한 두세 가지 일을 회상해 보고 돌아가면서 간단하게 발표하도록 유도한다. 두 번째, 집단구성원의 성장 및 변화에 대한 평가다. 변화나 학습된 것에 대해 이야기를 나누고, 그것을 어떻게 현장에 적용할지에 관하여 집단구성원에게 물어보고 구체적이면서 가시적인 행동용어로 진술하도록 돕는 일이 중요하다.

세 번째, 분리감정 다루기 및 미해결 문제 다루기다. 집단구성원은 처음 집단에 가입할 때처럼 집단을 떠날 때도 분리에 대한 두려움이나 불안감을 경험한다. 이 집단에서 느낀 신뢰감을 집단 밖에서 느낄 수 없다고 생각하는 집단구성원도 있을 수 있다. 지금의 신뢰감은 노력의 결과라는 것을 다시금 상기시키고 우연히 이루어진 일이 아님을 깨닫도록 한다.

집단 밖의 새로운 삶은 학습한 대안행동을 밖에서 실행하는 새로운 시작임을 깨닫게 하고, 집단경험에 대한 긍정적인 느낌과 밖에서 새로 시도할 행동에 대한 희망을 가지고 떠나도록 도와주어야 한다. 이를 위해 집단상담자는 집단구성원 상호 간에 또는 집단과정과 목표 달성의 정도에서 미해결 과제나 미진한 사항이 없는지 시간을 할애하여 확인해 보아야 한다. 아직 자신의 문제가 완전히 해결되지 못한 집단구성원에게는 그 문제를 토론할 수 있도록 격려해 준다. 이는 시간적인 제약이 있을 수 있기 때문에 이에 관한 감정을 토론하도록 하고 적절히 공감한 다음 계속 해야 하는 경우는 집단 후 개별적으로 도와주거나 다른 전문가 또는 상담집단에 의뢰하는 것이 바람직하다.

네 번째, 피드백 주고받기다. 집단이 종결되면 초점이 분명한 피드백을 주어야 한다. 이때의 피드백은 지금까지 관찰해 온 집단구성원의 행동변화를 종합하는 것이 특징이다. 이에 반해 종결단계에서 야기되는 문제점을 살펴보면 다음과 같다. 첫 번째, 집단구성원이 자신의 경험을 재검토하는 것을 피하고 이를 어떤 인지적 틀로 합치는 데 실패할 수 있으며, 그래서 자신의 학습을 일반화하는 것을 제한한다. 두 번째, 분리불안 때문에 집단구성원이 집단작업과 자신을 멀리할 수 있다. 세 번째, 집단구성원은 종결작업 자체로 집단이 끝났다고 생각할 수 있으며, 성장을 계속하려는 마음에 종결 작업을 하지 않을 수 있다.

### 4) 추수단계

집단상담회기가 끝난 다음 집단구성원의 새로운 행동과 목표달성을 점검하는 단계로서 추수단계를 위한 모임을 사후고양회기라고도 부른다. 추수단계는 집단의 결과를 평가하는 기회가 되고, 참가자들에게 집단이 자신과 동료에게 미친 효과를 검토하여 집단의 효율성을 알아볼 수 있도록 해 준다. 집단상담자는 집단상담의 지속적 성과를 평가한다거나 집단구성원이 요구할 때 후속모임을 갖도록 한다. 이처럼 추수단계는 중요한 상담의 평가도구가 될 수 있다. 추수단계는 상담이 종결되고 약 3개월에서 6개월 뒤에 갖는 것이 보통인데, 종결단계에서 집단구성원은 추수단계를 언제 가질 것인지, 무엇을 할 것인지 결정한다. 이 단계에서는 상담이 끝나고 집단구성원이 계속 직면했던 어려움에 관하여 이야기하고, 아울러 상담하는 동안 겪은 가장 긍정적인 경험을 잊지 않기 위해 무슨 노력을 했는지도 이야기나눈다.

집단상담자는 추수단계를 통하여 집단구성원이 습득한 생산적인 신념과 행동이 일상생활에 일반화되도록 도와주고, 스스로 행동을 강화해 나가는 방법을 모색할 수 있도록 해야 한다. 추수집단회기를 갖는 횟수는 집단의 유형과 집단구성원의 요구에 달려 있다. 예를 들어, 동일한 기관에서 과업집단에 참여한 사람들은 일이 어떻게 진행되고 있는지 확인하기 위해 한 차례의 추수단계를 가져도 효과가 있다.

상담집단, 치료집단, 지지집단에서의 추수단계는 집단구성원들에게 자신의 근황은 물론 이별에 따른 불안감을 감소시키는 기회가 된다. 즉, 집단상담자는 추수단계를 상담에 잘 활용하여 집단구성원의 불안을 해소시키는 것이다. 그러나 상담에서 추수단계가 항상 이루어지는 것은 아니다. 추수단계를 진행하지 못할 때는 집단에 대한 참가자들의 생각과 집단상담이 그들의 삶에 미친 영향력을 평가하는 간단한 설문지를 보내거나 개인적으로 추수단계를 가질 수도 있다.

추수단계에서 집단구성원이 해야 할 주요 역할은 다음과 같다. 첫 번째, 지지하는 집단 없이도 스스로를 강화시킬 수 있어야 한다. 두 번째, 진전과 문제점을 포함한 변화과정을 기록하여 집단상담의 효과를 장기간으로 본다. 세 번째, 변화를 위한 자기 개발 프로그램에 참가하여 계속 새로운 행동을 시도한다. 네 번째, 상담이 끝난 다음 어떻게 행동했는지를 이야기한다. 또한 추수단계에서 발생할 수 있는 문제점으로는 우선, 집단에서의 깨달음을 일상생활에 적용하기가 어려워지면 집단구성원들은 낙담하여 자신이 얻은 깨달음의 의미를 깎아내린다. 그리고 지지해 주는 집단 없이 새로운 행동을 계속하는 데 어려움을 느낄 수 있고, 변화하는 데는 시간과 노력, 탐색, 실천이 필요하다는 사실을 잊은 채 깨달음을 실천에 옮기지 않을 수 있다.

## 5. Wee 클래스와 전문상담교사

### 1) Wee센터

위 센터의 위(Wee)는 청소년들의 감성을 세심하게 살펴서 위기극복을 돕는다는 뜻에서 우리들(We), 교육(education), 감성(emotion)의 영문 머리글자를 따서 지었다. 지역교육청에 위 센터가 있고, 일선 학교에는 위 클래스가 있다. 위 센터는 교육청 차원에서 운영되는 체계로서 전문상담교사, 사회복지사, 임상심리사, 정신과 의사 등의 전문인력으로 구성되어 있다. 단위학교에서 선도하거나 치유하기 어려운 위기학생을 대상으로 하며, 진단－상담－치료의 3단계로 운영되고 있다. 즉, 학교에서 의뢰한 위기학생은 먼저 진단단계에서 성격, 학습흥미도, 지능, 학업수행능력, 진로적성 또는 흥미, ADHD 등의 기본 검사와 성장환경, 성장력, 가정 결손, 방임 유무, 훈육방법, 경제력 등의 가정환경 검사를 통하여 심리적 특성을 진단한다.

상담단계에서는 진단을 통한 심리평가를 근거로 개인상담, 집단상담, 부모상담 등의 집중상담과 인성종합 및 행동장애 검사 등을 실시한다. 이 단계는 전문상담교사, 학생상담 자원봉사자, 사회복지사 등의 상담전문인력이 진행한다. 치료단계에서는 위탁형 특별 프로그램, 특기 및 적성 진로계발, 위 클래스 등의 대안교육지원, 그리고 학교폭력 SOS 지원단, 청소년상담실, 사회복지관, 청소년 수련관, 시·군·구 상담지원센터, 의료기관 등의 전문기관 연계과정으로 이루어진다. 이외에 위기학생은 교사, 전문상담교사, 사회복지사, 청소년상담사 등의 전문가, 그리고 학생상담 자원봉사자, 특별 범죄 예방위원 등의 자원봉사자의 멘토링 지원을 받을 수도 있다.

이와 같이 위 센터는 진단－상담－치료 단계와 멘토링 지원을 통하여 위기학생이 학교로 복귀할 수 있도록 도움을 준다. 위 센터의 운영방법은 전국 시·도 교육청의 직영 또는 민간단체 위탁 등 다양하다.

### 2) Wee프로젝트

학교－교육청－지역사회의 긴밀한 협력으로 학교폭력, 학교 부적응 등에 처한 위기학생 예방 및 위기학생 상담·치유 지원 등 종합적인 지원 체제를 갖춰 학교 안전망을 구축하는 사업이다. '우리'를 뜻하는 'We'와 '교육'을 뜻하는 education, '감정'을 뜻하는 emotion의 합성어로, 교육부에서 2008년부터 시행해 왔다. 위기상황에 중복 노출된 학생과 인터넷 중독·학교폭력·가출 등 학교에 적응하지 못하는 학생에 대한 학교 차원의 선도 및 치유에 한계를 느끼고 이를 극복하기 위해 시행됐다.

Wee 프로젝트는 학생들의 적응력 향상을 위한 다양하고 전문적인 상담 서비스를 제공한다. 고위기 학생뿐만 아니라 고민이 있거나 및 학교생활에 어려움을 겪고 있는 일반 학생, 학부모, 교사 모두 이용 가능하다.

Wee 프로젝트는 크게 'Wee 클래스', 'Wee 센터', 'Wee 스쿨'로 체계가 구축되어 있다. 먼저 'Wee 클래스'는 잠재적 위기 학생에 관한 학교생활 적응을 도와주는 것을 목적으로 한다. 단위학교 내 상담실을 설치·운영하여 문제 발생 가능성을 초기에 진단하고 대처하는 역할을 한다. 'Wee 센터'는 시·도교육청과 지역교육지원청 단위에 상담실을 설치하여 심층적인 심리 진단 및 평가 서비스를 제공하며, 'Wee스쿨'은 장기위탁 교육기관으로 고위기 학생의 장기간 교육 및 치유하고 다양한 프로그램을 운영한다.

## 3) 전문상담교사

전문상담교사란 초·중등교육법의 전문상담교사 자격기준에 해당하는 사람으로서 대통령령으로 정하는 바에 따라 교육부장관이 검정·수여하는 자격증을 받은 사람을 말한다. 전문상담교사는 학력 또는 경력에 따라 1급과 2급으로 구분된다. 국공립학교에서 교사로 근무하기 위해서는 전문상담교사 자격증을 취득한 후 별도로 교원임용고시에 합격하여야 한다.

① 전문상담교사는 초·중등교육법의 전문상담교사 자격기준에 해당하는 사람으로서 대통령령으로 정하는 바에 따라 교육부장관이 검정·수여하는 자격증을 받은 사람을 말한다(초·중등교육법 제21조 제2항).

② 전문상담교사는 지역교육청 상담실과 학교현장에서 학생들의 정신건강과 복지를 통한 인성교육을 담당한다. 교우관계상담, 학습상담, 진로상담, 폭력예방상담 등 다양한 영역에 걸쳐 개인 상담과 집단상담을 함으로써 학교 부적응 및 일탈을 예방하는 역할을 하고 있다.

③ 전문상담교사는 학력 또는 경력에 따라 1급과 2급으로 구분되며, 특수학교·초등학교·중등학교 등에 배치된다.

④ 전문상담교사 제도는 2005년 교육지원청에 전문상담순회교사를 배치한 것을 시작으로 2007년 전국 학교로 확대되었다.

⑤ 전문상담교사는 전국에 2,182명, 비정규직인 전문 상담사 3,853명도 활동 중이
다. 학교 상주 상담교사는 1,872명이고, 나머지는 지역교육청이나 시·도교육청
에 배치되어 있다(국민일보 2017. 4.).

전문상담교사 자격증을 취득하면 전국의 초·중·고등학교, 지역교육청 상담실에서
전문상담교사로 근무할 수 있다. 단, 국공립학교에서 교사로 근무하기 위해서는 전문
상담교사 자격증을 취득한 후 별도로 교원임용고시에 합격하여야 한다. 교원임용고시
는 각 시·도교육청별로 시행되고 있다.

# 참고문헌

이 QR코드를 스캔하면 「인권에서 바라본 학교폭력 예방 및 학생의 이해」
참고문헌을 열람할 수 있습니다.

# 피해학생 보호 · 지원
# 전담지원기관

## 학교폭력 피해학생 전담지원기관('19년 12월 기준)

| 지역 | 순번 | 기관명 | 주소 | 연락처 | 상담지원 | 일시보호 긴급 | 일시보호 기숙 | 병원 |
|------|------|--------|------|--------|:--:|:--:|:--:|:--:|
| 전국 (1) | 1 | 해맑음센터 | 대전시 유성구 대금로 77 | 070 – 7119 – 4119 | ○ | – | ○ | – |
| 서울 (3) | 2 | 서울 통합Wee센터 | 서울시 종로구 송월길 48 | 02 – 3999 – 505 | ○ | ○ | – | – |
| 서울 (3) | 3 | 서울 마음이랑Wee센터 | 서울시 성동구 고산자로 280 성동교육지원청 106호 | 02 – 2297 – 7887 | ○ | ○ | – | – |
| 서울 (3) | 4 | 서울 밝음이랑Wee센터 | 서울시 관악구 남부순환로 172길 97 | 02 – 853 – 2460 | ○ | ○ | – | – |
| 부산 (1) | 5 | 갈등회복센터 비상 | 부산 사하구 하신중앙로 291, 1동 125호 | 051 – 203 – 8116 | ○ | – | – | – |
| 대구 (1) | 6 | 대동Wee센터 | 대구시 동구 화랑로 177 – 2 대동병원 별관 1층 | 053 – 746 – 7386 | ○ | – | – | ○ |
| 인천 (1) | 7 | 인천시Wee센터 (사랑과희망의피그말리온센터) | 인천시 남동구 문화로 169번길 73 2층 | 032 – 550 – 1703 | ○ | – | – | – |
| 광주 (4) | 8 | 광주광역시청소년상담복지센터 | 광주시 서구 상무자유로 173 5층 | 062 – 226 – 8181 | ○ | – | – | – |
| 광주 (4) | 9 | 마음이음심리상담센터 | 광주시 서구 회재로 888 5층 | 062 – 654 – 3030 | ○ | – | – | – |
| 광주 (4) | 10 | 아이누리발달심리상담센터 | 광주시 북구 설죽로 510 상지빌딩 4층 | 062 – 574 – 6850 | ○ | – | – | – |
| 광주 (4) | 11 | 호남대학교학생상담센터 | 광주시 광산구 호남대길 20 | 062 – 940 – 5630 | ○ | – | – | – |

| 지역 | 순번 | 기관명 | 주소 | 연락처 | 지원유형 | | | |
|---|---|---|---|---|---|---|---|---|
| | | | | | 상담지원 | 일시보호 | | 병원 |
| | | | | | | 긴급 | 기숙 | |
| 대전 (2) | 12 | 대전시청소년상담복지센터 | 대전시 동구 대전천동로 508 대전청소년위캔센터 6층 | 042-257-2000 | ○ | — | — | — |
| | 13 | 대전YMCA성폭력 및 가정폭력 상담소 | 대전시 중구 대흥로 128 | 042-254-3038 | ○ | — | — | — |
| 울산 (1) | 14 | 울산교육청 힐링 Wee센터 | 울산시 울주군 언양읍 언양로 103번지 2층 | 052-255-8190 | ○ | ○ | — | — |
| 세종 (1) | 15 | 세종아람센터 (세종Wee센터) | 세종시 도움1로 116 종촌종합복지센터 2층 | 044-715-7979 | ○ | — | — | — |
| 경기 (10) | 16 | 꿈나무아동종합상담소 | 경기도 부천시 안곡로 194번길 14 | 032-347-7205 | ○ | — | — | — |
| | 17 | 누림청소년교육복지센터 | 경기도 안산시 단원구 고잔동 화랑로 358 자유센터빌딩 315호 | 031-402-4145 | ○ | — | — | — |
| | 18 | 라파엘상담복지센터 | 경기도 연천군 전곡읍 은전로 81-10(전곡읍) | 031-832-6401 | ○ | — | — | — |
| | 19 | 마음쉼터 심리상담센터 | 경기도 이천시 서희로 91(창전동 425-28) | 031-635-1279 | ○ | — | — | — |
| | 20 | 심리정서 연구소 지음 | 경기도 양평군 용문면 다문 중앙1길 6-1, 3층 | 031-775-5507 | ○ | — | — | — |
| | 21 | 수원아동청소년정신건강복지센터 | 경기도 수원시 팔달구 동말로 47번길 17 1층 | 031-242-5737 | ○ | — | — | — |
| | 22 | 토당청소년수련관 | 경기도 고양시 덕양구 중앙로 633번길25 | 031-970-0031 | ○ | — | — | — |
| | 23 | 한울심리발달지원센터 | 경기도 남양주시 퇴계원면 경춘북로544, 4층 | 031-572-6377 | ○ | — | — | — |
| | 24 | 한국교육협회 | 경기도 안성시 공도읍 승두길 58번지 2층 | 031-656-1885 | ○ | — | — | — |
| | 25 | 한울교육문화지원센터 | 경기도 파주시 청서록 305, 304호 | 031-946-9069 | ○ | — | — | — |
| 강원 (4) | 26 | 사임당교육원 (학교폭력피해치유전담센터) | 강원도 강릉시 주문진읍 연주로 284-24 | 033-640-6530 | ○ | ○ | — | — |
| | 27 | 강원학생교육원 | 강원도 춘천시 남면 충효로 1394 | 033-269-6622 | ○ | ○ | — | — |
| | 28 | 춘천 가정형Wee센터 | 강원도 춘천시 동면 만천로 143번길 24 | 033-262-1607 | ○ | ○ | — | — |

| 지역 | 순번 | 기관명 | 주소 | 연락처 | 지원유형 | | | |
|---|---|---|---|---|---|---|---|---|
| | | | | | 상담지원 | 일시보호 | | 병원 |
| | | | | | | 긴급 | 기숙 | |
| | 29 | 원주 가정형Wee센터 | 강원도 원주시 판부면 용수골길 344 | 033－761－0700 | ○ | ○ | － | － |
| 충북 (1) | 30 | 한국피해자지원협회 충북 KOVA지부 | 충북 청주시 청원구 향군로 53번길 4(302호) | 043－224－9517 | ○ | － | － | － |
| 충남 (1) | 31 | 꿈그린센터 | 충남 천안시 동남구 청당동 청수7로 37－8 센트럴빌리지 403호 | 070－4917－7581~5 | ○ | ○ | － | － |
| 전북 (1) | 32 | 마음치유센터(전북청소년상담복지센터) | 전북 전주시 덕진구 팔달로 346 | 063－271－0117 | ○ | － | － | － |
| 전남 (3) | 33 | 고흥청소년우주센터 | 전남 고흥군 동일면 덕흥양쪽길200 | 061－830－1515 | ○ | － | － | － |
| | 34 | 국립나주병원 | 전남 나주시 산포면 세남로 1328－31 | 061－330－4114 | － | － | － | ○ |
| | 35 | 순천의료원 | 전남 순천시 서문성터길2 | 061－759－9597 | － | － | － | ○ |
| 경북 (3) | 36 | 경상북도청소년진흥원 (학교폭력피해자지원센터) | 경북 안동시 축제장길 20 | 054－850－1075 | ○ | － | － | － |
| | 37 | 영주교육지원청 Wee센터 | 경북 영주시 가흥로 165 | 054－630－4216 | ○ | － | － | － |
| | 38 | 칠곡교육지원청 Wee센터 | 경북 칠곡군 왜관읍 중앙로 10길 33 | 054－979－2129 | ○ | － | － | － |
| 경남 (7) | 39 | (창원) 아이좋아 희망드림센터 ＝ 창원교육지원청Wee센터 | 경남 창원시 의창구 중앙대로 228번길 3 | 055－210－0461 | ○ | － | － | ○ |
| | 40 | (진주)아이좋아 희망드림센터 ＝ 진주교육지원청Wee센터 | 경남 진주시 비봉로 23번길 8 진주교육지원청 4층 | 055－740－2091 | ○ | － | － | ○ |
| | 41 | (김해)아이좋아 희망드림센터 ＝ 김해교육지원청Wee센터 | 경남 김해시 삼안로 24번길 7 서관 4층 | 070－8767－7576 | ○ | － | － | ○ |
| | 42 | (사천)아이좋아 희망드림센터 ＝ 사천교육지원청Wee센터 | 경남 사천시 심사로 85 | 055－830－1544 | ○ | － | － | ○ |

| 지역 | 순번 | 기관명 | 주소 | 연락처 | 지원유형 | | | |
|---|---|---|---|---|---|---|---|---|
| | | | | | 상담<br>지원 | 일시보호 | | 병원 |
| | | | | | | 긴급 | 기숙 | |
| | 43 | (통영)아이좋아 희망드림센터<br>= 통영교육지원청Wee센터 | 경남 통영시 광도면 죽림2로 25-32 통영교육청 | 055-650-8025 | ○ | - | - | ○ |
| | 44 | (양산)아이좋아 희망드림센터<br>= 양산교육지원청Wee센터 | 경남 양산시 물금읍 청룡로 53 양산교육지원청 2층 | 055-379-3263 | ○ | - | - | ○ |
| | 45 | (밀양)아이좋아 희망드림센터<br>= 밀양교육지원청Wee센터 | 경남 밀양대로 1524 영재교육원 1층 | 055-350-1490 | ○ | - | - | ○ |
| 제주<br>(4) | 46 | 제주시청소년상담복지센터 | 제주도 제주시 노형로 395 단일빌딩 3층 | 064-725-7999 | ○ | - | - | - |
| | 47 | 제주행복드림상담센터 | 제주도 제주시 삼무로1길5 정도빌딩 3층 | 064-752-5354 | ○ | - | - | - |
| | 48 | 다움청소년상담지원센터 | 제주 서귀포시 서문로 32 | 064-762-1318 | ○ | - | - | - |
| | 49 | 인문숲이다 | 제주시 구남로49, 2층 | - | ○ | - | - | - |

# (사)학교폭력피해자가족협의회
# '우리아이행복프로젝트' 소개

• **운영기관: (사)학교폭력피해자가족협의회**

| 기관명 | 사업내용 | 연락처 |
|---|---|---|
| (사)학교폭력피해자가족협의회 | 학교폭력 피해학생과 학부모를 위해 전국 5개 지역센터를 거점으로 학교폭력 사안처리 및 치유프로그램 지원 | • 중앙지원단: 02)582-8118 <br> • 이메일: head@uri-i.or.kr |

• **주요내용**

| 프로그램 | 세부 활동 내용 |
|---|---|
| 공감형 위로상담 | 학교폭력 피해학생 및 학부모를 직접 방문하여 찾아가는 상담 진행, 사안처리 지원 및 전문상담 기관 연계 |
| 피해부모 커뮤니티 | 학교폭력 피해 학부모들이 자조모임을 결성하여 서로 간의 친목과 정서 유대를 통한 치유와 회복 프로그램 운영 |
| 학부모 대상 학교폭력예방 교육 | 피해 경험을 바탕으로 한 실질적이고 효과적인 학교폭력 예방교육 콘텐츠 구성. 학교, 지역사회 내 학부모 모임에 직접 방문하여 교육 시연 |
| 힐링가족캠프 | 예술치유, 우울감 회복, 가족 유대감을 위한 피해 가족 대상 힐링 프로그램 운영 |
| 대학생 멘토링 | 상담·교육 등 관련 학과 대학생과 피해학생 간 결연을 통한 1:1 멘토링. 관심과 격려를 통한 자신감 회복과 학교폭력 재발 방지 |

• **광역단위 지원**

| 센터명 | 소재지 | 서비스 권역 | 상담전화 | 이메일 |
|---|---|---|---|---|
| 서울센터 | 서울특별시 강북구 | 서울/인천/경기 | 02−956−8116 | seoul@uri−i.or.kr |
| 원주센터 | 강원도 원주시 | 강원/충청 일부 | 033−766−8116 | wonju@uri−i.or.kr |
| 광주센터 | 광주광역시 북구 | 광주/전라/충청 일부 | 062−654−8116 | gwangju@uri−i.or.kr |
| 대구센터 | 대구광역시 동구 | 대구/경북/충청 일부 | 053−586−8116 | daegu@uri−i.or.kr |
| 부산센터 | 부산광역시 사하구 | 부산/경남 | 051−203−8116 | busan@uri−i.or.kr |

※ 자세한 내용은 우리아이행복프로젝트 홈페이지(http://uri-i-happy.or.kr)를 참고하세요.

# 푸른나무재단(구, 푸른나무 청예단) 학교폭력 통합지원 서비스 소개

• **운영기관: 푸른나무재단(구, 푸른나무 청예단)**

• **주요내용**

학교폭력 피해 보호 및 통합지원: 학교폭력 피해학생 및 가족 대상 심리적 회복을 돕기 위한 맞춤형 지원. 학교폭력 피해로 인한 위기사례 발생 시 현장출동을 통한 위기개입 진행. 위기개입 후 사례판정을 통한 맞춤형 심리, 의료, 자립, 생활, 학업, 가족, 기타 지원 등

| 지원항목 | 주요 내용 |
|---|---|
| 의료지원 | 학교폭력 피·가해(피해 우선)로 인한 신체적, 심리적 진료 및 치료 지원 |
| 심리정서지원 | 학교폭력 피해학생 및 가족 대상 개인상담 지원 및 연계<br>(청예단 개인상담, 일시보호 지원, 주거지역 인근 유관 기관 연계 등) |
| 장학지원 | 학교폭력 피해로 인해 고통받고 있는 학생을 대상으로 대현장학금[1] 지원, 진로 및 학습 연계 및 지원 제공 |
| 생활지원 | 교통비, 생필품 등 필요한 생활 물품 또는 학생 관련 지원 |
| 모금기획 | 학교폭력으로 어려움을 겪는 대상자중 동의를 한 사례에 한하여 모금 활동 및 지원 연계 |

---

[1] 1995년 학교폭력 피해로 자살한 고 김대현 군의 이름으로 모금 및 후원금을 통해 학교폭력 피해 학생에게 정기적으로 지원하는 장학금

• **통합지원 진행 절차**

| 사례접수 | • 대상: 전국 학교폭력으로 위기에 처한 학생 및 보호자 등<br>• 접수: 02－585－0098, 1588－9128 전국학교폭력상담전화 |
|---|---|
| 사례판정 | • 통합지원 대상자 현장출동 방문상담 진행<br>• 맞춤형 피해통합지원 사례판정 회의 및 지원내역 결정<br>• 지원영역: 의료지원, 심리지원, 장학지원, 생활지원 등 |
| 피해종합지원 | • 지원 확정된 내용을 파탕으로 맞춤형 통합지원 제공 및 관리 |
| 사후관리 | • 정기 사후관리 및 추가지원 논의 |

# 학교폭력 신고 및 접수 등 각종 양식

**필요한 경우, 양식을 변경하여 사용할 수 있음.**

## 1. 신고 및 접수

1-1 　필수　 학교폭력 신고 접수 대장

1-2 　필수　 학교폭력사안 접수 보고서

## 2. 사안조사

2-1 　선택　 학생 확인서

2-2 　선택　 보호자 확인서

2-3 　선택　 (피해·가해학생) 긴급조치 보고서

2-4 　필수　 학교폭력 사안조사 보고서

2-5 　선택　 피해·가해학생 보호자 개인정보

2-6 　선택　 학교폭력대책심의위원회 개최 요구 공문

## 3. 학교장 자체해결제

3-1 　필수　 학교폭력 전담기구 심의결과 보고서

3-2 　필수　 학교폭력대책심의위원회 개최 요구 의사 확인서

3-3 　필수　 학교장 자체해결 결과 보고서

3-4 　선택　 학교폭력대책심의위원회 개최 요청서(보호자)

3-5 　선택　 학교폭력대책심의위원회 개최 요구 취소 요청서(보호자)

## 4. 학교폭력대책심의위원회

4-1 　필수　 학교폭력 가해학생 조치(제1호·제2호·제3호) 조건부 기재유보 관리대장

## 5. 분쟁조정

5-1 　선택　 분쟁조정 신청서

&lt;양식 1-1&gt;  **필수**

## 학교폭력 신고 접수 대장

| 사안<br>번호 | 신고<br>일시 | 신고자<br>(연락처)<br>또는<br>신고기관 | 신고내용 | 접수 사실 통보 | | 작성자<br>(책임<br>교사) | 비고 |
|---|---|---|---|---|---|---|---|
| | | | | 피해관련<br>학생/보호자 | 가해관련<br>학생/보호자 | | |
| 2020-1 | | | | | | | |
| 2020-2 | | | | | | | |
| 2020-3 | | | | | | | |
| | | | | | | | |
| | | | | | | | |
| | | | | | | | |

[참고] 사안번호는 모든 관련 서류에 동일하게 작성

학교여건에 따라 교감 전결 가능 (단, 학교장에게는 반드시 보고)

<양식 1-2> 필수

# 학교폭력사안 접수 보고서

**\* 사안번호:**

| 학교명 | | 교감 | 성명 | | 담당자 (책임 교사) | 성명 | |
|---|---|---|---|---|---|---|---|
| | | | 휴대 전화 | | | 휴대 전화 | |
| 접수 일시 | 년    월    일 (오전/오후)    시    분 | | | | | | |
| 신고자 (성명, 신분) | \* 신고자가 익명을 희망할 경우 익명으로 처리 | | | | 접수·인지경로 | \* 피해자 직접신고 \* 담임, 보호자 신고 \* 주변 학생 신고 | |
| 신고·인지 내용 | \* 육하원칙에 의거 접수한 내용을 간략히 기재 | | | | | | |
| 관련학생 | 성명 | | 학번 | 보호자 통보 여부 | 비고 | | |
| | | | | | | | |
| | | | | | | | |
| | | | | | | | |
| 기타 사항 | (고소, 소송 여부 등)<br>\* 성관련 사안의 경우 반드시 수사기관(112, 또는 117) 신고(신고 일시 기재) | | | | | | |
| 타학교 관련 여부 | 관련학교명 | \* 신고 접수 시 타학교 관련성이 확인되지 않은 경우에는 공란으로 처리 | | | | | |
| | 통보여부 | (통보 일시, 방법)<br>(통보 받은 사람)          (연락처) | | | | | |

**[참고] 학교폭력 접수 사안을 학교장 및 교육청(교육지원청)에 보고 (48시간 이내 보고)**

<양식 2-1>  선택

# 학생 확인서

**\* 사안번호:**

| 성명 | | 학년 / 반 | | / | 성별 | 남 / 여 |
|---|---|---|---|---|---|---|
| 연락처 | 학생 | | | 보호자 | | |
| 관련학생 | | | | | | |
| 사안 내용 | | ※ 피해 받은 사실, 가해한 사실, 목격한 사실 등을 육하원칙에 의거하여 상세히 기재하세요. (필요한 경우 별지 사용) | | | | |
| | | | | | | |
| 필요한 도움 | | | | | | |
| 작성일 | | <u>20   년   월   일</u> | | 작성 학생 | | (서명) |

<양식 2-2> | 선택

# 보호자 확인서

**\* 사안번호:**

1. 본 확인서는 학교폭력 사안 조사를 위한 것입니다.
2. 자녀와 상대방 학생에 관련된 객관적인 정보를 제공해 주셨으면 합니다.
3. 사안 해결을 위해 학교는 객관적이고 적극적인 자세로 임할 것입니다.

| 학생<br>성명 | | | 학년 / 반 | / | 성별 | 남 / 여 |
|---|---|---|---|---|---|---|
| 사안 인지 경위 | | | | | | |
| 현재<br>자녀의 상태 | | | 신체적 −<br>정신적 − | | | |
| 자녀<br>관련<br>정보 | 교우 관계 | | (친한 친구가 누구이며, 최근의 관계는 어떠한지 등) | | | |
| | 학교폭력<br>경험 유무<br>및 내용 | | (실제로 밝혀진 것 외에도 의심되는 사안에 대해서도) | | | |
| | 자녀 확인 내용 | | (사안에 대해 자녀가 보호자에게 말한 것) | | | |
| 현재까지의<br>보호자 조치 | | | (병원 진료, 화해 시도, 자녀 대화 등) | | | |
| 사안 해결을 위한<br>관련 정보 제공 | | | (특이점, 성격 등) | | | |
| 현재 보호자의 심정 | | | (어려운 점 등) | | | |
| 본 사안 해결을 위한<br>보호자 의견, 바라는 점 | | | (보호자가 파악한 자녀의 요구사항 등) | | | |
| 작성일 | | 20___년 ___월 ___일 | | 작성자 | | (서명) |

<양식 2-3>  | 선택 |

# (피해 · 가해학생) 긴급조치 보고서

**\* 사안번호:**

| 대상학생 | 학년 / 반 | | 성명 | |
|---|---|---|---|---|
| 사안 개요<br>(조치원인) | ※ 접수한 사안 내용을 육하원칙에 의거 간략히 기재 | | | |
| 조치 내용 | 피해학생 | 조치<br>사항 | | |
| | | 법적<br>근거 | 「학교폭력 예방 및 대책에 관한 법률」제16조 제1항 | |
| | 가해학생 | 조치<br>사항 | | |
| | | 법적<br>근거 | 「학교폭력 예방 및 대책에 관한 법률」제17조 제4항 | |
| 조치일자 | 년    월    일 | | | |
| 긴급조치의<br>필요성 | | | | |
| 관련학생<br>또는 보호자<br>의견청취<br>여부 | ① 의견청취 완료 (일시: _____ , 방법: _____)<br>② 의견을 들으려 하였으나 이에 따르지 않음<br>※ 출석정지 조치를 하고자 할 경우 의견청취는 필수 절차임 | | | |
| 관련학생 및<br>보호자 통지 | 통지일자 | | | |
| | 통지방법 | | | |

작성자:

확인자:                                학교장

[참고] 피해학생 긴급 보호조치는 법률 제16조 제1항에 의거 즉시 심의위원회에 보고
      가해학생 긴급 선도조치는 법률 제17조 제4항에 의거 즉시 심의위원회에 보고 및 추인
      을 받아야 함

<양식 2-4>　**필수**

# 학교폭력 사안조사 보고서

\* 사안번호:

| 접수<br>일자 | 20　년　월　일 | | 담당자 | |
|---|---|---|---|---|
| 관련<br>학생 | 성 명 | 학년/반/번호 | 성 별 | 비고<br>(장애여부 등 특이사항<br>기재/장애학생의 경우,<br>장애 영역 기재) |
| | | | | |
| | | | | |
| | | | | |
| 사안<br>개요 | *전담기구에서 조사한 사안 내용을 육하원칙에 의거 구체적으로 기재* | | | |
| 쟁점<br>사안 | A 학생의 주장<br>내용 및<br>근거자료 | | | |
| | B 학생의 주장<br>내용 및<br>근거자료 | | | |
| | C 학생의 주장<br>내용 및<br>근거자료 | | | |
| | ... | | | |

| 사안 진행 및 조치 사항 | ※ *아래 사항을 확인하여 구체적으로 기재* | |
|---|---|---|
| | 학교폭력 사안조사 시 확인사항 | 확인 내용 (관련 자료 등) |
| | 1. 심각성 판단 요소 | 진단서 제출 여부 등 |
| | 2. 지속성 판단 요소 | 전담기구 심의 결과 |
| | 3. 고의성 판단 요소 | 피·가해학생 확인서 참고 |
| | 4. 반성 정도 판단 요소 | 가해학생 면담조사 등 |
| | 5. 화해 정도 판단 요소 | 고소, 고발 및 합의서 여부 등 |
| | 6. 가해학생의 선도 가능성 판단 요소 | 학교폭력 재발 여부 등 |
| | 7. 피해학생이 장애학생인지 여부 | 특수교사의 의견 청취 |

| 판단요소 | 확인 내용 |
|---|---|
| 가해학생이 행사한 학교폭력의 심각성·지속성·고의성 | |
| 가해학생의 반성 정도 | |
| 가해학생 및 보호자와 피해학생 및 보호자 간 화해 정도 | |
| 해당 조치로 인한 가해학생의 선도 가능성 | |
| 피해학생이 장애학생인지 여부 | |
| 긴급조치 여부 | |
| 특이사항 | *성 관련 사안, 치료비 분쟁, 피해학생이 다문화학생인지 여부, 관련 학생 및 그 보호자의 요구사항, 언론보도 등 특이사항 기재* |

[참고]「학교폭력 예방 및 대책에 관한 법률」제14조 제4항에 의거 전담기구에서는 학교폭력에 관련된 조사결과 등 활동결과를 보고하여야 함
※ 학교장 자체해결이 되지 않은 경우, 학교장 결재 후 심의위원회 보고

<양식 2-5> | 선택

## 피해 · 가해학생 보호자 개인정보

| 연번 | 사안번호 | 학생성명 | 보호자 | | | |
|---|---|---|---|---|---|---|
| | | | 성명 | 학생과의 관계 | 연락처 | (우편번호) 주소 |
| | | | | | | |
| | | | | | | |
| | | | | | | |
| | | | | | | |
| | | | | | | |
| | | | | | | |
| | | | | | | |
| | | | | | | |
| | | | | | | |
| | | | | | | |

[참고] 보호자 개인정보 수집시, 별도의 동의를 요하지 않음

<양식 2-6> 선택

# 학교폭력대책심의위원회 개최 요구 공문

# ○○중학교

수신　　○○교육지원청(○○교육지원과)

(경유)

제목　　○○교육지원청 학교폭력대책심의위원회 개최 요청

## 1. 관련

가.「학교폭력예방 및 대책에 관한 법률」제13조 제2항

나. ○○○○학교 – ○○○○(2020.00.00.)호 *(※관련 내부공문)*

## 2. ○○교육지원청 학교폭력대책심의위원회 개최를 다음과 같이 요청하오니, 협조하여 주시기 바랍니다.

| 구분 | 소속학교 | 학년반 | 이름 | 학교 사안번호 | 비고 |
|------|---------|-------|------|-------------|------|
| 피해학생 | ○○중학교 | 3 – 1 | ○○○ | ○○중 2020 – 1 | 예시 |
| 가해학생 | ○○중학교 | 3 – 1 | ○○○ | ○○중 2020 – 1 | 예시 |
| 가해학생 | ○○고등학교 | 1 – 2 | ○○○ | ○○고 2020 – 2 | 예시 |

붙임 1. 피해·가해학생 확인서 ○부.

　　 2. 보호자 확인서 ○부.

　　 3. 목격학생 확인서 ○부.

　　 4. 학교폭력 사안조사 보고서 1부.

　　 5. 피해·가해학생 긴급조치 보고서 ○부.

　　 6. 전담기구 심의결과 보고서 ○부.

　　 7. 피해·가해학생 보호자 개인정보(우편번호, 주소, 보호자명, 학생과의 관계, 휴대폰번호 등)

　　 8. 기타 심의위원회 심의·의결에 필요한 서류 각 1부. 끝.

<양식3-1> | 필수 |

# 학교폭력 전담기구 심의결과 보고서

\* 사안번호:

1. 일   시:        년   월   일( 요일)   시   분
2. 장   소 :
3. 참 석 자

　　　ㅇ ㅇ ㅇ　　　　ㅇ ㅇ ㅇ　　ㅇ ㅇ ㅇ　　　ㅇ ㅇ ㅇ
　　　ㅇ ㅇ ㅇ　　　　ㅇ ㅇ ㅇ　　ㅇ ㅇ ㅇ　　　ㅇ ㅇ ㅇ

4. 심의 주제: 사안번호 2000 − 00호 (              )에 대한 학교장 자체해결 여부 심의

5. 심의 내용
※ 전담기구 사안 조사 내용

   ·
   ·
   ·

※ 필수 확인 사항
   · 법률 제13조의 2 제1항 제1호~제4호 판단하여 해당 여부 체크

| 학교장 자체해결 가능 요건 | 해당 여부 (O, X) |
|---|---|
| 1. 2주 이상의 신체적 · 정신적 치료를 요하는 진단서를 발급받지 않은 경우 |  |
| 2. 재산상 피해가 없거나 즉각 복구된 경우(추후 재산상 피해를 복구해 줄 것을 확인한 경우) |  |
| 3. 학교폭력이 지속적이지 않은 경우 |  |
| 4. 학교폭력에 대한 신고, 진술, 자료제공 등에 대한 보복행위가 아닌 경우 |  |

6. 결정 사항
   ·
   ·

<양식 3-2>　필수

## 학교폭력대책심의위원회 개최 요구 의사 확인서

* 사안번호:

| 피해학생 | 소속학교 | 학년/반 | 학생성명 | 보호자성명 |
|---|---|---|---|---|
| | | | | |
| 가해학생 | 소속학교 | 학년/반 | 학생성명 | 보호자성명 |
| | | | | |
| 사안 조사 내용 | 사안 내용을 사안조사 보고서를 참고하여 구체적으로 기록<br>(발생 일시, 사안 내용 등) | | | |

위 사안 조사 내용을 확인하였으며, 이 사안에 대해서 학교폭력대책심의위원회를 개최
하지 않고 학교장이 자체해결하는 데 대해 동의합니다.

20　년　월　일

피해학생:　　　　(인)
피해학생 보호자:　　　　(인)

**OO학교장 귀중**

<양식 3-3> | **필수**

# 학교장 자체해결 결과 보고서

\* 사안번호:

| 피해학생 | 소속학교 | 학년/반 | 학생성명 | 보호자성명 |
|---|---|---|---|---|
| | | | | |
| 가해학생 | 소속학교 | 학년/반 | 학생성명 | 보호자성명 |
| | | | | |
| 사안 조사 내용 | 사안 내용을 사안조사 보고서를 참고하여 구체적으로 기록 (발생 일시, 사안 내용 등) | | | |
| 학교장 자체해결 결과 | 학교폭력 전담기구 심의결과 및 피해학생과 가해학생 사이에 합의된 결과를 기록 (예: 양자 간에 화해, 가해학생의 사과와 피해학생의 용서, 관계회복 프로그램 적용 등의 내용) | | | |

학교장 자체해결 결과를 보고합니다.

2000.00.00.

**○○학교장**

<양식 3-4>　선택

# 학교폭력대책심의위원회 개최 요청서(보호자)

\* 사안번호:

| 신청인 | 소속학교 | 학년반 | 학생성명 | 보호자성명 |
|---|---|---|---|---|
| | | | | |
| | 주소 | | | |

| 신청사유 | (예시)<br>1. 해당 학교폭력사건으로 인한 재산상 손해를 가해학생 및 그 보호자가 복구하기로 약속하였으나 이행하지 않은 경우<br>2. 해당 학교폭력 사건의 조사과정에서 확인되지 않았던 사실이 추가적으로 확인된 경우 등의 사유를 구체적으로 기술 |
|---|---|

위와 같이 신청합니다.

2000.00.00.

000학생 보호자　　　(서명 또는 인)

[참고] 해당 요청서는 학교장이 접수하여 개최 요구 공문에 첨부함

<양식 3-5> | 선택

# 학교폭력대책심의위원회 개최 요구 취소 요청서(보호자)

* 사안번호:

| 신청인 | 소속학교 | 학년반 | 학생성명 | 보호자성명 |
|---|---|---|---|---|
| | | | | |
| | 주소 | | | |

학교폭력대책심의위원회 개최를 원하지 않으므로
심의위원회 개최 취소를 요청합니다.

2000.00.00.

000학생 보호자 (서명 또는 인)

<양식 4-1>  필수

# 학교폭력 가해학생 조치(제1호 · 제2호 · 제3호)
# 조건부 기재유보 관리대장

| 연번 | 입학 연도 | 학년 | 반 | 번호 | 성명 | 조치일자 (이행기한) | 조치사항 | 이행 완료일 | 기록자 |
|---|---|---|---|---|---|---|---|---|---|
| 1 | 2020 | 3 | 1 | 25 | 김삿갓 | 2020.4.5. (2020.00.00) | 제1호 | 2020.00.00. | 홍길동 |
|  |  |  |  |  |  |  |  |  |  |
|  |  |  |  |  |  |  |  |  |  |
|  |  |  |  |  |  |  |  |  |  |
|  |  |  |  |  |  |  |  |  |  |
|  |  |  |  |  |  |  |  |  |  |
|  |  |  |  |  |  |  |  |  |  |
|  |  |  |  |  |  |  |  |  |  |
|  |  |  |  |  |  |  |  |  |  |
|  |  |  |  |  |  |  |  |  |  |

※ 조치일자는 교육장 내부결재일(교육지원청에서 학교로 통보함)

**[참고] 학교폭력 가해학생 조치(제1호 · 제2호 · 제3호) 조건부 기재유보**
- 가해학생 조치사항(제1호·제2호·제3호)을 이행한 가해학생이 동일 학교급에서 다른 학교폭력 사안으로 가해학생 조치를 받지 않은 경우(초등학생은 조치를 받은 날로부터 3년이 경과한 경우)에 한해서 조건부로 기재하지 않음.
- 다만, 해당 학생이 동일 학교급(초등학생은 조치를 받은 날로부터 3년 내)에서 다른 학교폭력 사안으로 가해학생 조치를 받은 경우에는 이전에 적지 않은 조치사항을 포함하여 기재함.
- 심의위원회가 정한 이행기한 내에 조치사항을 이행하지 않으면 조치사항을 기재하고 이후 조치사항을 이행하여도 기재내용은 유지됨.

<양식 5-1>  선택

# 분쟁조정 신청서

\* 사안번호:

| 학 생 | 성명 | (남 / 여) | | |
|---|---|---|---|---|
| | 주소 | | | |
| | 소속 | 학교    학년    반 | | |
| 보호자 | 성명 | | 관계 | | 전화번호 | |
| | 주소 | | | | | |

| 신청사유 |
|---|
| |
| 위와 같이 분쟁조정을 신청합니다. |

신청일:    년    월    일

신청인:        (서명)

# 성폭력 사안처리 가이드

## I. 성폭력 사안의 신고

### 1. 성폭력 사안 신고

#### □ 성범죄 신고의무

○ 「아동·청소년의 성보호에 관한 법률」 제34조 제2항에 따라 「초·중등교육법」 상의 학교에서 근무하는 학교장을 비롯한 교직원은 아동·청소년 대상(만 19세 미만) 성범죄의 발생 사실을 알게 된 때에는 즉시 수사기관에 신고하여야 한다.

○ 「성폭력 방지 및 피해자보호 등에 관한 법률」 제9조에 따라 19세 미만의 미성년자(19세에 도달하는 해의 1월 1일을 맞이한 미성년자는 제외한다)를 보호하거나 교육 또는 치료하는 시설의 장 및 관련 종사자는 자기의 보호·지원을 받는 자가 「성폭력범죄의 처벌 등에 관한 특례법」 제3조부터 제9조까지, 「형법」 제301조 및 제301조의2의 피해자인 사실을 알게 된 때에는 즉시 수사기관에 신고하여야 한다.

※ 교직원이 관련될 경우 「교원의 지위 향상 및 교육활동 보호를 위한 특별법」, 「교육공무원 징계령」 등 관련 법령에 근거하여 교권보호, 징계 및 조치가 이루어진다.

#### □ 신고하지 않거나 거짓 신고를 할 경우

○ 「아동·청소년의 성보호에 관한 법률」 제67조 제4항에 따라 기관·시설 또는 단체의 장과 그 종사자가 직무상 아동·청소년대상 성범죄 발생 사실을 알고 수사기관에 신고하지 아니하거나 거짓으로 신고한 경우에는 300만 원 이하의 과태료

에 처해질 수 있다.

## □ 피해자가 신고를 원하지 않는 경우

○ 「아동·청소년의 성보호에 관한 법률」, 「성폭력 방지 및 피해자보호 등에 관한 법률」에서는 이에 대하여 별도의 예외 규정을 두고 있지 않으므로 신고의무자는 피해자의 의사와 무관하게 성범죄 발생사실을 수사기관에 신고하여야한다.

○ 즉, 피해자가 고소권을 행사할 것인지 여부와 신고의무자의 신고의무는 전혀 별개의 문제이므로 신고의무자는 피해자가 범죄의 신고를 원하지 않는다고 할지라도 반드시 신고를 하여야 한다.

## □ 성폭력 사안처리 교직원의 유의사항

○ 성범죄에 해당되는 성폭력 사안은 반드시 수사기관에 신고를 하여야 한다.

○ 교직원이 성폭력 사안을 인지하거나 신고 받은 경우 학교장에게 보고하고 수사기관에 즉시 신고하며, 학교장은 교내 성고충 상담원(보건교사 등)의 의견을 들어 피해자를 긴급 보호조치 하고, ① 117 신고센터, ② 해바라기여성아동센터(1899-3075), ③ ONE-STOP지원센터, ④ 여성긴급전화(1366), ⑤ 성폭력상담소 등 전문상담기관에 도움을 받을 수 있다.

○ 성폭력 사건을 숨기거나 학교 내에서 임의로 해결하려고 하지 않는다.

○ 다른 교직원이나 학생들에게 비밀이 누설되지 않도록 유의하고, 침착하게 대응한다.

○ 성폭력 사안을 목격하거나 알고 있는 주변학생이 비밀유지를 하도록 주지시킨다. 만약 비밀을 유출할 경우 피해자에게 2차 피해가 발생하고, 법적 처벌을 받을 수 있음을 알려준다.

○ 교직원이 개인상담 과정을 통해 성폭력 피해사실을 안 경우, 피해학생이 신고를 원치 않는다 하더라도 피해학생과 그 보호자에게 법률상 신고 의무에 대해 알리고 반드시 신고하여야 한다.

○ 성폭력 사실을 신고한 학생이 있는 경우 신고 학생의 신상이 조사과정에서 누설되지 않도록 각별히 유의하고, 신고 학생의 비밀보장을 철저히 하도록 한다. 또한 신고 학생에 대해서는 사안 종료 시까지 신변의 안전을 보호할 수 있는 조치를 하되, 가해학생이 정황을 파악할 수 없도록 한다.

## 성폭력 전문상담기관

| | |
|---|---|
| 학교폭력<br>신고센터<br>(117) | • 대상: 성폭력, 학교폭력, 성매매 피해 청소년<br>• 내용: 법률정보 및 상담 안내<br>• 현황: 광역자치단체 시도단위로 전국 16개 시도에 설치 |
| 해바라기<br>아동센터 | • 대상: 19세 미만 성폭력 피해를 입은 아동·청소년 및 장애인<br>• 내용: 의료지원(성폭력 외상치료, 심리상담, 심리치료, 놀이치료)<br>　　　법률지원(법적절차 지원, 피해자 조사지원)<br>　　　상담지원(사례접수, 면담조사, 연계지원서비스, 가족상담)<br>• 현황: 서울, 대구·경북, 인천, 광주·전남, 경기, 충북, 전북, 경남 |
| 해바라기<br>여성·<br>아동센터<br>(1899-3075) | • 대상: 성폭력, 가정폭력, 성매매 피해 아동·청소년<br>• 내용: 의료지원(응급처치, 산부인과진료, 정신과진료, 기타 외상치료)<br>　　　수사지원(피해자조서작성, 진술녹화지원, 증거채취, 고소지원)<br>　　　상담법률지원(사례접수 및 관리, 24시간응급상담, 법적자문)<br>　　　심리지원(심리학적 평가, 심리치료, 부모 및 가족치료)<br>• 현황: 서울, 부산, 울산, 강원(2), 전남, 경북 |
| ONE-STOP지<br>원센터 | • 대상: 성폭력, 가정폭력, 성매매 피해 청소년<br>• 내용: 의료지원(응급처치, 산부인과 진료, 정신과 진료, 기타 외상치료)<br>　　　상담법률지원(사례접수 및 관리, 24시간 응급상담, 법적자문)<br>　　　수사지원(피해자 조서작성, 진술녹화지원, 증거채취, 고소지원)<br>• 현황: 서울(2), 부산(1), 대구(1), 인천(2), 광주(1), 대전(1), 경기(3), 충북(1),<br>충남(1), 전북(1), 전남(1), 경북(1), 경남(1), 제주(1) |
| 여성긴급전화<br>(1366) | • 대상: 성폭력, 가정폭력, 성매매 피해 청소년<br>• 내용: 긴급구조 및 보호를 위한 전화상담 안내(365일 24시간 상담)<br>• 현황: 광역자치단체 시도단위로 전국 16개 시도에 설치 |
| 성폭력상담소<br>(장애인성폭<br>력상담소) | • 대상: 성폭력 피해 청소년<br>• 내용: 의료지원 연계(응급처치, 산부인과 진료, 정신과 진료, 외상치료)<br>　　　상담법률지원 연계(사례접수 및 관리, 24시간 응급상담, 법적자문)<br>　　　수사연계 지원(진술녹화 동행지원, 고소 지원)<br>• 현황: 서울(20(3)), 부산(6(1)), 대구(4), 인천(7(2)), 광주(11(1)), 대전(5(1)),<br>울산(4(1)), 세종(1), 경기(37(4)), 강원(6), 충북(7(1)), 충남(10(2)), 전<br>북(12(2)), 전남(10(1)), 경북(16(2)), 경남(14(1)), 제주(3(1)) |

(2020년 2월 기준)

○ 아동 · 청소년의 성보호에 관한 법률

제2조(정의)

이 법에서 사용하는 용어의 뜻은 다음과 같다.

    1. "아동 · 청소년"이란 19세 미만의 자를 말한다. 다만, 19세에 도달하는 연도의 1월 1일을 맞이한 자는 제외한다.

    2. "아동 · 청소년대상 성범죄"란 다음 각 목의 어느 하나에 해당하는 죄를 말한다.

        가. 제7조부터 제15조까지의 죄

        나. 아동 · 청소년에 대한 「성폭력범죄의 처벌 등에 관한 특례법」 제3조부터 제15조까지의 죄

        다. 아동 · 청소년에 대한 「형법」 제297조, 제297조의2 및 제298조부터 제301조까지, 제301조의2, 제302조, 제303조, 제305조 및 제339조 및 제342조의 죄

        라. 아동 · 청소년에 대한 「아동복지법」 제17조 제2호의 죄

    3. "아동 · 청소년대상 성폭력범죄"란 아동 · 청소년대상 성범죄에서 제11조부터 제15조까지의 죄를 제외한 죄를 말한다.

제34조(아동 · 청소년대상 성범죄의 신고)

② 다음 각 호의 어느 하나에 해당하는 기관 · 시설 또는 단체의 장과 그 종사자는 직무상 아동 · 청소년대상 성범죄의 발생 사실을 알게 된 때에는 즉시 수사기관에 신고하여야 한다.

    2. 「초 · 중등교육법」 제2조의 학교 및 「고등교육법」 제2조의 학교

제67조(과태료)

④ 제34조 제2항 각 호의 어느 하나에 해당하는 기관 · 시설 또는 단체의 장과 그 종사자가 직무상 아동 · 청소년대상 성범죄 사실을 알고 수사기관에 신고하지 아니하거나 거짓으로 신고한 경우에는 300만 원 이하의 과태료를 부과한다.

⑤ 제1항부터 제4항까지의 과태료는 교육부장관, 문화체육관광부장관, 보건복지부장관, 여성가족부장관, 국토교통부장관, 식품의약품안전처장, 경찰청장 또는 제주특별자치도교육감이 부과 · 징수한다.

○ 성폭력방지 및 피해자보호에 관한 법률

제9조(신고의무)

19세 미만의 미성년자(19세에 도달하는 해의 1월 1일을 맞이한 미성년자는 제외한다)를 보호하거나 교육 또는 치료하는 시설의 장 및 관련 종사자는 자기의 보호 · 지원을 받는 자가 「성폭력범죄의 처벌 등에 관한 특례법」 제3조부터 제9조까지, 「형법」 제301조 및 제301조의2의 피해자인 사실을 알게 된 때는 즉시 수사기관에 신고하여야 한다.

○ 학교폭력예방 및 대책에 관한 법률
제20조(학교폭력의 신고의무)

① 학교폭력 현장을 보거나 그 사실을 알게 된 자는 학교 등 관계 기관에 이를 즉시 신고하여야 한다.

② 제1항에 따라 신고를 받은 기관은 이를 가해학생 및 피해학생의 보호자와 소속 학교의 장에게 통보하여야 한다.

③ 제2항에 따라 통보받은 소속 학교의 장은 이를 심의위원회에 지체 없이 통보하여야 한다.

④ 누구라도 학교폭력의 예비·음모 등을 알게 된 자는 이를 학교의 장 또는 심의위원회에 고발할 수 있다. 다만, 교원이 이를 알게 되었을 경우에는 학교의 장에게 보고하고 해당 학부모에게 알려야 한다.

⑤ 누구든지 제1항부터 제4항까지에 따라 학교폭력을 신고한 사람에게 그 신고행위를 이유로 불이익을 주어서는 아니 된다.

## III. 성폭력 사안조사 및 조치

### 1. 사안조사

○ 성폭력 피해자는 정신적으로 매우 불안한 상태에 있는 경우가 많다. 따라서 사안조사에 있어서 세심한 주의를 기울여야 한다.

□ 사안조사 및 결과보고

○ 학교폭력 사안조사

– 학교폭력을 인지한 경우, 학교의 장은 지체 없이 전담기구 또는 소속 교원으로 하여금 가해 및 피해사실 여부를 확인하도록 해야 한다. 성폭력의 경우 비밀유지에 특별히 유의하여야 한다.

○ 사안조사 결과보고

– 신고된 학교폭력 사안에 대해 조사를 실시하고 조사 결과를 보고서로 작성하여 학교장에게 보고한다. 필요 시 조사결과를 심의위원회에 보고한다.

※ 학교에서 자체적으로 성폭력 사안 조사가 어려운 경우 전문상담기관에 협조 요청을 한다.

※ 학교폭력 가해·피해학생 중 장애학생이 있을 경우 특수교육 전문가(교육지원청 특수교육지원센터에 요청)를 참여시키는 것이 바람직하다.

### □ 조사 유의사항

○ 성폭력 사안 조사 시 조사자는 가해학생 및 피해학생의 인권보호에 더욱 신경을 써야하며 강압적인 분위기로 확인·조사를 실시해서는 안 된다.

○ 성폭력 사안 조사 시 조사자는 관련 학생이 진술을 거부할 경우 그 의사를 존중해 주어야 하며, 강제적인 조사로 인해 피해학생이 2차적인 피해를 받지 않도록 주의해야 한다.

○ 성폭력 피해학생의 2차 피해 유발 사례

• 교사가 학교에서 학생 4명을 성추행한 것을 수사기관에 즉시 신고하지 않고, 학교 및 교육청에서 조사 실시 후
  − 상담교사가 가해교사의 부적절한 행동을 친밀감의 표현이라고 말하는 등 부당하게 상담
  − 교육청 조사과정에서 "성추행 아니지?" 등 피해학생에게 부당한 표현
  − 피해학생의 상담 녹취파일을 제3자에게 개인메일로 전달하여 피해학생 관련 자료 외부 유출

○ 성폭력 사안 조사 시에 피해학생이 신뢰할 수 있는 자(보호자, 법정대리인 등)를 동석할 수 있게 하여 심리적으로 안정된 상태에서 조사받을 수 있도록 조치해 주고, 피해학생과 가해학생 조사 시 철저히 분리하여 관련 학생들이 대면하는 일이 없도록 해야 한다.

## 2. 심의위원회 개최

### □ 심의위원회 개최 여부

○ 「학교폭력예방 및 대책에 관한 법률」 제2조 제1호는 성폭력을 학교폭력의 유형에 포함하고 있다. 따라서 피해자가 학생인 성폭력 사안의 경우 학교폭력에 해당된다.

○ 피해자가 학생인 성폭력 사안이 발생한 경우에 「학교폭력예방 및 대책에 관한 법률」 제12조 제2항에 따라 학교폭력대책심의위원회 개최를 요청한다. 다만, 가해자가 일반인일 경우, 피해자와 그 보호자가 피해학생 보호조치를 원하지 않으면 학교폭력대책심의위원회를 개최하지 않을 수 있다. 이 경우에 향후 「학교폭력예방법」에 따라 피해학생 보호조치가 어려울 수도 있음을 충분히 설명한다.

※ 성폭력 피해학생(또는 보호자)이 피해학생의 신변·사생활 보호를 위해 심의위원회 참석을 원하지 않는 경우, 피해학생(또는 보호자)이 심의위원회 참석을 하지 않을 수 있고, 서면진술로 대체할 수 있음
※ 다만, 피해학생(또는 보호자)이 심의위원회 참석을 원하지 않더라도, 심의위원회는 비공개로 피해학생 보호조치 및 가해학생에 대한 조치를 심의·의결해야 함
※ 피해자가 학생인 성폭력 사안은 학교폭력예방 및 대책에 관한 법률 제17조에 따라 조치하여야 하며, 초중등교육법 제18조 및 같은 법 시행령 제31조에 따라 학생생활교육위원회에서 징계로 대신할 수 없음

Q: 해당학교는 수사기관에 신고도 하고 심의위원회 개최 요청도 해야하는 건가요?
A: "맞습니다"
– 19세 미만의 학생을 대상으로 발생 된 성폭력 사건은, 신고 의무자인 교직원이 즉시 수사기관에 신고하고, 학교는 교육청 보고 후 사안을 조사하여 심의위원회 개최를 요청하여야 한다. "성범죄는 매우 민감한 내용을 다수 포함하고 있고 사건의 실체를 파악하기가 어려우므로 세심한 주의를 기울여야 한다."

## 3. 성폭력 관련학생 조치

### □ 성폭력 피해학생의 보호

○ 피해학생 보호를 위한 긴급조치

– 긴급조치 결정권자: 학교의 장
– 긴급조치 사유: 학교장은 피해학생의 보호를 위하여 긴급하다고 인정하거나, 피해학생이 긴급보호의 요청을 하는 경우에는 학교장 자체해결 혹은 심의위원회의

개최 요청 전에 제1호, 제2호 및 제6호의 조치를 할 수 있다.

– 긴급조치 범위: 학내외 전문가에 의한 심리상담 및 조언(1호), 일시 보호(2호), 그 밖에 피해학생의 보호를 위하여 필요한 조치(6호)

– 피해학생에 대한 긴급조치는 심의위원회에 즉시 보고하여야 한다.

○ 피해학생 보호조치를 심의위원회로부터 요청받은 경우 교육장은 피해학생 보호자의 동의를 받아 7일 이내에 해당조치를 하여야 한다.

○ 피해학생이 치료받는 기간은 「학교생활기록 작성 및 관리지침」의 '기타 부득이한 사유로 학교장의 허가를 받아 결석하는 경우'로 처리하여 출석으로 인정한다.

○ 학생이 일시적인 일탈로 성매매 대상이 되어 검사의 수강명령에 의한 교육 또는 상담과정을 이수한 경우 '특별교육이수'기간으로 간주하여 출석으로 인정한다.

**피해학생에 대한 조치**

| 제1호 | 심리상담 및 조언 | 성폭력으로 받은 정신적·심리적 충격으로부터 회복할 수 있도록 학교내 교사나 전문상담기관으로부터 상담 및 조언을 받도록 하는 조치 |
|---|---|---|
| 제2호 | 일시보호 | 지속적인 성폭력이나 보복의 우려가 있는 경우 일시적으로 보호시설이나 또는 학교상담실 등에서 보호를 받을 수 있도록 하기 위한 조치 |
| 제3호 | 치료 및 치료를 위한 요양 | 성폭력으로 인하여 생긴 신체적·정신적 상처의 치유를 위하여 일정기간 출석을 하지 아니하고 의료기관 등에서 치료를 받도록 하는 조치 |
| 제4호 | 학급교체 | 지속적인 성폭력 상황으로부터 벗어나도록 하기 위해서 또는 학교폭력으로 인해 생긴 정신적 상처에서 벗어나도록 하기 위해서 피해자를 동일 학교 내의 다른 학급으로 소속을 옮겨주는 조치 |
| 제6호 | 그밖에 피해학생의 보호를 위하여 필요한 조치 | 치료 등을 위한 의료기관에의 인도, 수사기관의 조사 및 법원의 동행, 법률구조기관 등에 필요한 협조와 지원요청, 등하교길에서의 동반 등 |

※ 학교의 장은 학생의 교육환경을 바꾸어 줄 필요가 있다고 인정하는 경우, 다른 학교로 전학을 추천할 수 있음. 단, 초등학교의 경우 보호자 1인의 동의를 얻어야 함(초·중등교육법 시행령 제21조 제6항, 시행령 제73조 제6항, 시행령 제89조 제5항).

※ 성폭력 피해학생의 전학 요청 시 학교장은 반드시 교육감(장)에게 학교 배정을 요청하여야 함(성폭력 방지 및 피해자보호 등에 관한 법률 제7조 및 동법 시행령 제4조).

## □ 성폭력 가해학생의 교육 · 선도조치

○ 선도가 긴급한 경우 피해학생에 대한 서면사과, 피해학생 및 신고 · 고발학생에
대한 접촉, 협박 및 보복행위금지, 학교에서의 봉사, 학내 · 외전문가에 의한 특별
교육 이수, 출석정지 조치는 가해학생에게 먼저 부과한 후 심의위원회에 즉시 보
고하여 추인을 받아야 한다.

※ 긴급 출석정지 사유: ① 2명 이상의 학생이 고의적 · 지속적으로 성폭력 행사, ②
성폭력을 행사하여 전치 2주 이상의 상해를 입힌 경우, ③ 성폭력에 대한 신고,
진술, 자료제공 등에 대한 보복을 목적으로 폭력 행사, ④ 학교의 장이 피해학생
을 가해학생으로부터 긴급하게 보호할 필요가 있다고 판단 시

### 가해학생에 대한 선도 조치

| 제1호 | 서면사과 | 가해학생이 피해학생에게 서면으로 사과하도록 하여 서로 화해하도록 하는 조치 |
|---|---|---|
| 제2호 | 피해학생 및 신고 · 고발학생에 대한 접촉, 협박 및 보복행위 금지 | 피해학생 및 신고 · 고발학생에 대한 가해학생의 접근을 막아 더 이상 성폭력이나 보복을 막기 위한 조치 |
| 제3호 | 학교에서의 봉사 | 가해학생에게 반성의 기회를 주기 위한 조치 |
| 제4호 | 사회봉사 | 사회구성원으로서의 책임감을 느끼게 하기 위한 조치 |
| 제5호 | 학내외 전문가의 특별교육 이수 · 심리치료 | 교내외 전문가에 의한 특별교육을 이수하거나 심리치료를 받도록 하는 조치 |
| 제6호 | 출석정지 | 가해학생에게 학교에 출석하지 못하게 함으로써 반성의 기회를 주고 일시적으로나마 피해학생과 격리시켜 피해학생을 보호하기 위한 조치 |
| 제7호 | 학급교체 | 가해학생을 피해학생으로부터 격리시키고 동일학교 내의 다른 학급으로 소속을 옮기는 조치 |
| 제8호 | 전학 | 가해학생을 피해학생으로부터 격리시키고 다른 학교로 소속을 옮기는 조치 |
| 제9호 | 퇴학처분 | 학생의 신분을 강제로 상실시키는 조치(고등학생만 가능) |

※ 접촉금지, 학교봉사, 사회봉사, 출석정지, 학급교체, 전학의 경우 심리치료 가능

## 성폭력 사안처리 절차

| 성폭력 피해 의심 | 성폭력 피해 사실을 알았을 때 |
|---|---|
| ⇩ | ⇩ |
| ○ **(사안조사)** 전담기구 구성하여 성폭력 사안 조사(관련학생 면담, 주변 학생 조사, 설문조사 등)<br>– 필요시에 전문상담기관 협조 요청(성폭력 피해자 지원센터(1899–3075), 117, 여성 긴급상담전화 1366, 해바라기센터(아동), 성폭력 상담소 등)<br>○ **상담 후 피해 사실이 확인되면 즉시 신고** | ○ **신고(수사기관)**<br>– 교육, 의료, 아동복지 종사자 등 신고의무자는 반드시 경찰서 등에 신고해야 함 |

⇩           ⇩

| 피·가해학생 긴급 조치 |
|---|
| ○ **피·가해학생 분리**(가해자가 교직원일 경우 수업 배제, 신속한 징계조치 이행)<br>○ **응급 및 안전 조치**<br>– 학교 내외 상담실(Wee센터, 해바라기센터(아동), 성폭력 상담소 등)을 통해 상담, 치료, 법률 지원 등 적절한 조치, 증거물품 보관, 현장 보존, 병원 이송 시 교사 동행, 피해학생 지지<br>– 친족 성폭력 등으로 인해 보호자로부터 긴급 격리가 필요한 경우 아동보호전문기관(해바라기센터) 또는 여성긴급전화(1366)로 연계<br>○ **관련학생 보호자 연락 및 교육청 통보** |

⇩           ⇩

| 상담·치료 및 후속 지원 | 학교폭력 사안 처리 |
|---|---|
| ○ **(학교)** 상담, 사건 조사 일정 감안 학습 지원, 성폭력 예방교육<br>※ 개인신상 정보가 공개되어 2차 피해가 발생하지 않도록 유의<br>○ **(교육청)** 단위학교 성폭력사안 현장지원, 컨설팅 실시, 치료비 선지원<br>○ **(학교안전공제회)** 피해학생의 신속한 치료를 위해 치료비 선지원 | ○ **(학교폭력대책심의위원회 심의)** 피해학생 보호 및 가해학생 교육·선도 조치 결정<br>○ **(학교장 조치 이행)** 조치 결정사항 통보 및 조치 이행, 학교생활기록부 기록, 재발방지 노력<br>○ **(사후 관리)** 피·가해학생 추수 지도, 소속 교원 및 학생 대상 성폭력 예방교육 실시<br>※ 사안처리 과정에서 개인신상 정보가 공개되어 2차 피해가 발생하지 않도록 유의 |

## 참고: 학교 성폭력 대응체계 점검 체크리스트

1. 학생 대상 성교육과 폭력예방교육이 교과과정 내에 포함되어 있나요?
2. 성폭력 사안 발생 시 신고에 대한 안내는 잘 이루어지고 있나요?
3. 성폭력 사안 발생 시 대응 및 지원내용이 학생들에게 잘 안내되고 있나요?
4. 성폭력 사안 담당자는 지정되어 있나요?
5. 성폭력 사안 담당자가 누구인지 학생들에게 잘 안내되고 있나요?
6. 담당자를 위한 교육 프로그램이 마련되어 있나요?
7. 성문제 사안 발생 시 자문을 구할 수 있는 전문기관 및 전문가와의 연계가 잘 구축되어 있나요?(해바라기센터, 청소년성문화센터, 성폭력상담소, 변호사, 경찰 등)
8. 성폭력 사안 대처 시 비밀보장 등 2차 피해 방지를 위한 노력은 잘 이루어지고 있나요?
9. 교사 대상 성폭력 예방교육을 실시하고 있나요?
10. 교사들은 성문제 발생 시 대응절차에 대해 잘 숙지하고 있나요?
11. 학내 성평등한 문화 형성을 위해 프로그램 및 교육이 실시되고 있나요?
12. 수학여행 및 캠프 등 장기 숙박교육 시 성폭력 예방지침을 교육하고 있나요?
13. 학부모를 대상으로 성폭력 예방을 위한 학부모의 역할, 대응절차 및 지원내용에 대한 교육이 실시되고 있나요?

참고: 서울시립청소년성문화센터.

# 학교폭력예방법 및 시행령

## 학교폭력예방 및 대책에 관한 법률 (약칭: 학교폭력예방법 )

[시행 2020. 3. 1] [법률 제16441호, 2019. 8. 20, 일부개정]

교육부(학교생활문화과) 044 − 203 − 6975

**제1조(목적)** 이 법은 학교폭력의 예방과 대책에 필요한 사항을 규정함으로써 피해학생의 보호, 가해학생의 선도·교육 및 피해학생과 가해학생 간의 분쟁조정을 통하여 학생의 인권을 보호하고 학생을 건전한 사회구성원으로 육성함을 목적으로 한다.

**제2조(정의)** 이 법에서 사용하는 용어의 정의는 다음 각 호와 같다.

1. "학교폭력"이란 학교 내외에서 학생을 대상으로 발생한 상해, 폭행, 감금, 협박, 약취·유인, 명예훼손·모욕, 공갈, 강요·강제적인 심부름 및 성폭력, 따돌림, 사이버 따돌림, 정보통신망을 이용한 음란·폭력 정보 등에 의하여 신체·정신 또는 재산상의 피해를 수반하는 행위를 말한다.

1의2. "따돌림"이란 학교 내외에서 2명 이상의 학생들이 특정인이나 특정집단의 학생들을 대상으로 지속적이거나 반복적으로 신체적 또는 심리적 공격을 가하여 상대방이 고통을 느끼도록 하는 일체의 행위를 말한다.

1의3. "사이버 따돌림"이란 인터넷, 휴대전화 등 정보통신기기를 이용하여 학생들이 특정 학생들을 대상으로 지속적, 반복적으로 심리적 공격을 가하거나, 특정 학생과 관련된 개인정보 또는 허위사실을 유포하여 상대방이 고통을 느끼도록 하는 일체의 행위를 말한다.

2. "학교"란 「초·중등교육법」 제2조에 따른 초등학교·중학교·고등학교·특수학교 및 각종학교와 같은 법 제61조에 따라 운영하는 학교를 말한다.

3. "가해학생"이란 가해자 중에서 학교폭력을 행사하거나 그 행위에 가담한 학생을 말한다.

4. "피해학생"이란 학교폭력으로 인하여 피해를 입은 학생을 말한다.

5. "장애학생"이란 신체적·정신적·지적 장애 등으로 「장애인 등에 대한 특수교육법」 제15조에서 규정하는 특수교육을 필요로 하는 학생을 말한다.

**제3조(해석·적용의 주의의무)** 이 법을 해석·적용함에 있어서 국민의 권리가 부당하게 침해되지 아니하도록 주의하여야 한다.

**제4조(국가 및 지방자치단체의 책무)** ① 국가 및 지방자치단체는 학교폭력을 예방하고 근절하기 위하여 조사·연구·교육·계도 등 필요한 법적·제도적 장치를 마련하여야 한다.
② 국가 및 지방자치단체는 청소년 관련 단체 등 민간의 자율적인 학교폭력 예방활동과 피해학생의 보호 및 가해학생의 선도·교육활동을 장려하여야 한다.
③ 국가 및 지방자치단체는 제2항에 따른 청소년 관련 단체 등 민간이 건의한 사항에 대하여는 관련 시책에 반영하도록 노력하여야 한다.
④ 국가 및 지방자치단체는 제1항부터 제3항까지의 규정에 따른 책무를 다하기 위하여 필요한 행정적·재정적 지원을 하여야 한다.

**제5조(다른 법률과의 관계)** ① 학교폭력의 규제, 피해학생의 보호 및 가해학생에 대한 조치에 있어서 다른 법률에 특별한 규정이 있는 경우를 제외하고는 이 법을 적용한다.
② 제2조 제1호 중 성폭력은 다른 법률에 규정이 있는 경우에는 이 법을 적용하지 아니한다.

**제6조(기본계획의 수립 등)** ① 교육부장관은 이 법의 목적을 효율적으로 달성하기 위하여 학교폭력의 예방 및 대책에 관한 정책 목표·방향을 설정하고, 이에 따른 학교폭력의 예방 및 대책에 관한 기본계획(이하 "기본계획"이라 한다)을 제7조에 따른 학교폭력대책위원회의 심의를 거쳐 수립·시행하여야 한다.
② 기본계획은 다음 각 호의 사항을 포함하여 5년마다 수립하여야 한다. 이 경우 교육부장관은 관계 중앙행정기관 등의 의견을 수렴하여야 한다.

   1. 학교폭력의 근절을 위한 조사 · 연구 · 교육 및 계도

   2. 피해학생에 대한 치료 · 재활 등의 지원

   3. 학교폭력 관련 행정기관 및 교육기관 상호 간의 협조 · 지원

   4. 제14조 제1항에 따른 전문상담교사의 배치 및 이에 대한 행정적 · 재정적 지원

   5. 학교폭력의 예방과 피해학생 및 가해학생의 치료 · 교육을 수행하는 청소년 관련 단체(이하 "전문단체"라 한다) 또는 전문가에 대한 행정적 · 재정적 지원

   6. 그 밖에 학교폭력의 예방 및 대책을 위하여 필요한 사항

③ 교육부장관은 대통령령으로 정하는 바에 따라 특별시 · 광역시 · 특별자치시 · 도 및 특별자치도(이하 "시 · 도"라 한다) 교육청의 학교폭력 예방 및 대책과 그에 대한 성과를 평가하고, 이를 공표하여야 한다.

**제7조(학교폭력대책위원회의 설치 · 기능)** 학교폭력의 예방 및 대책에 관한 다음 각 호의 사항을 심의하기 위하여 국무총리 소속으로 학교폭력대책위원회(이하 "대책위원회"라 한다)를 둔다.

   1. 학교폭력의 예방 및 대책에 관한 기본계획의 수립 및 시행에 대한 평가

   2. 학교폭력과 관련하여 관계 중앙행정기관 및 지방자치단체의 장이 요청하는 사항

   3. 학교폭력과 관련하여 교육청, 제9조에 따른 학교폭력대책지역위원회, 제10조의2에 따른 학교폭력대책지역협의회, 제12조에 따른 학교폭력대책심의위원회, 전문단체 및 전문가가 요청하는 사항

**제8조(대책위원회의 구성)** ① 대책위원회는 위원장 2명을 포함하여 20명 이내의 위원으로 구성한다.

② 위원장은 국무총리와 학교폭력 대책에 관한 전문지식과 경험이 풍부한 전문가 중에서 대통령이 위촉하는 사람이 공동으로 되고, 위원장 모두가 부득이한 사유로 직무를 수행할 수 없을 때에는 국무총리가 지명한 위원이 그 직무를 대행한다.

③ 위원은 다음 각 호의 사람 중에서 대통령이 위촉하는 사람으로 한다. 다만, 제1호의 경우에는 당연직 위원으로 한다.

   1. 기획재정부장관, 교육부장관, 과학기술정보통신부장관, 법무부장관, 행정안전부장관, 문화체육관광부장관, 보건복지부장관, 여성가족부장관, 방송통신위원회 위원장, 경찰청장

   2. 학교폭력 대책에 관한 전문지식과 경험이 풍부한 전문가 중에서 제1호의 위원이

　　　각각 1명씩 추천하는 사람

　3. 관계 중앙행정기관에 소속된 3급 공무원 또는 고위공무원단에 속하는 공무원으로
　　　서 청소년 또는 의료 관련 업무를 담당하는 사람

　4. 대학이나 공인된 연구기관에서 조교수 이상 또는 이에 상당한 직에 있거나 있었던
　　　사람으로서 학교폭력 문제 및 이에 따른 상담 또는 심리에 관하여 전문지식이 있
　　　는 사람

　5. 판사 · 검사 · 변호사

　6. 전문단체에서 청소년보호활동을 5년 이상 전문적으로 담당한 사람

　7. 의사의 자격이 있는 사람

　8. 학교운영위원회 활동 및 청소년보호활동 경험이 풍부한 학부모

④ 위원장을 포함한 위원의 임기는 2년으로 하되, 1차에 한하여 연임할 수 있다.

⑤ 위원회의 효율적 운영 및 지원을 위하여 간사 1명을 두되, 간사는 교육부장관이 된다.

⑥ 위원회에 상정할 안건을 미리 검토하는 등 안건 심의를 지원하고, 위원회가 위임한
안건을 심의하기 위하여 대책위원회에 학교폭력대책실무위원회(이하 "실무위원회"라
한다)를 둔다.

⑦ 그 밖에 대책위원회의 운영과 실무위원회의 구성 · 운영에 필요한 사항은 대통령령
으로 정한다.

**제9조(학교폭력대책지역위원회의 설치)** ① 지역의 학교폭력 문제를 해결하기 위하여 시 · 도
에 학교폭력대책지역위원회(이하 "지역위원회"라 한다)를 둔다.

② 특별시장 · 광역시장 · 특별자치시장 · 도지사 및 특별자치도지사는 지역위원회의 운
영 및 활동에 관하여 시 · 도의 교육감(이하 "교육감"이라 한다)과 협의하여야 하며, 그
효율적인 운영을 위하여 실무위원회를 둘 수 있다.

③ 지역위원회는 위원장 1인을 포함한 11인 이내의 위원으로 구성한다.

④ 지역위원회 및 제2항에 따른 실무위원회의 구성 · 운영에 필요한 사항은 대통령령으
로 정한다.

**제10조(학교폭력대책지역위원회의 기능 등)** ① 지역위원회는 기본계획에 따라 지역의 학
교폭력 예방대책을 매년 수립한다.

② 지역위원회는 해당 지역에서 발생한 학교폭력에 대하여 교육감 및 지방경찰청장에
게 관련 자료를 요청할 수 있다.

③ 교육감은 지역위원회의 의견을 들어 제16조 제1항 제1호부터 제3호까지나 제17조 제1항 제5호에 따른 상담·치료 및 교육을 담당할 상담·치료·교육 기관을 지정하여야 한다.

④ 교육감은 제3항에 따른 상담·치료·교육 기관을 지정한 때에는 해당 기관의 명칭, 소재지, 업무를 인터넷 홈페이지에 게시하고, 그 밖에 다양한 방법으로 학부모에게 알릴 수 있도록 노력하여야 한다.

**제10조의2(학교폭력대책지역협의회의 설치·운영)** ① 학교폭력예방 대책을 수립하고 기관별 추진계획 및 상호 협력·지원 방안 등을 협의하기 위하여 시·군·구에 학교폭력대책지역협의회(이하 "지역협의회"라 한다)를 둔다.

② 지역협의회는 위원장 1명을 포함한 20명 내외의 위원으로 구성한다.

③ 그 밖에 지역협의회의 구성·운영에 필요한 사항은 대통령령으로 정한다.

**제11조(교육감의 임무)** ① 교육감은 시·도교육청에 학교폭력의 예방과 대책을 담당하는 전담부서를 설치·운영하여야 한다.

② 교육감은 관할 구역 안에서 학교폭력이 발생한 때에는 해당 학교의 장 및 관련 학교의 장에게 그 경과 및 결과의 보고를 요구할 수 있다.

③ 교육감은 관할 구역 안의 학교폭력이 관할 구역 외의 학교폭력과 관련이 있는 때에는 그 관할 교육감과 협의하여 적절한 조치를 취하여야 한다.

④ 교육감은 학교의 장으로 하여금 학교폭력의 예방 및 대책에 관한 실시계획을 수립·시행하도록 하여야 한다.

⑤ 교육감은 제12조에 따른 심의위원회가 처리한 학교의 학교폭력빈도를 학교의 장에 대한 업무수행 평가에 부정적 자료로 사용하여서는 아니 된다.

⑥ 교육감은 제17조 제1항 제8호에 따른 전학의 경우 그 실현을 위하여 필요한 조치를 취하여야 하며, 제17조 제1항 제9호에 따른 퇴학처분의 경우 해당 학생의 건전한 성장을 위하여 다른 학교 재입학 등의 적절한 대책을 강구하여야 한다.

⑦ 교육감은 대책위원회 및 지역위원회에 관할 구역 안의 학교폭력의 실태 및 대책에 관한 사항을 보고하고 공표하여야 한다. 관할 구역 밖의 학교폭력 관련 사항 중 관할 구역 안의 학교와 관련된 경우에도 또한 같다.

⑧ 교육감은 학교폭력의 실태를 파악하고 학교폭력에 대한 효율적인 예방대책을 수립하기 위하여 학교폭력 실태조사를 연 2회 이상 실시하고 그 결과를 공표하여야 한다.

⑨ 교육감은 학교폭력 등에 관한 조사, 상담, 치유프로그램 운영 등을 위한 전문기관을 설치·운영할 수 있다.

⑩ 교육감은 관할 구역에서 학교폭력이 발생한 때에 해당 학교의 장 또는 소속 교원이 그 경과 및 결과를 보고함에 있어 축소 및 은폐를 시도한 경우에는 「교육공무원법」 제50조 및 「사립학교법」 제62조에 따른 징계위원회에 징계의결을 요구하여야 한다.

⑪ 교육감은 관할 구역에서 학교폭력의 예방 및 대책 마련에 기여한 바가 큰 학교 또는 소속 교원에게 상훈을 수여하거나 소속 교원의 근무성적 평정에 가산점을 부여할 수 있다.

⑫ 제1항에 따라 설치되는 전담부서의 구성과 제8항에 따라 실시하는 학교폭력 실태조사 및 제9항에 따른 전문기관의 설치에 필요한 사항은 대통령령으로 정한다.

**제11조의2(학교폭력 조사·상담 등)** ① 교육감은 학교폭력 예방과 사후조치 등을 위하여 다음 각 호의 조사·상담 등을 수행할 수 있다.

  1. 학교폭력 피해학생 상담 및 가해학생 조사

  2. 필요한 경우 가해학생 학부모 조사

  3. 학교폭력 예방 및 대책에 관한 계획의 이행 지도

  4. 관할 구역 학교폭력서클 단속

  5. 학교폭력 예방을 위하여 민간 기관 및 업소 출입·검사

  6. 그 밖에 학교폭력 등과 관련하여 필요로 하는 사항

② 교육감은 제1항의 조사·상담 등의 업무를 대통령령으로 정하는 기관 또는 단체에 위탁할 수 있다.

③ 교육감 및 제2항에 따른 위탁 기관 또는 단체의 장은 제1항에 따른 조사·상담 등의 업무를 수행함에 있어 필요한 경우 관계 기관의 장에게 협조를 요청할 수 있다.

④ 제1항에 따라 조사·상담 등을 하는 관계 직원은 그 권한을 표시하는 증표를 지니고 이를 관계인에게 보여주어야 한다.

⑤ 제1항 제1호 및 제4호의 조사 등의 결과는 학교의 장 및 보호자에게 통보하여야 한다.

**제11조의3(관계 기관과의 협조 등)** ① 교육부장관, 교육감, 지역 교육장, 학교의 장은 학교폭력과 관련한 개인정보 등을 경찰청장, 지방경찰청장, 관할 경찰서장 및 관계 기관의 장에게 요청할 수 있다.

② 제1항에 따라 정보제공을 요청받은 경찰청장, 지방경찰청장, 관할 경찰서장 및 관계

기관의 장은 특별한 사정이 없으면 이에 응하여야 한다.

③ 제1항 및 제2항에 따른 관계 기관과의 협조 사항 및 절차 등에 필요한 사항은 대통령령으로 정한다.

**제12조(학교폭력대책심의위원회의 설치·기능)** ① 학교폭력의 예방 및 대책에 관련된 사항을 심의하기 위하여 「지방교육자치에 관한 법률」 제34조 및 「제주특별자치도 설치 및 국제자유도시 조성을 위한 특별법」 제80조에 따른 교육지원청(교육지원청이 없는 경우 해당 시·도 조례로 정하는 기관으로 한다. 이하 같다)에 학교폭력대책심의위원회(이하 "심의위원회"라 한다)를 둔다. 다만, 심의위원회 구성에 있어 대통령령으로 정하는 사유가 있는 경우에는 교육감 보고를 거쳐 둘 이상의 교육지원청이 공동으로 심의위원회를 구성할 수 있다.

② 심의위원회는 학교폭력의 예방 및 대책 등을 위하여 다음 각 호의 사항을 심의한다.

  1. 학교폭력의 예방 및 대책

  2. 피해학생의 보호

  3. 가해학생에 대한 교육, 선도 및 징계

  4. 피해학생과 가해학생 간의 분쟁조정

  5. 그 밖에 대통령령으로 정하는 사항

③ 심의위원회는 해당 지역에서 발생한 학교폭력에 대하여 조사할 수 있고 학교장 및 관할 경찰서장에게 관련 자료를 요청할 수 있다.

④ 심의위원회의 설치·기능 등에 필요한 사항은 지역 및 교육지원청의 규모 등을 고려하여 대통령령으로 정한다.

**제13조(심의위원회의 구성·운영)** ① 심의위원회는 10명 이상 50명 이내의 위원으로 구성하되, 전체위원의 3분의 1 이상을 해당 교육지원청 관할 구역 내 학교(고등학교를 포함한다)에 소속된 학생의 학부모로 위촉하여야 한다.

② 심의위원회의 위원장은 다음 각 호의 어느 하나에 해당하는 경우에 회의를 소집하여야 한다.

  1. 심의위원회 재적위원 4분의 1 이상이 요청하는 경우

  2. 학교의 장이 요청하는 경우

  3. 피해학생 또는 그 보호자가 요청하는 경우

  4. 학교폭력이 발생한 사실을 신고받거나 보고받은 경우

5. 가해학생이 협박 또는 보복한 사실을 신고받거나 보고받은 경우

6. 그 밖에 위원장이 필요하다고 인정하는 경우

③ 심의위원회는 회의의 일시, 장소, 출석위원, 토의내용 및 의결사항 등이 기록된 회의록을 작성·보존하여야 한다.

④ 그 밖에 심의위원회의 구성·운영에 필요한 사항은 대통령령으로 정한다.

**제13조의2(학교의 장의 자체해결)** ① 제13조 제2항 제4호 및 제5호에도 불구하고 피해학생 및 그 보호자가 심의위원회의 개최를 원하지 아니하는 다음 각 호에 모두 해당하는 경미한 학교폭력의 경우 학교의 장은 학교폭력사건을 자체적으로 해결할 수 있다. 이 경우 학교의 장은 지체 없이 이를 심의위원회에 보고하여야 한다.

1. 2주 이상의 신체적·정신적 치료를 요하는 진단서를 발급받지 않은 경우

2. 재산상 피해가 없거나 즉각 복구된 경우

3. 학교폭력이 지속적이지 않은 경우

4. 학교폭력에 대한 신고, 진술, 자료제공 등에 대한 보복행위가 아닌 경우

② 학교의 장은 제1항에 따라 사건을 해결하려는 경우 다음 각 호에 해당하는 절차를 모두 거쳐야 한다.

1. 피해학생과 그 보호자의 심의위원회 개최 요구 의사의 서면 확인

2. 학교폭력의 경중에 대한 제14조 제3항에 따른 전담기구의 서면 확인 및 심의

③ 그 밖에 학교의 장이 학교폭력을 자체적으로 해결하는 데에 필요한 사항은 대통령령으로 정한다.

**제14조(전문상담교사 배치 및 전담기구 구성)** ① 학교의 장은 학교에 대통령령으로 정하는 바에 따라 상담실을 설치하고, 「초·중등교육법」 제19조의2에 따라 전문상담교사를 둔다.

② 전문상담교사는 학교의 장 및 심의위원회의 요구가 있는 때에는 학교폭력에 관련된 피해학생 및 가해학생과의 상담결과를 보고하여야 한다.

③ 학교의 장은 교감, 전문상담교사, 보건교사 및 책임교사(학교폭력문제를 담당하는 교사를 말한다), 학부모 등으로 학교폭력문제를 담당하는 전담기구(이하 "전담기구"라 한다)를 구성한다. 이 경우 학부모는 전담기구 구성원의 3분의 1 이상이어야 한다.

④ 학교의 장은 학교폭력 사태를 인지한 경우 지체 없이 전담기구 또는 소속 교원으로 하여금 가해 및 피해 사실 여부를 확인하도록 하고, 전담기구로 하여금 제13조의2에 따

른 학교의 장의 자체해결 부의 여부를 심의하도록 한다.

⑤ 전담기구는 학교폭력에 대한 실태조사(이하 "실태조사"라 한다)와 학교폭력 예방 프로그램을 구성·실시하며, 학교의 장 및 심의위원회의 요구가 있는 때에는 학교폭력에 관련된 조사결과 등 활동결과를 보고하여야 한다.

⑥ 피해학생 또는 피해학생의 보호자는 피해사실 확인을 위하여 전담기구에 실태조사를 요구할 수 있다.

⑦ 국가 및 지방자치단체는 실태조사에 관한 예산을 지원하고, 관계 행정기관은 실태조사에 협조하여야 하며, 학교의 장은 전담기구에 행정적·재정적 지원을 할 수 있다.

⑧ 전담기구는 성폭력 등 특수한 학교폭력사건에 대한 실태조사의 전문성을 확보하기 위하여 필요한 경우 전문기관에 그 실태조사를 의뢰할 수 있다. 이 경우 그 의뢰는 심의위원회 위원장의 심의를 거쳐 학교의 장 명의로 하여야 한다.

⑨ 그 밖에 전담기구 운영 등에 필요한 사항은 대통령령으로 정한다.

**제15조(학교폭력 예방교육 등)** ① 학교의 장은 학생의 육체적·정신적 보호와 학교폭력의 예방을 위한 학생들에 대한 교육(학교폭력의 개념·실태 및 대처방안 등을 포함하여야 한다)을 학기별로 1회 이상 실시하여야 한다.

② 학교의 장은 학교폭력의 예방 및 대책 등을 위한 교직원 및 학부모에 대한 교육을 학기별로 1회 이상 실시하여야 한다.

③ 학교의 장은 제1항에 따른 학교폭력 예방교육 프로그램의 구성 및 그 운용 등을 전담기구와 협의하여 전문단체 또는 전문가에게 위탁할 수 있다.

④ 교육장은 제1항부터 제3항까지의 규정에 따른 학교폭력 예방교육 프로그램의 구성과 운용계획을 학부모가 쉽게 확인할 수 있도록 인터넷 홈페이지에 게시하고, 그 밖에 다양한 방법으로 학부모에게 알릴 수 있도록 노력하여야 한다.

⑤ 그 밖에 학교폭력 예방교육의 실시와 관련한 사항은 대통령령으로 정한다.

**제16조(피해학생의 보호)** ① 심의위원회는 피해학생의 보호를 위하여 필요하다고 인정하는 때에는 피해학생에 대하여 다음 각 호의 어느 하나에 해당하는 조치(수 개의 조치를 병과하는 경우를 포함한다)를 할 것을 교육장(교육장이 없는 경우 제12조 제1항에 따라 조례로 정한 기관의 장으로 한다. 이하 같다)에게 요청할 수 있다. 다만, 학교의 장은 피해학생의 보호를 위하여 긴급하다고 인정하거나 피해학생이 긴급보호의 요청을 하는 경우에는 제1호, 제2호 및 제6호의 조치를 할 수 있다. 이 경우 학교의 장은 심의

위원회에 즉시 보고하여야 한다.

　1. 학내외 전문가에 의한 심리상담 및 조언

　2. 일시보호

　3. 치료 및 치료를 위한 요양

　4. 학급교체

　5. 삭제 <2012. 3. 21.>

　6. 그 밖에 피해학생의 보호를 위하여 필요한 조치

② 심의위원회는 제1항에 따른 조치를 요청하기 전에 피해학생 및 그 보호자에게 의견 진술의 기회를 부여하는 등 적정한 절차를 거쳐야 한다.

③ 제1항에 따른 요청이 있는 때에는 교육장은 피해학생의 보호자의 동의를 받아 7일 이내에 해당 조치를 하여야 한다.

④ 제1항의 조치 등 보호가 필요한 학생에 대하여 학교의 장이 인정하는 경우 그 조치에 필요한 결석을 출석일수에 산입할 수 있다.

⑤ 학교의 장은 성적 등을 평가함에 있어서 제3항에 따른 조치로 인하여 학생에게 불이익을 주지 아니하도록 노력하여야 한다.

⑥ 피해학생이 전문단체나 전문가로부터 제1항 제1호부터 제3호까지의 규정에 따른 상담 등을 받는 데에 사용되는 비용은 가해학생의 보호자가 부담하여야 한다. 다만, 피해학생의 신속한 치료를 위하여 학교의 장 또는 피해학생의 보호자가 원하는 경우에는 「학교안전사고 예방 및 보상에 관한 법률」제15조에 따른 학교안전공제회 또는 시·도교육청이 부담하고 이에 대한 구상권을 행사할 수 있다.

　1. 삭제 <2012. 3. 21.>

　2. 삭제 <2012. 3. 21.>

⑦ 학교의 장 또는 피해학생의 보호자는 필요한 경우 「학교안전사고 예방 및 보상에 관한 법률」 제34조의 공제급여를 학교안전공제회에 직접 청구할 수 있다.

⑧ 피해학생의 보호 및 제6항에 따른 지원범위, 구상범위, 지급절차 등에 필요한 사항은 대통령령으로 정한다.

**제16조의2(장애학생의 보호)** ① 누구든지 장애 등을 이유로 장애학생에게 학교폭력을 행사하여서는 아니 된다.

② 심의위원회는 학교폭력으로 피해를 입은 장애학생의 보호를 위하여 장애인전문 상

담가의 상담 또는 장애인전문 치료기관의 요양 조치를 학교의 장에게 요청할 수 있다.
③ 제2항에 따른 요청이 있는 때에는 학교의 장은 해당 조치를 하여야 한다. 이 경우 제16조 제6항을 준용한다.

**제17조(가해학생에 대한 조치)** ① 심의위원회는 피해학생의 보호와 가해학생의 선도·교육을 위하여 가해학생에 대하여 다음 각 호의 어느 하나에 해당하는 조치(수 개의 조치를 병과하는 경우를 포함한다)를 할 것을 교육장에게 요청하여야 하며, 각 조치별 적용기준은 대통령령으로 정한다. 다만, 퇴학처분은 의무교육과정에 있는 가해학생에 대하여는 적용하지 아니한다.

1. 피해학생에 대한 서면사과
2. 피해학생 및 신고·고발 학생에 대한 접촉, 협박 및 보복행위의 금지
3. 학교에서의 봉사
4. 사회봉사
5. 학내외 전문가에 의한 특별 교육이수 또는 심리치료
6. 출석정지
7. 학급교체
8. 전학
9. 퇴학처분

② 제1항에 따라 심의위원회가 교육장에게 가해학생에 대한 조치를 요청할 때 그 이유가 피해학생이나 신고·고발 학생에 대한 협박 또는 보복 행위일 경우에는 같은 항 각 호의 조치를 병과하거나 조치 내용을 가중할 수 있다.
③ 제1항 제2호부터 제4호까지 및 제6호부터 제8호까지의 처분을 받은 가해학생은 교육감이 정한 기관에서 특별교육을 이수하거나 심리치료를 받아야 하며, 그 기간은 심의위원회에서 정한다.
④ 학교의 장은 가해학생에 대한 선도가 긴급하다고 인정할 경우 우선 제1항 제1호부터 제3호까지, 제5호 및 제6호의 조치를 할 수 있으며, 제5호와 제6호는 병과조치할 수 있다. 이 경우 심의위원회에 즉시 보고하여 추인을 받아야 한다.
⑤ 심의위원회는 제1항 또는 제2항에 따른 조치를 요청하기 전에 가해학생 및 보호자에게 의견진술의 기회를 부여하는 등 적정한 절차를 거쳐야 한다.
⑥ 제1항에 따른 요청이 있는 때에는 교육장은 14일 이내에 해당 조치를 하여야 한다.

⑦ 학교의 장이 제4항에 따른 조치를 한 때에는 가해학생과 그 보호자에게 이를 통지하여야 하며, 가해학생이 이를 거부하거나 회피하는 때에는 학교의 장은 「초·중등교육법」 제18조에 따라 징계하여야 한다.

⑧ 가해학생이 제1항 제3호부터 제5호까지의 규정에 따른 조치를 받은 경우 이와 관련된 결석은 학교의 장이 인정하는 때에는 이를 출석일수에 산입할 수 있다.

⑨ 심의위원회는 가해학생이 특별교육을 이수할 경우 해당 학생의 보호자도 함께 교육을 받게 하여야 한다.

⑩ 가해학생이 다른 학교로 전학을 간 이후에는 전학 전의 피해학생 소속 학교로 다시 전학올 수 없도록 하여야 한다.

⑪ 제1항 제2호부터 제9호까지의 처분을 받은 학생이 해당 조치를 거부하거나 기피하는 경우 심의위원회는 제7항에도 불구하고 대통령령으로 정하는 바에 따라 추가로 다른 조치를 할 것을 교육장에게 요청할 수 있다.

⑫ 가해학생에 대한 조치 및 제11조 제6항에 따른 재입학 등에 관하여 필요한 사항은 대통령령으로 정한다.

**제17조의2(행정심판)** ① 교육장이 제16조 제1항 및 제17조 제1항에 따라 내린 조치에 대하여 이의가 있는 피해학생 또는 그 보호자는 「행정심판법」에 따른 행정심판을 청구할 수 있다.

② 교육장이 제17조 제1항에 따라 내린 조치에 대하여 이의가 있는 가해학생 또는 그 보호자는 「행정심판법」에 따른 행정심판을 청구할 수 있다.

③ 제1항 및 제2항에 따른 행정심판청구에 필요한 사항은 「행정심판법」을 준용한다.

④ 삭제 <2019. 8. 20.>

⑤ 삭제 <2019. 8. 20.>

⑥ 삭제 <2019. 8. 20.>

**제18조(분쟁조정)** ① 심의위원회는 학교폭력과 관련하여 분쟁이 있는 경우에는 그 분쟁을 조정할 수 있다.

② 제1항에 따른 분쟁의 조정기간은 1개월을 넘지 못한다.

③ 학교폭력과 관련한 분쟁조정에는 다음 각 호의 사항을 포함한다.

  1. 피해학생과 가해학생 간 또는 그 보호자 간의 손해배상에 관련된 합의조정

  2. 그 밖에 심의위원회가 필요하다고 인정하는 사항

④ 심의위원회는 분쟁조정을 위하여 필요하다고 인정하는 때에는 관계 기관의 협조를 얻어 학교폭력과 관련한 사항을 조사할 수 있다.

⑤ 심의위원회가 분쟁조정을 하고자 할 때에는 이를 피해학생·가해학생 및 그 보호자에게 통보하여야 한다.

⑥ 시·도교육청 관할 구역 안의 소속 교육지원청이 다른 학생 간에 분쟁이 있는 경우에는 교육감이 직접 분쟁을 조정한다. 이 경우 제2항부터 제5항까지의 규정을 준용한다.

⑦ 관할 구역을 달리하는 시·도교육청 소속 학교의 학생 간에 분쟁이 있는 경우에는 피해학생을 감독하는 교육감이 가해학생을 감독하는 교육감과의 협의를 거쳐 직접 분쟁을 조정한다. 이 경우 제2항부터 제5항까지의 규정을 준용한다.

**제19조(학교의 장의 의무)** ① 학교의 장은 제16조, 제16조의2, 제17조에 따른 조치의 이행에 협조하여야 한다.

② 학교의 장은 학교폭력을 축소 또는 은폐해서는 아니 된다.

③ 학교의 장은 교육감에게 학교폭력이 발생한 사실과 제13조의2에 따라 학교의 장의 자체해결로 처리된 사건, 제16조, 제16조의2, 제17조 및 제18조에 따른 조치 및 그 결과를 보고하고, 관계 기관과 협력하여 교내 학교폭력 단체의 결성예방 및 해체에 노력하여야 한다.

**제20조(학교폭력의 신고의무)** ① 학교폭력 현장을 보거나 그 사실을 알게 된 자는 학교 등 관계 기관에 이를 즉시 신고하여야 한다.

② 제1항에 따라 신고를 받은 기관은 이를 가해학생 및 피해학생의 보호자와 소속 학교의 장에게 통보하여야 한다.

③ 제2항에 따라 통보받은 소속 학교의 장은 이를 심의위원회에 지체 없이 통보하여야 한다.

④ 누구라도 학교폭력의 예비·음모 등을 알게 된 자는 이를 학교의 장 또는 심의위원회에 고발할 수 있다. 다만, 교원이 이를 알게 되었을 경우에는 학교의 장에게 보고하고 해당 학부모에게 알려야 한다.

⑤ 누구든지 제1항부터 제4항까지에 따라 학교폭력을 신고한 사람에게 그 신고행위를 이유로 불이익을 주어서는 아니 된다.

**제20조의2(긴급전화의 설치 등)** ① 국가 및 지방자치단체는 학교폭력을 수시로 신고받고 이에 대한 상담에 응할 수 있도록 긴급전화를 설치하여야 한다.

② 국가와 지방자치단체는 제1항에 따른 긴급전화의 설치·운영을 대통령령으로 정하는 기관 또는 단체에 위탁할 수 있다.

③ 제1항과 제2항에 따른 긴급전화의 설치·운영·위탁에 필요한 사항은 대통령령으로 정한다.

**제20조의3(정보통신망에 의한 학교폭력 등)** 제2조 제1호에 따른 정보통신망을 이용한 음란·폭력 정보 등에 의한 신체상·정신상 피해에 관하여 필요한 사항은 따로 법률로 정한다.

**제20조의4(정보통신망의 이용 등)** ① 국가·지방자치단체 또는 교육감은 학교폭력 예방 업무 등을 효과적으로 수행하기 위하여 필요한 경우 정보통신망을 이용할 수 있다.

② 국가·지방자치단체 또는 교육감은 제1항에 따라 정보통신망을 이용하여 학교 또는 학생(학부모를 포함한다)이 학교폭력 예방 업무 등을 수행하는 경우 다음 각 호의 어느 하나에 해당하는 비용의 전부 또는 일부를 지원할 수 있다.

    1. 학교 또는 학생(학부모를 포함한다)이 전기통신설비를 구입하거나 이용하는 데 소요되는 비용

    2. 학교 또는 학생(학부모를 포함한다)에게 부과되는 전기통신역무 요금

③ 그 밖에 정보통신망의 이용 등에 관하여 필요한 사항은 대통령령으로 정한다.

**제20조의5(학생보호인력의 배치 등)** ① 국가·지방자치단체 또는 학교의 장은 학교폭력을 예방하기 위하여 학교 내에 학생보호인력을 배치하여 활용할 수 있다.

② 다음 각 호의 어느 하나에 해당하는 사람은 학생보호인력이 될 수 없다.

    1. 「국가공무원법」 제33조 각 호의 어느 하나에 해당하는 사람

    2. 「아동·청소년의 성보호에 관한 법률」에 따른 아동·청소년대상 성범죄 또는 「성폭력범죄의 처벌 등에 관한 특례법」에 따른 성폭력범죄를 범하여 벌금형을 선고받고 그 형이 확정된 날부터 10년이 지나지 아니하였거나, 금고 이상의 형이나 치료감호를 선고받고 그 집행이 끝나거나 집행이 유예·면제된 날부터 10년이 지나지 아니한 사람

    3. 「청소년 보호법」 제2조 제5호 가목3) 및 같은 목 7)부터 9)까지의 청소년 출입·고용금지업소의 업주나 종사자

③ 국가·지방자치단체 또는 학교의 장은 제1항에 따른 학생보호인력의 배치 및 활용

업무를 관련 전문기관 또는 단체에 위탁할 수 있다.

④ 제3항에 따라 학생보호인력의 배치 및 활용 업무를 위탁받은 전문기관 또는 단체는 그 업무를 수행함에 있어 학교의 장과 충분히 협의하여야 한다.

⑤ 국가 · 지방자치단체 또는 학교의 장은 학생보호인력으로 배치하고자 하는 사람의 동의를 받아 경찰청장에게 그 사람의 범죄경력을 조회할 수 있다.

⑥ 제3항에 따라 학생보호인력의 배치 및 활용 업무를 위탁받은 전문기관 또는 단체는 해당 업무를 위탁한 국가 · 지방자치단체 또는 학교의 장에게 학생보호인력으로 배치하고자 하는 사람의 범죄경력을 조회할 것을 신청할 수 있다.

⑦ 학생보호인력이 되려는 사람은 국가 · 지방자치단체 또는 학교의 장에게 제2항 각 호의 어느 하나에 해당하지 아니한다는 확인서를 제출하여야 한다.

**제20조의6(학교전담경찰관)** ① 국가는 학교폭력 예방 및 근절을 위하여 학교폭력 업무 등을 전담하는 경찰관을 둘 수 있다.

② 제1항에 따른 학교전담경찰관의 운영에 필요한 사항은 대통령령으로 정한다.

**제20조의7(영상정보처리기기의 통합 관제)** ① 국가 및 지방자치단체는 학교폭력 예방 업무를 효과적으로 수행하기 위하여 교육감과 협의하여 학교 내외에 설치된 영상정보처리기기(「개인정보 보호법」 제2조 제7호에 따른 영상정보처리기기를 말한다. 이하 이 조에서 같다)를 통합하여 관제할 수 있다. 이 경우 국가 및 지방자치단체는 통합 관제 목적에 필요한 범위에서 최소한의 개인정보만을 처리하여야 하며, 그 목적 외의 용도로 활용하여서는 아니 된다.

② 제1항에 따라 영상정보처리기기를 통합 관제하려는 국가 및 지방자치단체는 공청회 · 설명회의 개최 등 대통령령으로 정하는 절차를 거쳐 관계 전문가 및 이해관계인의 의견을 수렴하여야 한다.

③ 제1항에 따라 학교 내외에 설치된 영상정보처리기기가 통합 관제되는 경우 해당 학교의 영상정보처리기기운영자는 「개인정보 보호법」 제25조 제4항에 따른 조치를 통하여 그 사실을 정보주체에게 알려야 한다.

④ 통합 관제에 관하여 이 법에서 규정한 것을 제외하고는 「개인정보 보호법」을 적용한다.

⑤ 그 밖에 영상정보처리기기의 통합 관제에 필요한 사항은 대통령령으로 정한다.

**제21조(비밀누설금지 등)** ① 이 법에 따라 학교폭력의 예방 및 대책과 관련된 업무를 수행하거나 수행하였던 자는 그 직무로 인하여 알게 된 비밀 또는 가해학생·피해학생 및 제20조에 따른 신고자·고발자와 관련된 자료를 누설하여서는 아니 된다.
② 제1항에 따른 비밀의 구체적인 범위는 대통령령으로 정한다.
③ 제16조, 제16조의2, 제17조, 제17조의2, 제18조에 따른 심의위원회의 회의는 공개하지 아니한다. 다만, 피해학생·가해학생 또는 그 보호자가 회의록의 열람·복사 등 회의록 공개를 신청한 때에는 학생과 그 가족의 성명, 주민등록번호 및 주소, 위원의 성명 등 개인정보에 관한 사항을 제외하고 공개하여야 한다.

**제21조의2(「지방교육자치에 관한 법률」에 관한 특례)** 교육장은 「지방교육자치에 관한 법률」 제35조에도 불구하고 이 법에 따른 고등학교에서의 학교폭력 피해학생 보호, 가해학생 선도·교육 및 피해학생과 가해학생 간의 분쟁조정 등에 관한 사무를 위임받아 수행할 수 있다.

**제22조(벌칙)** 제21조 제1항을 위반한 자는 1년 이하의 징역 또는 1천만 원 이하의 벌금에 처한다.

**제23조(과태료)** ① 제17조 제9항에 따른 심의위원회의 교육 이수 조치를 따르지 아니한 보호자에게는 300만 원 이하의 과태료를 부과한다.
② 제1항에 따른 과태료는 대통령령으로 정하는 바에 따라 교육감이 부과·징수한다.

**부칙** <제16441호, 2019. 8. 20.>

**제1조(시행일)** 이 법은 2020년 3월 1일부터 시행한다. 다만, 제13조의2의 개정규정은 2019년 9월 1일부터 시행한다.

**제2조(자치위원회 이관에 따른 특례)** ① 2020년 3월 1일 전에 제13조의2의 개정규정을 적용하는 경우 "심의위원회"는 "자치위원회"로 본다.
② 이 법 시행 전에 자치위원회를 구성하는 경우 대통령령으로 정하는 바에 따라 전체위원의 3분의 1 이상을 학부모전체회의에서 직접 선출된 학부모대표로 위촉할 수 있다.

**제3조(자치위원회 심의사항에 대한 경과조치)** 이 법 시행 당시 자치위원회에서 심의 중인 사항은 제12조의 개정규정에도 불구하고 종전의 규정에 따라 자치위원회에서 심의한다. 이 경우 학부모위원은 학생의 졸업에도 불구하고 학부모위원 자격을 유지한다.

**제4조(재심청구에 관한 경과조치)** ① 제17조의2의 개정규정에도 불구하고 이 법 시행 전에 학교의 장으로부터 제16조 제1항 각 호 및 제17조 제1항 각 호의 조치를 받은 경우에는 종전의 규정에 따라 재심을 청구할 수 있다.

② 이 법 시행 당시 종전의 제17조의2에 따라 재심이 진행 중인 사람에 대하여는 종전의 규정을 적용한다.

# 학교폭력예방 및 대책에 관한 법률 시행령
## (약칭: 학교폭력예방법 시행령 )

[시행 2020. 3. 1] [대통령령 제30441호, 2020. 2. 25, 일부개정]

교육부(학교생활문화과) 044-203-6975

**제1조(목적)** 이 영은 「학교폭력예방 및 대책에 관한 법률」에서 위임된 사항과 그 시행에 필요한 사항을 규정함을 목적으로 한다.

**제2조(성과 평가 및 공표)** 「학교폭력예방 및 대책에 관한 법률」(이하 "법"이라 한다) 제6조 제3항에 따른 학교폭력 예방 및 대책에 대한 성과는 「초·중등교육법」 제9조 제2항에 따른 지방교육행정기관에 대한 평가에 포함하여 평가하고, 이를 공표하여야 한다.

**제3조(학교폭력대책위원회의 운영)** ① 법 제7조에 따른 학교폭력대책위원회(이하 "대책위원회"라 한다)의 위원장은 회의를 소집하고, 그 의장이 된다.

② 대책위원회의 회의는 반기별로 1회 소집한다. 다만, 재적위원 3분의 1 이상이 요구하거나 위원장이 필요하다고 인정하는 경우에는 수시로 소집할 수 있다.

③ 대책위원회의 위원장이 회의를 소집할 때에는 회의 개최 5일 전까지 회의의 일시·장소 및 안건을 각 위원에게 알려야 한다. 다만, 긴급히 소집하여야 할 때에는 그러하지 아니하다.

④ 대책위원회의 회의는 재적위원 과반수의 출석으로 개의(開議)하고, 출석위원 과반수의 찬성으로 의결한다.

⑤ 대책위원회의 위원장은 필요하다고 인정할 때에는 학교폭력 예방 및 대책과 관련하여 전문가 등을 회의에 출석하여 발언하게 할 수 있다.

⑥ 회의에 출석한 위원과 전문가 등에게는 예산의 범위에서 수당과 여비를 지급할 수 있다. 다만, 공무원인 위원이 그 소관 업무와 직접적으로 관련하여 회의에 출석하는 경우에는 그러하지 아니하다.

**제3조의2(대책위원회 위원의 해촉)** 대통령은 법 제8조 제3항 제2호부터 제8호까지의 규정에 따른 대책위원회의 위원이 다음 각 호의 어느 하나에 해당하는 경우에는 해당 위

원을 해촉(解囑)할 수 있다.

1. 심신장애로 인하여 직무를 수행할 수 없게 된 경우
2. 직무와 관련된 비위사실이 있는 경우
3. 직무태만, 품위손상이나 그 밖의 사유로 인하여 위원으로 적합하지 아니하다고 인정되는 경우
4. 위원 스스로 직무를 수행하는 것이 곤란하다고 의사를 밝히는 경우

**제4조(학교폭력대책실무위원회의 구성·운영)** ① 법 제8조 제6항에 따른 학교폭력대책실무위원회(이하 "실무위원회"라 한다)는 위원장(이하 "실무위원장"이라 한다) 1명을 포함한 12명 이내의 위원으로 구성한다.

② 실무위원장은 교육부차관이 되고, 위원은 기획재정부, 교육부, 과학기술정보통신부, 법무부, 행정안전부, 문화체육관광부, 보건복지부, 여성가족부, 국무조정실 및 방송통신위원회의 고위공무원단에 속하는 공무원과 경찰청의 치안감 또는 경무관 중에서 소속 기관의 장이 지명하는 사람 각 1명이 된다.

③ 제2항에 따라 실무위원회의 위원을 지명한 자는 해당 위원이 제3조의2 각 호의 어느 하나에 해당하는 경우에는 그 지명을 철회할 수 있다.

④ 실무위원회의 사무를 처리하기 위하여 간사 1명을 두며, 간사는 교육부 소속 공무원 중에서 실무위원장이 지명하는 사람으로 한다.

⑤ 실무위원장이 부득이한 사유로 직무를 수행할 수 없을 때에는 실무위원장이 미리 지명하는 위원이 그 직무를 대행한다.

⑥ 회의는 대책위원회 개최 전 또는 실무위원장이 필요하다고 인정할 때 소집한다.

⑦ 실무위원회는 대책위원회의 회의에 부칠 안건 검토와 심의 지원 및 그 밖의 업무수행을 위하여 필요한 경우에는 이해관계인 또는 관련 전문가를 출석하게 하여 의견을 듣거나 의견 제출을 요청할 수 있다.

⑧ 실무위원장은 회의를 소집할 때에는 회의 개최 7일 전까지 회의 일시·장소 및 안건을 각 위원에게 알려야 한다. 다만, 긴급히 소집하여야 할 때에는 그러하지 아니하다.

**제5조(학교폭력대책지역위원회의 구성·운영)** ① 법 제9조 제1항에 따른 학교폭력대책지역위원회(이하 "지역위원회"라 한다)의 위원장은 특별시·광역시·특별자치시·도·특별자치도(이하 "시·도"라 한다)의 부단체장(특별시의 경우에는 행정(1)부시장, 광역시 및 도의 경우에는 행정부시장 및 행정부지사를 말한다)으로 한다.

② 지역위원회의 위원장은 회의를 소집하고, 그 의장이 된다.

③ 지역위원회의 위원장이 부득이한 사유로 직무를 수행할 수 없을 때에는 지역위원회 위원장이 미리 지명하는 위원이 그 직무를 대행한다.

④ 지역위원회의 위원은 학식과 경험이 풍부하고 청소년보호에 투철한 사명감이 있는 사람으로서 다음 각 호의 어느 하나에 해당하는 사람 중에서 특별시장·광역시장·특별자치시장·도지사·특별자치도지사(이하 "시·도지사"라 한다)가 교육감과 협의하여 임명하거나 위촉한다.

1. 해당 시·도의 청소년보호 업무 담당 국장 및 시·도교육청 생활지도 담당 국장

2. 해당 시·도의회 의원 또는 교육위원회 위원

3. 시·도 지방경찰청 소속 경찰공무원

4. 학생생활지도 경력이 5년 이상인 교원

5. 판사·검사·변호사

6. 「고등교육법」 제2조에 따른 학교의 조교수 이상 또는 청소년 관련 연구기관에서 이에 상당하는 직위에 재직하고 있거나 재직하였던 사람으로서 학교폭력 문제에 대한 전문지식이 있는 사람

7. 청소년 선도 및 보호 단체에서 청소년보호활동을 5년 이상 전문적으로 담당한 사람

8. 「초·중등교육법」 제31조 제1항에 따른 학교운영위원회(이하 "학교운영위원회"라 한다)의 위원 또는 법 제12조 제1항에 따른 학교폭력대책심의위원회(이하 "심의위원회"라 한다) 위원으로 활동하고 있거나 활동한 경험이 있는 학부모

9. 그 밖에 학교폭력 예방 및 청소년 보호에 대한 지식과 경험이 있는 사람

⑤ 지역위원회 위원의 임기는 2년으로 한다. 다만, 지역위원회 위원의 사임 등으로 새로 위촉되는 위원의 임기는 전임위원 임기의 남은 기간으로 한다.

⑥ 시·도지사는 제4항 제2호부터 제9호까지의 규정에 따른 지역위원회의 위원이 제3조의2 각 호의 어느 하나에 해당하는 경우에는 해당 위원을 해임하거나 해촉할 수 있다.

⑦ 지역위원회의 사무를 처리하기 위하여 간사 1명을 두며, 지역위원회의 위원장과 교육감이 시·도 또는 시·도교육청 소속 공무원 중에서 협의하여 정하는 사람으로 한다.

⑧ 지역위원회 회의의 운영에 관하여는 제3조 제2항부터 제6항까지의 규정을 준용한다. 이 경우 "대책위원회"는 "지역위원회"로 본다.

**제6조(학교폭력대책지역실무위원회의 구성·운영)** 법 제9조 제2항에 따른 실무위원회는

7명 이내의 학교폭력 예방 및 대책에 관한 실무자 및 민간 전문가로 구성한다.

**제7조(학교폭력대책지역협의회의 구성·운영)** ① 법 제10조의2에 따른 학교폭력대책지역 협의회(이하 "지역협의회"라 한다)의 위원장은 시·군·구의 부단체장이 된다.

② 지역협의회의 위원장은 회의를 소집하고, 그 의장이 된다.

③ 지역협의회의 위원장이 부득이한 사유로 직무를 수행할 수 없을 때에는 위원장이 미리 지정하는 위원이 그 직무를 대행한다.

④ 지역협의회의 위원은 학식과 경험이 풍부하고 청소년보호에 투철한 사명감이 있는 사람으로서 다음 각 호의 어느 하나에 해당하는 사람 중에서 시장·군수·구청장이 해당 교육지원청의 교육장과 협의하여 임명하거나 위촉한다.

1. 해당 시·군·구의 청소년보호 업무 담당 국장(국장이 없는 시·군·구는 과장을 말한다) 및 교육지원청의 생활지도 담당 국장(국장이 없는 교육지원청은 과장을 말한다)

2. 해당 시·군·구의회 의원

3. 해당 시·군·구를 관할하는 경찰서 소속 경찰공무원

4. 학생생활지도 경력이 5년 이상인 교원

5. 판사·검사·변호사

6. 「고등교육법」 제2조에 따른 학교의 조교수 이상 또는 청소년 관련 연구기관에서 이에 상당하는 직위에 재직하고 있거나 재직하였던 사람으로서 학교폭력 문제에 대하여 전문지식이 있는 사람

7. 청소년 선도 및 보호 단체에서 청소년보호활동을 5년 이상 전문적으로 담당한 사람

8. 학교운영위원회 위원 또는 심의위원회 위원으로 활동하거나 활동한 경험이 있는 학부모

9. 그 밖에 학교폭력 예방 및 청소년보호에 대한 지식과 경험을 가진 사람

⑤ 지역협의회 위원의 임기는 2년으로 한다. 다만, 지역위원회 위원의 사임 등으로 새로 위촉되는 위원의 임기는 전임위원 임기의 남은 기간으로 한다.

⑥ 시장·군수·구청장은 제4항 제2호부터 제9호까지의 규정에 따른 지역협의회의 위원이 제3조의2 각 호의 어느 하나에 해당하는 경우에는 해당 위원을 해임하거나 해촉할 수 있다.

⑦ 지역협의회에는 사무를 처리하기 위해 간사 1명을 두며, 간사는 지역협의회의 위원

장과 교육장이 시·군·구 또는 교육지원청 소속 공무원 중에서 협의하여 정하는 사람
으로 한다.

**제8조(전담부서의 구성 등)** 법 제11조 제1항에 따라 다음 각 호의 업무를 수행하기 위하
여 시·도교육청 및 교육지원청에 과·담당관 또는 팀을 둔다.

　1. 학교폭력 예방과 근절을 위한 대책의 수립과 추진에 관한 사항

　2. 학교폭력 피해학생의 치료 및 가해학생에 대한 조치에 관한 사항

　3. 학교폭력 피해학생과 가해학생 간의 관계 회복을 위하여 필요한 조치에 관한 사항

　4. 그 밖에 학교폭력의 예방 및 대책과 관련하여 교육감이 정하는 사항

**제9조(실태조사)** ① 법 제11조 제8항에 따라 교육감이 실시하는 학교폭력 실태조사는
교육부장관과 협의하여 다른 교육감과 공동으로 실시할 수 있다.

② 교육감은 학교폭력 실태조사를 교육 관련 연구·조사기관에 위탁할 수 있다.

**제10조(전문기관의 설치 등)** ① 교육감은 법 제11조 제9항에 따라 시·도교육청 또는 교
육지원청에 다음 각 호의 업무를 수행하는 전문기관을 설치·운영할 수 있다.

　1. 법 제11조의2 제1항에 따른 조사·상담 등의 업무

　2. 학교폭력 피해학생·가해학생에 대한 치유프로그램 운영 업무

② 교육감은 제1항 제2호에 따른 치유프로그램 운영 업무를 다음 각 호의 어느 하나에
해당하는 기관·단체·시설에 위탁하여 수행하게 할 수 있다.

　1. 「청소년복지 지원법」 제31조 제1호에 따른 청소년쉼터, 「청소년 보호법」 제35조
　　제1항에 따른 청소년 보호·재활센터 등 청소년을 보호하기 위하여 국가·지방자
　　치단체가 운영하는 시설

　2. 「청소년활동진흥법」 제10조에 따른 청소년활동시설

　3. 학교폭력의 예방과 피해학생 및 가해학생의 치료·교육을 수행하는 청소년 관련
　　단체

　4. 청소년 정신치료 전문인력이 배치된 병원

　5. 학교폭력 피해학생·가해학생 및 학부모를 위한 프로그램을 운영하는 종교기관
　　등의 기관

　6. 그 밖에 교육감이 치유프로그램의 운영에 적합하다고 인정하는 기관

③ 제1항에 따른 전문기관의 설치·운영에 관한 세부사항은 교육감이 정한다.

**제11조(학교폭력 조사·상담 업무의 위탁 등)** 교육감은 법 제11조의2 제2항에 따라 학교폭력 예방에 관한 사업을 3년 이상 수행한 기관 또는 단체 중에서 학교폭력의 예방 및 사후조치 등을 수행하는 데 적합하다고 인정하는 기관 또는 단체에 법 제11조의2 제1항의 업무를 위탁할 수 있다.

**제12조(관계 기관과의 협조 사항 등)** 법 제11조의3에 따라 학교폭력과 관련한 개인정보 등을 협조를 요청할 때에는 문서로 하여야 한다.

**제13조(심의위원회의 설치 및 심의사항)** ① 법 제12조 제1항 단서에서 "대통령령으로 정하는 사유가 있는 경우"란 학교폭력 피해학생과 가해학생이 각각 다른 교육지원청(교육지원청이 없는 경우 법 제12조 제1항에 따라 조례로 정하는 기관으로 한다. 이하 같다) 관할 구역 내의 학교에 재학 중인 경우를 말한다.
② 법 제12조 제2항 제5호에서 "대통령령으로 정하는 사항"이란 학교폭력의 예방 및 대책과 관련하여 학교의 장이 건의하는 사항을 말한다.

**제14조(심의위원회의 구성·운영)** ① 심의위원회의 위원은 다음 각 호의 어느 하나에 해당하는 사람 중에서 해당 교육장(교육장이 없는 경우 법 제12조 제1항에 따라 조례로 정하는 기관의 장으로 한다. 이하 이 조, 제14조의2 제5항, 제20조 제1항 전단 및 제22조에서 같다)이 임명하거나 위촉한다.
  1. 해당 교육지원청의 생활지도 업무 담당 국장 또는 과장(법 제12조 제1항에 따라 조례로 정하는 기관의 경우 해당 기관 소속의 공무원 또는 직원으로 한다)
  1의2. 해당 교육지원청의 관할 구역을 관할하는 시·군·구의 청소년보호 업무 담당 국장 또는 과장
  2. 교원으로 재직하고 있거나 재직했던 사람으로서 학교폭력 업무 또는 학생생활지도 업무 담당 경력이 2년 이상인 사람
  2의2. 「교육공무원법」 제2조 제2항에 따른 교육전문직원으로 재직하고 있거나 재직했던 사람
  3. 법 제13조 제1항에 따른 학부모
  4. 판사·검사·변호사
  5. 해당 교육지원청의 관할 구역을 관할하는 경찰서 소속 경찰공무원
  6. 의사 자격이 있는 사람

6의2.「고등교육법」제2조에 따른 학교의 조교수 이상 또는 청소년 관련 연구기관에
서 이에 상당하는 직위에 재직하고 있거나 재직했던 사람으로서 학교폭력 문제에
대하여 전문지식이 있는 사람

6의3. 청소년 선도 및 보호 단체에서 청소년보호활동을 2년 이상 전문적으로 담당한
사람

7. 그 밖에 학교폭력 예방 및 청소년보호에 대한 지식과 경험이 풍부한 사람

② 심의위원회의 위원장은 위원 중에서 교육장이 임명하거나 위촉하는 사람이 되며,
위원장이 부득이한 사유로 직무를 수행할 수 없을 때에는 위원장이 미리 지정하는 위
원이 그 직무를 대행한다.

③ 심의위원회의 위원의 임기는 2년으로 한다. 다만, 심의위원회 위원의 사임 등으로 새
로 위촉되는 위원의 임기는 전임위원 임기의 남은 기간으로 한다.

④ 교육장은 제1항 제2호, 제2호의2, 제3호부터 제6호까지, 제6호의2, 제6호의3 및 제7
호에 따른 심의위원회의 위원이 제3조의2 각 호의 어느 하나에 해당하는 경우에는 해
당 위원을 해임하거나 해촉할 수 있다.

⑤ 심의위원회의 회의는 재적위원 과반수의 출석으로 개의하고, 출석위원 과반수의 찬
성으로 의결한다.

⑥ 심의위원회의 위원장은 해당 교육지원청 소속 공무원(법 제12조 제1항에 따라 조례
로 정하는 기관의 경우 직원을 포함한다) 중에서 심의위원회의 사무를 처리할 간사 1
명을 지명한다.

⑦ 심의위원회의 회의에 출석한 위원에게는 예산의 범위에서 수당과 여비를 지급할 수
있다. 다만, 공무원인 위원이 그 소관 업무와 직접적으로 관련하여 회의에 출석한 경우
에는 그렇지 않다.

⑧ 심의위원회는 필요하다고 인정할 때에는 학교폭력이 발생한 해당 학교 소속 교원이
나 학교폭력 예방 및 대책과 관련된 분야의 전문가 등을 출석하게 하거나 서면 등의 방
법으로 의견을 들을 수 있다.

⑨ 제1항부터 제8항까지에서 규정한 사항 외에 심의위원회의 운영 등에 필요한 사항은
교육장이 정한다.

**제14조의2(소위원회)** ① 심의위원회의 업무를 효율적으로 수행하기 위하여 필요하면
심의위원회에 소위원회를 둘 수 있다.

② 제1항에 따른 소위원회(이하 "소위원회"라 한다)의 위원은 심의위원회의 위원으로 구성한다.

③ 심의위원회는 필요한 경우에는 그 심의 사항을 소위원회에 위임할 수 있으며, 이 경우 소위원회에서 심의·의결된 사항은 심의위원회에서 심의·의결된 것으로 본다.

④ 소위원회는 심의가 끝나면 그 결과를 심의위원회에 보고해야 한다.

⑤ 제1항부터 제4항까지에서 규정한 사항 외에 소위원회의 설치·운영에 필요한 사항은 교육장이 정한다.

**제14조의3(학교의 장의 자체해결)** 학교의 장은 법 제13조의2 제1항에 따라 학교폭력사건을 자체적으로 해결하는 경우 피해학생과 가해학생 간에 학교폭력이 다시 발생하지 않도록 노력해야 하며, 필요한 경우에는 피해학생·가해학생 및 그 보호자 간의 관계 회복을 위한 프로그램을 운영할 수 있다.

**제15조(상담실 설치)** 법 제14조 제1항에 따른 상담실은 다음 각 호의 시설·장비를 갖추어 상담활동이 편리한 장소에 설치하여야 한다.

1. 인터넷 이용시설, 전화 등 상담에 필요한 시설 및 장비
2. 상담을 받는 사람의 사생활 노출 방지를 위한 칸막이 및 방음시설

**제16조(전담기구 운영 등)** ① 법 제14조 제3항에 따른 학교폭력문제를 담당하는 전담기구(이하 "전담기구"라 한다)의 구성원이 되는 학부모는 「초·중등교육법」 제31조에 따른 학교운영위원회에서 추천한 사람 중에서 학교의 장이 위촉한다. 다만, 학교운영위원회가 설치되지 않은 학교의 경우에는 학교의 장이 위촉한다.

② 전담기구는 가해 및 피해 사실 여부에 관하여 확인한 사항을 학교의 장에게 보고해야 한다.

③ 제1항 및 제2항에서 규정한 사항 외에 전담기구의 운영에 필요한 사항은 학교의 장이 정한다.

**제17조(학교폭력 예방교육)** 학교의 장은 법 제15조 제5항에 따라 학생과 교직원 및 학부모에 대한 학교폭력 예방교육을 다음 각 호의 기준에 따라 실시한다.

1. 학기별로 1회 이상 실시하고, 교육 횟수·시간 및 강사 등 세부적인 사항은 학교 여건에 따라 학교의 장이 정한다.
2. 학생에 대한 학교폭력 예방교육은 학급 단위로 실시함을 원칙으로 하되, 학교 여

건에 따라 전체 학생을 대상으로 한 장소에서 동시에 실시할 수 있다.

3. 학생과 교직원, 학부모를 따로 교육하는 것을 원칙으로 하되, 내용에 따라 함께 교육할 수 있다.

4. 강의, 토론 및 역할연기 등 다양한 방법으로 하고, 다양한 자료나 프로그램 등을 활용하여야 한다.

5. 교직원에 대한 학교폭력 예방교육은 학교폭력 관련 법령에 대한 내용, 학교폭력 발생 시 대응요령, 학생 대상 학교폭력예방 프로그램 운영 방법 등을 포함하여야 한다.

6. 학부모에 대한 학교폭력 예방교육은 학교폭력 징후 판별, 학교폭력 발생 시 대응요령, 가정에서의 인성교육에 관한 사항을 포함하여야 한다.

**제18조(피해학생의 지원범위 등)** ① 법 제16조 제6항 단서에 따른 학교안전공제회 또는 시·도교육청이 부담하는 피해학생의 지원범위는 다음 각 호와 같다.

1. 교육감이 정한 전문심리상담기관에서 심리상담 및 조언을 받는 데 드는 비용

2. 교육감이 정한 기관에서 일시보호를 받는 데 드는 비용

3. 「의료법」에 따라 개설된 의료기관, 「지역보건법」에 따라 설치된 보건소·보건의료원 및 보건지소, 「농어촌 등 보건의료를 위한 특별조치법」에 따라 설치된 보건진료소, 「약사법」에 따라 등록된 약국 및 같은 법 제91조에 따라 설립된 한국희귀의약품센터에서 치료 및 치료를 위한 요양을 받거나 의약품을 공급받는데 드는 비용

② 제1항의 비용을 지원 받으려는 피해학생 및 보호자가 학교안전공제회 또는 시·도교육청에 비용을 청구하는 절차와 학교안전공제회 또는 시·도교육청이 비용을 지급하는 절차는 「학교안전사고 예방 및 보상에 관한 법률」 제41조를 준용한다.

③ 학교안전공제회 또는 시·도교육청이 법 제16조 제6항에 따라 가해학생의 보호자에게 구상(求償)하는 범위는 제2항에 따라 피해학생에게 지급하는 모든 비용으로 한다.

**제19조(가해학생에 대한 조치별 적용 기준)** 법 제17조 제1항의 조치별 적용 기준은 다음 각 호의 사항을 고려하여 결정하고, 그 세부적인 기준은 교육부장관이 정하여 고시한다.

1. 가해학생이 행사한 학교폭력의 심각성·지속성·고의성

2. 가해학생의 반성 정도

3. 해당 조치로 인한 가해학생의 선도 가능성

4. 가해학생 및 보호자와 피해학생 및 보호자 간의 화해의 정도

5. 피해학생이 장애학생인지 여부

**제20조(가해학생에 대한 전학 조치)** ① 교육장은 심의위원회가 법 제17조 제1항에 따라 가해학생에 대한 전학 조치를 요청하는 경우에는 그 사실을 해당 학생이 소속된 학교의 장에게 통보해야 한다. 이 경우 해당 통보를 받은 학교의 장은 교육감 또는 교육장에게 해당 학생이 전학할 학교의 배정을 지체 없이 요청해야 한다.

② 교육감 또는 교육장은 가해학생이 전학할 학교를 배정할 때 피해학생의 보호에 충분한 거리 등을 고려하여야 하며, 관할구역 외의 학교를 배정하려는 경우에는 해당 교육감 또는 교육장에게 이를 통보하여야 한다.

③ 제2항에 따른 통보를 받은 교육감 또는 교육장은 해당 가해학생이 전학할 학교를 배정하여야 한다.

④ 교육감 또는 교육장은 제2항과 제3항에 따라 전학 조치된 가해학생과 피해학생이 상급학교에 진학할 때에는 각각 다른 학교를 배정하여야 한다. 이 경우 피해학생이 입학할 학교를 우선적으로 배정한다.

**제21조(가해학생에 대한 우선 출석정지 등)** ① 법 제17조 제4항에 따라 학교의 장이 출석정지 조치를 할 수 있는 경우는 다음 각 호와 같다.

1. 2명 이상의 학생이 고의적·지속적으로 폭력을 행사한 경우

2. 학교폭력을 행사하여 전치 2주 이상의 상해를 입힌 경우

3. 학교폭력에 대한 신고, 진술, 자료제공 등에 대한 보복을 목적으로 폭력을 행사한 경우

4. 학교의 장이 피해학생을 가해학생으로부터 긴급하게 보호할 필요가 있다고 판단하는 경우

② 학교의 장은 제1항에 따라 출석정지 조치를 하려는 경우에는 해당 학생 또는 보호자의 의견을 들어야 한다. 다만, 학교의 장이 해당 학생 또는 보호자의 의견을 들으려 하였으나 이에 따르지 아니한 경우에는 그러하지 아니하다.

**제22조(가해학생의 조치 거부·기피에 대한 추가 조치)** 심의위원회는 법 제17조 제1항 제2호부터 제9호까지의 조치를 받은 학생이 해당 조치를 거부하거나 기피하는 경우에는 법 제17조 제11항에 따라 교육장으로부터 그 사실을 통보받은 날부터 7일 이내에 추가

로 다른 조치를 할 것을 교육장에게 요청할 수 있다.

**제23조(퇴학학생의 재입학 등)** ① 교육감은 법 제17조 제1항 제9호에 따라 퇴학처분을 받은 학생에 대하여 법 제17조 제12항에 따라 해당 학생의 선도의 정도, 교육 가능성 등을 종합적으로 고려하여 「초·중등교육법」 제60조의3에 따른 대안학교로의 입학 등 해당 학생의 건전한 성장에 적합한 대책을 마련하여야 한다.

② 제1항에서 규정한 사항 외에 가해학생에 대한 조치 및 재입학 등에 필요한 세부사항은 교육감이 정한다.

**제24조** 삭제 <2020. 2. 25.>

**제25조(분쟁조정의 신청)** 피해학생, 가해학생 또는 그 보호자(이하 "분쟁당사자"라 한다) 중 어느 한 쪽은 법 제18조에 따라 해당 분쟁사건에 대한 조정권한이 있는 심의위원회 또는 교육감에게 다음 각 호의 사항을 적은 문서로 분쟁조정을 신청할 수 있다.

　1. 분쟁조정 신청인의 성명 및 주소
　2. 보호자의 성명 및 주소
　3. 분쟁조정 신청의 사유

**제26조(심의위원회 위원의 제척·기피 및 회피)** ① 심의위원회의 위원은 법 제16조, 제17조 및 제18조에 따라 피해학생과 가해학생에 대한 조치를 요청하는 경우와 분쟁을 조정하는 경우 다음 각 호의 어느 하나에 해당하면 해당 사건에서 제척된다.

　1. 위원이나 그 배우자 또는 그 배우자였던 사람이 해당 사건의 피해학생 또는 가해학생의 보호자인 경우 또는 보호자였던 경우
　2. 위원이 해당 사건의 피해학생 또는 가해학생과 친족이거나 친족이었던 경우
　3. 그 밖에 위원이 해당 사건의 피해학생 또는 가해학생과 친분이 있거나 관련이 있다고 인정하는 경우

② 학교폭력과 관련하여 심의위원회를 개최하는 경우 또는 분쟁이 발생한 경우 심의위원회의 위원에게 공정한 심의를 기대하기 어려운 사정이 있다고 인정할 만한 상당한 사유가 있을 때에는 분쟁당사자는 심의위원회에 그 사실을 서면으로 소명하고 기피신청을 할 수 있다.

③ 심의위원회는 제2항에 따른 기피신청을 받으면 의결로써 해당 위원의 기피 여부를 결정해야 한다. 이 경우 기피신청 대상이 된 위원은 그 의결에 참여하지 못한다.

④ 심의위원회의 위원이 제1항 또는 제2항의 사유에 해당하는 경우에는 스스로 해당 사건을 회피할 수 있다.

**제27조(분쟁조정의 개시)** ① 심의위원회 또는 교육감은 제25조에 따라 분쟁조정의 신청을 받으면 그 신청을 받은 날부터 5일 이내에 분쟁조정을 시작해야 한다.

② 심의위원회 또는 교육감은 분쟁당사자에게 분쟁조정의 일시 및 장소를 통보해야 한다.

③ 제2항에 따라 통지를 받은 분쟁당사자 중 어느 한 쪽이 불가피한 사유로 출석할 수 없는 경우에는 심의위원회 또는 교육감에게 분쟁조정의 연기를 요청할 수 있다. 이 경우 심의위원회 또는 교육감은 분쟁조정의 기일을 다시 정해야 한다.

④ 심의위원회 또는 교육감은 심의위원회 위원 또는 지역위원회 위원 중에서 분쟁조정 담당자를 지정하거나, 외부 전문기관에 분쟁과 관련한 사항에 대한 자문 등을 할 수 있다.

**제28조(분쟁조정의 거부 · 중지 및 종료)** ① 심의위원회 또는 교육감은 다음 각 호의 어느 하나에 해당하는 사유가 발생한 경우에는 분쟁조정의 개시를 거부하거나 분쟁조정을 중지할 수 있다.

  1. 분쟁당사자 중 어느 한 쪽이 분쟁조정을 거부한 경우
  2. 피해학생 등이 관련된 학교폭력에 대하여 가해학생을 고소 · 고발하거나 민사상 소송을 제기한 경우
  3. 분쟁조정의 신청내용이 거짓임이 명백하거나 정당한 이유가 없다고 인정되는 경우

② 심의위원회 또는 교육감은 다음 각 호의 어느 하나에 해당하는 사유가 발생한 경우에는 분쟁조정을 끝내야 한다.

  1. 분쟁당사자 간에 합의가 이루어지거나 심의위원회 또는 교육감이 제시한 조정안을 분쟁당사자가 수락하는 등 분쟁조정이 성립한 경우
  2. 분쟁조정 개시일부터 1개월이 지나도록 분쟁조정이 성립하지 아니한 경우

③ 심의위원회 또는 교육감은 제1항에 따라 분쟁조정의 개시를 거부하거나 분쟁조정을 중지한 경우 또는 제2항 제2호에 따라 분쟁조정을 끝낸 경우에는 그 사유를 분쟁당사자에게 각각 통보해야 한다.

**제29조(분쟁조정의 결과 처리)** ① 심의위원회 또는 교육감은 분쟁조정이 성립하면 다음 각 호의 사항을 적은 합의서를 작성하여 분쟁당사자와 피해학생 및 가해학생이 소속된

학교의 장에게 각각 통보해야 한다.

  1. 분쟁당사자의 주소와 성명

  2. 조정 대상 분쟁의 내용

    가. 분쟁의 경위

    나. 조정의 쟁점(분쟁당사자의 의견을 포함한다)

  3. 조정의 결과

② 제1항에 따른 합의서에는 심의위원회가 조정한 경우에는 분쟁당사자와 조정에 참가한 위원이, 교육감이 조정한 경우에는 분쟁당사자와 교육감이 각각 서명날인해야 한다.

③ 심의위원회의 위원장은 분쟁조정의 결과를 교육감에게 보고해야 한다.

**제30조(긴급전화의 설치 · 운영)** 법 제20조의2에 따른 긴급전화는 경찰청장과 지방경찰청장이 운영하는 학교폭력 관련 기구에 설치한다.

**제31조(정보통신망의 이용 등)** 법 제20조의4 제3항에 따라 국가 · 지방자치단체 또는 교육감은 정보통신망을 이용한 학교폭력 예방 업무를 다음 각 호의 기관 및 단체에 위탁할 수 있다.

  1.「한국교육학술정보원법」에 따라 설립된 한국교육학술정보원

  2. 공공기관의 위탁을 받아 정보통신망을 이용하여 교육사업을 수행한 실적이 있는 기업

  3. 학교폭력 예방에 관한 사업을 3년 이상 수행한 기관 또는 단체

**제31조의2(학교전담경찰관의 운영)** ① 경찰청장은 법 제20조의6 제1항에 따라 학교폭력 예방 및 근절을 위해 학교폭력 업무 등을 전담하는 경찰관(이하 "학교전담경찰관"이라 한다)을 둘 경우에는 학생 상담 관련 학위나 자격증 소지 여부, 학생 지도 경력 등 학교폭력 업무 수행에 필요한 전문성을 고려해야 한다.

② 학교전담경찰관은 다음 각 호의 업무를 수행한다.

  1. 학교폭력 예방활동

  2. 피해학생 보호 및 가해학생 선도

  3. 학교폭력 단체에 대한 정보 수집

  4. 학교폭력 단체의 결성예방 및 해체

  5. 그 밖에 경찰청장이 교육부장관과 협의해 학교폭력 예방 및 근절 등을 위해 필요

　　하다고 인정하는 업무

③ 학교전담경찰관이 소속된 경찰관서의 장과 학교의 장은 학교폭력 예방 및 근절을
위해 상호 협력해야 한다.

**제32조(영상정보처리기기의 통합 관제)** 법 제20조의7 제1항에 따라 영상정보처리기기를
통합하여 관제하려는 국가 및 지방자치단체는 다음 각 호의 절차를 거쳐 관계 전문가
와 이해관계인의 의견을 수렴하여야 한다.

　　1.「행정절차법」에 따른 행정예고의 실시 또는 의견 청취

　　2. 학교운영위원회의 심의

**제33조(비밀의 범위)** 법 제21조 제1항에 따른 비밀의 범위는 다음 각 호와 같다.

　　1. 학교폭력 피해학생과 가해학생 개인 및 가족의 성명, 주민등록번호 및 주소 등 개
　　　인정보에 관한 사항

　　2. 학교폭력 피해학생과 가해학생에 대한 심의 · 의결과 관련된 개인별 발언 내용

　　3. 그 밖에 외부로 누설될 경우 분쟁당사자 간에 논란을 일으킬 우려가 있음이 명백
　　　한 사항

**제33조의2(고유식별정보의 처리)** ① 국가 · 지방자치단체 또는 학교의 장은 다음 각 호의
사무를 수행하기 위하여 불가피한 경우「개인정보 보호법 시행령」제19조에 따른 주민
등록번호 또는 외국인등록번호가 포함된 자료를 처리할 수 있다.

　　1. 법 제20조의5 제2항에 따른 학생보호인력의 결격사유 유무 확인에 관한 사무

　　2. 법 제20조의5 제5항에 따른 학생보호인력의 범죄경력조회에 관한 사무

② 법 제20조의5 제3항에 따라 학생보호인력의 배치 및 활용 업무를 위탁받은 전문기
관 또는 단체는 다음 각 호의 사무를 수행하기 위하여 불가피한 경우「개인정보 보호법
시행령」제19조에 따른 주민등록번호 또는 외국인등록번호가 포함된 자료를 처리할
수 있다.

　　1. 법 제20조의5 제2항에 따른 학생보호인력의 결격사유 유무 확인에 관한 사무

　　2. 법 제20조의5 제6항에 따른 학생보호인력의 범죄경력조회 신청에 관한 사무

**제34조(규제의 재검토)** 교육부장관은 제15조에 따른 상담실 설치기준에 대하여 2015년
1월 1일을 기준으로 2년마다(매 2년이 되는 해의 1월 1일 전까지를 말한다) 그 타당성
을 검토하여 개선 등의 조치를 하여야 한다.

**제35조(과태료의 부과기준)** 법 제23조 제1항에 따른 과태료의 부과기준은 별표와 같다.

**부칙** <제30441호, 2020. 2. 25.>

**제1조(시행일)** 이 영은 2020년 3월 1일부터 시행한다. 다만, 제14조의3의 개정규정은 공포한 날부터 시행한다.

**제2조(지역위원회 및 지역협의회의 위원에 관한 경과조치)** ① 이 영 시행 전에 종전의 제5조 제4항 제8호에 따라 위촉된 지역위원회의 위원은 같은 조 제5항에 따른 임기가 끝날 때까지는 제5조 제4항 제8호의 개정규정에 따라 위촉된 위원으로 본다.

② 이 영 시행 전에 종전의 제7조 제4항 제8호에 따라 위촉된 지역협의회의 위원은 같은 조 제5항에 따른 임기가 끝날 때까지는 제7조 제4항 제8호의 개정규정에 따라 위촉된 위원으로 본다.

# 학교폭력 가해학생 조치별 적용 세부기준 고시

[시행 2020. 5. 1.] [교육부고시 제2020－227호, 2020. 5. 1., 일부개정.]

교육부(학교생활문화과), 044－203－6898

**제1조(목적)** 이 고시는 「학교폭력예방 및 대책에 관한 법률」(이하 "법"이라 한다) 제17조 및 「학교폭력예방 및 대책에 관한 법률 시행령」 제19조에서 위임된 가해학생 조치별 적용 세부 기준을 정함을 목적으로 한다.

**제2조(조치의 결정)** ① 학교폭력대책심의위원회(이하 "심의위원회"라 한다)는 가해학생이 행사한 학교폭력의 심각성, 지속성, 고의성의 정도와 가해학생의 반성 정도, 해당 조치로 인한 가해학생의 선도 가능성, 가해학생 및 보호자와 피해학생 및 보호자 간의 화해의 정도, 피해학생이 장애학생인지의 여부 등을 고려하여 [별표]에 따라 법 제17조 제1항 각 호의 조치 중 가해학생별로 선도가능성이 높은 조치(수개의 조치를 병과하는 경우를 포함한다)를 할 것을 교육장(교육장이 없는 경우 법 제12조 제1항에 따라 조례로 정하는 기관의 장으로 한다.)에게 요청하여야 한다.

② 심의위원회는 피해학생 및 신고·고발 학생의 보호가 필요하다고 판단되는 경우 일정기간 가해학생이 피해학생과 접촉하는 것을 금지하고, 가해학생 스스로 자신의 잘못을 되돌아 볼 수 있는 기회를 주기 위해 법 제17조 제1항 제2호 조치를 기간을 정하여 부과할 수 있다.

③ 심의위원회는 가해학생이 학내외 전문가의 도움을 받아 폭력에 대한 인식을 개선하고 행동을 반성하게 하기 위해 법 제17조 제1항 제5호 조치를 기간을 정하여 부과할 수 있다.

④ 심의위원회는 법 제17조 제9항에 따라 가해학생이 특별교육을 이수할 경우 해당 학생의 보호자도 별도의 특별교육을 기간을 정하여 함께 교육을 받게 하여야 한다.

**제3조(장애학생 관련 고려 사항)** ① 가해학생 또는 피해학생이 장애학생일 경우 법 제14조 제3항에 따른 전담기구 및 심의위원회에 특수교육 교원, 특수교육 전문직, 특수교육지원센터 전담인력, 특수교육 관련 교수 등 특수교육전문가를 참여시켜 의견을 청취할

수 있다.

② 법 제17조 제1항 제5호 또는 제17조 제3항에 의한 특별교육을 실시할 때 피해학생이 장애학생일 경우 장애인식개선 교육내용을 포함하여야 한다.


부칙 <제2020−227호, 2020. 5. 1.>

제1조(시행일) 이 고시는 발령한 날부터 시행한다.

## [별표] 학교폭력 가해학생 조치별 적용 세부 기준

| | | | 기본 판단 요소 | | | | | 부가적 판단요소 | |
| --- | --- | --- | --- | --- | --- | --- | --- | --- | --- |
| | | | 학교폭력의 심각성 | 학교폭력의 지속성 | 학교폭력의 고의성 | 가해학생의 반성 정도 | 화해 정도 | 해당 조치로 인한 가해학생의 선도가능성 | 피해학생이 장애학생인지 여부 |
| 판정 점수 | | 4점 | 매우 높음 | 매우 높음 | 매우 높음 | 없음 | 없음 | | |
| | | 3점 | 높음 | 높음 | 높음 | 낮음 | 낮음 | | |
| | | 2점 | 보통 | 보통 | 보통 | 보통 | 보통 | | |
| | | 1점 | 낮음 | 낮음 | 낮음 | 높음 | 높음 | | |
| | | 0점 | 없음 | 없음 | 없음 | 매우 높음 | 매우 높음 | | |
| 가해학생에 대한 조치 | 교내 선도 | 1호 피해학생에 대한 서면사과 | 1~3점 | | | | | 해당점수에 따른 조치에도 불구하고 가해학생의 선도가능성 및 피해학생의 보호를 고려하여 시행령 제14조 제5항에 따라 학교폭력대책심의위원회 출석위원 과반수의 찬성으로 가해학생에 대한 조치를 가중 또는 경감할 수 있음 | 피해학생이 장애학생인 경우 가해학생에 대한 조치를 가중할 수 있음 |
| | | 2호 피해학생 및 신고·고발학생에 대한 접촉, 협박 및 보복행위의 금지 | 피해학생 및 신고·고발학생의 보호에 필요하다고 심의위원회가 의결할 경우 | | | | | | |
| | | 3호 학교에서의 봉사 | 4~6점 | | | | | | |
| | 외부기관 연계선도 | 4호 사회봉사 | 7~9점 | | | | | | |
| | | 5호 학내외 전문가에 의한 특별 교육이수 또는 심리치료 | 가해학생 선도·교육에 필요하다고 심의위원회가 의결할 경우 | | | | | | |
| | 교육환경 변화 | 교내 6호 출석정지 | 10~12점 | | | | | | |
| | | 교내 7호 학급교체 | 13~15점 | | | | | | |
| | | 교외 8호 전학 | 16~20점 | | | | | | |
| | | 교외 9호 퇴학처분 | 16~20점 | | | | | | |

## 공저자 약력

### 신재한

교육학박사
국제뇌교육종합대학원대학교 뇌교육학과교수
인성교육연구원 원장

### 이미나

이학박사
상담심리학박사
광신대학교 복지상담융합학부
휴먼서비스교육학과 교수

### 김동일

교육학박사
광신대학교 복지상담융합학부 외래교수
굿네이버스 전남중부 사회개발교육강사

### 나옥희

교육학박사
국립목포대학교 객원교수
광주광역시 동부교육지원청 학교폭력심의위원

### 이영미

광주광역시 남구청소년상담복지센터
학교폭력 강사

인권에서 바라본 학교폭력 예방 및 학생의 이해

초판발행      2020년 6월 20일
중판발행      2023년 4월 30일

공저자        신재한·이미나·김동일·나옥희·이영미
펴낸이        노 현

편 집         조보나
기획/마케팅    오치웅
표지디자인     이미연
제 작         고철민·조영환

펴낸곳        ㈜ 피와이메이트
             서울특별시 금천구 가산디지털2로 53 한라시그마밸리 210호(가산동)
             등록 2014. 2. 12. 제2018-000080호
전 화         02)733-6771
f a x        02)736-4818
e-mail        pys@pybook.co.kr
homepage     www.pybook.co.kr
ISBN         979-11-6519-072-9  93370

정 가         19,000원

박영스토리는 박영사와 함께하는 브랜드입니다.